ENSINO DE LÍNGUA INGLESA

FOCO EM ESTRATÉGIAS

Capa e projeto gráfico: Città Estúdio
Editoração eletrônica: Città Estúdio
Supervisão Editorial: Faccioli Editorial
Revisão: Sandra Garcia Cortés

Dados Internacionais de Catalogação na Publicação (CIP)
(Câmara Brasileira do Livro, SP, Brasil)

Santos, Denise
Ensino de língua inglesa : foco em estratégias / Denise Santos. -- Barueri, SP : DISAL, 2012.

Bibliografia.
ISBN 978-85-7844-105-0

1. Inglês - Estudo e ensino I. Título.

12-05077 CDD-420.7

Índices para catálogo sistemático:

1. Inglês : Estudo e ensino 420.7

DISAL EDITORA

Bantim, Canato e Guazzelli Editora Ltda.
Alameda Mamoré 911 – cj. 107
Alphaville – BARUERI – SP
CEP: 06454-040
Tel. / Fax: (11) 4195-2811
Visite nosso site: www.disaleditora.com.br
Televendas: (11) 3226-3111
Fax gratuito: 0800 7707 105/106
E-mail para pedidos: comercial@disal.com.br

ENSINO DE LÍNGUA INGLESA

FOCO EM ESTRATÉGIAS

Ensino médio regular – Língua Estrangeira Moderna – Inglês

Denise Santos

Ampla experiência na área do ensino de língua estrangeira, tendo atuado como professora e coordenadora de inglês em escolas e cursos de línguas no Brasil; como pesquisadora na área de ensino de estratégias na aprendizagem de línguas estrangeiras nas Universidades de Oxford e Reading (Reino Unido), como professora e autora de livro sobre o ensino de português como língua estrangeira no Brasil, Estados Unidos e Reino Unido. Denise tem ativa participação em conferências nacionais e internacionais e possui inúmeras publicações acadêmicas (em livros, jornais e revistas especializados no Brasil e no exterior), bem como livros didáticos e paradidáticos na área do ensino de língua estrangeira. É de sua autoria a série *Take Over* (Editora Lafonte) e de sua coautoria (com Amadeu Marques) a série *Links: English for Teens* (Editora Ática), ambas aprovadas, respectivamente, no PNLD 2012 e PNLD 2011. Mais informações sobre a autora podem ser encontradas em www.denisesantos.com.

DISAL EDITORA

The ultimate goal of any language instruction program
is not only to teach the L2 for the moment,
but to instill within the learner
a sense of what it is like to be
a lifelong language learner.
(Cohen and Macaro, 2007a: 284)

SUMÁRIO

INTRODUÇÃO

Parte I: FUNDAMENTOS

O objetivo da obra

O objetivo deste livro é proporcionar apoio pedagógico ao professor de inglês a partir da apresentação e discussão de considerações teórico-metodológicas sobre o desenvolvimento de estratégias no ensino das quatro habilidades (leitura, escrita, audição e fala) em língua inglesa.

Para oferecer tal apoio, parte-se da premissa de que, para construir o desenvolvimento das quatro habilidades linguísticas de aprendizes de inglês, não basta apenas encaminhar atividades que envolvam "prática" de leitura, de escrita, de audição, de expressão oral. É preciso, mais fundamentalmente, oferecer a esse aprendiz oportunidades de familiarização e reflexão sobre maneiras de ler, escrever, ouvir e falar, a fim de que ele se torne um usuário competente dessas habilidades. Isso é importante porque "ler em inglês", ou "escrever em inglês", ou "ouvir em inglês", ou "falar em inglês" não consiste em uma atividade monolítica: lemos, escrevemos, ouvimos e falamos de várias formas diferentes, dependendo de elementos contextuais como o propósito da comunicação, com quem interagimos, onde, por que, entre outros.

No Brasil, a leitura costuma ser uma exceção nesse quadro mais geral de negligência no desenvolvimento das estratégias ao redor das quatro habilidades linguísticas. Desde 1999, com a publicação dos Parâmetros Curriculares Nacionais para o ensino de Língua Estrangeira (Brasil, 1999), vem-se dando destaque à leitura, incluindo atenção especial à prática de algumas estratégias relacionadas com essa habilidade. No entanto, o que se nota na prática da sala de aula e na maioria dos livros didáticos é que, mesmo quando há uso de estratégias nesse cenário, estas tendem a vir desacompanhadas de um apoio mais sólido que leve o aprendiz a entender os benefícios que tal uso pode trazer, tanto para uma atividade específica quanto para futuras situações de comunicação e/ou aprendizagem de inglês.

Por exemplo, é comum vermos em livros didáticos atividades que pedem ao aluno para fazer uma leitura rápida inicial de um texto (*skimming*) antes de fazer uma leitura mais detalhada. Mas raramente essas atividades incluem passos que estimulem tais aprendizes a refletir, por exemplo: *Por que e para que devo fazer uma leitura rápida inicial? Até que ponto esta leitura pode me auxiliar no entendimento do texto? Em que ocasiões uma leitura rápida inicial pode ser benéfica ao leitor? Há situações em que uma leitura rápida inicial é inapropriada ou mesmo impossível?* O mesmo acontece com o uso de *brainstorm* ao escrever, o reconhecimento de palavras-chaves (*key words*) ao ouvir, ou a prática de pedidos de esclarecimentos ao falar. Essas estratégias têm sido trabalhadas nas aulas de inglês recentemente, mas raramente se dá oportunidade ao aluno de refletir sobre elas: haveria situações de escrita em que o desenvolvimento coletivo de ideias não seria aconselhável? Será que os alunos sabem necessariamente identificar quais são as *key words* num texto oral? Os pedidos de esclarecimento devem variar em função de condições contextuais, tais como nível de formalidade da conversa ou relação entre os participantes?

São questões como essas que esta obra contempla, a fim de auxiliar os professores de língua inglesa a familiarizar seus alunos com estratégias de leitura, escrita, compreensão auditiva e produção oral, e a instrumentalizar esses aprendizes para saber decidir, implementar e avaliar as estratégias apropriadas em diferentes contextos de produção e compreensão oral e escrita em inglês.

Esses objetivos estão em sintonia com a Lei de Diretrizes e Bases da Educação Nacional (n.° 9.394/96) e seu foco no aprimoramento do educando como ser humano, incluindo a formação ética e o desenvolvimento da autonomia intelectual e do pensamento crítico, a preparação para o mundo do trabalho e o desenvolvimento de competências para continuar seu aprendizado (Art. 35) (Brasil, 2006: 7). Afinal, para participar em situações de usos linguístico-discursivos de forma plena não basta "saber sobre" algum aspecto relativo a esses usos: é necessário também estar apto a tomar decisões fundamentadas sobre as escolhas disponíveis e as consequências dessas escolhas ao fazer usos de linguagens em sociedade.

A organização da obra

A obra é dividida em três partes principais além desta introdução:

- FUNDAMENTOS: Esta parte apresenta informações gerais acerca do que se sabe atualmente sobre estratégias diante dos resultados de pesquisas recentes na área. Para tal, aqui se discutem questões básicas a respeito de estratégias: como elas são definidas, o que envolvem, como são estudadas, o que sabemos sobre seu uso e seu processo de ensino-aprendizagem. Esta parte inicial é introduzida por uma discussão mais geral (sobre estratégias em caráter mais amplo), que é seguida por considerações específicas sobre cada uma das quatro habilidades.

- RECURSOS: Esta parte contém a apresentação e discussão detalhada de 15 estratégias relativas a cada uma das habilidades, totalizando 60 estratégias. Cada uma dessas estratégias é abordada a partir de uma situação específica que apresenta uma potencial dificuldade na pedagogia da língua inglesa. A partir dessa situação, apresentam-se a estratégia, suas características e formas de implementação (quer dizer, o que precisa ser feito, pensado ou dito para pôr tal estratégia em uso), além das vantagens, dificuldades e benefícios associados à estratégia em foco. Cada uma das 60 seções que compõem esta parte inclui comentários sobre estratégias subsidiárias que podem apoiar o uso da estratégia em foco, bem como sugestões de trabalho para desenvolvimento da estratégia em sala de aula e recomendações de referências que podem auxiliar o professor a ampliar seu conhecimento sobre o assunto.
- COMPLEMENTOS: Esta parte oferece subsídios adicionais para ampliar o conhecimento e a prática das estratégias apresentadas no livro. Ela contém 3 seções: (1) Glossário de conceitos utilizados na obra. No decorrer do texto, esses termos são destacados na primeira vez que aparecem; (2) Fontes de referência com sugestões de *sites* que o professor pode utilizar para oferecer recursos no apoio do desenvolvimento de estratégias com seus alunos e também no seu desenvolvimento profissional; (3) Bibliografia ampla sobre o tema.

Palavras finais: como o leitor pode fazer uso da obra

Esta obra foi concebida como uma fonte de referência sobre o tema *learner strategies* e seu papel no ensino e aprendizagem da língua inglesa no Brasil. Como tal, não há "uma forma correta" de ler este livro, e cabe ao leitor decidir a(s) maneira(s) que lhe parece(m) mais adequada(s). Pode-se ler o livro sequencialmente, do início ao fim, para um entendimento amplo do assunto; pode-se focar a leitura em uma habilidade específica sobre a qual o professor deseje obter mais informações. Vale notar que, mesmo que a leitura seja focalizada em uma habilidade, pode-se ler não sequencialmente, atentando para estratégias que sejam mais relevantes no contexto do professor. Para um entendimento das ideias apresentadas não se pressupõe que o livro seja lido em sua totalidade, ou em uma sequência rígida: inter-relações entre partes complementares são feitas com frequência no decorrer da obra, e conceitos centrais constam de um glossário ao final do livro.

Recomenda-se, porém, que a parte "Fundamentos" seja lida inicialmente antes de se ler sobre estratégias específicas. Como seu nome diz, essa parte delineia o embasamento conceitual sobre o qual as discussões posteriores se constroem. Em outras palavras, para que as diversas estratégias façam sentido para o leitor é preciso que este esteja familiarizado com questões fundamentais na conceituação e caracterizações de estratégias como foco de estudo em Linguística Aplicada.

Vale ressaltar, ao final desta introdução, que ao ler deve-se paralelamente formular questionamentos sobre como os pontos apresentados se aplicam no contexto educacional em que o leitor atua. Propõem-se reflexões específicas durante a parte "Fundamentos", mas recomenda-se que o leitor encaminhe reflexões sobre o que lê, e como o conteúdo se aplica na sua prática pedagógica, sempre que possível. Essas reflexões podem ser individuais ou em conjunto com colegas; podem ser encaminhadas oralmente, ou por escrito em diários ou *blogs*.

Concluindo: além de fonte de informação, este livro pretende ser uma fonte de reflexão para o professor de inglês, apoiando sua formação profissional continuada e auxiliando-o a tomar decisões fundamentadas ao ensinar seus alunos a tornarem-se leitores, escritores, ouvintes e falantes competentes e autônomos em língua inglesa.

PARTE 1

FUNDAMENTOS

Nesta parte serão discutidas noções básicas a respeito de estratégias como objeto de estudo e recurso pedagógico para o ensino de línguas estrangeiras em geral e de língua inglesa em particular. Essa discussão terá início com uma breve apresentação dos fatores que levaram pesquisadores em ensino-aprendizagem de língua estrangeira a se interessarem pelo conceito de estratégias, sendo desenvolvida na sequência uma análise de definições, classificações e abordagens sobre estratégias existentes na literatura.

Em seguida, abordamos os instrumentos disponíveis para a geração de informações sobre estratégias (suas características, vantagens e desvantagens) e de considerações sobre aspectos didático-metodológicos relativos ao ensino de estratégias. Conclui-se esta parte com um apanhado geral sobre os tipos de pesquisas realizadas na área e seus resultados principais em cada uma das habilidades linguísticas (*reading*, *writing*, *listening*, *speaking*).

Origens

A publicação, em 2007, de um livro chamado *Language Learner Strategies: Thirty Years of Research and Practice* (organizado por Andrew Cohen, da Universidade de Minnesota, e Ernesto Macaro, da Universidade de Oxford) indica que o interesse e o debate a respeito de estratégias não são recentes. Ao longo do tempo – e como acontece em qualquer área de pesquisa – acadêmicos vêm desenvolvendo enfoques e estudos diversos a respeito da noção de estratégias e, para um bom entendimento de como o conceito é compreendido nos tempos atuais, é importante rever abordagens e crenças do passado e saber o que mudou (e por que) ao longo dos anos.

A noção de estratégias no contexto da aprendizagem de língua estrangeira surgiu no século passado, em meados dos anos 70, e ganhou ímpeto nos anos 80. A ideia que originou tal movimento estava pautada na premissa de que "*good language learners*" agem e pensam de forma diferente dos "*not so good language learners*". O trabalho pioneiro nesta área é de Stern (1975), em que o autor lista dez estratégias usadas por bons aprendizes de língua com base em sua observação pessoal (isto é, as estratégias compiladas não foram fruto de pesquisa acadêmica): *planning strategy, active strategy, empathetic strategy, formal strategy, experimental strategy, semantic strategy, practice strategy, communication strategy, monitoring strategy, internalisation strategy.*

Como se vê, a primeira tentativa de se desenvolver uma taxonomia resultou numa listagem ampla e às vezes confusa, o que levou a novos questionamentos: como distinguir "*active*" de "*practice*"? "*Formal*" não poderia incluir outros atributos como "*planning*"? Ao usarmos "*commmunication strategies*" não poderíamos também aplicar "*empathetic strategies*"? A ênfase no monitoramento não poderia entrar em conflito com a busca de comunicação?

O debate estava, então, iniciado. A partir da publicação dessa taxonomia outras se seguiram, procurando refinar a definição e o escopo das classificações propostas e, em alguns casos, construindo-as a partir de estudos empíricos. Apresentaremos outras taxonomias mais adiante, mas antes de prosseguir é necessário desviarmos o raciocínio a fim de explorarmos uma questão fundamental: O que são estratégias? Como elas são caracterizadas?

Definições

Ao longo dos anos, várias definições foram dadas para a noção de estratégias. Vejamos algumas delas:

> *Learning strategies are the behaviours and thoughts that a learner engages in during learning that are intended to influence the learner's encoding process.* (Weinstein e Mayer, 1986)

> *Learning strategies are techniques, approaches or deliberate actions that students take in order to facilitate the learning and recall of both linguistic and content area information.* (Chamot, 1987: 71)

> *The term learner strategies refers to language learning behaviours learners actually engage in to learn and regulate the learning of a second language.* (Wenden, 1987a: 6)

> *Specific actions taken by the learner to make learning easier, faster, more enjoyable, more self-directed, more effective and more transferable to new situations.* (Oxford, 1990: 8)

> *Those processes which are consciously selected by learners and which may result in action taken to enhance the learning or use of a second or foreign language, through the storage, retention, recall, and application of information about that language.* (Cohen, 1998: 4)

Como se pode perceber acima, acadêmicos tendem a divergir em vários aspectos no que se refere à definição e caracterização de estratégias. Um desses aspectos envolve o caráter observável ou não das estratégias. Para alguns acadêmicos, estratégias são definidas como *comportamento*, sendo, portanto, observáveis (ver "*behaviour*" nas definições de Weinstein e Mayer e Wenden acima); para outros, estratégias são tidas como *processos mentais*, não observáveis (ver "*thoughts*" na definição de Weinstein e Mayer e "*approaches*" na de Chamot acima). Há ainda outros estudiosos que as concebem no âmbito mais funcional das *técnicas* (Chamot, 1987). Finalmente, há definições que conceituam estratégias como "*actions*" (Chamot, 1987; Oxford, 1990) ou "*processes*" (Cohen, 1998), que podem envolver ações e/ou processos, tanto mentais quanto físicos.

Outro aspecto que leva a divergências entre os que investigam estratégias refere-se ao nível de consciência associado ao seu uso: enquanto alguns estudiosos acham que as estratégias ocorrem num nível *inconsciente*, outros pregam que elas são aplicadas de forma *consciente* ("*deliberate*", em Chamot, 1987; "*consciously selected*", em Cohen, 1998).

Pesquisadores destacam também o fato de que, enquanto algumas estratégias envolvem *aprendizagem* (Wenden, 1987; Oxford, 1990) da língua estrangeira (por exemplo, a leitura detalhada de um texto para aprendizagem de novo vocabulário), outras envolvem *uso* (ver "*encoding process*" em Weinsten e Mayer, 1986) dessa língua (por exemplo, a previsão do conteúdo de um texto antes de sua leitura). Algumas definições (Chamot, 1987; Cohen, 1998) abarcam os dois aspectos simultaneamente.

Para conciliar tais dilemas, adota-se neste livro uma definição abrangente que caracteriza estratégias como *ações* encaminhadas por um indivíduo a fim de atingir um objetivo no seu uso e/ou aprendizagem de uma língua estrangeira, ações essas que podem ser tanto mentais quanto físicas. Nesta obra, entende-se, também, que inicialmente as estratégias são ativadas consciente e intencionalmente, mas, ao longo do tempo e através da prática de uso, muitas delas passam a ser automáticas e inconscientes.

Finalmente, esta obra apoia tendências atuais que designam estratégias como *learner strategies* e não apenas como *learning strategies.* A nomenclatura *learning strategy* coloca na aprendizagem o foco de aplicação das estratégias, o que é adequado, mas limitador. As estratégias atuam não apenas no âmbito da aprendizagem de uma língua, mas também no âmbito do uso dessa língua, e nos dois âmbitos ao mesmo tempo. O termo *learner strategy* dá conta dessa amplitude, e mais: ele põe o aprendiz no centro e no controle do uso das estratégias, fazendo com que ele seja agente de suas decisões estratégicas.

Duas noções adicionais costumam estar presentes nas caracterizações mais recentes sobre estratégias: *contexto* e *situação-problema.* Entende-se atualmente que *learner strategies* são ativadas e implementadas dentro de um contexto específico de uso da língua. No caso de uma situação que envolva leitura, elementos contextuais incluem o texto propriamente dito, o objetivo da leitura, o nível de proficiência do leitor, seu interesse pelo que é lido, se o leitor lê o texto pela primeira vez ou não, entre outros. Condições similares existem em situações de fala (o que falamos, com quem, sobre o que, nossos propósitos comunicativos etc.), de escuta (o que escutamos, por que, para que, em que circunstâncias etc.) e de escrita (o que escrevemos, para quem, com que objetivo etc.). Tudo isso deve ser levado em consideração ao se descreverem e analisarem as estratégias ativadas em cada uma dessas situações.

Outro fator associado à ocorrência de *learner strategies* é a percepção, por parte do aprendiz, de que o contexto envolve algum nível de dificuldade, o que lhe cria uma espécie de problema. Num contexto de leitura ou de compreensão oral, o problema pode ser algo mais imediato, como o não entendimento de uma palavra, ou pode ser algo mais amplo, que envolva aprendizagem de inglês de uma forma mais geral, tal como o desenvolvimento do vocabulário.

Num contexto de produção oral ou escrita, o problema pode estar relacionado com a dificuldade de articular uma ideia ou sentimento naquele momento, ou pode estar relacionado a um questionamento do aprendiz sobre como estar atento a fatores contextuais em outras situações de fala ou escuta. De forma mais ampla, o desafio que desencadeia a aplicação de uma estratégia pode estar relacionado com o processo de aprendizagem de forma geral.

Concluindo, as palavras-chaves na definição e caracterização de estratégias adotadas neste livro são: contexto, *learner strategy*, situação, problema, ação, reflexão.

Pausa para reflexão

- Pense na sua própria aprendizagem de inglês ou de outra língua estrangeira: que estratégia(s) você se lembra de ter usado ao longo de sua aprendizagem? Faça uma lista e tente categorizar esses itens como consciente/inconsciente; para uso da língua/para aprendizagem da língua; ação mental/ação física. Reflita: o que sua categorização lhe diz sobre a sua concepção de estratégias? É fácil ou difícil distinguir essas categorias? Por que essa distinção é importante?
- Pense em seus alunos de uma forma geral: quais as maiores dificuldades que eles encontram na aprendizagem da língua inglesa? Faça uma lista dessas dificuldades e em seguida reflita: até que ponto você tem certeza dessas dificuldades? Como você chegou a essas conclusões? Haveria a possibilidade de seus alunos terem dificuldades que você não contempla por não ter acesso a essas informações?

Classificações e abordagens

Recapitulando: comentamos que, inicialmente, o interesse em estratégias foi gerado a partir da observação de que "*good language learners*" comportavam-se de forma diferente dos "*not so good language learners*" e que as estratégias usadas pelos aprendizes bem-sucedidos deveriam ser compiladas e ensinadas aos aprendizes não tão bem-sucedidos. Vimos, também, que estratégias vêm sendo definidas e caracterizadas de formas diferentes e que, ao lermos sobre o termo, é importante sabermos como ele é definido naquele contexto.

Nesta seção vamos juntar as duas ideias acima, explorando algumas taxonomias sobre estratégias e analisando como tais taxonomias definem (e, portanto, abordam) o conceito de estratégias. Para efeito de esclarecimento, por "abordagem" entende-se nesta obra a perspectiva teórica que é dada ao conceito "estratégias": especificamente, se é uma perspectiva/abordagem cognitiva, afetiva, social, ou se há combinação entre as abordagens.

Comecemos, então, apresentando as taxonomias mais influentes na área de pesquisas em estratégias de aprendizagem. São elas:

Naiman et al., 1978	**Abordagem ativa com relação à aprendizagem** **Percepção de L1 e L2 como sistemas** **Percepção de língua e linguagem como meio de comunicação e interação** **Gerenciamento de demandas afetivas** **Monitoramento do desempenho em L2**
Rubin, 1981	**Estratégias que afetam a aprendizagem diretamente** Classificação/verificação; monitoramento; memorização; inferência; raciocínio dedutivo a partir da comparação de outras línguas com a L2; prática. **Processos que contribuem indiretamente para a aprendizagem** Criação de oportunidades para prática (ver TV, procurar conversar com **falantes nativos** etc.); *production tricks* (uso de sinônimos, **circunlóquios**, linguagem formulaica etc.).
O'Malley e Chamot, 1990	**Estratégias metacognitivas** Envolvem planejamento, monitoramento e avaliação do sucesso em uma atividade de aprendizagem: atenção seletiva; planejamento do que se vai dizer/escrever; monitoramento de compreensão ou produção; avaliação da compreensão. **Estratégias cognitivas** Envolvem manipulação de informação: elaboração de resumo; organização/classificação de informações; inferências; deduções; elaborações (integrando informações ao que se sabe previamente). **Estratégias socioafetivas** Envolvem interações com outras pessoas ou tentativa de controle do sentimento: cooperação, pedidos de esclarecimento; conversa consigo mesmo para diminuir a ansiedade.

As taxonomias acima tiveram um impacto importante na pesquisa sobre estratégias nas duas décadas finais do século passado. Inúmeros estudos foram feitos com o objetivo de se identificar o repertório estratégico de grupos de alunos, de comparar tal repertório com outros grupos, de tecer recomendações de trabalho ao redor de estratégias ausentes. Desenvolveu-se, durante esses anos, um acervo quase enciclopédico de descrições de "comportamento estratégico" de aprendizes de línguas estrangeiras ao redor do mundo. Voltaremos a esse ponto na seção "Pesquisas em estratégias" mais adiante.

Das taxonomias listadas acima, a de O'Malley e Chamot (1990) é a mais frequentemente usada na literatura. Isso fica evidente em publicações recentes, por exemplo, em duas edições especiais de *Language Learning Journal* em 2007 sobre o tema "*Language Learner Strategies*", bem como na publicação de Cohen e Macaro (2007b) sobre os trinta anos de pesquisa sobre o mesmo tema. Nesses volumes, as estratégias comentadas tendem a ser categorizadas ao redor de seus atributos cognitivos, metacognitivos e socioafetivos.

É interessante notar, porém, que apesar de não usar as categorias "cognitivo", "metacognitivo" e "socioafetivo", a classificação proposta por Naiman et al. (1978) já incluía tais dimensões de certa forma, por exemplo: "monitoramento do desempenho em L2" envolve **processos metacognitivos**; "percepção de L1 e L2 como sistemas" remete a processos predominantemente cognitivos; "gerenciamento de demandas afetivas" combina afeto com metacognição. A taxonomia de Rubin (1981), por sua vez, prioriza aspectos cognitivos (classificação, memorização, inferência, raciocínio dedutivo, *production tricks*) com inclusão de aspecto metacognitivo (monitoramento) e socioafetivo (criação de oportunidades para prática).

Apesar de os modelos acima, de certa forma, incluírem as três abordagens que vimos discutindo, na prática a literatura sobre estratégias (seja ela teórica, seja ela relato de pesquisas empíricas) é predominantemente caracterizada por abordagens cognitivas incluindo sua subdimensão metacognitiva. A prioridade a esse foco é dada não apenas em obras mais antigas, mas também em trabalhos recentes, como ilustrado nos dois depoimentos a seguir, respectivamente:

> *Research on learner strategies in the domain of second language learning may be viewed as a part of the general area of research on mental processes and structures that constitute the field of cognitive science.* (Wenden, 1987a: 6)

> *I will propose a framework within cognitive psychology and information processing, one that includes learner strategies in a clear relationship with other domains of language learning and language use.* (Macaro, 2006: 325)

A abordagem afetiva na literatura sobre estratégias inclui aspectos como crenças sobre aprendizagem em língua estrangeira (Gallagher-Brett, 2007; Graham, 2006) e autoeficácia (Graham, 2007). É importante lembrar que na influente taxonomia de O'Malley e Chamot (1990) apresentada acima, a dimensão afetiva vem junto com a social, num amálgama "estratégias socioafetivas". No entanto, como ressalta Oxford (2011: 99), "*socially-related learning strategies dealt almost solely with asking questions (e.g. for verification or clarification)*". Além desse foco restrito, na prática, a abordagem com foco social não gerou até hoje um interesse significativo nas pesquisas em estratégias.

No entanto, recentemente vem ocorrendo um movimento que integra as dimensões cognitiva, metacognitiva e sociointeracional na abordagem de estratégias. Um trabalho pioneiro sob esta ótica é o de Donato e McCormick (1994), em que os autores abordam *language learning strategies* com um amparo na teoria sociocultural (Vygotsky, 1978): de acordo com essa teoria, toda aprendizagem é concebida como práticas sociais em que os indivíduos participam inicialmente com o apoio de pares competentes e, por meio de um processo de **andaimento**, vão gradualmente ganhando autonomia nessas práticas até se apropriarem delas. Sob essa ótica, então, estratégias são definidas como "*a by-product of mediation and socialization into a community of language learning practices*" (Donato e McCormick, 1994: 453).

Mediação, nesse contexto, refere-se à noção proposta por Vygotsky (1978) de que toda função mental superior, tal como atenção voluntária, memória lógica e desenvolvimento de novos conceitos, é desenvolvida por meio da mediação de ferramentas, dentre as quais a linguagem é a mais importante. Nesse sentido, pensar, escrever e/ou falar sobre algo tem um impacto importante nos entendimentos que desenvolvemos sobre esse assunto.

Esta obra endossa a visão de que toda aprendizagem é mediada. Em sala de aula, mediação envolve tipicamente a interação entre professores e alunos, entre alunos e livro didático, entre participantes e recursos midiáticos disponíveis, entre outros. Por conseguinte, sob essa ótica, o desenvolvimento de estratégias é aqui concebido como *mediated learning* (Oxford e Schramm, 2007; Oxford, 2011) em que os aprendizes desempenham uma atividade primeiramente de forma amparada (isto é, por meio de um suporte ou andaimento) e vão gradualmente precisando de menos amparo, até chegar à autonomia.

Pausa para reflexão

A seguir listamos algumas perguntas que você pode explorar neste momento. Se desejar, tome nota de suas respostas e volte a elas mais adiante, quando estiver lendo outras partes deste livro. Verifique, então, se suas respostas mudaram de alguma forma.

- Você acha que o desenvolvimento de taxonomias de estratégias facilita o entendimento sobre elas? Até que ponto essas taxonomias podem ser utilizadas com o trabalho para desenvolvimento de estratégias em sala de aula?

- O que você acha da categorização de estratégias como "cognitivas", "metacognitivas" e "socioafetivas"? Essa categorização é adequada? Há algum tipo de estratégia que você ache mais importante que outro? Por quê?

- Você acha que é possível ensinar e aprender sobre estratégias priorizando a abordagem sociointeracional da aprendizagem? Justifique sua opinião.

Instrumentos para investigação de estratégias

Até agora discutimos aspectos mais teóricos sobre estratégias (suas origens, definições, caracterizações, classificações, abordagens); nesta seção vamos apresentar algumas formas de saber mais sobre estratégias em termos práticos. Por exemplo, imaginemos que se queira saber quais estratégias um grupo de alunos usa ao escrever um texto em inglês. De que maneira isso pode ser feito? Há mais de uma forma para se chegar a esse conhecimento? Em caso afirmativo, há formas mais ou menos adequadas?

Antes de iniciar a apresentação de alguns instrumentos de pesquisa que podem ser utilizados para responder a perguntas como as listadas acima, uma ressalva: o que se segue é um levantamento básico de algumas formas possíveis de se encaminhar pesquisa em estratégias, incluindo comentários sobre vantagens e desvantagens de cada uma delas. Se o leitor desejar mais informações ou detalhes sobre os itens a seguir, ou sobre como encaminhar pesquisa em estratégias de um modo geral, pode consultar as seguintes referências: O'Malley e Chamot, 1990 (Capítulo 4); Cohen, 1998 (Capítulo 3); Macaro, 2001 (Capítulo 2); Oxford, 2011 (Capítulo 5); White, Schramm e Chamot, 2007.

Observações

Para saber quais estratégias são usadas por um aluno ou um grupo de alunos, pode-se simplesmente observá-los enquanto usam a língua em situações de compreensão e produção oral e escrita. Ao se observar, podem-se utilizar fichas de observação previamente definidas. Por exemplo, suponhamos que um professor esteja interessado em saber se seus alunos estão usando certas estratégias de produção oral, tais como "Respeitando normas de polidez", "Criando envolvimento" ou "Expressando hesitação". Para tal, prepara uma ficha que liste o nome dos alunos na primeira coluna à esquerda e que tenha as estratégias em foco como títulos das outras colunas à direita. Observa, então, uma situação de fala entre os alunos e tica as células correspondentes às estratégias usadas por cada um dos alunos. Observações estruturadas podem registrar outros elementos, como detalhes da situação que desencadeia a implementação de uma estratégia, ou informações sobre o que acontece após o uso dessa estratégia. Observações não estruturadas registram eventos e falas de forma livre, sob a forma de notas.

Como acontece com todos os instrumentos de pesquisa, há vantagens e desvantagens no encaminhamento de observações para geração de dados sobre estratégias. Algumas vantagens incluem o fato de se estar em sala de aula, observando o uso da estratégia "ao vivo" e não ouvindo sobre ela de forma hipotética ou em um momento anterior ou posterior ao seu uso. Uma desvantagem óbvia de observações é que elas não permitem acesso ao que não é observável: não há como se observar, por exemplo, processos de ativação de conhecimento de mundo ou monitoramento de dificuldades de vocabulário se essas estratégias não são verbalizadas. Afinal, como ressalta Chamot (2004: 15) "*observation does not capture mental processes*". Observações também não capturam estratégias afetivas e sociointeracionais que não sejam explicitamente articuladas ou manifestadas através de **paralinguagem**: não há como saber apenas por meio de observação se um aluno lida com sua ansiedade através de *self-talk* (dizendo a si mesmo algo como "Eu vou conseguir fazer isso! Calma! Eu chego lá!") ou se finge concordar com seu **interlocutor** para não lhe causar embaraço. Outro problema ao se observar uma turma é que tal observação pode ser parcial: pode haver alunos que sejam mais participativos e mais "verbais" do que outros, gerando mais dados sobre eles do que os alunos mais quietos. Ao se optar por observar uma ou mais turmas para geração de informações sobre estratégias, deve-se considerar a hipótese de se gravar o evento em áudio e/ou vídeo, o que tem a vantagem de capturar a situação de forma mais permanente, mas por outro lado cria potenciais dificuldades tecnológicas, além de tender a ser mais intrusivo do que a simples observação.

Questionários

O instrumento de pesquisa mais frequentemente utilizado em pesquisas sobre estratégias é o questionário. Tal preferência está provavelmente associada às vantagens desse instrumento: questionários podem ser usados com um grande número de informantes, são de aplicação relativamente fácil, os dados gerados por eles podem ser compilados e comparados facilmente, o que ajuda na sua análise.

Uma grande dificuldade com relação a questionários é que não é simples produzi-los. Formular perguntas que sejam claras, objetivas, não ambíguas, de fácil interpretação e que sejam entendidas de maneira semelhante por todos os informantes é tarefa difícil (ver Dörnyei, 2010, para uma discussão ampla sobre o uso de questionários em pesquisas sobre aprendizagem em língua estrangeira). Uma dificuldade adicional acerca de questionários é que suas respostas não são necessariamente confiáveis: afinal, um informante pode dar uma resposta inadequada ou por não saber como responder ou por não querer responder.

De forma mais geral, uma decisão que precisa ser tomada ao se formular um questionário é se as perguntas serão fechadas, isto é, terão respostas predefinidas (como "sim" ou "não"); se serão abertas, permitindo respostas livres dos informantes; se haverá uma mistura dos dois tipos. Como sempre, há vantagens e desvantagens em cada tipo: perguntas fechadas facilitam a compilação e análise dos dados e são mais rápidas para serem respondidas; no entanto, esse tipo de pergunta não propiciará a riqueza de detalhes e ideias não previamente consideradas pelo pesquisador que perguntas abertas podem propiciar. Uma alternativa é deixar espaços em branco para "comentários adicionais" nas perguntas fechadas.

Um questionário importante no campo de pesquisas em estratégias é o SILL (*Strategy Inventory for Language Learning*), proposto por Oxford (1990): consiste em 50 itens (por exemplo, *I use flashcards to remember English words; I try to talk with native English speakers; I read English without looking up every new word*) aos quais o informante deve reagir marcando uma das seguintes frequências: *never or almost never true of me; usually not true of me; somewhat true of me; usually true of me; always or almost always true of me*. Estima-se que o SILL já foi aplicado a mais de 10.000 alunos (Oxford, 2011: 159), tendo sido traduzido em diversas línguas.

Entrevistas

Como questionários, entrevistas envolvem perguntas feitas pelo pesquisador, com a diferença que as perguntas são feitas oralmente. Entrevistas podem ser estruturadas (em torno de um conjunto de perguntas predefinidas pelo pesquisador, a serem respondidas em ordem também fixa), não estruturadas (a entrevista ocorre sem um plano prévio) ou semiestruturadas (o pesquisador possui um roteiro, mas organiza a entrevista de acordo com seu desenrolar, permitindo que ideias não previstas sejam incorporadas à entrevista). Uma das vantagens das entrevistas é que elas permitem esclarecimentos sobre as respostas (o que não seria possível, por exemplo, por meio de questionários). Outra vantagem é que elas permitem, também, o desenvolvimento de ideias não previamente cogitadas pelo entrevistador, o que potencialmente enriquece a qualidade dos dados gerados.

No entanto, entrevistas tomam muito tempo (se temos de entrevistar um número grande de pessoas, podem tornar-se inviáveis), pode ser difícil organizá-las, necessitam de um local tranquilo e silencioso. Um fator adicional a ser considerado quanto a entrevistas é que pode haver necessidade de gravação (em áudio, em vídeo) da interação, já que tomar notas apenas pode não garantir o registro de todas as informações. Se forem feitas gravações, pode haver a necessidade de transcrição da interação para posterior análise, o que toma muito tempo. Dependendo do tipo de entrevista, os dados gerados podem ser de análise difícil: quanto menos estruturada for uma entrevista, mais complexa será sua análise. No campo das estratégias, entrevistas podem ser usadas para se fazerem perguntas gerais sobre crenças, atitudes e usos a respeito de estratégias. Podem ser usadas, também, para se perguntar sobre estratégias empregadas numa situação recentemente ocorrida. Nesse último caso, podem confluir com o que se chama de relatos verbais.

Relatos verbais

Uma forma de se entender melhor sobre as estratégias usadas por um aprendiz é pedir-lhe que relate sua experiência (ao ler, escrever, ouvir ou falar em inglês) logo após a ocorrência do evento. Por serem feitos após o evento comunicativo, relatos verbais têm a limitação de que a informação pode não ser confiável. Afinal, muitas decisões e ações ao se fazer uma tarefa podem ou terem sido esquecidas até o momento do relato verbal, ou serem mesmo inconscientes, tornando a sua articulação impossível. Uma vantagem de relatos verbais é que eles estão necessariamente atrelados a uma situação de uso da língua e, portanto, à implementação de estratégias. Isso faz com que haja mais chances de se gerarem informações que situem a aplicação de estratégias a usos contextualizados: em outras palavras, um relato verbal de um aluno sobre uma situação de *listening* pode indicar que tal aluno tende a fazer previsões antes de uma tarefa de múltipla escolha, mas não antes de tarefas de preenchimento de lacunas. Tal comportamento pode ser indicador de decisões conscientes do aluno (por exemplo, achar que é desnecessário prever antes de preencher lacunas ao ouvir), mas também pode levar o pesquisador (e por conseguinte, o aluno) a perceber que a estratégia poderia ser útil nas duas situações. Como entrevistas, relatos verbais têm dificuldades associadas à logística (o tempo e local necessário), à tecnologia (a necessidade de gravação) e ao tempo necessário para compilação e análise dos dados. Apesar dessas dificuldades, esses relatos têm o potencial de gerar dados significativos sobre o aprendiz e seu uso de estratégias em contexto.

Think-alouds

Assim como relatos verbais, *think-alouds* estão associados à geração de dados sobre estratégias com relação a um contexto específico de uso da língua. Diferentemente de relatos verbais, *think-alouds* não ocorrem depois do uso, mas, sim, durante ele. Por exemplo, para se examinar como um de nossos alunos lê um determinado texto, podemos pedir-lhe que, ao ler, engaje simultaneamente num processo de "pensar em voz alta" em que articule seus pensamentos oralmente ao mesmo tempo em que lê um texto. Durante esse *think-aloud*, então, o aluno poderia expressar questionamentos ("Hmm... Acho que *comprehensive* é um falso amigo, mas não tenho certeza."), decisões ("Não entendi essa frase. Vou ignorá-la por enquanto e voltar a ela depois."), ou conclusões ("Esse parágrafo dá exemplos de mulheres pioneiras na medicina."). Por esses exemplos hipotéticos é fácil concluir que os relatos feitos por meio de *think-alouds* trazem informações riquíssimas sobre as estratégias usadas pelo aluno (quais são, como elas se manifestam, em que situações), assim como pelas não usadas, mas que poderiam ter algum impacto positivo na experiência de uso da língua: por exemplo, imaginemos que um aluno demonstre, utilizando um *think-aloud*, uma preocupação excessiva em entender todos os detalhes do texto numa tarefa de leitura para responder a poucas perguntas específicas sobre o texto em um tempo curto. Esse aluno poderia se beneficiar de uma aplicação de *scanning* (leitura à procura de informações específicas) nessa tarefa. Ao perceber o desvio do foco do aluno através da análise do *think-aloud*, o professor-pesquisador poderia apresentar (ou relembrar) a estratégia ao aluno para futuras aplicações. Se o aluno não tivesse proporcionado tal informação ao professor-pesquisador através do *think-aloud* é possível que o desvio de foco permanecesse desconhecido. No entanto, há problemas com esse instrumento de pesquisa: eles são extremamente difíceis de serem operacionalizados (não é fácil ler e pensar em voz alta ao mesmo tempo; mais difícil ainda é ouvir e falar em voz alta) e, desta forma, requerem prática. Além disso, o uso de *think-aloud* pode afetar o encaminhamento da situação de uso da língua (seja ouvindo, lendo, falando ou escrevendo), alterando os caminhos que o aluno tomaria se não estivesse "pensando em voz alta". De um modo geral, os pesquisadores da área concordam que *think-alouds* têm um grande valor na geração de dados sobre uso estratégico mas devem ser usados com cautela, e em combinação com outros instrumentos de pesquisa. Como resume Smagorinsky (1994: 16): "*When researchers are attentive to the potential problems caused by the procedure and take steps to control and account for them, think-aloud protocol collection and analysis can be a remarkably illuminating research methodology*".

Diários

Outra forma de pedir aos alunos que comentem sobre as estratégias que usam é através de diários que podem ser escritos à mão ou digitados (nesse caso, podem ter a forma de *blogs*). Diários podem ter uma forma convencional (os alunos registram livremente seus pensamentos e sentimentos sobre o uso de estratégias em situações do dia), ou podem ser estruturados, ao redor de áreas previamente definidas. Por exemplo, pode-se pedir aos alunos que registrem, após cada aula, as tarefas realizadas, as dificuldades encontradas, o que fizeram para lidar com tais dificuldades, os resultados, o que poderiam fazer de forma diferente no futuro. De certa forma, diários têm o potencial de funcionar como ferramentas de mediação, auxiliando seus escritores a refletir sobre seus problemas e a delinear soluções para eles. Desta maneira, encaixam-se bem numa concepção de desenvolvimento de estratégias como mecanismos de autorregulação, levando à autonomia e apropriação do conhecimento. Outras vantagens associadas ao uso de diários é que eles permitem acesso a informações ao longo do tempo, não se restringindo ao uso de estratégias em poucos eventos comunicativos. Algumas desvantagens de diários são: requerem disciplina e sistematicidade por parte dos alunos, e há que se levar em conta que nem todos gostam de escrever diários! Outros potenciais problemas são a grande quantidade de dados gerados, o que dificulta a análise especialmente quando são não estruturados.

Algumas conclusões sobre a geração de informações sobre estratégias

Nesta seção fizemos um breve apanhado de alguns recursos disponíveis para se construir informações sobre as estratégias usadas (bem como as estratégias não usadas) por aprendizes. Vimos que não há uma forma ideal, perfeita, de se encaminhar essas investigações, que todos os instrumentos têm vantagens e desvantagens, cabendo ao investigador considerar seus objetivos e outros elementos contextuais e escolher os instrumentos adequados a tal contexto. É prática comum na área usar-se uma combinação de instrumentos de pesquisa ao se investigar estratégias.

Vale destacar, nesta conclusão, que o uso de diferentes instrumentos de pesquisa pode gerar dados diferentes, como demonstrado por Levine e Reeves (1998) em seu estudo sobre *writing* e *reading strategies*: os pesquisadores usaram *think-alouds* e questionários com um mesmo grupo e cada um dos dois instrumentos gerou informações complementares mas não necessariamente idênticas.

Outro ponto a ser destacado nesta conclusão é que é necessário haver coerência entre o que se entende por estratégias, o que se entende por conhecimento e o que se faz para desenvolver conhecimento sobre estratégias. Em outras palavras, nossas posições ontológicas (o que percebemos como "realidade"; nesse caso, como percebemos a noção "estratégias"), epistemológicas (sobre o que é o conhecimento e como ele é construído) e metodológicas (sobre como podemos, de forma mais prática, construir conhecimento sobre algo) também afetam nossos entendimentos. No caso específico de pesquisa em estratégias, consideremos um cenário em que um pesquisador parta da premissa de que estratégias são fenômenos mentais, não observáveis, e que o conhecimento sobre elas envolve **processos cognitivos** muitas vezes inconscientes. Se esse pesquisador usa observações para gerar dados sobre estratégias, haverá uma incoerência entre as posições ontológico-epistemológicas e as posições metodológicas desse investigador, invalidando seus resultados.

Pausa para reflexão

- Considere a possibilidade de explorar as estratégias usadas por seus alunos. Qual/Quais instrumento de pesquisa você iria usar? Por quê?

- Tente elaborar um questionário simples para explorar as estratégias de leitura usadas pelos seus alunos. Reflita sobre cada decisão a ser tomada: formato / conteúdo / tipo de perguntas etc. Quando o questionário estiver pronto, peça a três ou quatro pessoas para respondê-lo e para comentar sobre o processo de responder ao questionário: ele está claro? Há perguntas confusas? Ele está muito longo? Reflita: o que você aprendeu sobre fazer questionários ao final do processo?

- Experimente o processo de fazer um *think-aloud* encaminhando você mesmo uma produção escrita em inglês: ao escrever, vá pensando em voz alta. Se possível, grave o *think-aloud*. Em seguida, reflita: quais as dificuldades encontradas ao encaminhar um *think-aloud*? Os dados gerados na gravação trouxeram-lhe alguma surpresa?

Pesquisas em estratégias

Como aponta Macaro (2001: 71-2), há dois tipos de estudos na área de *learner strategies*: estudos descritivos, que procuram descrever as características do "*good language learner*", identificar o tipo e frequência de estratégias usadas por um aluno ou grupos de alunos e comparar as estratégias usadas por diferentes grupos de aprendizes. O segundo grupo envolve estudos intervencionistas, que tentam promover algum tipo de mudança no comportamento estratégico de um ou mais aprendizes.

Nesta seção comentaremos alguns resultados obtidos por estudos nessas duas áreas. É importante ressaltar, porém, que a discussão que se segue não tem a intenção de ser uma revisão ampla da literatura; para tal orientamos o leitor a consultar Cohen e Macaro (2007b), que oferecem revisão crítica da literatura sobre estratégias em várias subáreas (métodos, definições, habilidades, entre outras). O objetivo desta seção é apresentar e examinar algumas conclusões importantes construídas a partir de pesquisa na área ao longo de quase quatro décadas e tecer considerações sobre essas conclusões no contexto do ensino de inglês no Brasil. As questões aqui examinadas têm caráter geral e serão ampliadas posteriormente na discussão sobre o que sabemos a respeito de estratégias com referência a cada uma das habilidades linguísticas (na seção "As habilidades").

Estudos descritivos

Os estudos descritivos constituíram, como já comentado, a base dos estudos sobre estratégias a partir da procura da identificação das estratégias usadas por *good language learners*. Um dos estudos pioneiros nessa área no contexto de aprendizagem de L2 foi feito por Carol Hosenfeld em 1977 através do uso de *think-alouds* numa situação de leitura em L2 (francês, espanhol, alemão) em uma universidade norte-americana. Com base nesses relatos, a pesquisadora concluiu que os leitores mais proficientes usavam estratégias diferentes dos menos proficientes, entre elas, foco no sentido global do texto, uso de tradução em "blocos", e não de palavras isoladas, uso do glossário de forma criteriosa, autopercepção positiva como leitor.

Logo em seguida proliferaram-se os estudos envolvendo observações em sala de aula. O estudo de O'Malley et al. (1985) é tido como um dos pioneiros com esse foco: além de observar as estratégias usadas por aprendizes de L2 eles também estavam interessados em identificar potenciais diferenças no comportamento estratégico de alunos iniciantes, intermediários e avançados. De la para cá, inúmeros estudos foram feitos na área, examinando-se tais diferenças, o relacionamento do uso de estratégicas com a proficiência dos alunos, sua idade e sexo, entre outros.

O vasto acervo de estudos encaminhados na área estabeleceu alguns entendimentos conclusivos sobre *learner strategies*. Algumas dessas conclusões são resumidas por Chamot (2005: 115) da seguinte forma:

> *Taken together, these studies identified the good language learner as one who is a mentally active learner, monitors language comprehension and production, practices communicating in the language, makes use of prior linguistic and general knowledge, uses various memorization techniques, and asks questions for clarification.*

Em seu resumo sobre o que sabemos a respeito de aprendizes bem-sucedidos, Macaro (2001: 38) chama a atenção para o vasto repertório de estratégias afetivas apresentado por esses aprendizes, o que os orienta a posicionar-se com o *right frame of mind* diante das situações de uso da língua estrangeira e a concentrar-se de forma adequada às situações. Tal orientação, por tabela, tem um impacto positivo na motivação desses aprendizes.

Um ponto repetidamente destacado nos estudos descritivos sobre *learner strategies* (Cohen, 1998; Macaro, 2001: 38; O'Malley e Chamot, 1990) é que aprendizes eficientes tendem a fazer maior e melhor uso de estratégias metacognitivas, planejando seu uso e aprendizagem da língua, monitorando tais processos e avaliando o uso das estratégias que estão sendo e que foram usadas, criando novos planos de ação (que deverão incluir a implementação de novas estratégias) se algo não funciona bem. Esse ponto também é citado nos Parâmetros Curriculares Nacionais (Brasil, 1999: 33): ao tratar do aspecto metacognitivo da aprendizagem, o documento destaca o uso de estratégias metacognitivas ou controle de aprendizagem, concluindo que "as pesquisas indicam que quando os alunos controlam a aprendizagem têm mais sucesso nesse processo".

Além disso, os estudos na área indicam que aprendizes bem-sucedidos conhecem os potenciais benefícios associados ao uso de certas estratégias e que consideram sua aplicação de forma contextualizada. Em outras palavras, esses aprendizes não usam determinada estratégia "num vácuo", mas optam pela sua aplicação com base em condições contextuais de uso da língua (ao ler, escrever, falar ou ouvir) e em suas experiências e preferências (Chamot, 2005: 116; Hsiao, 2004).

Os pontos acima são de extrema importância para o entendimento da concepção de estratégias adotada neste livro; afinal, ele é fundamentado pela noção de que uma estratégia não é "boa" ou "má" por si só. Uma estratégia "pode ser" adequada num dado momento de comunicação ou aprendizagem, e portanto só pode ser entendida dentro de um contexto de uso específico da língua (Chamot, 2005: 113; Takeuchi e Wakamoto, 2001; Wharton, 2000).

Dada a centralidade dessa noção (e o fato de que ela vai contra crenças originalmente estabelecidas na área), vale a pena desviarmo-nos brevemente do levantamento de conclusões a respeito de estudos descritivos sobre estratégias para comentarmos algumas estratégias de forma específica, a fim de ilustrar o ponto acima. Tomemos, para começar, uma situação de leitura: uma leitura rápida inicial de um texto (*skimming*), por exemplo, não é potencialmente útil (e, portanto, não é aconselhável) quando temos pouco tempo para achar uma informação específica em um texto ou quando lemos um romance por prazer e/ou entretenimento e não queremos saber o que vai acontecer no final do texto. Em uma conversa, o uso de perguntas para promover o envolvimento do interlocutor pode ser apropriado se a situação permitir que se façam tais perguntas; em uma conversa com alguém hierarquicamente superior a nós, não é aconselhável que façamos perguntas demais ao nosso interlocutor. Ao fazer um exame de inglês que envolva uma atividade de *listening* para identificação da ideia geral do texto, não é apropriado focar a atenção em informações específicas. Também em *writing* a mesma estratégia pode ser apropriada numa situação, e inapropriada em outra: o uso de revisão no texto que escrevemos a partir da observação de textos similares pode ser uma estratégia útil quando temos tempo extra para rever com cuidado algo que escrevemos previamente, ou se estamos escrevendo algo que não deve conter problemas de conteúdo ou de forma (por exemplo, uma *application letter* para um emprego ou uma vaga em uma escola ou universidade). No entanto, tal estratégia não será tão apropriada numa situação de escrita mais informal (um bilhete para um amigo, por exemplo) ou quando não temos tempo ou recursos para tal revisão (por exemplo, ao escrever no metrô uma mensagem de texto respondendo a uma pergunta urgente).

Um ponto final a ser destacado neste apanhado de resultados sobre estudos descritivos em *learner strategies* é o fato de que atualmente se entende que um aprendiz estratégico tende a usar não estratégias isoladas, mas uma combinação de estratégias, ao lidar com situações de uso da língua (Chamot e Küpper, 1989; Goh, 2002; Graham, Santos e Vanderplank, 2008; Oxford et al., 2004). Tal combinação é descrita na literatura como *orchestration of strategies*, podendo ocorrer em sequência, criando o que se conhece como *strategy chains*; ou com o uso simultâneo de várias estratégias, criando *strategy clusters*. Não é sempre fácil fazer a distinção entre os dois tipos de usos, mas acredita-se que, por exemplo, a estratégia "Aplicando conhecimento prévio" seja desejável em toda e qualquer situação de produção e compreensão oral e escrita, em combinação com outras estratégias. Acredita-se, também, que, quanto mais desafiadora for a atividade, mais estratégias o leitor deverá ativar a fim de ser bem-sucedido na tarefa.

Estudos intervencionistas

Enquanto os estudos descritivos têm como objetivo apresentar um "retrato" de situações que envolvam uso de estratégias, os estudos intervencionistas funcionam como um "filme", explorando no decorrer de um tempo a possibilidade de se mudar o comportamento estratégico de aprendizes. Esses estudos são, consequentemente, pautados em duas premissas básicas: a primeira delas é que, com maior repertório de estratégias e melhor desempenho na implementação dessas estratégias, os alunos tornar-se-ão mais competentes no seu uso e aprendizagem da língua estrangeira; a segunda, que é possível se ensinar estratégias.

Essas premissas causam debate entre acadêmicos: críticos argumentam que os alunos não precisam aprender sobre estratégias porque já possuem estratégias no seu uso da língua materna (Kellerman, 1991) que os alunos fariam melhor uso do seu tempo se estudassem mais sobre a língua propriamente dita do que sobre estratégias (Swan, 2008); que não há evidências de que a incorporação de estratégias traga de fato melhoras ao processo de aprendizagem (Rees-Miller, 1993).

No entanto, não há respaldo na literatura para a noção de transferências de estratégias de L1 para L2, ou seja, não há evidências de que aprendizes de uma língua estrangeira sejam capazes de transferir seu comportamento estratégico de uma língua para a outra (Macaro, 2001: 43-44; Oxford, 2011: 247). Em outras palavras, um aluno brasileiro que sabe quando e como fazer inferências ao ler em português não saberá necessariamente aplicar esta mesma estratégia na sua leitura de textos em inglês. O mesmo acontece com, por exemplo, a atenção para *key words* ao ouvir, o uso de hesitação ao falar, ou a preocupação com as necessidades do leitor ao escrever: essas estratégias podem ser bem utilizadas na língua materna mas seu uso em língua estrangeira precisa ser trabalhado até ficar sistematizado.

Quanto à possibilidade de a aprendizagem de estratégias trazer ou não benefícios na aprendizagem de uma língua estrangeira, o primeiro ponto a ser comentado é que não há um grande número de estudos intervencionistas sobre *learner strategies*, como registrado nas três revisões da literatura mais recentes nesta área (Chamot, 2005; Hassan et al., 2005; Rubin et al., 2007). No entanto, os estudos disponíveis apontam que essas intervenções podem ter efeito positivo, e alguns exemplos são:

- Ikeda e Takeuchi (2003) encaminharam um estudo intervencionista com 210 alunos de inglês como língua estrangeira numa universidade japonesa. Dois grupos de alunos (um de iniciantes, outro de alunos avançados) receberam instrução explícita sobre várias estratégias de leitura (por exemplo, fazer inferências, fazer resumos, usar atenção seletiva ao ler) durante oito semanas, de forma integrada no seu curso regular. Após esse tempo, esses alunos foram testados e, em comparação com um **grupo de controle**, os resultados mostraram diferença na frequência de uso de estratégias pelos alunos mais avançados. Um resultado adicional, mais importante, é que esses resultados se mantiveram cinco meses após a conclusão da intervenção.
- *Oxford Writing Strategies* (Macaro, 2001: 128-174) teve como objetivo *"help 14-15-year-old learners of French to learn more about themselves as writers and thereby improve their writing potencial"* (Macaro, 2001: 128). Após a pesquisa, os alunos que tiveram acesso a estratégias relataram algumas mudanças no seu comportamento ao escrever, por exemplo: a usar o dicionário de forma mais seletiva; a tentar resolver as dificuldades com mais

independência, sem o auxílio do professor; a checar o trabalho escrito mais cuidadosamente.

- Um dos raros exemplos na literatura sobre estudos intervencionistas na área de *listening strategy* é o estudo de Graham e Macaro (2008). Nele, os pesquisadores descrevem uma intervenção feita com 68 alunos intermediários de francês em escolas inglesas em que os alunos foram divididos em três grupos: *high scaffolding* (que receberam maior andaimento), *low scaffolding* (que receberam menor andaimento) e um grupo de controle que não recebeu a instrução. Os instrumentos usados incluíram debate sobre taxonomia de estratégias (e uso dessas taxonomias como referência durante as atividades de *listening*), material para conscientização sobre fronteiras entre palavras e distinção entre **grafemas** e **fonemas**, entre outros. No final do estudo, ambos os grupos que receberam a instrução tiveram melhor desempenho que o grupo de controle.
- Nakatani (2005) relata a inclusão de instrução sobre metacognição em interação oral no trabalho com um grupo de aprendizes de inglês no Japão. Após o trabalho, o grupo que recebeu a instrução teve melhor desempenho em testes orais do que um outro grupo que não recebeu a mesma instrução (ambos os grupos foram testados antes e depois da intervenção). Além dessa melhora de caráter quantitativo, o estudo indica, através da análise qualitativa das transcrições e narrativas orais posteriores à tarefa, que os participantes que receberam instrução em estratégias demonstravam conscientização sobre o uso de certas estratégias potencialmente facilitadoras da interação tais como negociação de sentido, manutenção de face, manutenção de fluência.

Apresentamos acima uma breve amostragem de estudos intervencionistas bem-sucedidos. É importante considerar, no entanto, como ressaltam Hassam et al. (2005), que os resultados disponíveis na literatura mostram que "*there is sufficient research evidence to support claims that training language learners to use strategies is effective, but it is not possible to say from this evidence whether the effect of training is long-lasting or not*".

Um outro ponto importante a ser considerado nesta discussão sobre estudos intervencionistas refere-se à terminologia usada nessas investigações. Alguns pesquisadores usam o termo *training* (por exemplo, Graham, 2007; Hassan et al., 2005; Macaro, 2001; Wenden, 1987b); outros, *instruction* (Chamot, 2005; Cohen, 1998; Grenfell e Harris, 1999; O'Malley e Chamot, 1990; Oxford, 1990; Rubin et al., 2007). Poderíamos argumentar que nenhum dos dois termos é adequado em uma perspectiva sociocultural de ensino-aprendizagem. Nesse sentido, Oxford (2011: 174) propõe que "*strategy assistance is far broader than direct, teacher-led strategy instruction*", uma vez que a noção de "*assistance*" retoma a perspectiva sociocultural de ensino-aprendizagem, conceituando aprendizagem como uma atividade mediada (por livros, tecnologia, pares mais competentes, linguagem) e não como algo que pode ser obtido por meio de "treinamento" ou "instrução direta".

O estudo de Donato e McCormick (1994) orienta-se por essa perspectiva. Ele consiste em um estudo de caso em uma turma de francês como língua estrangeira numa universidade norte-americana, em que os alunos desenvolveram portfólios em que tinham de mostrar evidências do desenvolvimento de seu desempenho oral acompanhadas de justificativa para a escolha de suas evidências, refletindo sobre o seu desempenho. Tais comentários eram lidos e comentados pelo professor, com o objetivo de orientar um processo de desenvolvimento de estratégias em que os próprios alunos identificavam, refinavam e desenvolviam suas estratégias.

O processo descrito acima encaixa-se bem no conceito de andaimento que apoia abordagens socioculturais de aprendizagem. Encaixa-se, também, na definição de *strategy assistance* proposta por Oxford (2011): "*any type of help (a) that is appropriate of the learner's culture and relevant to his or her needs and (b) that the learner receives to improve the use of self-regulated L2 learning strategies*".

Esta obra também conceitua o ensino e a aprendizagem de estratégias como uma prática sociocultural que deve ser encaminhada não por meio de "treinamento" ou "instrução direta" (conceitos que remetem a uma **abordagem behaviorista** de ensino), mas, sim, com base em "assistência"/"apoio" por um par mais competente que pode ser o professor, um colega, livros como este. Neste sentido, este livro pretende prover andaimento em duas dimensões: a primeira delas envolve andaimento para o professor-leitor desta obra, que pode partir desta leitura para construir novas aprendizagens e reflexões sobre *learner strategies* e sua pedagogia. A segunda dimensão de andaimento ocorre no contexto da sala de aula e nas relações professor-aluno. A próxima parte deste livro ("Recursos") tem o objetivo geral de trazer mais subsídios para que esse andaimento em sala de aula seja operacionalizado. Mas antes disso, ainda nesta parte, teceremos algumas considerações preliminares sobre o ensino de estratégias em sala de aula e sobre o que sabemos sobre estratégias em cada uma das quatro habilidades linguísticas.

O ensino de estratégias na sala de aula

O objetivo desta seção não é oferecer um modelo de ensino-aprendizagem de estratégias, mas sim apresentar e discutir alguns aspectos fundamentais que devem ser considerados ao se cogitar um trabalho de "*strategy assistance*" em sala de aula: o papel do professor, a língua usada no trabalho de desenvolvimento das estratégias e os recursos a serem utilizados nesse trabalho. Leitores que estejam interessados em se aprofundar sobre o assunto podem consultar Chamot, 2005; Cohen, 1998 (Capítulo 5); Grenfell e Harris, 1999 (Capítulo 5); Macaro, 2001 (Capítulo 5) e Oxford, 2011 (Capítulo 6).

O papel do professor

Como em qualquer outro procedimento pedagógico, o ensino de estratégias deve ser fundamentado em teorias de ensino e aprendizagem. Como já comentado, este livro é orientado por uma abordagem sociointeracional de ensino-aprendizagem, de acordo com a qual a aprendizagem ocorre a partir do desenvolvimento de um contexto de apoio (ou andaimento) proporcionado por um par mais competente. Este "par mais competente" pode ser o professor, um colega, ou livros como este. Da mesma forma que este livro pretende apoiar o professor de inglês na sua aprendizagem sobre *learner strategies*, espera-se o que professor possa incorporar um trabalho com estratégias em suas aulas a partir de sua aprendizagem com as questões abordadas neste livro, auxiliando seus alunos a se engajarem em descobertas, práticas e reflexões sobre suas estratégias ao ler, escrever, ouvir e falar em inglês. Em outras palavras, entende-se que o auxílio dado nas duas dimensões inclui a apresentação de informações e ideias para reflexão, apoio em tomadas de decisão que não conseguiriam ser feitas sem tal apoio, ganho contínuo de automomia e controle das aprendizagens.

Cabe ao professor avaliar as condições contextuais de seu trabalho com o ensino de língua inglesa e tomar decisões fundamentadas sobre as estratégias mais relevantes em seu contexto, sobre quando e como apresentá-las e sobre como oferecer oportunidade de sistematização dessas estratégias. O envolvimento dos alunos nessas tomadas de decisão é sempre recomendável uma vez que o sucesso dessa aprendizagem depende da conscientização e comprometimento dos aprendizes nesse processo.

A língua usada no desenvolvimento das estratégias

Ao promover um trabalho com *learner strategies* na aula de inglês como língua estrangeira, uma decisão fundamental envolve o idioma que deve ser utilizado durante tal trabalho. Existe um debate na literatura a esse respeito, havendo sugestões que alunos iniciantes terão dificuldade em aprender sobre estratégias se a comunicação for feita na língua-alvo (Macaro, 2001). Há sugestões também de uso da língua-alvo quando possível, ou uma combinação da língua materna e da língua-alvo; por exemplo, o professor usa a língua-alvo e os alunos respondem/reagem na língua de sua escolha (Chamot, 2005). Essa última alternativa é viável em turmas monolíngues, mas de mais difícil aplicação em turmas em que haja falantes de línguas diferentes. De qualquer forma, é importante explicar aos alunos que "a língua materna deve estar presente como suporte e referência no ensino e na aprendizagem de idiomas no ensino médio" (Brasil, 1999: 105) e que o uso do português como mediador do desenvolvimento das estratégias não é um desvio de foco da aula de inglês, mas um facilitador de um trabalho que almeja ensinar o aluno a aprender a usar a língua inglesa de forma mais competente.

Recursos

Considerando-se, então, que se deseje implementar um trabalho com estratégias nas nossas aulas, a pergunta que se segue é: o que podemos usar como recursos para tais aulas?

Para responder a essa pergunta, é importante lembrar que não são os recursos em si que devem orientar decisões didático-pedagógicas em um nível mais fundamental, mas, sim, os objetivos que se deseja alcançar. Em outras palavras, ao se planejar uma aula, a pergunta essencial não é "o que devo usar na minha aula?", mas, sim, "quais são os objetivos dessa aula?".

Concebendo-se, portanto, os objetivos do trabalho com estratégias no âmbito da conscientização dos alunos sobre (1) a existência de estratégias; (2) a possibilidade de usá-las; (3) a forma de implementá-las; e (4) a reflexão sobre seus benefícios, concluímos que os recursos a serem utilizados nesse trabalho precisam contemplar essas quatro áreas. Os materiais a serem usados na busca de tais objetivos são decisões posteriores.

A fim de demonstrar como um mesmo material pode ser abordado de formas diferentes no trabalho de desenvolvimento de uma estratégia, imaginemos a seguinte situação: um professor deseja fazer um trabalho envolvendo a estratégia "Aplicando conhecimento prévio". O texto escolhido como apoio é parte de um folheto do NHS, órgão de saúde pública do Reino Unido, sobre o tema (ver abaixo). Para trabalhar tal estratégia com o texto, o professor prepara a seguinte atividade:

Atividade A

1 > You are going to read a text about blood donation. The text was produced by the British National Health Service. Before you read the text, think: what do you know about blood donation?

2 > Now read the text and mark T or F for each of the statements below:

a. ( ) Hospitals don't need a lot of blood donations.
b. ( ) Blood donations are required primarily because of accidents.
c. ( ) Hospitals need all types of blood.
d. ( ) If you are 18 you can give blood.

Hospitals need the equivalent of 10,000 blood donations every day. Blood is used not just in accidents and emergencies but in the treatment of cancer and burns, in childbirth, heart surgery and in the transplantation of organs.

The continued success of these and other treatments depends on regular blood donations from people like you.

It's all kinds of blood we need - not just rare ones. In fact the commoner the blood type, the more we need.

Almost anyone aged 17 to 60 years and in general good health can give blood. So, if you've not donated before, or you have not donated for some time, why not do something amazing today.

Como se vê, a estratégia está incorporada ao Exercício 1. No entanto, não se faz menção direta a seu nome, e é improvável que os alunos, ao fazerem o exercício, percebam que a ativação de conhecimento prévio seja uma estratégia de leitura. O mais provável é acharem que essa ativação (por meio da pergunta no Exercício 1) seja apenas uma "tarefa" como a que se segue no Exercício 2.

Vejamos duas outras alternativas para se trabalhar a estratégia com o mesmo texto:

Atividade B

1 > You are going to read a text about blood donation. The text was produced by the British National Health Service. Before reading the text, you are going to activate your knowledge about the topic: what do you know about blood donations?

REMEMBER: The activation of prior knowledge about the topic of a text before reading helps you make a connection with the text.

2 > Now read the text and mark T or F for each of the statements below:

[...]

Atividade C

1 > You are going to read a text about blood donation. The text was produced by the British National Health Service. Before reading the text, you are going to activate your knowledge about the topic:

a. What is blood donation?
b. Who needs it?
c. What are the difficulties associated with it?
d. Do you know someome who gives blood regularly?
e. What else do you know about the topic?

REMEMBER:

- The activation of prior knowledge about the topic of a text before reading helps you make a connection with the text.
- The activation of prior knowledge is especially useful when you have some time before you read; but you can use it while you are reading as well!

2 > Now read the text and mark T or F for each of the statements below:

[...]

As Atividades B e C exploram a estratégia de uma forma mais abrangente que a Atividade A. Na Atividade B, o nome da estratégia é mencionado, assim como a finalidade da estratégia; na Atividade C, além desses dois pontos adicionais, há também uma aplicação mais detalhada da estratégia, bem como um esclarecimento sobre sua utilidade.

Oxford (2011: 181) caracteriza os três tipos de abordagem acima da seguinte forma: a Atividade A seria um exemplo de *blind (covert) strategy instruction;* a Atividade B, de *somewhat informed strategy instruction*; a Atividade C, de *informed strategy instruction.* A sua taxonomia de tipos de trabalho com estratégias ainda envolve um quarto tipo, sendo esse o mais explícito e, portanto, o mais recomendável: *Completely informed strategy instruction (strategy-plus-control instruction).* Nesse tipo de trabalho, as estratégias são nomeadas, seu uso é demonstrado, esclarecimentos são dados sobre seus objetivos e seus benefícios. E mais: além de se pedir aos alunos que apliquem a estratégia, promove-se também uma reflexão sobre seu uso, uma avaliação do sucesso de sua implementação e a criação de oportunidades para transferência da estratégia em novas tarefas.

As discussões sobre estratégias, bem como as sugestões de exercícios e leituras extras apresentadas na próxima parte deste livro ("Recursos") ilustram com precisão as características deste quarto tipo de trabalho com estratégias, com a ressalva de que a noção de "*assistance*" descreveria melhor tal conteúdo do que "*instruction*", conforme discutido anteriormente.

Pausa para reflexão

- Você já implementou algum trabalho sobre estratégias em suas aulas? Em caso afirmativo, qual ênfase você acredita ter dado nesse trabalho: "*training*", "*direct instruction*" ou "*assistance*"? Procure justificar seus comentários.

- Como você julga o uso do português para o trabalho com estratégias? Seu emprego é necessário ou desnecessário? Problemático ou adequado? Por quê?

- Cohen (1998: 79) aponta que "*many foreign language textbooks have begun to appear that (implicitly or explicitly) 'embed' strategies into the class activities and thus into the language curriculum.*" Você concorda com essa afirmativa? Nos livros didáticos que você conhece e/ou adota quais tipos de trabalho com estratégia são privilegiados? Use a taxonomia de Oxford (2011: 181) apresentada acima para encaminhar essa reflexão.

As habilidades

A fim de apresentar alguns elementos fundamentais para o entendimento das estratégias a serem apresentadas na próxima parte deste livro, esta seção provê uma breve revisão crítica da literatura sobre a noção de estratégias no âmbito de cada uma das habilidades linguísticas.

O que sabemos sobre estratégias de compreensão escrita

Estratégias podem apoiar o início, o progresso e o fim de uma atividade de leitura. Em outras palavras, há estratégias para serem ativadas no que normalmente se descreve como pré-leitura, leitura e pós-leitura. Por exemplo, previsão do assunto do texto, monitoramento da coerência da leitura e avaliação sobre o uso das estratégias usadas, respectivamente.

Para entender como as estratégias podem apoiar esse processo, é importante compreender o que o ato de leitura envolve e quais as suas potenciais dificuldades. Dois modelos de leitura têm tido influência entre aqueles que fazem pesquisa na área. O primeiro deles, surgido nas décadas de 60 e 70 do século passado, descreve a leitura como um procedimento que envolve processos *bottom-up* (do texto para o leitor) e processos *top-down* (do leitor para o texto). Processos *bottom-up* incluem o foco nas partes que formam uma palavra para o seu entendimento; processos *top-down*, ativação de conhecimento prévio para entendimento do texto.

Estudos subsequentes demonstraram que um leitor competente faz uso de ambos os processos de forma interativa, e que eles não são opostos mas, sim, coexistentes num contínuo. Por exemplo, numa situação de leitura, para se construir sentidos ao ler um texto, não seria o caso de **ou** se tentar compreender o sentido de uma palavra a partir dos seus "vizinhos" na frase **ou** se tentar ativar conhecimento prévio sobre o assunto do texto. É bem provável (e mesmo desejável) que esses dois processos coexistam de forma complementar. Já naquela época tinha-se a indicação, a partir de resultados de estudos na área, que leitores bem-sucedidos sabiam transitar de forma eficaz entre processos *top-down* e *bottom-up*. Note-se, também, que alguns desses processos já começavam a ser chamados de estratégias.

Na década de 90 desenvolveu-se uma concepção mais complexa sobre a leitura. Àquela época, começava-se a se entender a leitura de uma forma interativa e dinâmica, envolvendo não apenas processos cognitivos *top-down* e *bottom-up*, mas também outros elementos contextuais como o evento de leitura, a experiência do leitor com outros textos, o suporte em que o texto é escrito (no papel, na tela, no tecido, em metal), as decisões tomadas pelo leitor, incluindo as estratégias de leitura. Esta concepção tende a ser a mais aceita atualmente entre os estudiosos de leitura.

Neste contexto, estudos recentes sobre estratégias de leitura apontam que, ao ler numa língua estrangeira, leitores bem-sucedidos costumam saber:

- Focar a atenção no sentido geral do texto durante a leitura;
- Ignorar palavras desconhecidas e tentar inferir seus significados pelo contexto;
- Usar o dicionário de forma seletiva, após refletir sobre a necessidade de tal consulta no contexto da leitura;
- Focar a atenção em grupos de palavras (e não em palavras isoladas);
- Usar a estrutura do texto como apoio na leitura;
- Monitorar as estratégias usadas na leitura.

O que sabemos sobre estratégias de produção escrita

Do mesmo modo que o entendimento de *reading strategies* está atrelado às diferentes maneiras através das quais a leitura foi conceituada ao longo do tempo, a pesquisa em *writing strategies* também está fortemente associada às concepções da escrita.

Até os anos 80 do século passado, a tendência mais aceita no entendimento de *writing* era o que se conhece na literatura como "*product approach*", em que a escrita é entendida como um "produto": sob esta ótica, a produção escrita tem foco no "texto final" propriamente dito, privilegiando-se, desta forma, a atenção para o vocabulário, a gramática e alguns aspectos formais do texto tais como sua organização em partes (por exemplo, introdução, desenvolvimento e conclusão) e o uso de **tópicos frasais**. Neste cenário, não há ênfase no trabalho com estratégias de forma direta, uma vez que, para escrever bem, bastaria que o escritor tivesse bom **conhecimento sistêmico** e **conhecimentos de organização textual**.

A partir dos anos 80, outras duas abordagens sobre produção escrita ganharam ímpeto: *process writing* e *genre writing.* Uma das interpretações mais influentes de *process writing* foi proposta por Flower e Hayes (1981): nessa abordagem, o foco deixa de ser no texto propriamente dito e passa a ser no escritor. A escrita, por sua vez, passa a ser entendida como um processo que inclui geração de ideias, coleta de dados, produção de rascunhos e revisões, até a publicação do texto. Em ELT (*English Language Teaching*), o modelo de *process writing* mais influente é o de White e Arndt (1991), que conceitua *writing* como um ciclo não linear que envolve seis estágios recorrentes e inter-relacionados: *drafting, organizing, reviewing, focusing, generating ideas, evaluating*.

Críticos do *process approach* alegam que essa abordagem ignora importantes aspectos contextuais, tais como quem escreve, para quem, em que suporte, com que objetivo, entre outros. Esses são, pois, os pilares centrais da abordagem conhecida como *genre writing.* O ensino de *writing* sob essa abordagem (Martin, Christie e Rothery, 1987) envolve familiarização com um modelo por meio da observação e análise não apenas de aspectos linguísticos mas também discursivos (quem é seu autor, para quem escreve, com que objetivo etc). Dessa análise parte-se para a produção de textos parciais, inicialmente em conjunto e com andaimento, até a produção independente de um texto pelo aprendiz.

Há estratégias de escrita relacionadas às duas últimas abordagens: sob a ótica de *process writing,* estratégias envolvem o uso de *brainstorms* para geração de ideias, assim como revisão e avaliação da produção escrita. Sob a ótica de *genre writing,* estratégias incluem a identificação do propósito do texto, observação e análise de modelos, atenção a elementos contextuais ao escrever.

Apesar das importantes diferenças identificadas no comportamento estratégico de escritores bem-sucedidos diante de condições sociocognitivas atreladas a processos de produção escrita (Manchón et al., 2007), há algumas tendências nas conclusões de pesquisas na área: como aponta Macaro (2001: 37), escritores eficientes sabem quando e como usar uma estratégia, têm um repertório vasto de formas como checar sua escrita e sabem incorporar comentários recebidos em *feedback*.

O que sabemos sobre estratégias de compreensão oral

Das quatro habilidades linguísticas, *listening* é a que recebeu menos atenção da pesquisa acadêmica de uma forma geral e na área de estratégias em particular (Vandergrift, 1997). A publicação recente de uma edição especial sobre o tema no prestigioso jornal *System* (2008) pode sinalizar uma mudança nesse quadro geral de desatenção a esta habilidade.

Em termos mais amplos, a literatura sobre *listening* também se apoia, como a de *reading*, nas visões de *bottom-up approaches* e *top-down approaches* no entendimento, e, por consequência, no ensino da estratégia. Em *listening*, *bottom-up approaches* envolvem um foco que começa em unidades menores de significado, seguindo para maiores: de fonemas para palavras, para **locuções**, para frases etc. *Top-down approaches*, por outro lado, apoiam-se em elementos extratextuais (como **conhecimento de mundo** e conhecimento de **gêneros textuais**) e no **cotexto** para se entender o que se ouve.

Macaro (2001: 39) comenta que ouvintes menos eficientes tendem a priorizar um processo de "decodificação", tentando entender todas as palavras na sequência em que elas são ouvidas, enquanto os ouvintes mais eficientes fazem maior e melhor uso de estratégias *top-down*, tais como inferências baseadas em conhecimento prévio ou monitoramento de coerência. Tal comentário está de certa forma relacionado com uma outra ideia repetidamente ressaltada na literatura sobre estratégias de compreensão oral: o fato de que, de acordo com pesquisas empíricas, a aplicação de estratégias metacognitivas evidencie-se como o que mais diferencia ouvintes bem-sucedidos dos não bem-sucedidos (Goh, 1998; Vandergrift, 1997; 1998).

Além disso, estudos recentes (Graham et al., 2008; Santos et al., 2008; Vandergrift, 2003) destacam que não é o uso de certas estratégias em si, mas sua combinação eficaz, que faz alguns ouvintes serem mais bem sucedidos em seu *listening* do que outros. Por exemplo, uma aprendiz que prevê o que vai ouvir não necessariamente terá uma escuta bem-sucedida se não monitorar essas previsões com verificações contínuas sobre o que ouve (e o que não ouve) ou com monitoramento de coerência diante do que ela sabe sobre o assunto.

Ao concluir sobre uma vasta revisão da literatura na área, Macaro et al. (2007: 184) resumem os pontos discutidos nessa seção de forma sucinta: "*Strategy research has provided fairly conclusive evidence that successful listeners use different strategies and in different combinations to less-successful listeners. There is mounting evidence that within those strategy combinations metacognition plays an important part*".

O que sabemos sobre estratégias de produção oral

Ao longo dos tempos, a produção oral de falantes de língua estrangeira tem sido estudada ao redor de três conceitos: *fluency, accuracy* e *complexity*. Essas três categorias envolvem aspectos *formais* da produção oral e minimizam (ou até ignoram) aspectos *sociais* relacionados ao ato de falar. Afinal, uma pessoa pode ser fluente, acurada e complexa na sua fala mas pode ser ao mesmo tempo inconveniente, mal-educada, inapropriada. Ou pode ser fluente, acurada e complexa quando fala sozinha (numa palestra, por exemplo), mas pode ter dificuldade para engajar-se em conversa com outras pessoas (por exemplo, para iniciar uma conversa, expressar emoções ao falar, fazer perguntas ao interlocutor).

Em 1980, os linguistas Michael Canale e Merrill Swain propuseram o influente modelo de "competência comunicativa" (*communicative competence*, em inglês) a fim de contemplar esse dilema. De acordo com os linguistas, competência comunicativa envolveria três áreas:

- competência gramatical: conhecimento e habilidade de uso da gramática;
- competência sociolinguística: conhecimento e habilidade de uso de normas socioculturais (por exemplo, o que é apropriado dizer ou não ao se cumprimentar um desconhecido);
- competência estratégica: conhecimento e habilidade de uso de recursos disponíveis para se lidar com quebras na comunicação, o mesmo que *communication strategies.*

Esse modelo é relevante nesta discussão porque ele considera a importância das estratégias para a comunicação e dá a elas um *status* equivalente às noções de gramática e de adequação sociocultural. Mas como esse conceito se define exatamente e o que envolve? O termo *communication strategies* foi cunhado por Larry Selinker em 1972 em seu famoso artigo "Interlanguage". Nesse texto, ele destaca a importância das *communication strategies* no desenvolvimento linguístico do aprendiz, atribuindo ao conceito uma função compensatória ao se lidar com a ausência de algum aspecto de competência linguística ao se comunicar.

Em 1977, a linguista Elaine Tarone delineou uma tipologia que se tornou muito influente. De acordo com essa tipologia, *communication strategies* envolveriam cinco áreas estratégicas:

- desistência (evitação do tópico, abandono da mensagem);
- paráfrase (aproximação, invenção de palavra, circunlóquio);
- transferência consciente (tradução literal, mudança de língua);
- pedido de ajuda
- mímica

Ao longo dos anos, notou-se que o modelo de Tarone é abrangente mas não é exaustivo. Ele não leva em conta, por exemplo, mecanismos para envolvimento do interlocutor (fazer perguntas, fazer comentários, reagir ao que é dito etc.) ou monitoramento do entendimento do interlocutor.

Numa recente revisão da literatura sobre "*oral communication strategies*", Nakatani e Goh (2007) concluem que as pesquisas na área tendem a adotar uma abordagem psicolinguística (com foco nos processos mentais que subjazem a fala ao nos depararmos com um problema linguístico ou discursivo) ou uma abordagem interacional (com foco nos mecanismos adotados por falantes para negociar sentido). Mais especificamente, esta revisão aponta que a contribuição dos estudos psicolinguísticos está nas complexas taxonomias de estratégias desenvolvidas e na conclusão de que a adoção de certas estratégias está relacionada a características individuais dos falantes, a sua proficiência na língua estrangeira e ao tipo de tarefa conversacional. Essas condições também são ressaltadas nos estudos sobre *communication strategies* sob um enfoque interacional. Além desses resultados, esses estudos também indicam que há uma relação entre o uso dessas estratégias e o processo de aprendizagem de seus usuários. Esses pontos são confirmados por Kasper e Kellerman (1997), que mostram que *communication strategies* têm um impacto positivo na aprendizagem de línguas estrangeiras, auxiliando os aprendizes a desenvolver sua expressão oral em aspectos relativos à negociação de significado, controle sobre os recursos linguísticos e cognitivos disponíveis, aumento da produção oral, acesso ao desconhecido e manutenção do fluxo da conversa.

Conclusão

Ao concluir a primeira parte deste livro é importante ressaltar a concepção de estratégias nesta obra como um objeto de ensino e aprendizagem que se operacionaliza num contexto sócio-histórico e que deve ser trabalhado na interação professores-alunos visando a conscientização, reflexão e autonomia desses participantes sobre estratégias.

Essa noção de "estratégias para a ação" é ressaltada nos PCNEM:

> *O currículo, enquanto instrumentação da cidadania democrática, deve contemplar conteúdos e estratégias de aprendizagem que capacitem o ser humano para a realização de atividades nos três domínios da ação humana: a vida em sociedade, a atividade produtiva e a experiência subjetiva.* (Brasil, 1999: 15)

Nesta parte apresentaram-se fundamentos básicos que devem informar as decisões de professores e alunos nos seus processos de ensinar e aprender a ler, escrever, ouvir e falar em inglês. A seguir apresentam-se as estratégias que podem apoiar sua ação nesses processos.

Pausa para reflexão

- Reveja rapidamente o conteúdo desta primeira parte ("Fundamentos"). Na sua opinião, quais foram as ideias mais importantes? Quais as mais interessantes? Quais as mais controversas? Por quê?
- O que você espera encontrar na próxima parte deste livro? Faça algumas anotações, e volte a elas para conferência e reflexão mais adiante na sua leitura.

PARTE 2

RECURSOS

INTRODUÇÃO

Nesta parte serão apresentadas e discutidas, para cada uma das quatro habilidades linguísticas, quinze estratégias, na seguinte ordem: estratégias de compreensão escrita, estratégias de produção escrita, estratégias de compreensão oral, estratégias de produção oral.

As sessenta seções que compõem esta parte seguem a mesma organização: parte-se de uma situação pedagógica que envolve algum desafio para o professor e/ou para o aluno e apresenta-se a seguir o texto que corresponde a tal situação: no caso da leitura, o texto lido; no caso da escrita, o texto que foi escrito; no caso da audição, a transcrição do texto ouvido; no caso da fala, a transcrição do que foi falado. Em seguida discute-se a estratégia propriamente dita: tanto especificamente quanto à sua utilização para lidar com o desafio da situação, como em termos mais gerais sobre aplicabilidade, benefícios e riscos associados ao uso da estratégia. A essa discussão seguem-se comentários sobre estratégias que podem se combinar com aquela focalizada na seção, bem como sugestões de exercícios que podem ser utilizados em sala de aula no trabalho da estratégia. Cada seção é finalizada com recomendações de artigos, livros, *sites* etc. que o professor pode consultar para ampliar seu conhecimento sobre a estratégia.

É importante ressaltar que esta seção apresenta as estratégias de forma isolada por questões didáticas: esta organização é necessária para que o leitor tenha um entendimento dos "elementos" dentro do conjunto "*learner strategies*". Mas, sempre que possível, fazem-se conexões entre as estratégias mencionadas, e até mesmo estimula-se essa "orquestração de estratégias".

As situações (de leitura, de escrita, de audição e de fala) apresentadas nesta parte são variadas, e os textos utilizados representam uma vasta gama de assuntos e gêneros: na discussão de estratégias de compreensão escrita, há artigos de jornais, revistas, enciclopédias, folhetos, páginas de *web*, entre outros; na de produção escrita, há textos produzidos por alunos de inglês, conversas em *chat*, *e-mails*, questionários, entre outros. Na discussão de estratégias de compreensão oral, exploram-se discursos políticos, anúncios oficiais, livros eletrônicos, *sites* com vídeo e/ou áudio, entre outros; na de expressão oral, interações em salas de aula, cenas de filme e seriados de TV, situações do dia a dia, entre outros.

Um esclarecimento se faz necessário sobre as transcrições dos textos usados nas seções sobre estratégias de compreensão e produção oral: quando retiradas de outras fontes (por exemplo, a Internet ou livros e artigos acadêmicos), foram mantidas as convenções usadas originalmente; quando baseadas em interações observadas e posteriormente transcritas pela autora deste livro, foram usadas as seguintes convenções:

=	indica falas contíguas (*latches*)
/	indica início de sobreposição de falas (*overlaps*)
(?)	indica que o trecho omitido na transcrição é incompreensível
[...]	indica que parte da transcrição foi omitida
itálico	indica que há uso de português no meio da fala em inglês (*codeswitching*)
negrito	indica ênfase

Usam-se convenções ortográficas para indicar perguntas (?), exclamações (!), reticências (...), pequenas pausas (,) e pausas maiores (.)

Aspectos não verbais são indicados entre parênteses duplos.

Os participantes são indicados pelos seus nomes, pelos personagens que representam, ou por pseudônimos (no caso das transcrições em sala de aula, a fim de manter a anonimidade desses participantes). As transcrições de sala de aula podem também identificar os professores e os alunos de uma forma não individualizada (T, S1, S2 etc., indicando Teacher, Student 1, Student 2 etc.).

Há transcrições, também, na parte correspondente às estratégias de produção escrita e de compreensão oral. No caso das estratégias de produção escrita, "transcrições" envolvem digitação de textos manuscritos por aprendizes de inglês, a fim de facilitar a leitura desses textos. Vale notar que, nesses casos, a obra apresenta tanto uma reprodução do texto originalmente escrito bem como sua forma digitada, isto é, sua transcrição. Quando o texto original inclui comentários feitos pelo professor, há também transcrições desses elementos adicionais após a transcrição do texto propriamente dito, sob o título "Correções". Ainda sobre as convenções para apresentação e discussão dos textos que ilustram as estratégias de produção escrita, vale notar que, se houver referências a linhas do texto, essas remetem para a transcrição e não para o texto manuscrito.

No que se refere às estratégias de compreensão oral, quando o texto ilustrativo é antecedido pelo título "Transcrição do áudio", indica-se que o texto foi retirado da Internet e transcrito pela autora. Nesses casos indicamos, através de um ícone de um *headphone*, que o texto apresentado deve ser percebido em sua forma oral e não escrita e informamos a fonte do texto após sua transcrição.

Assim como há diversidade nas fontes dos textos usados nesta seção, há variedade no tipo de atividades propostas para o trabalho em sala de aula, evitando-se mecanização e abordagem simplista nessas sugestões. Ao encaminhar tais atividades com seus alunos, o professor deve ter a preocupação de manter o foco no processo de ler, escrever, ouvir ou falar e não em seus produtos. Em outras palavras, é importante sempre ter em mente que a intenção não é fazer exercícios de compreensão de leitura ou audição, nem de pedir aos alunos que falem ou escrevam para que seu desempenho seja medido no produto final (quer dizer, o que se falou ou escreveu). Ao contrário, o objetivo das atividades propostas é aplicar as estratégias, refletir sobre elas, avaliar seus usos.

ESTRATÉGIAS DE COMPREENSÃO ESCRITA

[…] the goal of reading instruction is not to teach individual reading strategies but rather to develop strategic readers, a development process that requires intensive instructional efforts over a considerable period of time.

(William Grabe e Fredericka Stoller, 2002: 81-82)

1>> APOIANDO-SE EM PALAVRAS TRANSPARENTES

A situação

Você pede a seus alunos que leiam um texto sobre energia solar encontrado em uma enciclopédia. Alguns de seus alunos reagem: "Este texto é muito difícil!", "Não estou entendendo nada!", "Não conheço a maioria dessas palavras!" Você se pergunta como pode ajudar os seus alunos a superar a sensação de dificuldade que tal leitura parece lhes trazer.

O texto

Energy from the Sun

The energy we receive from the Sun is called solar energy. It consists mainly of light and heat that travel through space. These forms of energy come from atoms smashing into each other in the centre of the Sun and joining together, or fusing. This process is called nuclear fusion. Energy that comes from the centres or nuclei of atoms is called nuclear energy. The form of nuclear energy in nuclear power stations here on Earth comes from nuclear fission, when atoms split apart.

Graham, Ian; Taylor, Barbara; Farndon, John; Oxlade, Chris. *Science Encyclopedia*. Bath: Parragon, 1999. p. 47.

A estratégia

Seus alunos têm boas razões para sentir uma dificuldade inicial ao se deparar com o texto: seu assunto é bem específico (energia solar) e nele há algumas informações complexas sobre o processo de produção de energia pelo sol.

No entanto, como na maioria dos textos em inglês, há muitas "palavras transparentes", isto é, palavras que se parecem com palavras da língua portuguesa: Do total de 84 palavras que compõem o texto, são 26 (cerca de 30% desse total) as palavras transparentes: *energy, receive, solar, consists, space, forms, atoms, centre, process, nuclear, fusion, nuclei, stations, fission* e suas repetições. Tal fato pode ajudar seus alunos a concluir que, mesmo que não possam compreender alguns detalhes do texto, eles podem ter uma ideia geral sobre seu conteúdo a partir da identificação das palavras transparentes.

Essa estratégia é de fácil aplicação e pode apoiar a leitura de qualquer texto em inglês, seja ele um artigo de jornal, uma letra de música, uma receita culinária, um manual de instruções, um panfleto, entre outros. É importante ter em mente que a frequência de palavras transparentes pode variar de acordo com o tipo de texto lido, já que as palavras oriundas do latim são normalmente tidas como formais em inglês. Estima-se que mais da metade do vocabulário em inglês é originário do latim, mas quando há uma opção entre um termo oriundo do latim e um oriundo de raízes germânicas (por exemplo, *preoccupied* e *worried*), é mais provável encontrarmos os últimos num texto mais informal.

De qualquer forma, é importante sempre lembrar aos nossos alunos que mesmo num texto informal (como um *e-mail* ou um bilhete entre amigos) é possível encontrarmos palavras transparentes. Textos mais formais (como o encontrado em enciclopédias) são especialmente adequados para o trabalho com esta estratégia de leitura, o que faz dela um apoio importante para o trabalho interdisciplinar, já que ela pode facilitar a leitura de textos de referência sobre diferentes campos do conhecimento.

Combinando estratégias

- A identificação de palavras transparentes em um texto pode auxiliar o leitor a inferir o significado de palavras desconhecidas que aparecem perto das palavras transparentes. Por exemplo, ao lermos *The energy we receive from the Sun is called solar energy* (linha 1 no texto anterior), é possível inferir o sentido de *called* a partir do entendimento de "*energy*" e "*solar*".
- Ao apoiar a leitura na identificação de palavras transparentes, um leitor estratégico deverá lembrar que existem alguns "falsos amigos" em inglês, isto é, palavras que se parecem com palavras em português mas cujos sentidos são diferentes nas duas línguas, por exemplo, *large* (que parece "largo/a" mas significa "grande"), *support* (que parece "suportar" mas significa "apoiar") ou *educated* (que parece "educado/a" mas significa "culto/a").
- Juntando-se à identificação das palavras transparentes a ativação de conhecimento prévio (de mundo, de vocabulário e estruturas da língua inglesa, de organização textual), podemos afirmar que a leitura de um texto em inglês tem grande chance de envolver mais palavras conhecidas do que palavras desconhecidas. E é nesse conhecimento que devemos sempre apoiar a nossa leitura! Mais sobre isso na seção "Aplicando conhecimento prévio".

Como trabalhar a estratégia em sala de aula

1 > Divida seus alunos em grupos e dê a cada um deles um texto diferente, pedindo-lhes que sublinhem as palavras transparentes do texto e em seguida anotem, num pedaço de papel, as palavras sublinhadas na ordem em que elas aparecem no texto. Em seguida, os grupos trocam suas listas de palavras. Com base na listagem anotada, os grupos tentam imaginar de que se trata o texto. Posteriormente os alunos leem o texto para conferir suas previsões. Em conjunto, a turma pode encaminhar um debate final, discutindo se o foco nas palavras transparentes contribuiu para um entendimento geral do texto.

2 > Distribua um texto a seus alunos e peça-lhes que sublinhem suas palavras transparentes. Em seguida, os alunos preparam uma tabela como a seguinte, escrevendo na primeira coluna o número de palavras sublinhadas.

Número de palavras transparentes	Número de palavras não transparentes cujo significado você conhece	Número de palavras restantes

Numa segunda leitura, os alunos circulam as palavras que compreendem no texto, escrevendo seu número na segunda coluna da tabela. A terceira coluna deve ser preenchida com o número de palavras que não foram nem sublinhadas nem circuladas. Em pares ou pequenos grupos, os alunos encaminham uma discussão final:

a. Somando o número de palavras destacadas na primeira e na segunda colunas, responda: qual seu percentual em relação à terceira coluna?

b. Com base nesses números, o que se pode concluir sobre a potencial facilitação da leitura que pode ser ocasionada pela identificação das palavras transparentes?

3 > Para estimular seus alunos a apoiarem-se em palavras transparentes para o entendimento de palavras desconhecidas no texto, distribua um texto e peça-lhes que sublinhem as palavras transparentes e circulem o vocabulário desconhecido. Em seguida, em grupos, os alunos preenchem a tabela:

Palavra desconhecida	Palavra(s) transparente(s) próxima(s) à palavra desconhecida	Hipóteses sobre o significado da palavra desconhecida

Ainda em grupos, os alunos usam dicionário bilíngue para verificar o significado das palavras listadas na primeira coluna e discutem: até que ponto o apoio em palavras transparentes pôde contribuir para o entendimento dessas palavras?

4 > Para estimular seus alunos a identificar potenciais falsos amigos numa leitura, encaminhe a seguinte atividade: distribua um texto que contenha algumas palavras transparentes e pelo menos um falso amigo. Numa primeira leitura do texto, os alunos completam as duas primeiras colunas de uma tabela como a seguir:

Palavra transparente?	Possível significado?	Faz sentido no texto? **Sim** ou **Não**

Depois, em pares, os alunos leem o texto novamente e ao mesmo tempo vão completando a terceira coluna, marcando se as previsões baseadas na transparência das palavras fazem sentido no texto. Em seguida, ainda em pares, os alunos verificam num dicionário o sentido das palavras cujas previsões não fazem sentido.

Para ampliar seu conhecimento

- Para ler mais sobre a influência do latim na língua inglesa, visite o *site* <http://wordinfo.info/unit/4197/ip:8>.
- Para ler mais sobre cognatos em português e inglês, consulte o *link* <http://www.learn-portuguese-now.com/cognates.html>.
- Para uso mais eficiente do apoio em palavras transparentes numa leitura, é importante ter um conhecimento sólido sobre os falsos amigos em inglês. Uma boa referência para prática e consulta encontra-se em <http://www.scribd.com/doc/5543219/False-Friends-English-and-Portuguese>.

2>> PRESTANDO ATENÇÃO AO TÍTULO DE UM TEXTO, SUAS IMAGENS, SUAS CARACTERÍSTICAS TIPOGRÁFICAS

A situação

O conhecimento da língua inglesa de seus alunos é básico, e eles costumam reagir a seus pedidos de leitura de textos em inglês alegando que não compreendem tais textos, que os acham difíceis e portanto desmotivantes. Haveria alguma forma de mostrar a seus alunos que eles podem construir sentidos de um texto mesmo sem ter domínio do vocabulário nele utilizado? Você resolve explorar essa pergunta a partir da leitura do texto abaixo.

O texto

HOW TO PREPARE
PASSION FRUIT

1. **Cut the passion** fruit through the middle with a sharp knife.
2. **Use a spoon** to remove the pulp and seeds.
3. **Serve over Greek** yogurt with a drizzle of honey, if liked.

Asda Magazine, Londres, February 2011, p. 19.

A estratégia

A leitura de um texto com imagens familiares e outros elementos em destaque (tais como títulos e subtítulos, uso de itálico ou negrito e outros recursos tipográficos) pode levar seus alunos a concluir que muito do texto pode ser compreendido a partir do apoio nesses elementos paralinguísticos.

No texto acima, todas as imagens retratam usos do maracujá, e numa leitura rápida do texto pode-se concluir facilmente que ele trata de algum aspecto da fruta.

Outro aspecto das imagens pode trazer mais informações sobre o texto: as imagens aparecem em sequência. Primeiro, vê-se um maracujá cortado ao meio; em seguida, o mesmo maracujá aparece cortado mas sem a polpa e as sementes (essas são vistas numa colher ao lado da fruta); finalmente, polpa e semente aparecem num prato de iogurte. Esta sequência sugere, então, que o texto trata de uma sequência de procedimentos, e essa sugestão pode ser confirmada com o fato de que o texto contém uma lista com exatamente três passos.

Como visto, o trabalho com textos como o acima pode auxiliar os seus alunos a compreenderem que muita coisa pode ser "lida" nas imagens que compõem um texto. No caso do texto acima, há dois outros aspectos visuais que contêm importantes informações. Primeiramente, o título do texto. Seus alunos deverão saber, com base no seu conhecimento de textos em português, que o título de um texto aparece no início do mesmo, e que às vezes ele utiliza uma fonte diferente, para dar maior destaque. Isso acontece no texto acima: seu título usa um **corpo de letra** maior, **caixa alta** e uma cor diferente. Tudo isso contribui para dar ao título um aspecto visual mais destacado com relação ao restante do texto. Esse destaque, combinado com o uso das palavras transparentes *prepare* e *fruit*, deve auxiliar o leitor a prever o conteúdo do texto.

O segundo aspecto visual que pode ajudar o leitor a ler o texto acima é o uso de negrito (*bold*), um recurso tipográfico utilizado para comunicar que certas partes do texto são mais importantes do que outras. De fato, no exemplo acima, os trechos em negrito contêm as informações centrais dos procedimentos listados. Um leitor que tenha conhecimento básico de inglês pode concluir, ao focar sua atenção nesses trechos, que *Cut the passion fruit* significa "Corte o maracujá" (*cut* não é totalmente transparente, mas é de fácil inferência nesse contexto; *passion fruit* também é de fácil inferência a partir da palavra transparente *fruit* e das fotos do maracujá). O trecho seguinte (*Use a spoon*) também contém uma palavra transparente (*use*) e o significado de *spoon* pode ser inferido com o apoio da segunda imagem. Finalmente, *Serve over Greek yogurt* é de fácil compreensão a partir das mesmas estratégias (apoio nas palavras transparentes *serve*, *Greek* e *yogurt* e na imagem correspondente).

Nós vivemos cercados de informações que nos são dadas visualmente. Por um lado, isso não é uma novidade: a humanidade vem comunicando ideias através de imagens há milênios (por exemplo, em pinturas rupestres, hieróglifos e outras formas de escrita como o sistema chinês de caracteres). Mas vimos observando nas últimas décadas uma intensificação do uso de imagens em gêneros textuais que, no passado, não faziam tanto uso da comunicação visual, tais como jornais, livros didáticos, anúncios. Isso sem falar no impacto da Internet, que faz uso intenso de recursos visuais em seus textos e que comunica não apenas através de palavras, mas também através de cores, **fontes tipográficas**, fotos, ilustrações diversas, *layout*, entre outros.

É importante lembrar que precisamos ensinar nossos alunos a usar esses recursos como fontes de informações. É comum, por exemplo, encontrarmos leitores que não atentam para o uso de itálico ou negrito em um texto, ou mesmo que não observam o título de um texto e as imagens que o acompanham. É importante aprender a prestar atenção nos recursos visuais que acompanham a parte escrita de um texto. Esses dois aspectos (o visual e o verbal) contribuem em conjunto para a produção de sentido em um texto, e um leitor competente precisa atentar para ambas as formas de comunicação.

Vale lembrar que nem sempre o uso integrado de títulos, imagens e outros recursos tipográficos é tão evidente como no exemplo desta seção. Há gêneros textuais que não costumam conter imagens (por exemplo, recibos ou documentos legais) e nem sempre as informações dadas apresentam variação de recursos tipográficos. Por exemplo, não há uso de negrito ou itálico ou de palavras em caixa alta nesta frase – mas note que os sinais de pontuação aqui usados são também um tipo de comunicação não verbal. Concluindo, é importante saber incorporar e balancear as informações que são dadas verbalmente (através de palavras) e não verbalmente para construir sentidos para o texto.

Combinando estratégias

- A atenção ao título, imagens e recursos tipográficos que compõem um texto é especialmente útil ao se fazer uma leitura rápida de um texto para um entendimento geral (mais detalhes na seção "Lendo um texto rapidamente para entendimento de sua ideia geral") ou para se fazer um previsão sobre o texto (mais detalhes em "Fazendo previsões sobre um texto").
- Ao fazermos uma leitura mais difícil, as imagens podem nos auxiliar a verificar se nossa compreensão faz sentido (mais sobre isso na seção "Monitorando a coerência da leitura").

Como trabalhar a estratégia em sala de aula

1 > Divida a turma em grupos e distribua o mesmo texto para todos, com uma diferença: alguns grupos recebem o texto com título e imagens; outros grupos recebem o texto sem esses componentes. Determine um tempo curto para a leitura (um ou dois minutos) e em seguida peça aos grupos que relatem o que compreenderam do texto. Peça aos alunos que comparem o desempenho dos grupos: os que puderam aplicar a estratégia, por terem acesso aos elementos em foco, produziram melhor entendimento do texto?

2 > Distribua textos que contêm imagens e peça aos alunos que, em grupos, avaliem se as imagens contêm informações adicionais (não dadas de forma escrita) ou se têm apenas uma função decorativa no texto.

3 > Explore a leitura de um texto de forma "gradual" com a turma. Primeiramente, peça aos alunos que, em grupos, observem a imagem que acompanha um artigo de jornal, perguntando-lhes: Sobre o que vocês acham que é o artigo? Em seguida, os grupos leem o título do artigo, confirmando suas previsões anteriores ou reavaliando-as, se necessário (modificando-as ou complementando-as). Finalmente, os alunos leem todo o texto, discutindo em seguida: a leitura da imagem e do título facilitou a sua leitura?

Para ampliar seu conhecimento

- No livro *Reading images: The grammar of visual design*, de Gunther Kress e Theo van Leeuwen (publicado pela Routledge em 1996), os autores delineiam uma gramática do desenho visual, analisando as formas como as imagens comunicam significado. É uma leitura fundamental para quem quer ampliar o conhecimento sobre o tema.
- O *site* <http://www.aber.ac.uk/media/Documents/S4B/semiotic.html> contém uma introdução abrangente e acessível sobre Semiótica, área do conhecimento definida no *site* como *"a science which studies the role of signs as part of social life"*. O *site* contém informações e discussões importantes sobre o tema desta seção.
- Para ler trabalhos que encaminharam análise crítica de imagens em livros de inglês como língua estrangeira, ver:
  - Hewings, M. The interpretation of illustrations in ELT materials. *ELT Journal* 45(3): 237-244, 1991.
  - Santos, D. Learning English as a foreign language in Brazilian elementary schools: Textbooks and their lessons about the world and about learning. *Paradigm, 2 (5)*, 25-38, 2002. Artigo disponível em: <faculty.ed.uiuc.edu/westbury/paradigm/SANTOS.rtf>.

3>> LENDO UM TEXTO RAPIDAMENTE PARA ENTENDIMENTO DE SUA IDEIA GERAL (*SKIMMING*)

A situação

Faltam cinco minutos para acabar sua aula, e você distribui um texto que deve ser lido pela turma em preparação para a próxima aula. Você pede, no entanto, que os alunos façam uma leitura rápida do texto ainda nesta aula, a fim de compreender sua ideia geral. Alguns alunos reagem: "Não há tempo!", "Faltam poucos minutos para acabar a aula!", "Para que precisamos fazer isso agora se vamos ler o texto em casa?". Diante de tantas perguntas, você titubeia, sem saber como sensibilizar seus alunos sobre os processos e vantagens envolvidos na leitura rápida.

O texto

Teenage pupils deserve 11am lie-in, says head

Adolescents benefit from a later start to the day, claims Oxford professor after tests on memory

Paul Gallagher, The Observer, Sunday 8 March 2009

A pioneering headteacher is calling for all secondary schools to follow his lead and start classes at 11am, allowing teenagers two hours extra in bed.

Dr Paul Kelley, head of Monkseaton Community High School in North Tyneside, said it would mean the end of "teenage zombies" dozing off in lessons before lunch, after experiments showed teenagers could have different body clocks from adults and younger children.

Russell Foster, an Oxford professor of neuroscience, tested the memory of 200 Monkseaton pupils at 9am and 2pm using pairs of words, and discovered a 9% improvement in the afternoon. Students correctly identified 51% of word pairs in the later session, compared with 42% in the morning. Tayler McCullough, 15, one of the test subjects, said the majority of students would welcome the extra hours in bed. "I'm extremely hard to get up in the morning. One or two people like to get to school early, but most of us would be up for going in later. I'm sure it would make a big difference to our learning ability."

Kelley is adamant a change of school timetable will have a significant impact on exam performance. He said: "Teenagers aren't lazy. We're depriving them of the sleep they need through purely biological factors beyond their control. This has a negative impact on their learning, and possibly on their mental and physical health. We've just learnt of this, but it is vital that we act on it.

"The research carried out by Professor Foster showed that, from the age of 10, our internal body clocks shift, so it's good for young people to stay in bed. They peak at 20 then gradually go back again, but body clocks do not reach the pre-teenage level until around 55 years old. The 'time shift' is two hours on average, so teenagers should get up two hours later. We are making teenagers ratty by making them get up early."

[...]

Disponível em: <http://www.guardian.co.uk/education/2009/mar/08/teenagers-sleep-education-secondary-school>. Acesso em: 14 fev. 2012.

A estratégia

Uma leitura rápida do texto pode dar ao leitor um entendimento importante: sua ideia geral. No texto acima, a aplicação da estratégia auxiliaria o leitor a concluir que o texto trata da ideia controversa de um diretor de uma *high school*: a proposta do atraso do início das aulas por duas horas a fim de que os alunos adolescentes possam dormir mais de manhã. Uma leitura rápida do texto também poderia levar o leitor a concluir que a ideia proposta é sustentada com base em pesquisa científica sobre o horário do dia em que a memória humana funciona melhor.

Mas antes de se chegar a essas conclusões há perguntas fundamentais sobre a estratégia a serem respondidas, como por exemplo: esta estratégia é sempre recomendável? Para se responder a essa pergunta é importante lembrar que *skimming* (assim como quaisquer outras estratégias) não é potencialmente útil nem recomendável em toda e qualquer situação de leitura. Se um leitor quer achar detalhes específicos num texto, é provável que uma leitura rápida não lhe dê acesso a esses detalhes. *Skimming* também não será útil se lemos um livro em inglês por prazer ou para aprendizagem de fatos e/ou vocabulário. Por definição, *skimming* está associado a uma leitura rápida para ideia geral, e não é sempre que esse objetivo coincide com o propósito da leitura. É sempre importante que o leitor tenha clareza de seus objetivos ao ler.

Uma segunda questão a ser contemplada sobre a estratégia é a possibilidade de se ensinar e aprender a usá-la de forma eficaz. Pesquisas na área sugerem que há, sim, essa possibilidade. Para desenvolver a capacidade de *skim through a text*, recomenda-se que o leitor estabeleça um tempo específico para fazer a leitura de um texto, e que vá gradualmente diminuindo tal tempo ao fazer a leitura de textos de tamanho e grau de dificuldade similares. Ao *skim* um texto, o leitor deve inicialmente projetar sua atenção para títulos, imagens e outras informações em destaque (por exemplo, em negrito ou sublinhadas). Depois, deve deixar seus olhos "caminharem" sobre o texto rapidamente, sem se prender num ponto específico do mesmo. Outra técnica de aprendizagem de *skimming* utiliza a leitura do primeiro e do último parágrafos de um texto, juntamente com a leitura das primeiras frases de cada parágrafo para identificação da ideia geral de um texto.

Outro ponto importante sobre o ensino de *skimming* consiste no fato de que muitos dos nossos alunos podem reagir negativamente ao pedido de uma leitura rápida, alegando que, para ler, precisam ter um entendimento de todo o vocabulário do texto. Tal crença pode trazer um sentimento de frustração e incerteza ao leitor ao fazer uso de *skimming*, já que uma leitura rápida de um texto não lhe dará necessariamente acesso a todos os detalhes do texto, e possivelmente também não permitirá que confirme ou refute algumas de suas inferências. Nesses casos, será necessário relembrar a seus alunos que podemos e devemos ler de formas diferentes, dependendo do contexto e objetivo de cada leitura. Tal redefinição do processo de leitura é especialmente relevante no mundo contemporâneo, diante de nossas constantes situações de leitura ao navegar na Internet: para se lidar com a enorme quantidade de informações na *web* é muito importante identificar quando *skimming* é a estratégia ideal.

Combinando estratégias

- *Skimming* pode ser uma boa ideia como primeiro passo na leitura de um texto se você quer decidir o que quer ler (ou o que precisa ser lido em uma determinada leitura). Essa leitura inicial pode também ser apoiada em elementos com maior destaque como imagens, títulos e subtítulos.
- Ao ler um texto à procura de informações específicas, por exemplo, ao fazer uma atividade de compreensão de leitura, se houver tempo o uso de uma leitura rápida inicial pode ser facilitadora da atividade (veja mais na próxima seção).

Como trabalhar a estratégia em sala de aula

1 > Selecione alguns textos similares (com mais ou menos o mesmo tamanho e nível de dificuldade para seus alunos). Peça-lhes que leiam um dos textos a fim de responder à pergunta "Qual é a ideia geral do texto?". Nessa leitura eles devem usar seu tempo e ritmo normal de leitura, e anotar o tempo gasto ao ler. Em seguida, os alunos fazem a leitura de outro texto a fim de responder a mesma pergunta, e usando a metade do tempo usada na leitura do primeiro texto.

2 > Distribua a seus alunos um texto de 10 a 15 linhas e peça-lhes que tracem uma linha vertical no centro do texto e em seguida "passem os olhos" rapidamente sobre

o texto, linha por linha, da esquerda para a direita, por toda a extensão de todas as linhas, sem se preocupar em construir um sentido para o texto. Diga-lhes para repetir o movimento quantas vezes acharem necessário até que ele fique automático. Finalmente, os alunos voltam ao início do texto e *skim through it* a fim de responder a pergunta: Qual é a ideia geral do texto?

3 > Seus alunos podem praticar a estratégia lendo a reportagem principal de um mesmo jornal *on-line* durante vários dias. Eles devem anotar sempre o tempo gasto para *skim* cada reportagem e tentar diminuir esse tempo gradualmente.

4 > Peça a seus alunos que visitem um jornal *on-line* e escolham uma notícia de seu interesse. Eles devem, então, ler o primeiro parágrafo da notícia, a primeira frase (ou linha, se os parágrafos forem compostos de uma só frase) dos parágrafos subsequentes, e o parágrafo final. A partir dessa leitura devem identificar a ideia geral do texto e escrevê-la num pedaço de papel. Depois, os alunos fazem uma leitura mais detalhada do texto, verificando sua ideia geral e refletindo: o uso de *skimming* foi útil?

Para ampliar seu conhecimento

- Leia mais sobre *skimming*, bem como pratique a estratégia, visitando o *site* <http://www.bbc.co.uk/skillswise/words/reading/techniques/skimming/index.shtml>. No *site*, faça uma busca digitando *"skimming"* na caixa *"Quick resource finder"*. Essa busca dará acesso a outros *links* com vídeo, *worksheets*, *factsheets* and *quizzes*.
- Para ler mais sobre *skimming* (isoladamente, ou em conjunto com outras estratégias), visite o *site* <http://42explore.com/skim.htm>, onde você pode encontrar informações e sugestões de vários outros *links* sobre o tema.

4>> LENDO UM TEXTO À PROCURA DE INFORMAÇÕES ESPECÍFICAS (*SCANNING*)

A situação

Seus alunos costumam fazer exercícios de compreensão de textos, mas muitos deles reclamam que o tempo disponível para ler e responder a todas as perguntas é sempre curto. Você gostaria de ensinar seus alunos a usar o tempo de forma mais eficiente nessas leituras, de forma que eles aprendessem a ler com foco na procura das informações de que necessitam nessas ocasiões, mas não sabe como proceder para auxiliá-los a construir tal entendimento.

O texto

TB (tuberculosis) is an infectious disease that usually affects the lungs, although it can affect any part of the body.

About 150 years ago, it caused about one in eight of all deaths in the UK, but in the 1980's, with better housing and nutrition and effective treatments, it had become uncommon in the UK with 5745 cases in 1987.

However, TB had not been wiped out completely. Over the last 20 years numbers in the UK have been rising slowly. About 7000 people now get TB each year – just over one person in every 10,000 of the population.

TB is not easily caught – you have to be in close and lengthy contact with someone with TB (for example, living in the same household) – but everybody should be aware of the symptoms of the disease so they can seek treatment as soon as possible.

Folheto *TB: Tuberculosis – the disease, its treatment and prevention*, National Health Service, Reino Unido, 2007.

VERDADEIRO OU FALSO?

( ) A tuberculose afeta apenas os pulmões.
( ) A tuberculose passou a ser mais e mais rara entre meados do século XIX e do século XX, mas ela não foi totalmente erradicada.
( ) Nos últimos 20 anos os casos de tuberculose no Reino Unido vêm aumentando.
( ) A tuberculose é uma doença contagiosa para a qual não há tratamento.

A estratégia

Quando temos pouco tempo disponível para uma leitura, é possível *scan* o texto, isto é, fazer uma leitura focada à procura das informações específicas de que precisamos. No exemplo acima, pode-se partir então das afirmativas das quatro alternativas e seguir-se ao texto para verificação da confirmação ou não de tais afirmativas. De forma mais específica, para responder à primeira alternativa, deve-se focalizar a atenção na parte do texto que fala de pulmões (*lungs*), e lá se lê que *TB (tuberculosis) is an infectious disease that usually affects the lungs, although it can affect any part of the body* (linhas 1-2). A percepção do uso de *usually* é importante para a realização dessa tarefa, e o trecho *it can affect any part of the body* (linha 2) confirma o fato de que a alternativa é falsa. Note-se que, mesmo que não se saiba que *lungs* significa "pulmão", é possível concluir que a afirmativa é falsa a partir do trecho *it can affect...* (linha 2).

Nesse tipo de exercício, e na aplicação desta estratégia, é importante prestar atenção a termos que restrigem (tais como *only* ou *sometimes* ou *often*) e que negam (*not* e derivados, tais como *doesn't*, *won't*, entre outros) as afirmações dadas.

Ao aplicar esta estratégia é preciso também levar em conta que, muitas vezes, as informações procuradas não estão localizadas numa única frase. A identificação dessas informações pode depender da leitura de mais de uma parte do texto. Isso acontece, por exemplo, com a segunda afirmativa. Para julgá-la, o leitor precisa atentar para as estatísticas apresentadas nas linhas 3 e 5 e para o trecho *TB had not been wiped out completely* (linha 6).

Assim como acontece com *skimming*, a estratégia *scanning* pode ser utilizada com maior ou menor nível de proficiência. Para desenvolver a habilidade de *scanning*, pode-se utilizar textos e exercícios de diferentes graus de dificuldade, partindo de tarefas para iniciantes (encontradas em livros didáticos ou na Internet) e seguindo para tarefas de exames mais complexos (por exemplo, vestibular, ENEM, ou testes internacionais tais como o **TOEFL®** ou o **IELTS**).

Os pontos acima poderiam levar à conclusão de que *scanning* só seria útil no contexto de testes e perguntas de compreensão (do tipo múltipla escolha, verdadeiro ou falso, relacione as colunas, entre outras), mas tal conclusão seria equivocada. Afinal, a leitura de textos à procura de informações específicas é prática comum: ela ocorre, por exemplo, quando lemos o jornal para saber o resultado de um jogo de futebol, ou lemos um quadro de horários no aeroporto, ou examinamos as informações nutricionais de um alimento no supermercado, ou observamos a programação da TV para decidir a que programa vamos assistir. Nesses casos, não fazemos a leitura integral do texto, mas sim um *scanning* à procura das informações em que estamos interessados.

Combinando estratégias

- O apoio em palavras transparentes pode ser útil durante o processo de *scanning*. No texto acima, por exemplo, o apoio na palavra *treatment* (linhas 4 e 11) pode auxiliar o leitor a decidir se há ou não tratamento para a tuberculose, aspecto abordado na alternativa 4.
- Havendo tempo disponível, um *skimming* inicial, antes do processo de *scanning*, pode também auxiliar o leitor a localizar mais facilmente certas informações num texto.
- *Scanning* está relacionado com a previsão de respostas sobre um texto antes de sua leitura. Fazer previsões sobre um texto antes de sua leitura ajuda o leitor a estabelecer um diálogo prévio com o texto antes mesmo de começar a ler (mais sobre isso na seção "Fazendo previsões sobre um texto").
- Ao *scan* um texto é importante ativar e aplicar conhecimento prévio sobre como textos são organizados, por exemplo: projetando nossa atenção para os locais em que mais provavelmente encontraremos as informações que procuramos; ou formulando perguntas sobre o texto antes de sua leitura a partir da ativação de conhecimento de mundo sobre o assunto (veja mais na seção "Aplicando conhecimento prévio").

Como trabalhar a estratégia em sala de aula

1 > Prepare algumas afirmativas (algumas verdadeiras, algumas falsas) sobre um pequeno texto cujo assunto é do interesse de seus alunos. Peça-lhes então que, em pares, leiam o texto concentrando-se em achar as informações que precisam para fazer a tarefa, sem se preocupar em ler outros detalhes. Em seguida, os pares leem todo o texto com calma e verificam suas respostas. Em conjunto, a turma encaminha uma reflexão: até que ponto o uso de *scanning* contribuiu para a realização da tarefa com acuidade e rapidez?

2 > Encaminhe uma tarefa de caráter interdisciplinar, pedindo aos alunos que formulem algumas perguntas sobre algum tema que estejam estudando em outra disciplina. Em seguida, eles visitam uma enciclopédia *on-line* (tais como <htttp://www.wikipedia.org> ou <http://www.factmonster.com/encyclopedia.html>) e *scan* a página sobre o tema pesquisado à procura das respostas que desejam obter.

3 > O *site* <http://inventors.about.com/od/astartinventions/a/FamousInvention.htm> contém informações sobre invenções. Peça a seus alunos que visitem o *site* e selecionem alguns itens de seu interesse. Para cada uma das invenções selecionadas, deve-se fazer uso de *scanning* a fim de obter as seguintes informações: data e local da invenção; nome e nacionalidade do/a inventor/a.

4 > Os alunos leem um jornal *on-line* de sua escolha, *scanning* algumas reportagens de seu interesse a fim de responder *WHAT* (o que aconteceu), *WHERE* (onde), *WHEN* (quando), *WHO* (as pessoas envolvidas), *HOW* (o modo como o fato ocorreu) e *WHY* (as razões que levaram ao acontecimento). Lembre seus alunos de que nem todas as reportagens incluirão todas essas informações, mas é comum textos jornalísticos serem organizados ao redor desses elementos. O professor de português pode encaminhar um trabalho paralelo semelhante envolvendo a leitura de jornais *on-line* em português.

5 > Promova jogos para a prática de *scanning* na classe. Distribua o mesmo texto para diferentes grupos e peça para cada um localizar informações específicas no texto, marcando pontos para aqueles que primeiro conseguirem. Para esse tipo de atividade use textos como folhetos, páginas de *web* que contêm horários de funcionamento de algumas atrações, manuais de instruções para uso de um produto etc.

6 > Provas recentes do Exame Nacional do Ensino Médio (ENEM) podem ser encontradas no *site* <http://enem.inep.gov.br/>. Peça a seus alunos que visitem o *site* e façam as atividades que correspondem à língua inglesa usando *scanning*. Em seguida, eles devem verificar as respostas e avaliar o seu uso da estratégia: até que ponto ela facilitou a realização do exercício?

Para ampliar seu conhecimento

- O *site* <http://www.bbc.co.uk/skillswise> contém mais informações sobre a estratégia. Vá ao *site* e lá faça uma busca por *"scanning"*. Você vai encontrar esclarecimentos e sugestões de atividades para a prática da estratégia.
- No *link* <http://www.youtube.com/watch?v=sbozEcwLhRc> você pode ver um vídeo em que as estratégias *skimming*, *scanning* e *reading in detail* são discutidas no contexto de sua aplicação ao fazer o exame IELTS.

5>> USANDO UM DICIONÁRIO BILÍNGUE

A situação

Você pediu a seus alunos que lessem um folheto sobre alergia alimentar, cujo título é *Why food allergy matters*. Eles estão visivelmente confusos com o emprego da palavra *matters* nesse título, e um deles esclarece: "Nós aprendemos que *matter* significa 'assunto', e esse significado não faz sentido aqui; afinal, *Why food allergy matters* não pode ser traduzido por algo como 'Por que alergia alimentar assuntos'." Você então pede à turma que procure entender o sentido de *matter* no texto através da consulta a um dicionário. Seus alunos reagem: Que tipo de dicionário devem consultar? Quais informações o dicionário pode lhes dar? Como devem procurar as palavras no dicionário? Como identificar o sentido que estão procurando?

O texto

Why food allergy matters

When someone has a food allergy, eating even a small bit of food can make them very ill. Sometimes they could even die. So, when you are at work, it's very important for you to take food allergy seriously.

Folheto *Food allergy: What you need to know*, Food Standards Agency, Reino Unido, 2007.

A estratégia

Tantas perguntas são feitas na situação acima! Mas a pergunta básica é mesmo a inicial: que tipo de dicionário deve ser consultado? Um dicionário bilíngue ou um dicionário convencional? Um dicionário convencional, todo em inglês, trará explicações que, dependendo do nível de proficiência em inglês do leitor, poderão ser difíceis, e criar a necessidade de novas consultas. Um dicionário bilíngue, ao contrário, trará traduções em português e devem solucionar a dúvida de forma mais rápida.

No entanto, frequentemente (como no caso de *matter*) uma palavra pode ter mais de um sentido, e aqui precisamos explorar outra pergunta: Como ensinar nossos alunos a saber identificar o sentido que procuram?

Vejamos o seguinte verbete encontrado num dicionário bilíngue:

matter /'mættər/ *s* **1** (*fís.*) matéria **2** substância **3** assunto; questão; caso **4** problema **5** (*med.*) pus || *vi* importar, ter importância • *It doesn't ~*: Não importa. ▪ **as a ~ of fact: 1** aliás **2** na verdade ▪ **for that ~**: para dizer a verdade ▪ no **~how/who/etc.**: não importa como/quem/etc. ▪ **no ~ what (happens)**: aconteça o que acontecer

Marques, Amadeu. *Brazilian Portuguese-English/English-Brazilian Portuguese Concise Dictionary*. Nova York: Hippocrene, 2010. p. 402.

Para saber identificar o sentido de *matter* no título do texto acima, o leitor precisa entender que o verbete inclui as seguintes informações, nesta ordem: (1) nome do verbete, em negrito; (2) transcrição fonética da palavra, entre barras; (3) traduções de sentidos possíveis, organizadas por classes gramaticais que a palavra pode representar, sendo essas separadas pelo símbolo ||; (3) expressões idiomáticas em que o termo *matter* é usado, antecedidas por ▪.

O entendimento acima, apesar de básico, não garante que seu aluno vá saber identificar o sentido que procura, mas ele é essencial para levar o leitor a concluir que sua consulta deve se concentrar nas partes (3) e (4) do verbete, pois são elas que contêm definições e exemplos de uso.

O verbete apresenta 5 significados para *matter* como substantivo (veja "*s*" após a transcrição fonética), além de um significado para a mesma palavra como verbo intransitivo (veja "*vi*"). No caso do título em questão, *matters* representa um verbo, e não um substantivo, portanto o dicionário resolve a dúvida facilmente, já que há apenas um significado apresentado para *matter* como verbo: importar, ter importância. De fato, "Por que alergia alimentar tem importância" faz sentido!

Mas seus alunos podem lhe perguntar nesse momento: "É mesmo imprescindível saber a classe gramatical da palavra procurada? E se eu não souber identificar tal classe gramatical?" Você deverá mostrar a seus alunos que, se eles têm conhecimento sobre as diferentes classes gramaticais, e sabem o que é um verbo, um substantivo, um adjetivo etc., saberão identificar o sentido que procuram mais facilmente – basta procurar pela abreviação da classe gramatical desejada e *scan* os significados que correspondem à tal classe gramatical, procurando um que faça sentido no contexto da frase. Se eles não souberem categorizar a classe gramatical do termo procurado, terão um pouco mais de trabalho, pois terão de usar um processo de eliminação para uma gama maior de significados apresentados, *scanning* todas as classes gramaticais, mas tal processo não é impossível.

É importante lembrar que saber distinguir as classes gramaticais não leva necessariamente a uma informação rápida sobre o sentido de uma palavra. No caso de *matter* como substantivo, por exemplo, pode haver mais de um significado possível para uma mesma classe gramatical. Nesses casos o leitor terá de usar um processo de eliminação, para identificar o que faz sentido.

Diante dessas informações seus alunos podem se perguntar: "Mas como fazer para compreender todos os símbolos e abreviações que aparecem num dicionário?" A resposta é fácil: um bom dicionário sempre apresenta uma lista de símbolos e/ou esclarecimentos sobre como utilizá-lo e que tipo de informações adicionais contém. Esses esclarecimentos costumam aparecer na parte inicial dos dicionários. É aconselhável explorá-las com seus alunos e familiarizá-los com elas nos dicionários que eles têm ou consultam com frequência. E, claro, ao fazerem uma consulta a um dicionário, eles não precisam necessariamente entender todas as informações sobre o verbete consultado, mas apenas *scan* as informações de que necessitam.

É possível que seus alunos tenham (mas não necessariamente expressem oralmente) duas dificuldades adicionais com referência ao uso de dicionários. A primeira delas envolve a decisão de "como" fazer a consulta, isto é, que verbete deve ser procurado. Esta pode parecer uma decisão óbvia, mas não é. É preciso lembrar a seus alunos que as palavras devem ser procuradas na sua forma básica, sem alterações (por exemplo, flexão de plural ou flexão verbal, derivação através de prefixos ou sufixos): se queremos consultar a palavra *matters* (no título) devemos procurar *matter*, sem -s final; se queremos consultar *has* (linha 1) devemos procurar *have*; se queremos procurar *seriously* (linha 3), devemos procurar *serious*. Os verbetes de um dicionário sempre são iniciados por palavras em sua forma básica.

É importante também praticar com seus alunos a mecânica da procura ao se usar um dicionário impresso: lembre-os de que no alto das páginas esquerda e direita há *guide words* que indicam a primeira e última palavra naquelas duas páginas, respectivamente. Em dicionários *on-line* a procura torna-se mais fácil: é só escrever a palavra procurada no campo de busca da página principal do dicionário.

Combinando estratégias

- O uso do dicionário está relacionado à identificação das palavras-chaves (*key words*) de um texto. Afinal, não se deve procurar todo o vocabulário desconhecido num dicionário mas apenas aquele que é essencial à compreensão, ou pelo qual temos um interesse específico qualquer. Leia mais sobre isso na seção "Identificando o vocabulário que precisa (ou não precisa) ser compreendido numa leitura".

- Ao tentar identificar o sentido procurado num dicionário, não precisamos ler todo o verbete em detalhes. Geralmente um *scanning* é suficiente para nos ajudar a encontrar a informação que procuramos. Nesse *scanning*, devemos monitorar a coerência da nossa leitura, perguntando--nos sempre se nossas interpretações fazem sentido (mais sobre essa estratégia na seção "Monitorando a coerência da leitura").

Como trabalhar a estratégia em sala de aula

1 > Selecione um termo relevante para a turma e peça aos alunos que observem o verbete correspondente em diferentes dicionários. Se não for possível o acesso a vários dicionários ao mesmo tempo, você pode preparar uma folha de exercícios com esses verbetes e distribuí-la aos alunos (nesse caso, não se esqueça de incluir a referência bibliográfica das fontes utilizadas). Em grupos, os alunos observam os verbetes e completam uma tabela como a seguinte registrando o conteúdo de cada um deles.

Contém....	Dicionário 1	Dicionário 2	Dicionário 3
Transcrição fonética?			
Indicação da separação das sílabas?			
Classe gramatical?			
Exemplos de usos?			
Outras informações? (sem sim, especificar)			

2 > A sugestão acima pode ser adaptada em forma de jogo, dividindo-se a turma em grupos e pedindo-se aos grupos que achem certas informações: por exemplo, o significado de uma palavra, a separação das sílabas de uma palavra, as classes gramaticais que uma determinada palavra pode representar, os diferentes significados de uma palavra etc. O grupo que primeiro encontrar cada informação ganha um ponto.

3 > Distribua um pequeno texto aos alunos (por exemplo, citações, provérbios, textos em camisetas ou *bumper stickers*) e peça-lhes que selecionem uma (e apenas uma) palavra que desconhecem mas que consideram importante para a compreensão da frase. Os alunos devem justificar suas escolhas e em seguida consultar um dicionário bilíngue para verificar o significado das palavras selecionadas. Após a consulta, em grupos, os alunos debatem: o uso do dicionário contribuiu para o entendimento da ideia da frase? Amplie a atividade em outra ocasião usando como referência pequenos parágrafos sobre temas do interesse da turma.

4 > Peça a seus alunos que escolham um pequeno texto de seu interesse e que nele selecionem 5 palavras que desconheçam mas cujos significados consideram importantes para a compreensão do texto. Em seguida, os alunos deverão procurar o significado dessas palavras num dicionário, marcando o tempo levado para a consulta. Depois, releem o texto. Em outra ocasião, você poderá pedir aos alunos que repitam os procedimentos com um ou mais textos, procurando diminuir o tempo usado para consulta às palavras desconhecidas.

5 > Procure na Internet exemplos de usos de palavras que têm mais de um significado em inglês (por exemplo, *plant, rock, chair, mouth, bank, book, wall*) e monte um exercício com alguns desses exemplos de uso, sublinhando-os. Em grupos, os alunos devem procurar num dicionário os significados das palavras nos exemplos selecionados.

Para ampliar seu conhecimento

- O *site* <http://esl.fis.edu/learners/advice/dic.htm> contém informações sobre como usar um dicionário de forma eficaz.
- Em <http://www2.warwick.ac.uk/fac/soc/al/learning_english/leap/reading/dictionaries/#guidelines>, pode-se ler sobre os critérios envolvidos ao se decidir sobre qual dicionário usar.
- Se você ensina inglês para jovens e/ou adultos iniciantes, o *site* <http://www.scribd.com/doc/3135197/Telecurso-2000-Ensino-Fund-Ingles-Vol-01-Aula-09> pode ser útil: ele oferece instruções básicas sobre o uso de um dicionário bilíngue.

6>> USANDO PARTES DE UMA PALAVRA PARA COMPREENDER SEU SIGNIFICADO

A situação

Você pediu a seus alunos que, em pares, lessem um pequeno texto sobre memória. Ao circular na sala durante a leitura, você ouve o seguinte diálogo:

Aluno 1 Aqui, nesta linha, o que é "*tiredness*"?

Aluno 2 Não sei. Acho que é uma palavra importante no texto, mas não sei o que é. E tem essa outra palavra aqui, "*forgetfulness*", que também parece importante. Você sabe o que é?

Aluno 1 Não.

Você se pergunta como pode auxiliar seus alunos a compreender que eles podem usar "*tired*" e "*forget*", que conhecem, como pontos de partida para o entendimento das palavras que causam impasse na sua leitura.

O texto

Should I worry?

It happens to everyone from time to time. You can't quite put a name to someone's face. You forget where you've put your keys. You can't remember where you parked the car. Often such lapses are because of tiredness, stress or simply having too much to do.

But if your forgetfulness – or that of someone you know – is getting worse or is beginning to interfere with everyday life, it can sometimes be the beginning of a specific medical problem such as dementia. Nowadays there is support, advice and a range of materials available for people with dementia and their families. There are also treatments which can temporarily alleviate some symptoms, so don't ignore it – share your worries and seek expert advice.

Folheto *Worried about your memory?*, Alzheimer's Society, Reino Unido.

A estratégia

Ao tentar entender o significado de *tiredness*, o leitor deverá ativar seu conhecimento prévio sobre o sentido de *tired*, mas tal processo não é suficiente: afinal, a noção "cansado/a" não faz sentido na frase. Para entender o que *tiredness* significa, o leitor precisará saber que *–ness* é um sufixo que se junta a algumas palavras para formar um substantivo.

O próximo passo na aplicação desta estratégia será concluir que o substantivo que corresponde ao adjetivo "cansado/a" é "cansaço", e essa conclusão levará o leitor a construir um sentido para o texto: os lapsos de memória descritos no primeiro parágrafo são normalmente devidos a cansaço, estresse ou simplesmente o fato de se ter muita coisa para fazer.

O entendimento de *forgetfulness* poderá seguir um raciocínio semelhante. O leitor deverá "quebrar" a palavra em pedaços: primeiro, a **base** da palavra (*forget*); em seguida, os sufixos *–ful* (sufixo formador de adjetivos) e *–ness* (sufixo formador de substantivos). Juntam-se então os pedaços novamente e estabelece-se o sentido da palavra: esquecer → esquecido → esquecimento.

Esse processo pode parecer complicado para os seus alunos, mas você deverá lembrá-los de que ele não é uma novidade: afinal, eles já fazem tudo isso automaticamente na sua leitura em português. Essa capacidade de quebrar uma palavra em pedaços, pensar nos significados dos vários pedaços, e depois recompor a palavra integralmente para lhe dar sentido faz com que se possa compreender palavras com poucos pedaços (como "constitucional", relativo à constituição) ou vários pedaços (como "inconstitucional", "inconstitucionalmente", "inconstitucionalíssimo" ou mesmo "inconstitucionalissimamente").

Ao entender a mecânica da "quebra das palavras" como parte do processo da aplicação desta estratégia, seus alunos podem se perguntar: "Para poder aplicar a estratégia com sucesso é preciso saber o significado de <u>todos</u> os pedaços que se juntam a palavras em inglês?" Para responder a tal pergunta, mais uma vez, encoraje seus alunos a ativar seu conhecimento sobre prefixos e sufixos da língua portuguesa. Afinal, assim como em português, muitos dos prefixos e sufixos em inglês vêm do grego e do latim, o que gera muitas semelhanças entre os "pedaços de palavras" dessas duas línguas. Vejamos:

Palavra em inglês	Palavra desmembrada	Comentários sobre os prefixos e/ou sufixos que formam a palavra	Exemplos em português
immature	*im-mature*	*im* = (negativa), sem	**im**aturo, **in**fiel, **i**limitado
supermarket	*super-market*	*super* = mais que, além que	**super**mercado, **super**-herói, **super**ávit
nutritious	*nutriti-ous*	*ous* = caracterizado por	delici**oso**, maravilh**oso**, fabul**oso**
reality	*real-ity*	*ity* = qualidade de	reali**dade**, veloci**dade**, utili**dade**

Os exemplos acima mostram que, além das semelhanças entre prefixos e sufixos usados no inglês e no português (que, como vimos acima, facilita o entendimento do leitor brasileiro), muitas vezes, pode haver semelhanças no **radical** da palavra. Nos exemplos acima, *mature*, *market*, *nutrit* e *real* são transparentes, o que facilita mais ainda o entendimento dos "pedaços" das palavras.

Há casos de formação de palavras em inglês que são potencialmente facilitadores para o leitor brasileiro e, curiosamente, potencialmente dificultadores da leitura para aqueles que têm o inglês como primeira língua. As palavras *vivid* e *predict* são bons exemplos. Em *vivid* (e *vivacious*, e *vivacity*), a raiz *viv-* tem origem no latim (*vivere* = viver), mas o verbo "viver" em inglês (*live*) tem origem germânica. Essa discrepância pode causar dificuldade a um falante nativo de inglês que se depare com palavras que usem o radical latino *viv-*. O mesmo aconteceria com palavras que usam o radical *dic-* (do latim *dicere* = dizer). Como em inglês "dizer" é *say*, o leitor que não associa *dic-* à ideia de "dizer" pode ter mais dificuldade em compreender palavras como *predict* ou *dictate*.

Apesar de relevantes para a percepção da importância do entendimento de partes de uma palavra, os esclarecimentos acima podem não ser suficientes para o leitor compreender de que forma a atenção a partes de palavras pode facilitar a leitura como um todo. Para tal, vale trazer à discussão situações como a seguir, em que um leitor examina alguns comentários *on-line* sobre restaurantes da região a fim de decidir onde vai comer. Nessa situação, deve-se fazer uma leitura rápida diante da quantidade de comentários. Ao ler um depoimento sobre um certo restaurante *(Waitresses are impolite and careless of guests' feeling)* um leitor estratégico saberá focar a atenção nas palavras-chaves *impolite* e *careless* e nos seus **afixos** que denotam noção negativa (*im-* e *-less*). O uso desta estratégia fará com que esse leitor entenda o comentário com uma agilidade maior.

Combinando estratégias

- Da mesma forma que se pode "quebrar" uma palavra em partes a fim de construir um melhor entendimento sobre ela, um leitor estratégico poderá "quebrar uma sentença" em partes, observando sua organização, a fim de produzir sentido na sua leitura: ao ler sobre um parque, por exemplo, onde se pode ver "*monkeys, goats, meerkats, raccoons and hogs*", um leitor pode concluir que a lista contém nomes de animais, mesmo que não compreenda de que animais o texto trata. Outras estruturas preferenciais em inglês, tais como a sequência *SVO (Subject-Verb-Object)* ou a ordem *Adjective-Noun*, podem também auxiliar o leitor a tirar importantes conclusões ao ler.

Como trabalhar a estratégia em sala de aula

1 > Prepare uma tabela para acompanhar a leitura de um texto a ser lido pelos seus alunos. Na primeira coluna dessa tabela você deve listar de antemão a tradução de algumas palavras do texto que contêm sufixos e/ou prefixos. Ao ler, os alunos preenchem a segunda coluna da tabela com as palavras correspondentes em inglês (conforme aparecem no texto) e, na terceira coluna, devem decompor a palavra em seus elementos formadores. Veja o exemplo abaixo:

Português	Inglês	Partes da palavra em inglês
cabeludo	hairy	hair + y

Após o preenchimento da tabela, os alunos formam duplas e leem o texto novamente, focalizando sua atenção nas palavras listadas, e tentando compreendê-las a partir do entendimento de suas partes.

2 > Durante uma semana, os alunos devem ler as notícias principais de um jornal *on-line* de sua escolha, anotando as palavras que começam com alguns prefixos frequentes em inglês (por exemplo: *in-*, *un-*, *pre-*, *inter-*). Devem anotar também as palavras que terminam com sufixos frequentes (por exemplo: *-al*, *-ment*, *-ous*, *-ful*). Nessas anotações os alunos deverão escrever as traduções dos termos listados e observar se os prefixos e sufixos que essas palavras usam em português tendem a ser os mesmos. Em sala de aula, encaminhe um debate para troca de resultados dessa pesquisa. Na semana seguinte, encoraje seus alunos a repetir os procedimentos, desta vez observando outros prefixos e sufixos. Como referência os alunos podem consultar um dicionário impresso ou *on-line* (por exemplo, <http://dictionary.reference.com/>).

3 > Faça uma busca na Internet usando os termos "*prefixes and suffixes esl*" ou "*word formation exercises*". Você vai encontrar muitos *links* com atividades para prática e ensino de prefixos e sufixos.

Para ampliar seu conhecimento

- Para ler mais sobre o ensino desta estratégia, visite o *site* <http://www.learner.org/workshops/teachreading35/session2/sec4p2.html>.
- Para definições e exemplos de sufixos, veja <http://grammar.about.com/od/words/a/comsuffixes.htm>; para prefixos, veja <http://grammar.about.com/od/words/a/comprefix07.htm>.
- Para uma listagem de prefixos e sufixos frequentes em inglês, veja <http://www2.scholastic.com/content/collateral_resources/pdf/r/reading_bestpractices_vocabulary_prefixes_suffixes.pdf>.

A situação

Você está iniciando a leitura da resenha de um filme com seus alunos. Antes de distribuir o texto, resolve explorar o título do filme, que coincide com o título do texto (*Son of Babylon*), perguntando à turma: "Sobre o que vocês acham que será esse filme de que trata o texto?" Seus alunos propõem algumas respostas: "Sobre a Babilônia e seus Jardins Suspensos"; "Sobre o Código de Hamurabi e seu 'olho por olho, dente por dente'". Você revela, então, o subtítulo da resenha: *A young boy's life in post-Saddam Iraq*. Seus alunos reagem com espanto e decepção, dizendo: "Nossa previsão estava totalmente errada!"; "O que podemos fazer para melhorar nossas previsões no futuro?"; "É uma perda de tempo tentarmos fazer previsões antes de ler um texto". Você fica inseguro sobre como encaminhar a discussão das questões levantadas pelos alunos.

O texto

Son Of Babylon

http://www.totalfilm.com/reviews/cinema/son-of-babylon

Busca | Compras | Vídeos | E-mail | Música | Imagens | Notícias

A young boy's life in post-Saddam Iraq

By Emma Dibdin | Feb 4th 2011

Offering a uniquely smallscale view of post-Saddam Iraq, writer/director Mohamed Al Daradji's festival favourite follows a headstrong young lad (Yasser Talib) and his grandmother (Shazada Hussein) on their search for the boy's father, who's been missing since he was forced to sign up for the Iraqi army.

This aside, the war isn't featured heavily and almost no troops appear in the film, whose focus is on the quieter but no less profound threat of silent, unreported genocide.

Talib makes a vivid impression in his debut performance, embodying both a childish zeal for life and a growing awareness of just how dangerous his world is.

Sparse, tender and hypnotically moving.

Disponível em: <http://www.totalfilm.com/reviews/cinema/son-of-babylon>. Acesso em: 8 fev. 2011.

A estratégia

A fim de entender os benefícios da estratégia de fazer previsões antes de uma leitura, é preciso saber que as previsões são importantes porque é através delas que o leitor estabelece uma conexão com o texto a ser lido. Essa conexão, por sua vez, ajudará o leitor a construir sentidos para o que lê; portanto, a preocupação de "melhorar as previsões" é equivocada.

Em outras palavras, sob o ponto de vista da aplicação dessa estratégia de leitura, não existe algo como "boa" ou "má" previsão. Quando fazemos previsões sobre um texto, não é importante acertar ou errar: são as previsões em si que importam, pois são elas que nos ajudam a nos "conectarmos" com o texto, funcionando mais ou menos como um "pensamento sobre a leitura antes da leitura". De certa forma, tal procedimento permite que o leitor construa uma relação com o texto antes mesmo de começar a lê-lo.

No caso acima, essa "relação com o texto" fez os alunos ativarem seu conhecimento prévio sobre a Babilônia para fazer previsões e antecipar o conteúdo do texto. Em outras palavras, eles usaram o que sabiam sobre a Babilônia para estabelecer uma conexão com o que iriam ler no texto e fizeram a leitura do subtítulo antecipando informações que acreditavam encontrar no texto. Ao fazer isso, estabeleceram uma postura diante do texto que lhes deu objetivos concretos para sua leitura: confirmar (ou não) suas previsões; refinar (ou não) tais previsões. Independentemente de acertar ou errar tais previsões, tal conexão com o texto os fez estabelecer um diálogo com ele. As previsões impedem que o texto seja maior que os leitores, "transmitindo" informações que eles vão "absorver" passivamente; ao prever o assunto do texto, um leitor está se posicionando ativamente na leitura e tornando-se agente da leitura que está por iniciar.

Para entender melhor o escopo da estratégia, leitores estratégicos podem parar para pensar por que fazem certas previsões ao ler. E tentar identificar se suas previsões são pautadas em conhecimento prévio e/ou em elementos do texto. Por exemplo, no texto acima, ao ler o subtítulo do texto (*A young boy's life in post-Saddam Iraq*) podem-se fazer novas previsões sobre o assunto do texto baseadas no conhecimento prévio sobre o Iraque liderado por Saddam Hussein. Essas previsões, por sua vez, estariam provavelmente associadas às ideias que o leitor tem de como seria a vida de um *young boy* em tal contexto histórico. Geralmente, nossas previsões apoiam-se em combinações similares, envolvendo nosso conhecimento prévio e informações dadas no texto.

Desta forma, é possível que um leitor faça previsões mais automaticamente quando tem maior conhecimento de mundo sobre o assunto; ou quando o texto atrai esse leitor mais intensamente ao ponto de ele/a ficar interessado em detalhes mais específicos. Em casos de textos que não ativem muito conhecimento prévio ou que não gerem tanto interesse, o uso de previsões pode ser menos automático. Nesses casos, o professor poderá estimular a aplicação da estratégia de uma forma mais guiada inicialmente.

Uma forma de oferecer esse andaimento é "revelar" o texto gradualmente (como fizemos no exemplo acima). Outra forma é orientar a atenção dos alunos-leitores para os tópicos frasais (*topic sentences*, em inglês) que possam existir no texto. Como estes comumente aparecem no início de um parágrafo, às vezes uma leitura das frases iniciais dos parágrafos que compõem um texto pode oferecer um bom apoio para a formulação de previsões sobre um texto. No entanto, ao aplicar essa subestratégia é importante considerar que, propositalmente ou sem perceber, nem sempre o autor de um texto, ao escrever, faz uso de *topic sentences.*

Concluindo: a realização de previsões deve ocorrer durante todo o processo de leitura, começando antes da leitura propriamente dita, continuando durante o tempo em que se lê e permanecendo após a leitura num processo contínuo de verificação e recriação de previsões. Em suma, o uso sistemático de previsões torna a leitura ágil e faz o leitor ficar "ligado" no texto, como se estivesse conversando com ele o tempo todo. E é essa "conversa" que ajuda o leitor a construir sentidos sobre o texto lido.

Combinando estratégias

- Para prever o assunto de um texto pode-se, por exemplo, apoiar a leitura em palavras transparentes (nos títulos, subtítulos e no corpo do texto) e nas imagens que acompanham o texto lido.
- Ao fazer exames que incluam perguntas sobre compreensão de texto, pode-se prever as respostas possíveis antes da leitura, a partir de ativação de conhecimento prévio. Essas previsões podem, também, orientar uma leitura mais focada do texto, envolvendo *scanning* das informações necessárias. Isso pode ser útil quando se tem pouco tempo para a execução da tarefa. Ler as perguntas sobre um texto antes da leitura é mais ou menos como fazer uma lista de compras antes de ir ao supermercado: você vai achar os produtos que procura se passar por todas as fileiras e olhar cuidadosamente todas as prateleiras, mas a lista orientará o seu olhar e fará com que você faça as suas compras de forma mais eficiente.
- A previsão do vocabulário e estruturas gramaticais usados em um texto pode auxiliar o leitor a sistematizar seu conhecimento lexicogramatical sobre a língua inglesa. Por exemplo, antes de ler um texto sobre eventos ocorridos no passado (numa biografia, por exemplo), os leitores podem prever os verbos no passado a serem encontrados no texto; antes de ler um texto sobre o Carnaval no Brasil, pode-se prever o uso de termos como "costume", "parade", "floats". Mesmo que não conheça tais termos em inglês, o leitor terá chances de compreendê-los ao ler o texto.

Como trabalhar a estratégia em sala de aula

1 > Distribua um texto para leitura (artigos de jornal ou revista são apropriados para esta tarefa; veja a seção *Fontes de referência*, p. 335, para sugestões de *sites*) e peça aos alunos que leiam o texto gradualmente, parando após o título, o subtítulo (se houver) e ao final de cada frase para registrar suas previsões, justificando-as. Esse registro pode ser feito numa tabela como a seguir:

	Predictions	**Justifications**
Heading		
Subheading		
Sentence 1		
Etc.		

Após essa primeira leitura os alunos leem o texto novamente, verificando suas previsões e baseando-se para isso em elementos do texto.

2 > A sugestão acima pode ser ampliada da seguinte forma: ao fazer a primeira leitura, parando para registrar suas previsões e justificativas, os alunos podem especificar se suas previsões baseiam-se em seu conhecimento prévio (CP), no texto (T) ou nos dois (CP/T). Em textos mais longos esses procedimentos podem ser encaminhados não após cada frase, mas após a leitura da primeira frase de cada parágrafo.

3 > Peça a seus alunos que, ao ler um texto mais longo (por exemplo, um **reader**, ou mesmo um romance), vão registrando suas previsões no livro colando notinhas (usando *post-its*, por exemplo) enquanto vão lendo. De vez em quando eles devem retornar a previsões anteriores e verificar se elas foram confirmadas ou não, usando elementos do texto para isso.

4 > Antes de uma leitura, os alunos devem prever de 5 a 10 palavras que devem aparecer no texto e anotar, então, essas palavras (em português). Ao ler, os alunos verificam suas previsões, ticando as palavras encontradas. Após a leitura, a turma debate: a previsão do vocabulário do texto facilitou a leitura? Facilitou a identificação de vocabulário já conhecido? Facilitou a aprendizagem de novo vocabulário?

5 > A sugestão acima pode ser adaptada em forma de um jogo de Bingo: em grupos, os alunos preveem 16 palavras a serem encontradas num texto que estão para ler. Cada grupo então escreve suas palavras numa folha dividida em 4 colunas verticais e 4 horizontais (como numa cartela de bingo). Depois, os grupos leem o texto e vão marcando as palavras encontradas. O grupo que primeiro completar uma linha vertical ou horizontal ganha o jogo.

6 > Antes de ler um texto, os alunos listam em pares algumas informações que acham que o texto vai apresentar. Depois, leem o texto sublinhando as partes em que as suas previsões aparecem. Após a leitura, sem voltar ao texto, os alunos conversam: de que informações contidas no texto eles se lembram? As informações associadas às previsões feitas foram lembradas mais facilmente?

Para ampliar seu conhecimento

- No *site* <http://reading.pppst.com/prediction.html> você tem acesso a uma enorme gama de opções para explorar o assunto, com acesso a apresentações em *slides* sobre diversos aspectos do tema.
- Para ler mais sobre parágrafos e *topic sentences*, visite o *site* <http://www.indiana.edu/~wts/pamphlets/paragraphs.shtml>.

8>> IDENTIFICANDO O TIPO DE TEXTO

A situação

Você está selecionando textos para leitura em suas aulas, e um pequeno texto numa revista chama sua atenção. O texto traz informações sobre como fazer uma assinatura de tal revista e algumas de suas partes destacadas: na parte inicial do texto, algumas palavras aparecem em caixa alta e outras não. As palavras em caixa alta encontram-se em negrito e uma delas (*free*) em negrito e itálico ao mesmo tempo. Você sabe que os autores do texto tiveram suas razões ao optar pelo uso desses recursos tipográficos e imagina que o trabalho com esse texto poderia ser adequado para explorar algumas noções de produção textual com seus alunos. No entanto, você não sabe bem como operacionalizar tal trabalho e auxiliar seus alunos a refletir sobre as intenções dos autores do texto por detrás dessas escolhas: quais elementos do texto devem ser explorados? Quais conceitos teóricos podem apoiar a reflexão?

O texto

Have
EXECUTIVE GOLFER
Sent to Your Home!
The magazines are *FREE.* All you pay is postage and handling.

Get a big bonus in the June issue – ***FREE*** – containing our annual private club guest policy directory – a $25 value. The directory lists 3,300 of America's private golf clubs. The listings include guest policies, phone numbers, e-mail addresses, yardage, and the names of head professionals. Cost is $25 if purchased separately.

Executive Golfer, February 2011. p. 8.

A estratégia

Quanto mais diferente for a parte de um texto, mais essa parte poderá chamar a atenção do leitor. O uso de caixa alta, negrito, itálico e a repetição da palavra *free* não é por acaso. O autor do texto optou por esses recursos para chamar a atenção do leitor. Essa justificativa parece ser óbvia mas há algo "por detrás" desse interesse em chamar a atenção do leitor: mais do que informar sobre os benefícios associados à assinatura da revista (linhas 4-8), o autor do texto quis convencê-lo a fazer algo; no caso, fazer uma assinatura da revista.

Para que os leitores possam entender as escolhas do autor do texto com relação ao uso desses recursos, é importante que compreendam que o autor não inventou um código a fim de atingir seu objetivo de convencer o leitor a fazer algo. O que ele fez foi lançar mão de convenções de escrita associadas à produção de textos persuasivos (isto é, textos cuja função é convencer o leitor a fazer algo): repetição, uso de caixa alta e de pontos de exclamação, uso de *you/your* para tornar o texto mais pessoal, ausência de visão oposta, uso de recursos tipográficos que destacam informações centrais no texto. De fato, muitos textos persuasivos empregam esses recursos, e mais alguns, para cumprir seu objetivo de convencer o leitor a fazer algo.

Portanto, saber identificar o **propósito comunicativo** de um texto ajuda o leitor a entender por que (e para quem) o texto foi escrito e essa identificação, por sua vez, auxilia o leitor a localizar outros recursos usados pelo autor para atingir seus objetivos. Esse entendimento tornará a leitura mais crítica e eficiente, pois o leitor que percebe os recursos usados por um autor para tentar persuadi-lo a fazer algo certamente irá se posicionar diante do texto com maior precaução, perguntando-se: "Por que será que o autor do texto quer me convencer a fazer algo? Será que eu quero ou preciso ser convencido a fazer isso?"

Nem todos os textos têm o objetivo de persuadir o leitor a fazer algo. Há outros tipos de texto, e cada um deles tem diferentes objetivos e faz uso de diferentes recursos. O quadro abaixo contém mais informações:

Tipo de texto	Propósito	Recursos
Persuasivo (*Persuasive*)	Convencer; persuadir o leitor a fazer algo	Repetições Uso de caixa alta Uso de negrito e itálico Uso de *you/your* Uso de pontos de exclamação Inclusão de aspectos positivos sobre algo; omissão de seus aspectos negativos
Descritivo (*Descriptive*)	Descrever pessoas ou lugares	Uso de comparações (com *like*, por exemplo) Uso de adjetivos e advérbios Referências aos sentidos (*how something feels, looks, tastes, sounds and smells*)

Tipo de texto	Propósito	Recursos
Narrativo (*Narrative*)	Narrar eventos; entreter	Uso de *time expressions (then, after that, in the morning)* Uso de **linguagem emotiva** Uso de diálogos Uso de **discurso direto** e **indireto** Frequência de pronomes (*I, me, she, her* etc.)
Argumentativo (*Argumentative*)	Apresentar um ponto de vista	Uso de explicações Exemplos e comparações Avaliações Inclusão de diferentes pontos de vista
Informativo (*Informative*)	Informar sobre algo (fatos, eventos, objetos, serviços)	Uso frequente do presente Inclusão de fatos Pouca ou nenhuma repetição Apresentação de ideias de forma sucinta e clara, muitas vezes em tópicos
Instrucional (*Instructional*)	Instruir, ensinar como algo deve ser feito	Uso frequente de *must* e *must not* Escritos como se fosse uma conversa com o leitor (mas a palavra *you* não aparece com frequência) Uso do **imperativo** Uso de diagramas ou ilustrações para facilitar entendimento Linguagem direta

É importante ressaltar que as categorias acima não são independentes, e muitas vezes um mesmo texto apresenta características de dois ou mais tipos diferentes. Por exemplo, o texto acima é ao mesmo texto persuasivo e informativo. Vale lembrar, também, que um mesmo tipo de texto pode ser representado através de vários gêneros textuais. Por exemplo, um texto narrativo pode existir como um romance, uma lenda, um artigo de jornal; um texto instrucional pode aparecer como uma bula de remédio, um manual de instruções, entre outros. Desta forma, é importante não confundir tipologia textual (o foco desta seção) com gêneros textuais, assunto da próxima estratégia.

Concluindo, leitores estratégicos saberão que textos de mesma tipologia tendem a ser organizados de forma similar e a usar recursos similares. Portanto, ao trabalhar a leitura em inglês, procure sempre estimular seus alunos a indagar: que tipo de texto é este? (*Narrative/ Descriptive/ Informative/ Persuasive/* etc.). Saber responder a esta pergunta pode ajudar um leitor no seu entendimento do texto: ao identificar a tipologia textual do que lemos identificamos, também, o **objetivo do texto** lido – e esta é sempre uma informação importante sobre o texto.

Combinando estratégias

- A identificação da tipologia textual está associada a outras condições de produção textual, tais como a identificação do gênero textual, a identificação dos prováveis autores e leitores de um texto, a reflexão sobre onde se pode encontrar textos semelhantes. Ao explorar essas questões, leitores produzem importantes sentidos sobre o texto lido. Voltaremos a esse assunto na seção "Identificando o gênero textual e compreendendo suas características".
- O trabalho com determinados tipos de texto pode auxiliar o aprendiz em inglês a sistematizar algumas noções gramaticais. Por fazer uso frequente do imperativo, textos persuasivos podem ser usados para apoiar a aprendizagem desse modo verbal; por fazer uso frequente do *Simple Present*, textos informativos podem ilustrar usos desse tempo em contexto. Outras características lexicogramaticais da língua inglesa (conforme quadro apresentado nesta seção) podem ser exploradas através da leitura de tipos de texto que fazem uso frequente desses elementos.

Como trabalhar a estratégia em sala de aula

1 > Selecione alguns textos que ilustrem diferentes tipos de texto. Peça aos alunos que identifiquem os tipos de texto representados e que justifiquem suas respostas, identificando em cada texto pelo menos um recurso usado pelo autor que caracteriza tal tipo de texto.

2 > Saber identificar os propósitos de um texto está diretamente relacionado à identificação dos tipos de texto. Para praticar essa identificação, seus alunos podem explorar o *site* <http://www.citycol.com/basic_skills/Quizzes/Purpose/reading_purpose.htm>.

3 > Para que seus alunos testem essa estratégia, peça-lhes que façam uma busca por "*video games*" na Internet e identifiquem os tipos de alguns textos. Lembre-lhes: anúncios, depoimentos de usuários, instruções de uso, entre outros, deverão ter funções diferentes. Peça-lhes, então, que observem se os textos procuram persuadir, narrar, descrever, informar, argumentar ou dar instruções.

Para ampliar seu conhecimento

- Para saber mais sobre tipos de textos, veja o *site* <http://www.bbc.co.uk/skillswise/words/reading/typesoftext/index.shtml>. Além de informações, o *site* contém um jogo, um teste, exercícios e dicas para professores sobre o assunto.

9>> IDENTIFICANDO O GÊNERO TEXTUAL E COMPREENDENDO SUAS CARACTERÍSTICAS

A situação

Você está, com seus alunos, na sala de computadores de sua escola. A tarefa é pesquisar informações sobre Londres, e os alunos, em pares, navegam na Internet, procurando tais informações. Ao circular na sala, você ouve a seguinte conversa entre uma dupla:

Aluno 1: Esta página contém informações interessantes.

Aluno 2: Mas esse texto é um anúncio; nós não estamos procurando anúncios.

Aluno 1: Anúncio? Onde você está vendo isso?

Você observa, no relance, que a página da web que tal dupla tem à sua frente de fato inclui um anúncio "camuflado" na página. E pergunta-se: há alguma estratégia de leitura que eu possa trabalhar com meus alunos a fim de torná-los aptos a identificar tal mistura de gêneros? E, em caso afirmativo, que benefícios tal identificação poderia trazer ao leitor?

O texto

Disponível em: <http://www.londonnet.co.uk/ln/out/ent/kids.html>. Acesso em: 5 abr. 2011.

A estratégia

Ao concluir que há um texto publicitário disfarçado nesta *homepage* de um *site* que contém informações sobre a cidade de Londres, o Aluno 2 provavelmente se baseou no uso de cores diferenciadas e fontes que chamam a atenção do leitor para o alto da tela; no uso da locução *buy now*, que tenta persuadir o leitor a fazer algo; no movimento das imagens na tela (que não pode ser visto obviamente neste *screenshot* no papel). Ele também pode ter reforçado a sua conclusão a partir da localização do quadro na página: ele se encontra na margem superior da *homepage*, um local onde costumamos encontrar anúncios.

Portanto, tais conclusões basearam-se em conhecimento prévio (de organização de páginas de *web*, de recursos visuais e linguísticos usados em anúncios) e é nessa noção que podemos apoiar o desenvolvimento da identificação do gênero textual do que lemos (mais sobre isso na próxima seção deste livro).

Para o desenvolvimento desta estratégia, às vezes basta projetarmos nossa atenção para um pequeno elemento do texto para construirmos sentidos bastante importantes na leitura: por exemplo, se lemos as palavras iniciais *Once upon a time* em um texto, concluímos que vamos ler um conto de fadas; se lemos *Dear Sir or Madam* no alto de um texto, imaginamos que o texto trata de uma carta formal; se lemos nomes de alimentos (tais como *sugar*, *coffee*, *bananas* e *bread*, em sequência, uma palavra em cada linha), entendemos que o texto contém uma lista de compras.

Em outras palavras, nossa experiência como leitores nos faz identificar o gênero textual (por exemplo, anúncio em página de *web*, conto de fadas, carta formal, lista de compras) com que nos deparamos de forma mais ou menos automática. De certa forma, estamos aculturados a fazer essa identificação rapidamente, e esse aculturamento nos ajuda a lidar com novos textos mais rapidamente. Se tivéssemos que "começar do zero" a leitura de cada um desses textos levaríamos mais tempo para fazer tais leituras.

É importante lembrar a nossos alunos que a importância da categorização dos textos que lemos (como anúncios, ou poemas, ou cartas de amor, ou receitas etc.) vai além da economia do tempo necessário para a leitura, como visto acima. Também vai além da mera identificação do gênero textual como um anúncio ou poema etc. Outros processos importantes acontecem paralelamente a esta identificação: ao identificar o gênero textual, o leitor ativa seu conhecimento sobre tudo o que sabe sobre aquele gênero: quem normalmente o escreve, para quem, com que objetivo, usando que recursos verbais e não verbais. Isso aconteceu na situação acima, em que o leitor desconfiou da imparcialidade do texto ao inferir que ele se tratava de um texto publicitário.

A identificação de um gênero textual envolve, então, elementos exteriores ao texto propriamente dito, por exemplo, o objetivo do texto, o propósito do autor ao escrever o texto; o leitor idealizado durante o processo de escrita; o suporte utilizado para escrever (papel, tela, metal etc.). Esses elementos, por sua vez, refletem-se na configuração interna do texto, levando o autor a decidir se ele deve, por exemplo, escrever em prosa ou em verso; se precisa adicionar ilustrações, títulos, subtítulos, legendas; se deve escrever em parágrafos, em tópicos, em listas numeradas; se deve usar vocabulário formal ou informal; se as sentenças devem ser longas ou curtas, entre outros.

Muitas vezes um texto apresenta uma combinação de gêneros, como no exemplo acima, em que um anúncio foi feito "como parte" de uma página de *web*, tentando nela se integrar para, talvez, minimizar o impacto de sua natureza publicitária. De fato, anúncios aparecem muitas vezes "camuflados" em outros gêneros, que podem ser cartas formais, entrevistas, artigos em revistas, entre outros.

Se seus alunos reagirem a essas conclusões, dizendo, por exemplo, "Mas qual é a novidade de tudo isso? Nós já aprendemos sobre isso nas aulas de português, e sabemos usar esta estratégia nas nossas leituras em língua portuguesa". Tais argumentos são legítimos; no entanto, a transposição desta (e de outras estratégias) não é automática de uma língua para outra, como vimos na parte "Fundamentos" deste livro; além disso, as características de gêneros textuais podem variar de forma significativa entre as línguas – e mesmo entre **variantes linguísticas** de um mesmo idioma. Vejamos alguns exemplos: recibos de compras nos Estados Unidos costumam incluir mensagens como *Have a nice day*, o que a princípio pode soar estranho para um brasileiro (e mesmo para um britânico!). Cartas de recomendação em inglês costumam ser diretas e objetivas, ter frases curtas, evitar figuras de linguagem – em português, podemos encontrar esses recursos. *E-mails* também variam entre as duas línguas: novamente, os falantes de inglês tendem a ser mais diretos que os falantes de português, e uma resposta curta (em um *e-mail* escrito por um norte-americano) a um *e-mail* longo (escrito por um falante de português) não necessariamente significa, como um brasileiro pode pensar, que o norte-americano foi mal-educado, ou que não se interessou pelo que foi escrito originalmente: cada escritor estava apenas seguindo suas "normas de como escrever um gênero textual" ao compor seu texto. Artigos acadêmicos são exemplos de outro gênero textual cujas características variam muito entre as duas línguas: se você lê (ou escreve) *academic papers* em inglês e português, terá de se familiarizar com essas diferenças.

Outro fator está associado à necessidade constante de aprendermos sobre gêneros textuais. O desenvolvimento de novas tecnologias ocasionou o aparecimento de novos gêneros textuais nos últimos anos: *e-mails, blogs, chats, homepages, wikis, tweets* (entre outros) são gêneros que nossos pais não conheciam quando tinham a nossa idade! Não é um absurdo imaginar que novos gêneros surgirão nos próximos anos; pelo contrário, com a velocidade que novas tecnologias vêm aparecendo, é bem provável que isso aconteça! E leitores desses novos gêneros terão de aprender sobre suas características, o que faz com que esta estratégia de leitura precise ser constantemente atualizada.

Combinando estratégias

- A identificação do gênero textual pode ser apoiada pela identificação dos autores de um texto. Esta combinação de estratégias pode ser implementada no exame de textos disponíveis na Internet. Ao fazerem buscas sobre um tema de seu interesse, estimule os alunos a identificar o gênero textual e os prováveis autores de um texto a partir da informação de seu **URL**: o conhecimento de que a terminação ".edu" significa que o *site* remete a uma universidade americana; que ".ac.uk" indica uma universidade do Reino Unido; que *blogs* e *wikis* podem ser identificados também no URL de uma *website* auxilia os alunos a refletir sobre quem escreveu tais textos e, com isso, tirar conclusões sobre a confiabilidade dos conteúdos apresentados nesses *sites.*

Como trabalhar a estratégia em sala de aula

1 > Distribua pequenos trechos ilustrativos de gêneros textuais diferentes, pedindo aos alunos que, em duplas: (1) identifiquem o gênero textual ilustrado em cada exemplo e (2) justifiquem suas respostas com base em elementos do texto.

2 > Selecione textos sobre um mesmo assunto (por exemplo, o Grand Canyon) mas que ilustrem gêneros textuais diferentes (por exemplo, um *blog*; uma enciclopédia; um folheto turístico). Peça aos alunos que identifiquem primeiramente o que os textos têm em comum (seu assunto) e que em seguida reflitam se tais textos representam o mesmo gênero textual. Estimule-os a justificar suas respostas.

3 > Para ampliar a sugestão acima, ou qualquer outra que envolva identificação de gênero textual, você pode encaminhar um debate com a turma, perguntando: (1) Quem é o provável autor do texto? (2) Para quem o texto foi escrito? (3) Que **registro** foi usado no texto: formal ou informal? (4) Qual o propósito comunicativo do texto (informar / persuadir / encaminhar um argumento etc.)? (5) Onde textos como esse podem ser encontrados? (6) Quais são alguns elementos característicos do gênero que o texto representa?

4 > Promova um trabalho interdisciplinar com o professor de português, pedindo aos alunos que comparem textos que representem o mesmo gênero textual (por exemplo, *blogs*, *e-mails*, artigos de jornal *on-line*) em suas versões em português e inglês. Os alunos devem examinar os textos cuidadosamente e debater em grupos: há diferenças entre as duas línguas quanto à organização e o tipo de linguagem usados nos textos examinados?

5 > Peça a seus alunos que visitem alguns *sites* que contêm anúncios (para tal, eles devem fazer uma busca por *adverts*). Após ver um anúncio, os alunos refletem: a que público tal anúncio é dirigido? Como o texto procura atingir essa *audience* nas palavras, imagens e outros recursos visuais que usa?

6 > Peça aos alunos que leiam dois textos sobre o mesmo assunto, escritos para públicos diferentes (por exemplo, um artigo de jornal sobre um evento recente num jornal para adultos e num jornal para crianças). Em pares, os alunos comparam os textos, procurando identificar como os autores "ajustaram" a sua forma de escrever em função do público que tinham em mente. Em conjunto, a turma compartilha as conclusões tiradas.

Combinando estratégias

- O trabalho seminal sobre o tema no âmbito de ensino de línguas estrangeiras é o artigo "Genre, text type, and the language learning classroom", de Brian Paltridge (publicado em *ELT Journal* 50/3: 237-243, 1996).
- A mescla de gêneros textuais pode ser testemunhada no recente desenvolvimento de um gênero chamado "*infomercial*", tipicamente representado em anúncios comerciais na TV que têm a forma de documentários. Uma busca na Internet pelo termo pode levar a mais informações e a possíveis fontes de trabalho com seus alunos, a fim de apoiar o trabalho com o tema transversal "consumismo" e a desenvolver sua leitura crítica desse gênero.

10>> APLICANDO CONHECIMENTO PRÉVIO (CONHECIMENTO DE MUNDO, DE INGLÊS, DE ORGANIZAÇÃO DE TEXTOS)

A situação

Você está combinando um encontro com uma amiga em Londres mas não sabe como chegar à casa dela. Você pede à sua amiga que lhe mande instruções por *e-mail* e sua amiga assim o faz. Ao ler a mensagem recebida, você se dá conta de que ela exige uma série de inferências por parte do leitor. Você então se pergunta quais estratégias de leitura você precisa acionar para construir um sentido para a mensagem; pergunta-se, também, se textos como esse poderiam ser úteis para conscientizar seus alunos sobre tais estratégias.

O texto

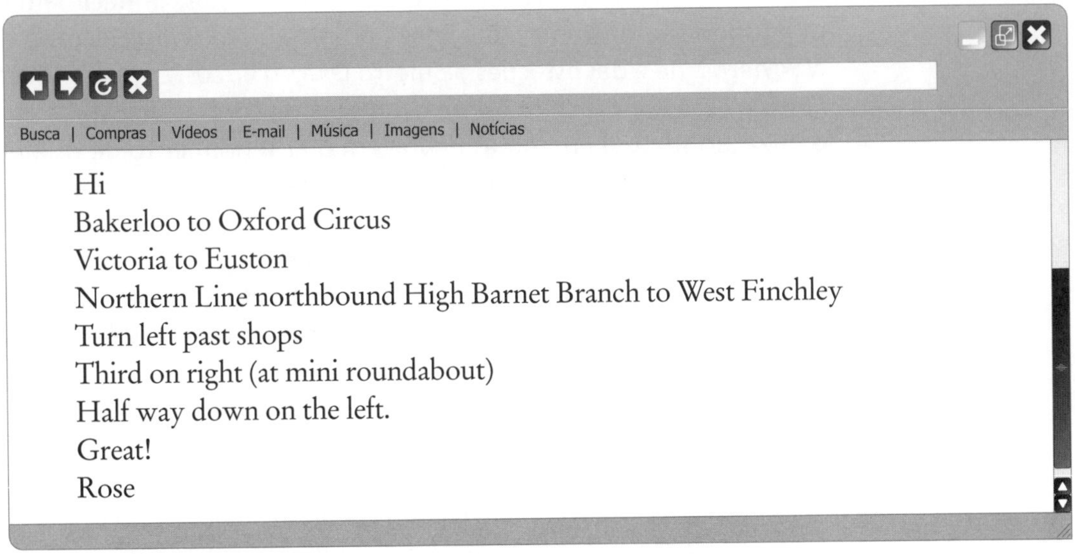

Hi
Bakerloo to Oxford Circus
Victoria to Euston
Northern Line northbound High Barnet Branch to West Finchley
Turn left past shops
Third on right (at mini roundabout)
Half way down on the left.
Great!
Rose

Arquivo pessoal da autora.

A estratégia

Há bons motivos para se achar que o texto exige uma série de conhecimentos, e que para que ele faça sentido é preciso ativar e aplicar esses conhecimentos na leitura. Especificamente, para construir um sentido para o texto acima, um leitor precisa saber que: (1)

O texto é um *e-mail*, e que este gênero textual é geralmente iniciado e terminado por um *greeting*, sendo que ao cumprimento final segue-se o nome de quem escreveu o texto; (2) O trajeto à casa da pessoa que escreveu envolverá pegar o metrô em Londres, fazendo troca de linhas no meio do caminho; (3) Estações de metrô, bem como suas linhas, têm nomes diferentes; (4) Pode ocorrer que numa mesma estação de metrô passem trens que vão para locais diferentes e que é preciso prestar atenção ao *branch* do trem; (5) Ao saltar do metrô será preciso fazer uma caminhada até a casa da pessoa; (6) "Lojas" e "rotatórias" são pontos referência na caminhada; (7) *Great!* na parte final da mensagem não faz parte das instruções, mas é apenas uma expressão de satisfação da autora do texto com os planos do encontro.

Para entendermos um texto, precisamos sempre acionar conhecimentos que já temos, e isso é feito de forma mais ou menos automática. Esse processo envolve conhecimento de mundo (*world knowledge*) de uma forma mais geral, bem como conhecimento da língua em que o texto é escrito e conhecimento de organização textual. No texto acima, exemplos de conhecimento de mundo são os nomes das linhas de metrô *Bakerloo, Victoria* e *Northern Line* e das estações de metrô *Oxford Circus, Euston* e *West Finchley* em Londres. No texto, exemplos de conhecimento de organização textual em inglês envolvem o entendimento de que *hi* e *great* funcionam como cumprimentos de início e fim no *e-mail*, que *Rose* é a assinatura da autora do texto, que *e-mails* podem ser escritos de maneira informal, ignorando regras de pontuação convencionais e omitindo também partes do texto. Por exemplo, no *e-mail* acima são omitidos trechos como os que aparecem entre colchetes a seguir:

> Hi [To get to my house take the] Bakerloo [Line up] to Oxford Circus [then get off the train and go to] Victoria [Line. At that line take another train] to Euston [then get off the train. Change lines. Go to] Northern Line northbound [not southbound, and take the train] to High Barnet Branch [be careful not to get another branch] to West Finchley [where you have to get off the train and leave the station on foot]. Turn left past shops [and keep walking then take the] third [road] on [the] right (at mini roundabout). [My house is] Half way down [the street] on the left. [It's] Great [that you're coming over] !; I'm finishing this e-mail now,] Rose

A importância da ativação de conhecimento prévio numa leitura é fundamentada pela teoria dos esquemas (*schema theory*, em inglês). De acordo com essa teoria, esquemas de conhecimentos são a rede de conhecimentos que temos sobre o mundo (incluindo conhecimentos sobre línguas e sobre organizações de textos). Esses esquemas constituem a rede de informações e conhecimento que vamos acumulando ao longo de nossas vidas, e toda vez que nos deparamos com uma nova situação ativamos os esquemas de conhecimento (*schemata*) necessários para construir um sentido para aquela situação. Ao ativar *schemata*, podemos entender uma situação com base em outras semelhantes já vividas, e não temos que começar todo entendimento "do zero", como faz uma criança ao descobrir o mundo.

A importância dessa estratégia é ressaltada nos Parâmetros Curriculares Nacionais:

> *correlacionar os conhecimentos novos da língua estrangeira e os conhecimentos que já possui de sua língua materna é uma parte importante do processo de ensinar e aprender a Língua Estrangeira. Tanto que uma das estratégias típicas usadas por aprendizes é exatamente a transferência do que sabe como usuário de sua língua materna para a língua estrangeira.*
>
> (Brasil, 1999: 32)

No contexto de uma leitura, então, devemos ativar nossos esquemas de conhecimentos a fim de construir sentidos daquele texto com base nesses esquemas. No exemplo acima vimos a quantidade de esquemas que precisamos acionar para entender o *e-mail*: esquemas sobre rede de transportes em Londres, sobre funcionamentos em metrôs, sobre trânsito em cidades, sobre organização e conteúdo de *e-mails*. Uma forma de apreciar o impacto desses conhecimentos no entendimento da mensagem seria imaginar uma situação em que um extraterrestre se deparasse com tal *e-mail*. Mesmo que ele tivesse bom entendimento do "código" da língua inglesa, ele não conseguiria entender o que estava sendo informado na mensagem!

A ativação de conhecimento prévio não está apenas associada a atividades anteriores à leitura propriamente dita. Tal ativação deve ser também encaminhada durante e após a leitura, através da expansão ou retificação do conhecimento previamente ativado. O importante é sempre manter em mente que, quanto mais sabemos (sobre algo específico, sobre o mundo de forma mais geral), mais entendemos sobre textos que nos cercam.

Combinando estratégias

- A aplicação de conhecimento de mundo pode apoiar o processo de inferência de vocabulário desconhecido. Se temos um sólido conhecimento de mundo sobre um assunto (digamos, futebol, ou elefantes, ou cerâmica) temos mais elementos para poder compreender vocabulário desconhecido (por exemplo, *offside*, *tusks* ou *kiln*) num texto sobre tal assunto.
- A formulação de perguntas sobre um texto antes de sua leitura é uma estratégia que auxilia o leitor a estabelecer um diálogo com o texto antes mesmo de começar a ler. Ao formular perguntas prévias a uma leitura, pode-se ativar conhecimento prévio, contrapondo-se, por exemplo, *What you know about the topic / What you would like to know about the topic* e encaminhando a leitura à procura das respostas às perguntas listadas.
- Ao lermos um texto devemos monitorar a coerência da leitura, perguntando-nos continuamente se nossos entendimentos fazem sentido. Esse monitoramento deve ser apoiado em conhecimento prévio sobre o assunto e sobre organização de textos. Mais sobre isso na seção "Monitorando a coerência da leitura".

Como trabalhar a estratégia em sala de aula

1 > Ao trabalhar uma leitura com seus alunos, peça-lhes que, antes de ler, listem o que sabem: (1) sobre o assunto; (2) sobre o vocabulário que provavelmente será usado; (3) sobre o tipo de texto a ser lido. Depois da leitura do texto os alunos debatem em grupos: de que forma a aplicação de seu conhecimento prévio facilitou a leitura?

2 > Peça aos seus alunos que, ao ler um texto simples (por exemplo, um formulário ou um anúncio na seção de classificados em um jornal *on-line*), listem alguns conhecimentos necessários para o entendimento do texto. Esses conhecimentos podem ser relacionados em duas colunas, de acordo com seu tipo: *world knowledge; knowledge of textual organization.*

3 > Uma forma de sensibilizar os aprendizes para a abrangência da noção de conhecimento prévio no contexto de uma leitura é "quebrar" essa noção em três categorias: *text to self; text to world; text to text.* Por exemplo, antes da leitura de um folheto de um parque temático, pode-se perguntar aos alunos:

a. *Text to self*: Como eles se sentem em parques temáticos? Quais tipos de atrações são mais interessantes para eles? Quais as que não lhes despertam muito interesse?

b. *Text to world*: O que sabem sobre parques temáticos? Como esses parques costumam se organizar? O que se precisa fazer para visitar um parque temático?

c. *Text to text*: Como são os folhetos que já leram sobre parques temáticos? Como eles são organizadas? Que tipo de informação costumam conter? Que vocabulário costuma aparecer nesses folhetos?

Esclareça, então, que as respostas a essas perguntas lhes permitem estabelecer importantes conexões com a leitura antes de ler o texto sobre parques temáticos, e que essas conexões, por sua vez, estabelecem uma espécie de fundação sobre a qual o conteúdo do texto fará sentido durante a leitura. Procedimentos similares podem ser encaminhados posteriormente, no apoio à leitura de outros textos. Após o trabalho pode-se pedir aos alunos que, em duplas, avaliem o uso da estratégia: até que ponto sua aplicação contribuiu para a leitura?

4 > Para encaminhar a ativação de conhecimento prévio pode-se propor um *brainstorm* sobre o assunto. As ideias geradas no *brainstorm* podem ser registradas em conjunto através de listas, quadros sinóticos, ou **mapas mentais**.

5 > A fim de promover a ativação de conhecimento prévio para o entendimento de vocabulário desconhecido, explore *sites* sobre o Brasil (em inglês) com seus alunos, tais como <http://www.embratur.gov.br/site/en/home/index.php> ou <http://www.rio2016.org/en/home>. Pode-se também explorar *sites* de jornais *on-line* e neles buscar "Brazil".

Para ampliar seu conhecimento

- Para ler um artigo sobre a aplicação de *schema theory* no contexto do ensino de inglês como língua estrangeira, vá a <http://iteslj.org/Articles/Stott-Schema.html>.
- Para ampliar seu repertório de formas e procedimentos que podem ser utilizados na construção de *mind maps*, explore os *sites* <http://www.ncrel.org/sdrs/areas/issues/students/learning/lr1grorg.htm> e <http://en.wikipedia.org/wiki/Mind_map>, que esclarecem como construir *mind maps*.
- Para mais informações sobre a ativação de conhecimento prévio, vá a <http://rusd.marin.k12.ca.us/belaire/BALearningCenter/carewwebpage/reading_handbook/prior_knowl.htm>.
- Uma leitura recomendada para saber mais sobre *schemata* e a organização de textos de forma culturalmente aceitas, é o capítulo "Culturally popular patterns of text organisation" do livro *Textual interaction: an introduction to written discourse analysis*, de Michael Hoey (publicado pela Routledge em 2001).

11>> IDENTIFICANDO O QUE PODE SER INFERIDO EM UM TEXTO

A situação

Atraído por um pequeno texto informativo sobre um evento a ser realizado em *The British Museum*, você se inscreveu numa oficina intitulada *Papyrus and writing the Book of the Dead*. Ao final do evento, você se sentiu decepcionado porque esperava ter a oportunidade de fazer papiro com as próprias mãos. "O que será que aconteceu", você pondera, "falhou a minha leitura ou o texto anunciou algo que não ocorreu na prática?". E você retorna ao texto para uma leitura mais cuidadosa, perguntando-se se sua experiência poderia ser compartilhada com seus alunos a fim de apoiar o trabalho com o desenvolvimento da estratégia de identificação do que pode ser inferido em um texto.

O texto

Papyrus and writing the Book of the Dead

Saturday 4 December,

11:00-17:00

Learn how papyrus was prepared for Egyptian scribes and how to write like the ancient Egyptians with calligraphic historian and practitioner Paul Antonio.

£30, Members & concessions £25, 30 places

Folheto *What's on: November – December 2010*, The British Museum, Reino Unido, 2010.

A estratégia

Em primeiro lugar, vale ressaltar que mesmo um leitor experiente corre o risco de fazer alguma inferência indevida ao ler um texto. Portanto, a interpretação equivocada na situação acima não está necessariamente relacionada com maior ou menor domínio da língua inglesa; podemos, também, fazer inferências indevidas se lemos um texto com pouco cuidado.

Uma leitura criteriosa do texto acima irá esclarecer que em nenhum momento o resumo da oficina indica que os participantes farão papiro com as próprias mãos. O que é dito no texto é que os participantes irão *learn how papyrus was prepared for Egyptian scribes* (linha 4). O texto não deixa claro como esse *learning* iria acontecer na oficina. Ao inferir que a aprendizagem seria *hands-on*, o leitor tirou conclusões que não são respaldadas por elementos do texto. Outras conclusões também sem respaldo seriam, por exemplo, pensar que a aprendizagem se daria através de *slides*, ou através de palestra, ou através de uma visita guiada ao museu, entre outras. Todas essas interpretações seriam em princípio possíveis sob um ponto de vista conceitual (afinal, uma aprendizagem pode ocorrer de todas essas formas), mas elas não se respaldam no texto; portanto, elas envolvem inferências não fundamentadas por elementos do texto, mas provavelmente fundamentadas na experiência do leitor sobre o assunto focalizado.

Esta é a dificuldade com inferências. Como leitores, fazemos inferências o tempo todo, isto é, lemos "nas entrelinhas", tirando conclusões sobre o texto que não necessariamente estão escritas no texto lido. Na leitura em inglês, inferências são fundamentadas em conhecimento de mundo, de organização textual e da língua inglesa por parte do leitor. Como vimos na discussão da estratégia "Aplicando conhecimento prévio", é mesmo importante que um leitor faça inferências, senão, a cada vez que escrevêssemos um texto, precisaríamos fornecer detalhes intermináveis sobre o que escrevemos. Neste parágrafo, por exemplo, precisaríamos explicar o significado de todas as palavras usadas, e cada explicação levaria à necessidade de mais explicações. Em outras palavras, se leitores não fossem aptos a fazer inferências ao ler, o trecho "palavras usadas" na frase anterior teria de ser ampliado mais ou menos assim:

> "...palavras usadas. Palavras são elementos que remetem a sons e significados; remeter significa [...], sons é o plural de som, que significa [...], plural significa [....]; significado significa [...]"

Os trechos entre colchetes, por sua vez, levariam à necessidade de novos esclarecimentos, e tal processo seria praticamente infinito. O uso de inferências evita essa necessidade, pois ao ler um texto temos de ter um entendimento mínimo dos termos nele usados, e usamos esse conhecimento para inferir informações que não aparecem de forma explícita no texto.

Mas a grande questão é: como podemos garantir que nossas inferências sejam fundamentadas? Para fazer inferências fundamentadas um leitor deve se apoiar em conhecimentos prévios e em elementos do texto também. No texto acima, exemplos de inferências possíveis e suas justificativas são:

Inferências possíveis	Justificativas	
	Conhecimento de mundo	**Elementos do texto**
Haverá um professor e/ ou facilitador na oficina	Oficinas têm um professor/ facilitador	*...with calligraphic historian and practitioner Paul Antonio. (linha 5)*
Participantes terão de pagar uma taxa	Oficinas às vezes são pagas	*£30, Members & concessions £25 (linha 6)*
Há número limitado de vagas	Neste tipo de evento, às vezes há número limitado de vagas	*30 places (linha 6)*
Haverá prática de escrita de hieróglifos	O sistema de escrita no Antigo Egito usava hierófligos	*Learn [...] how to write like the ancient Egyptians (linha 4)*

Em todos os exemplos anteriores as inferências envolvem uma espécie de "adivinhação fundamentada": adivinhação, porque as informações inferidas não estão explicitamente presentes no texto; fundamentada, porque o leitor tem de se apoiar em elementos do texto em combinação com conhecimento prévio para chegar às inferências. Estas podem parecer óbvias, mas não são: uma pessoa que não tem conhecimento de mundo sobre o funcionamento de oficinas poderia pensar, por exemplo, que ela receberia (e não pagaria!) 30 libras para participar da oficina!

Fazer inferências tem similaridades com o trabalho de um detetive: combinando "pistas" no texto com experiências prévias, chega-se a certas conclusões. É importante, em caso de dúvida, procurar outras pistas no texto que possam confirmar nossas inferências. É importante, também, saber distinguir uma inferência de uma informação contida no texto quando lemos um texto. A fronteira entre "evidência" e "inferência" não é sempre automática, mas um bom leitor saberá fazer essa distinção.

Combinando estratégias

- A identificação do que pode ou não ser inferido a partir da leitura de um texto está relacionada com a estratégia de identificar o que é ou não dito num texto – de certa forma, esta é anterior, mais básica, que aquela. Desde cedo com seus alunos você pode pedir-lhes que categorizem afirmativas sobre um texto lido não apenas como T (*true*) ou F (*false*), mas também como NS (*not stated*).

- Para se fazer inferências fundamentadas é necessário uma atenção especial a certas *key words* ao ler: palavras e/ou locuções que restringem significado, por exemplo: *sometimes / rarely / often*; *some / most*; *only*; *one of (the best)*; *every other* (day), uso de negativas (*not* e derivados), números e estatísticas a que eles se referem. Veja mais sobre a atenção a *key words* na seção "Identificando o vocabulário que precisa (ou não precisa) ser compreendido numa leitura".

Como trabalhar a estratégia em sala de aula

1 > Peça a seus alunos que leiam um texto e que comentem se algumas alternativas sobre o texto (que você poderá preparar *a priori*) podem ou não ser inferidas a partir da leitura.

2 > Peça a seus alunos que leiam um texto e que comentem se algumas alternativas sobre o texto (que você poderá preparar *a priori*) descrevem informações contidas no texto ou se constiutem inferências que podem ser feitas sobre o texto.

3 > Histórias em quadrinhos e cartuns contêm bons exemplos para a observação de inferências, já que o espaço para o texto escrito nesses gêneros textuais é pequeno, então muita coisa tem de ser lida nas entrelinhas. Peça a seus alunos que leiam algumas HQs no *site* <http://www.cartoonstock.com/directory/c/comic_strips.asp> e que identifiquem algumas inferências que o leitor tem de fazer para compreender o texto.

4 > Peça a seus alunos que trabalhem em pares: cada um lê um pequeno texto (diferente do outro) e, em seguida, cada um prepara um exercício sobre o texto lido, listando fatos que podem e não podem ser inferidos através da leitura (as respostas devem ser listadas no verso da página). Os alunos então trocam seus textos e cada um lê o texto inicialmente lido pelo colega e faz o exercício. Depois, os pares discutem as respostas dadas.

Para ampliar seu conhecimento

- Para mais informações sobre inferências na aula de inglês, veja o *site* <http://www.kimskorner4teachertalk.com/readingliterature/readingstrategies/inferences.htm>.
- Para saber mais sobre questões teóricas e práticas envolvendo inferências na leitura e seu ensino, leia <http://www.education.gov.uk/publications//eOrderingDownload/DCSF-RR031.pdf>.
- Se quiser acessar exercícios envolvendo inferências na leitura, explore os *sites*: <http://www.education.com/study-help/article/making-inferences_answer/>; <http://www.rhlschool.com/read6n3.htm> e <http://testprep.about.com/od/readingtesttips/a/1_Inference_Questions.htm>.

12>> IDENTIFICANDO O VOCABULÁRIO QUE PRECISA (OU NÃO PRECISA) SER COMPREENDIDO NUMA LEITURA

A situação

Você pede a seus alunos que folheiem um jornal e que nele selecionem um artigo para ler. Um de seus alunos é fã da cantora Mariah Carey, e uma pequena notícia num jornal chama a atenção dele. Seu título é "*Goats are Mariah Carey fans*". Esse seu aluno reconhece "Mariah Carey" e a *transparent word "fans"*, mas não compreende "*goats*". Numa leitura rápida do restante do texto, ele nota que a palavra "*goats*" é usada outras vezes, o que o leva a concluir que o entendimento de tal palavra é imprescindível para a compreensão do texto. E essa conclusão o faz desistir da leitura. Você passa por perto de seu aluno nesse momento, e pergunta: "Você não achou um texto que lhe interessa?". E ele responde: "Até achei, mas desisti da sua leitura porque não entendia uma palavra básica". Você se pergunta como poderia ajudar seu aluno a ler o texto que lhe interessa de forma estratégica.

O texto

Goats are Mariah Carey fans

A goat farmer claims he has increased milk production by 20% after forcing his herd to listen to Mariah Carey singing *All I Want for Christmas Is You*. Staff at St Helen's Farm, Seaton Ross, in the East Riding of Yorkshire, tried heavy metal and *Old MacDonald Had a Farm* before they discovered the benefits of Carey's 1994 hit, which seemed to relax the goats.

"The staff are probably sick of it now, but it works for the goats,"said Angus Wielkopolski, who founded the farm.

The Sunday Times, News Review, 19 dez. 2010. p. 16.

A estratégia

Você poderia começar dizendo a seu aluno que ele teve uma boa e uma má ideia. A boa ideia foi identificar *goats* como uma palavra central no texto, cujo entendimento é mesmo necessário para uma leitura eficaz. Mas a sua decisão de desistir da leitura apenas por não compreender tal palavra não foi muito apropriada. Se ele tinha interesse em ler o texto, mesmo sabendo que *goats* era uma **palavra-chave** (*key word*), ele poderia ter usado outras estratégias que já conhece para apoiar sua inferência: por exemplo, o uso de um dicionário bilíngue; o apoio no vocabulário *farm(er)* e *milk production* a fim de chegar à conclusão de que *goats* é um animal que dá leite.

Uma questão fundamental com relação ao processo de identificação de *key words* num texto é que esta identificação, embora importante em uma leitura, não é automática nem necessariamente simples, e este processo de reconhecimento do que é e do que não é uma palavra-chave requer prática. No exemplo acima, o leitor baseou tal identificação no fato de que a palavra foi usada mais de uma vez no texto. Esta condição pode mesmo estar associada à presença de *key words,* mas é importante lembrar que uma mesma *key idea* pode ser apresentada num texto através de palavras diferentes (sinônimas, por exemplo). Palavras realçadas (em negrito, sublinhadas, em itálico, usando cores e tamanhos de fontes diferentes, por exemplo) também podem representar *key words*. Em narrativas, **marcadores temporais** e ***reporting verbs*** costumam ser *key;* em textos que contêm algum tipo de sequência, **marcadores do discurso** como *first, second, third, finally* são palavras-chaves. De uma forma geral, os marcadores do discurso são palavras-chaves em um texto já que eles podem indicar as relações entre partes do texto (por exemplo, causa, consequência, adição, condição).

É importante lembrar que as palavras-chaves de um texto estão associadas ao gênero de tal texto. Ao lermos uma receita, por exemplo, vale a pena ter em mente que toda a lista de ingredientes contém *key words*; afinal, não se pode fazer tal receita sem ter entendimento de todos os ingredientes necessários. Num artigo de jornal, há provavelmente uma ou mais *key words* no título do artigo. Em textos que contêm estatísticas, além do entendimento dos números propriamente ditos, é também essencial entender as palavras que acompanham esses números (*more than, less than, about, increase, decrease, go up/down* etc.).

Muitas vezes, ao ler um texto, "empacamos" em uma palavra desconhecida e isso pode afetar o resto da leitura. Portanto, é importante que o leitor saiba identifcar quais são as palavras-chaves para uma leitura (aquelas cuja compreensão é mesmo necessária) e quais não são. Quanto mais seus alunos praticarem essa identificação, mais eficaz será sua leitura.

Combinando estratégias

- A atenção em títulos e usos de recursos tipográficos tais como negrito, sublinhamento ou itálico pode apoiar a identificação das palavras-chaves de um texto, já que o uso desses elementos em destaque deve estar associado às ideias centrais que compõem o texto lido.
- O uso de um dicionário é recomendável após a identificação de palavras-chaves cujo sentido se desconhece.
- A identificação da tipologia e gêneros textuais pode orientar a identificação das palavras--chaves do texto lido, como discutido nesta seção. O entendimento das características dos diversos tipos e gêneros textuais pode instrumentalizar o leitor a procurar por elementos no texto que, por serem característicos desses textos, devem também conter importantes informações sobre o texto lido.

Como trabalhar a estratégia em sala de aula

1 > Peça a seus alunos que leiam um texto de sua escolha e que, ao lerem, circulem as palavras que lhes parecem ser essenciais para a compreensão do texto. Numa segunda leitura, desta vez em duplas, os alunos reavaliam suas decisões, sublinhando as palavras que lhes parecem, nessa segunda leitura, realmente essenciais para o entendimento do texto. Em seguida, as duplas contam o número de palavras componentes do texto e observam quantas palavras circularam e sublinharam ao mesmo tempo, refletindo: as palavras-chaves do texto representam mais ou menos que a metade de todas a palavras que compõem o texto?

2 > Peça a seus alunos que leiam um pequeno texto, nele identificando 5 palavras que desconhecem mas cuja compreensão parece ser importante para o entendimento do texto. Tais palavras podem ser listadas na primeira coluna de uma tabela como a seguinte:

Unknown Word	Guessing its meaning	From the dictionary

Em seguida, os alunos tentam inferir o significado das palavras listadas a partir de seu uso no texto, escrevendo tais conclusões na coluna central da tabela. Uma consulta posterior a um dicionário bilíngue (por exemplo, o *site* <http://dictionary.reverso.net/english-portuguese/>) pode apoiar a verificação das inferências. O significado dos termos procurados pode ser registrado na terceira coluna da tabela.

3 > Com a ajuda de seus alunos, escolha um artigo sobre um assunto da atualidade num jornal *on-line* em português, pedindo à turma que identifique quais são suas palavras--chaves. Depois, os alunos leem rapidamente um artigo sobre o mesmo assunto em um jornal *on-line* em inglês, procurando identificar os termos que correspondem às palavras-chaves previamente identificadas. Em seguida, eles leem o texto em inglês sem se preocupar com palavras que não são essenciais para a compreensão. Em conjunto, a turma debate: a identificação das palavras-chaves facilitou a sua leitura?

4 > Selecione alguns textos que tenham partes com negrito, itálico, sublinhamentos, ou qualquer outra forma de destaque. Peça a seus alunos que leiam apenas as partes destacadas e façam previsões sobre o restante do conteúdo do texto. Depois eles leem o texto integralmente e debatem em pares ou pequenos grupos: as palavras destacadas são mesmo essenciais para o texto?

Para ampliar seu conhecimento

- Como vimos, a noção de frequência pode estar associada à identificação de *key words* em um texto. A Linguística de Corpus é fundamentada na noção de frequência das palavras que compõem um texto e estudos recentes nessa área geraram o desenvolvimento de diversos programas que analisam a frequência das palavras em um texto. Alguns exemplos desses programas são:
    - Wordsift.com: <http://www.wordsift.com/>. Este programa calcula as palavras mais frequentes de um texto excluindo termos frequentes mas não *key* tais como *and, the* e *of.* Em seguida, produz uma representação visual do texto em que as palavras do texto aparecem em ordem alfabética, sendo que as mais frequentes aparecem em tamanho maior.
    - Wordle.net: <http://www.wordle.net/>. Este programa também se apoia na noção de frequência das palavras que compõem um texto para gerar visualizações do texto em que o usuário pode formatar fontes, cores e *layouts* utilizados.
    - Find-keyword.com: <http://www.find-keyword.com/>: este *site* calcula as *key words* de um texto com base na frequência de todas as palavras que compõem tal texto. É importante lembrar que nem todas as palavras são cruciais para o sentido do texto (sempre se acham, por exemplo, muitos *the, a, you, that* nos textos que lemos).

13>> IDENTIFICANDO AS IDEIAS GERAIS E AS IDEIAS ESPECÍFICAS EM UM TEXTO

A situação

Você pede a um aluno que leia, em casa, um artigo sobre personalidade humana e esteja apto para relatar o conteúdo do artigo para o resto da turma. No dia em que tal relato deveria acontecer, o aluno encarregado da leitura lhe diz que, apesar de ter interesse no assunto, não sabe como compor o relato. Ele diz: "São tantas as informações dadas no texto! Como devo fazer? Devo falar sobre o que é o texto?"

Diante dessa dúvida, você se pergunta como poderia auxiliar seus alunos a saberem identificar as ideias principais e específicas dos textos que leem.

O texto

The Sherlock Holmes of stuff

Ever wondered what your handshake, your CD collection, or even the way you walk says about you? Or perhaps you have always wanted to be able to glance at a colleague's office and instantly gain a stunningly accurate insight into their personality. If so, *Snoop* is for you. In this charming and well-written book, academic psychologist Sam Gosling brings a mass of research to bear on a simple question: just how much can you really tell about a person from their possessions, living spaces and non-verbal behaviour?

Central to much of the work is the view, now held by many psychologists, that personality consists of five main factors: extroversion, emotional stability, openness, conscientiousness and agreeableness. The usual way of scoring someone for each of these parameters involves asking them to complete a long and tedious questionnaire. Gosling, however, argues that there are much quicker, yet still surprisingly accurate, ways of assessing your friends, family and colleagues. All you have to do is snoop.

[...]

New Scientist, 28 jun. 2008, p. 50.

A estratégia

Alguns textos, como o acima, de fato contêm muitas informações, e essa riqueza de detalhes pode mesmo deixar o leitor confuso e inseguro. Para lidar com essa dificuldade, deve-se procurar distinguir a ideia geral do texto de seus detalhes.

No entanto, a ideia do aluno de usar a pergunta "Sobre o que é o texto?" para tal fim não é uma ideia adequada. Afinal, a resposta a esta pergunta ("O texto é sobre personalidade humana") levaria o leitor ao "tópico" ou "assunto" do texto, e não à sua ideia principal.

Para identificar a ideia principal de um texto, a pergunta a ser feita é *What point is the author trying to make in the text?* No texto acima, a ideia principal é que é possível caracterizar a personalidade de uma pessoa espiando os objetos, casa e comportamento não verbal dessa pessoa. As outras informações dadas constituem detalhes do texto, respectivamente: o fato de que um psicólogo escreveu um livro sobre essa teoria; que a personalidade humana é normalmente caracterizada ao redor de 5 fatores; que estudos convencionais de personalidade normalmente usam questionários como instrumentos de pesquisa. Os detalhes de um texto são, então, informações que apoiam a ideia principal, fornecem exemplos e/ou comentários adicionais, dão esclarecimentos e justificativas.

Pode-se auxiliar os alunos a desenvolver a habilidade de distinguir a ideia geral de um texto de seus detalhes através da representação visual da ideia geral e dos detalhes específicos de textos simples (por exemplo, os textos achados numa enciclopédia para crianças como <http://www.factmonster.com/> ou <http://schools-wikipedia.org/wp/index/subject.htm>).

Uma forma frequente de organizar tal representação visual é fazer um mapa mental sob a forma de teia de informações em que o leitor escreve a ideia principal do texto lido num quadro do qual saem "pernas" que registram os detalhes específicos ao redor da ideia central. Com relação ao texto acima, poderíamos ter algo assim:

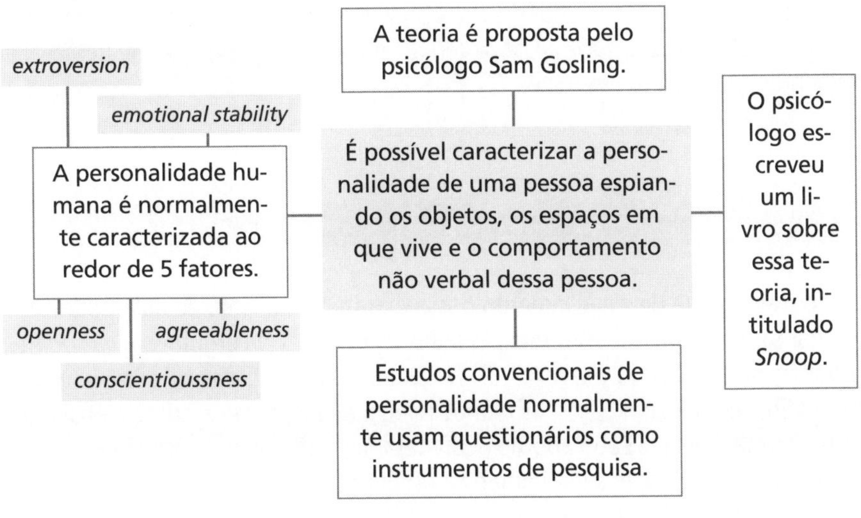

Note que os detalhes de um texto (no caso acima, os quatro retângulos maiores ao redor da ideia central) podem ser ampliados através de seus próprios detalhes (como por exemplo os 5 retângulos menores). No esquema acima, o nome do psicólogo e o nome do livro poderiam ser representados como "detalhes do detalhe". Seria também possível adicionar mais detalhes para o retângulo que trata do uso dos questionários (através dos adjetivos *long* e *tedious*).

A identificação da ideia principal do que lemos em inglês torna-se a cada dia mais importante, dado o aumento do volume de leitura que está associado ao uso da Internet nos dias de hoje. Ao navegar na Internet, somos bombardeados por um quantidade enorme de informações, e torna-se cada vez mais necessário saber "filtrar" o que é essencial e o que são detalhes nos textos que lemos.

Combinando estratégias

- O uso de *skimming* pode apoiar a identificação da ideia principal de um texto, da seguinte forma: faz-se inicialmente uma leitura rápida do texto procurando-se identificar a ideia principal de cada parágrafo (a noção de tópico frasal também pode apoiar esse *skimming*). Paralelamente, vão-se anotando tais ideias principais. Depois, considera-se: o que faz essas ideias estarem conectadas? A resposta a essa pergunta vai provavelmente ajudar o leitor a chegar à ideia principal do texto.
- Um *scanning* por *concluding words* (tais como *therefore, consequently, hence, thus*) pode indicar que naquele ponto do texto se encontre a apresentação de uma ideia geral – seja do parágrafo, seja do texto como um todo. É importante sempre ter em mente que a ocorrência desses termos não garante que haja apresentação de uma ideia geral do texto naquele ponto, e cabe ao leitor verificar se tais "pistas" realmente envolvem articulação de tal ideia.
- De forma similar, *scanning* pode apoiar a identificação dos detalhes de um texto: o uso de marcadores do dircurso tais como *for example* (e sua abreviação *e.g.*), *that is* (e sua abreviação *i.e.*), *first, second, finally* podem ser o foco desse *scanning*, mas deve-se lembrar que nem sempre esses elementos existem em um texto.

Como trabalhar a estratégia em sala de aula

1 > Para iniciar o trabalho de desenvolvimento dessa estratégia em sala de aula pode-se seguir ou adaptar esses passos com relação a um texto lido: (1) Pergunte: *What point is the author trying to make in the text?*; (2) Os alunos, individualmente, escrevem suas respostas; (3) Em seguida, em pares, os alunos releem as respostas escritas e observam se nelas há informações que são "adornos" ou detalhes sobre a ideia principal: se houver "adornos", eles podem ser eliminados; (4) Em grupos de 4 ou 5, os alunos leem as respostas do grupo e elegem a melhor, justificando sua escolha.

2 > Peça a seus alunos que, regularmente, leiam pequenos textos e neles identifiquem sua "*Main Idea*" e seus "*Details*". Possíveis *follow-ups* para essas atividades incluem: (1) A verificação em pares ou grupos das respostas dos colegas; (2) O retorno ao texto para debate: a ideia geral é apresentada de forma direta ou indireta?

3 > Muitas vezes as ideias principais de um texto aparecem de forma sucinta ou na primeira, ou na última frase do parágrafo. Peça a seus alunos que experimentem esta subestratégia em textos já lidos ou mesmo em textos em português; depois eles aplicam-na em textos em inglês que ainda não leram.

4 > Peça a seus alunos que recortem algumas pequenas notícias de jornais que tenham títulos. Depois, em grupos, separam os títulos do resto das notícias e em seguida tentam recompor os textos originais. Pergunte-lhes: até que ponto os títulos das notícias correspondem às ideias principais do texto? Se você e seus alunos não tiverem acesso a textos impressos em inglês que possam ser recortados, uma alternativa é usar textos *on-line* e imprimi-los.

Para ampliar seu conhecimento

- Para mais informações sobre como identificar a ideia principal de um texto e atividades para prática desta estratégia, visite o *site* <http://dhp.com/~laflemm/reso/mainIdea.htm> ou <http://www.ccis.edu/writingcenter/studyskills/mainidea.html>.
- Se você procura sugestões de exercícios envolvendo ideias principais e detalhes de um texto, visite o *site* <http://www.eslflow.com/academicwritng.html>, e clique na seção "*Exercises for topic & support sentences*".
- Para ler mais sobre diferentes formas de organizar visualmente a ideia principal e os detalhes de um texto, veja <http://www.informationtamers.com/WikIT/index.php?title=Information_map_types>.

14>> IDENTIFICANDO OS DIFERENTES PONTOS DE VISTA EM UM TEXTO

A situação

Você trabalha com sua turma a leitura de um artigo de jornal sobre um assunto de interesse de todos: o papel das novas tecnologias na educação dos jovens. Os alunos leem o texto em pares, enquanto você circula na sala. Ao passar por uma dupla de leitores, você ouve o comentário: "Eu achava que estava acompanhando o texto. Mas aqui pelo meio eu me perdi, e não sei bem por quê". O outro aluno retruca: "É, este texto é mesmo confuso: uma hora diz uma coisa, outra hora diz outra". Você se pergunta onde a leitura dos alunos pode ter falhado, e se haveria alguma estratégia de leitura que pudesse evitar impasses como esse.

O texto

Gadgets offer a lesson to us all

Analysis Greg Hurst

The notion that today's young absorb information more effectively via computer is widespread. The Lord Chief Justice, Lord Judge, said last month that the jury system may need reform as people no longer learnt by listening while being talked at. His grandchildren used computers, he said.

Computer suites, access to laptops and – increasingly – handheld devices are popular with parents, pupils and teachers alike.

Yet evidence linking technology to higher attainment in schools is elusive. Academics cite how ministers become bewitched with interactive whiteboards; after vast investment, many teachers used them as they had blackboards.

Alan Smithers, Professor of Education at the University of Buckingham, said: "One thing about education is people get attracted to plausible narrative. It is quite difficult to get convincing evidence as, when people come up with ambiguous results, they get left aside and the narrative continues."

Dylan William, Professor of Educational Assessment at the University of London, said simply having the technology made no difference, but giving iPhones to pupils did offer the potential to engage and stretch each child.

The Times, 7 nov. 2009. p. 30.

A estratégia

É possível, e mesmo provável, que no cenário acima a causa da dúvida dos alunos esteja relacionada com o fato de que o texto apresenta diferentes pontos de vista. Essa apresentação pode mesmo causar dificuldade ao leitor na identificação do argumento proposto, mas no texto acima (como em muitos textos que lemos), a ideia geral é precisamente que não há consenso sobre o tema focalizado no texto, e que diferentes pessoas têm posicionamentos também diversos quanto a esse assunto – no caso, o efeito da tecnologia na educação dos jovens. Sob uma ótica pedagógica, a questão torna-se então: "Como podemos orientar nossos alunos a identificar tais diferentes posicionamentos ao ler?"

Um bom texto deverá incluir pistas mais explícitas ou menos explícitas sobre a existência de diferentes ideias. Pistas explícitas incluem o uso de termos que apontam diretamente para diferenças (tais como *different, contrary, contrasting, distinct, divergent, (an)other*) ou de palavras e expressões que sinalizam ideias contrárias (como por exemplo *but, however, though, otherwise, yet, on the other hand,* entre outras). No texto acima, repare o uso de *yet* (linha 7) e das locuções *evidence ...is elusive* (linha 7), *difficult to get convincing evidence* (linhas 11-12). Pistas menos explícitas, mas que podem indicar ao leitor a possibilidade de mais de um posicionamento apresentado no texto incluem menção de nomes de pessoas diferentes, uso de verbos na **primeira pessoa** e na **terceira pessoa**, uso de *reporting verbs* que expressam discordância tais como *deny, refute, disagree,* ou verbos que expressam concordância (*agree, support)* acompanhados de *not.* Exemplos de pistas menos explícitas no texto acima são: pessoas diferentes sendo citadas (Lord Judge, Alan Smithers, Dylan William), *reporting verbs* como *said (simply)* (linhas 2, 10 e 15), *cite* (linha 8): o simples fato de que três autoridades no assunto estão sendo citadas deve gerar a suspeita de que há divergência sobre o assunto tratado!

A atenção para os itens listados acima ajuda na aplicação desta estratégia mas não é suficiente. Uma dificuldade atrelada à aplicação desta estratégia é que ela pode, às vezes, se sobrepor à noção de *topic sentence*. Isso acontece no texto acima. A frase inicial, *The notion that today's young absorb information more effectively via computers is widespread* (linhas 1-2), pode levar o leitor a concluir, numa leitura rápida, que a frase apresenta a ideia geral do texto e que há consenso sobre a ideia, o que não é o caso.

É importante sempre lembrar aos nossos alunos que um mesmo fato pode ser abordado de formas diferentes e que, ao ler um texto, é importante saber distinguir os pontos de vista nele expressos. Esta capacidade é especialmente importante para se desenvolver leitores críticos. Além de saber identificar os diferentes pontos de vista apresentados num texto, ao ler um texto com diferentes posicionamentos, um bom leitor deverá saber julgar os pontos de vista apresentados e estabelecer o seu próprio posicionamento quanto ao assunto. Por exemplo, após ler o texto acima, um leitor crítico deverá se perguntar: qual a minha opinião sobre o uso de tecnologias na educação? Como posso justificar essa opinião com base em elementos do texto?

Outra abordagem mais crítica relacionada à estratégia focalizada nesta seção envolve a leitura de textos que tratam de temas controversos (por exemplo guerras, nova tecnologias, religião, decisões governamentais) de forma unilateral, sem chamar a atenção para o debate que há por detrás do tema. Um bom leitor irá sempre desconfiar desses textos!

Combinando estratégias

- Um bom leitor tem de estar continuamente se questionando das suas próprias interpretações, indo adiante e voltando no texto para monitorar sua compreensão, procurando elementos no texto que comprovem um entendimento que faça sentido (mais sobre isso na próxima seção).
- A identificação da tipologia e gênero textual do que lemos está associada a uma boa aplicação desta estratégia: ao ler textos argumentativos é essencial saber identificar os diferentes pontos de vista apresentados. A estratégia é importante, também, na leitura de ficção, já que este gênero textual, por definição, envolve o ponto de vista de uma ou mais pessoas. Ao ler manchetes de jornal, é importante também sempre se lembrar de que um mesmo fato pode ser relatado de maneiras diferentes, e que uma notícia de jornal apresenta, necessariamente, "uma" versão dos fatos relatados. Portanto, é importante entender qual versão é apresentada num artigo de jornal, e a leitura de sua manchete pode auxiliar o leitor nesse entendimento.

Como trabalhar a estratégia em sala de aula

1 > Selecione textos que apresentem perspectivas diferentes (jornais de qualidade são boas fontes) e peça aos seus alunos que, em pares, leiam tais textos e identifiquem tais perspectivas. Esta atividade pode ser ampliada pedindo-se aos alunos que voltem ao texto e marquem, frase por frase, a que perspectiva elas se referem. Para ler esses jornais, busque na Internet "Canadian newspapers", "Irish newspapers",

"American newspapers" etc. Outra fonte de referência é o *site* <www.newseum.org/todaysfrontpages>, que publica as primeiras páginas de centenas de jornais de mais de 80 países. Você pode organizar sua busca por jornais de regiões específicas.

2 > A sugestão acima pode ser adaptada com foco nas manchetes dos artigos. Os alunos leem manchetes sobre um mesmo assunto em diferentes jornais e respondem: elas abordam o assunto sob a mesma perspectiva? Se sim, de que forma? Se não, quais aspectos divergem na abordagem?

3 > Pratique esta estratégia com seus alunos pedindo-lhes que leiam pequenos textos argumentativos e façam um pequeno resumo dos posicionamentos apresentados. Em seguida, pense: qual a sua opinião sobre esses posicionamentos? Para exemplos de textos argumentativos, você pode visitar o *site* <http://www.talkingpeople.net/tp/skills/writing/typesoftexts/argumentative_discursive.htm>.

4 > Peça a seus alunos que façam uma busca na Internet por textos sobre um assunto controverso de seu interesse (por exemplo, a clonagem de animais, a situação política no Oriente Médio, o uso de alimentos geneticamente modificados, o aborto, o fundamentalismo religioso). Em seguida, selecionam um ou dois textos e neles identificam os diferentes posicionamentos sobre o assunto. Para tornar a tarefa ainda mais desafiadora, peça-lhes que identifiquem no texto os elementos usados pelo autor para apresentar tais diferenças. Lembre-os de que um texto pode apresentar posicionamentos de diversas pessoas e esses posicionamentos podem ser semelhantes, complementares ou divergentes.

Para ampliar seu conhecimento

- No *site* <http://www.teachervision.fen.com/human-relations/resource/6856.html> podem-se encontrar inúmeras fontes de referência sobre o assunto, incluindo artigos, planos de aula e atividades, e outros *links* relevantes.
- Para ler mais sobre *reporting verbs*, explore os *sites:* <http://tls.vu.edu.au/SLS/slu/ReadingWriting/Referencing/ReportingVerbs/ReportingVerbs.htm>; <http://www2.warwick.ac.uk/fac/soc/al/learning_english/leap/grammar/reportingverbs/>; <http://www.gcal.ac.uk/student/coursework/writing/reporting.html> e <http://www.adelaide.edu.au/clpd/all/learning_guides/learningGuide_reportingVerbs.pdf>.

15>> MONITORANDO A COERÊNCIA DA LEITURA

A situação

Em sala de aula, os alunos leem um texto sobre o uso de *blogs* em escolas. Enquanto isso, você circula na sala e ouve um aluno comentar com outro: "Não faz sentido. O texto fala do uso de *blogs*, mas trata do assunto como se estivesse *pressing problem* (pressionando problema?) para os meninos *to write properly* (escreverem para si próprios?)". Você fica na dúvida de como poderia ajudar seu aluno a perceber que sua interpretação estava equivocada.

O texto

Blog early, blog often: the secret to making boys write properly

Blogging may have solved one of the most pressing problems that has perplexed the education world for years: how to get boys to write properly.

A pioneering approach adopted by a primary school in Bolton has seen a remarkable rise in pupils' test scores.

The biggest impact has been on boys – who are happily churning out 5,000-word stories for their blogs in the classroom. The school, Heathfield primary, is now being used as a role model to encourage others around the country to adopt its methods. The turnabout has seen the percentage of pupils getting a higher than average score ("level five") in national curriculum writing tests for 11-year-old soar from just 7 per cent to 63 per cent.

[…]

The Independent, 11 fev. 2011. p. 12.

A estratégia

Na situação acima o aluno deixou de usar uma estratégia de leitura importante: o monitoramento da coerência da sua leitura. Sua interpretação inicial, de que *pressing problems* (linha 1) significa "pressionando problema", poderia ser reavaliada através do uso de outras estratégias. Apesar de não ter elementos no texto para concluir que *pressing* é um falso amigo que significa "urgente", a posição de *pressing* antecedendo o substantivo *problems* poderia sugerir ao leitor que *pressing,* neste caso, é um adjetivo – e isso poderia levá-lo a concluir que seu significado poderia ser algo no sentido de "que causa pressão", uma interpretação plausível e até mesmo razoavelmente apropriada. No caso de *writing properly*, o uso do sufixo *-ly* poderia lhe indicar que *properly* é um **advérbio** de modo, e que, portanto, indica "uma forma de escrever". O leitor poderia ainda ficar na dúvida sobre que forma é essa, mas poderia prever algo na linha de "uma forma própria" ou "uma forma apropriada". Continuando a leitura, no segundo e terceiro parágrafos do texto ele encontraria elementos para confirmar sua segunda previsão (*rise in pupils' test scores,* linha 4; *higher than average score,* linha 8).

Em outras palavras: monitorar a coerência dos nossos entendimentos numa leitura, perguntando-se se eles são coerentes e se fazem sentido dentro do sentido geral do texto, é uma estratégia de grande importância durante uma leitura.

O monitoramento de coerência da leitura pode ocorrer no nível da palavra, da locução, do parágrafo, da coesão entre parágrafos. Para tal, algumas reflexões que podem feitas pelo leitor são as seguintes:

- Acho que o significado da palavra [x] é [y]. Esta interpretação faz sentido no texto? Pela estrutura da sentença, posso concluir que [x] é mesmo um [substantivo/verbo/etc.]?
- Não entendo o sentido da locução [x], mas acho que é [y]. Posso usar outras partes do texto para apoiar esta minha inferência? Posso usar meu conhecimento de mundo para isso?
- Acho que a ideia geral deste parágrafo é [x], mas não tenho certeza se isso faz sentido. Há uma *topic sentence* neste parágrafo que possa apoiar minha interpretação? Os detalhes dados são coerentes com minha linha de raciocínio?
- A ideia geral do parágrafo [x] é [y], mas o parágrafo seguinte trata de [z], e não estou entendendo se [z] se relaciona com [y]. Não faz sentido. Vou continuar lendo e verificar minhas interpretações (de [z], de [y]).

É necessário lembrar aos nossos alunos que é sempre conveniente se perguntar se o que está sendo lido (e compreendido) faz sentido. Na dúvida, eles devem continuar lendo para verificar seus entendimentos e voltar ao início do texto sempre que acharem necessário para fazer mais verificações.

Um leitor estratégico não lê de forma rígida, sequencial, do início ao fim do texto: ele faz uma leitura flexível, sempre contemplando novos caminhos, idas e vindas no texto, "pulos" no texto, paradas para reflexão; enfim, sempre se perguntando se o que lê faz sentido e procurando formas de continuar a leitura de forma que ela seja coerente e cumpra seus objetivos (de entreter, dar informações, instruir, o que for o caso).

Combinando estratégias

- A lista acima, que contém sugestões de perguntas que podem ser feitas pelo leitor para encaminhar seu monitoramento da coerência da leitura, mostra que tal monitoramento envolve várias outras estratégias, tais como o apoio na estrutura da sentença para inferir o significado de uma palavra; o uso de partes de uma palavra como fonte de informação sobre seu significado; a aplicação de conhecimento de mundo; o apoio em tópicos frasais. De fato, esta estratégia pode apoiar e ser apoiada por qualquer outra estratégia de leitura.

Como trabalhar a estratégia em sala de aula

1 > Peça a seus alunos que, em pares ou pequenos grupos, leiam um texto fazendo monitoramento de coerência durante a leitura. No quadro, escreva os passos a serem seguidos pelos alunos neste processo: *(1) Read the text; (2) For each sentence, discuss: I think it means [...]. Does this make sense?* Após o trabalho a turma pode discutir em conjunto as suas conclusões. Nesta discussão, encoraje o uso de justificativas acompanhando tais conclusões. As justificativas de seus alunos podem ajudá-lo a entender melhor as dificuldades que esses leitores têm ao ler.

2 > A sugestão acima pode ser implementada individualmente em um segundo momento: em casa, os alunos selecionam textos de seu interesse mas que estejam num nível de leitura mais alto do que eles julgam ter. Em seguida, vão lendo o texto gradualmente: ao final de cada frase, eles devem escrever o que acham que o texto quis dizer e, após escrever tal interpretação, devem perguntar-se: *Does this interpretation make sense?* Os alunos vão então seguindo este procedimento de forma cumulativa: ao escrever uma nova interpretação, fazem a pergunta considerando tudo o que escreveram, desde a leitura da primeira frase.

3 > Pratique a estratégia pedindo aos alunos que façam um *think-aloud* ao ler um texto, incluindo monitoramentos como os sugeridos na listagem acima. Depois de fazerem alguns *think-alouds* desta forma, peça-lhes que leiam um texto normalmente. Após essa leitura, a turma conversa: ao ler o texto livremente eles monitoraram a coerência da leitura? Se sim, como? A estratégia auxiliou a leitura do texto?

4 > Para uma aplicação crítica desta estratégia, os alunos buscam na Internet uma ou mais entrevistas com políticos. Ao ler o texto, devem perguntar-se: as respostas fazem sentido? Elas de fato respondem às perguntas feitas?

Para ampliar seu conhecimento

- Para ler mais sobre monitoramento durante a leitura, explore os *sites* <http://www.thinkport.org/career/strategies/reading/monitor.tp> e <http://www.education.com/reference/article/self-monitoring-reading/>.

ESTRATÉGIAS DE PRODUÇÃO ESCRITA

[…] far from merely providing a means for giving a permanent visual representation to speech, the written text – and the processes of composition that it entails – constitute a technology that can significantly enhance mental capacity.

(Gordon Wells e Gen Ling Chang-Wells, 1992: 122)

A situação

Ao final de uma aula, como tarefa de casa, você pede a seus alunos que escrevam um texto sobre a educação brasileira a ser enviado para um grupo de alunos em outro país. Muitos de seus alunos reagem de forma negativa: "Isso é muito dificil."; "Não vou saber o que escrever."; "Eu não vou saber o vocabulário em inglês para escrever sobre isso".

Diante desses depoimentos, você muda de ideia e, ao invés de lhes pedir que tragam o texto já escrito para a próxima aula, pede-lhes que encaminhem uma atividade de *brainstorming* em que, individualmente, gerem ideias que possam orientar a produção do texto a ser escrito. Sua intenção é que os alunos compartilhem seus *brainstorms* na próxima aula e que, após a troca de ideias, escrevam seus textos. Mas você fica na dúvida: será que essa mudança de planos acarreta uma perda preciosa do tempo que já é tão escasso em suas aulas?

O texto

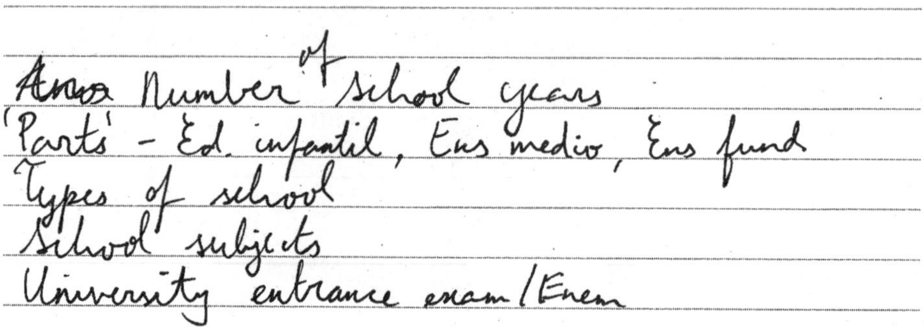

Transcrição:

~~Anos~~ Number of school years
'Parts' - Ed. infantil, Ens medio, Ens fund
Types of school
School subjects
University entrance exam / Enem

Arquivo pessoal da autora.

A estratégia

Foi uma boa ideia rever o plano original e pedir a seus alunos que se preparassem para escrever o texto fazendo um *brainstorm* de ideias. Melhor ainda que seu novo plano incluiu a oportunidade de trocas de ideias na sala de aula.

Um processo de escrita não se inicia em um vácuo. Quando escrevemos algo, sempre "assentamos" essa escrita em decisões necessárias ao processo de escrever, como, por exemplo: que tipo de texto vou escrever? Que gênero textual? Quem será o provável leitor do meu texto? Qual o objetivo do texto? Que suporte vou usar? Como vou organizar meu texto? Que vocabulário devo usar?

Nem sempre exploramos essas perguntas explicitamente. Ao escrever um bilhete rápido para comunicar a um membro de nossa família onde estaremos nas próximas horas e quando devemos retornar, não paramos para pensar nessas perguntas de forma cuidadosa. No entanto, de certa forma, mesmo ao escrever tal bilhete para uma pessoa conhecida, temos de tomar decisões (ainda que inconscientemente) a respeito do que usar para escrever (um papel avulso ou bloquinho de notas guardado numa gaveta da sala?), de qual informação devemos incluir no texto, da necessidade de darmos esclarecimentos extras sobre o lugar onde vamos e com quem estaremos, entre outros. Essas decisões, em um cenário como esse, são na maioria das vezes automáticas e não nos damos conta de que elas ocorrem.

Já outros gêneros textuais exigem maior planejamento ao serem produzidos. Uma carta formal a ser enviada para uma loja onde fizemos uma compra recentemente, a fim de fazer uma reclamação sobre o atendimento e a qualidade do produto comprado, vai requerer um planejamento maior sobre a organização da carta: como começar, como desenvolver as ideias, como terminar; forma do cabeçalho e despedida; registro; elementos de polidez a serem contemplados ao produzir por escrito tal **ato ameaçador de face**.

Tarefas escolares como a apresentada na situação acima, que envolve a produção escrita de um texto informativo que poderá ser lido por leitores que não têm conhecimento prévio sobre elementos do cenário educacional no Brasil, também irão requerer uma preparação mais cuidadosa.

No *brainstorm* reproduzido acima, o autor do texto listou algumas ideias relevantes para a produção do texto: aspectos estruturais da educação formal no Brasil (número de anos, "nomes" dos segmentos), cenários e seus elementos (tipos de escola, áreas do conhecimento, exames).

Em outras palavras, o *brainstorm* pode orientar o escritor, pois apresenta um conteúdo básico que pode ser incluído no texto a ser escrito posteriormente. No entanto, o resultado do *brainstorming* poderia ter sido mais rico, incluindo detalhes sobre cada uma dessas ideias básicas.

Especificamente, o aluno poderia ter começado seu processo de *brainstorming* escrevendo o assunto principal ("*Education in Brazil*") num círculo central e adicionando "pernas" a esse círculo, como se estivesse criando uma teia de informações ao redor dele. Cada nova "perna" levaria a outro círculo, e em cada um desses novos círculos seriam registradas as ideias a serem desenvolvidas. Essas ideias, por sua vez, poderiam gerar novas "pernas" levando a alguns de seus detalhes. Adaptando o *brainstorm* acima para um formato de "teia de informações", teríamos um esquema assim:

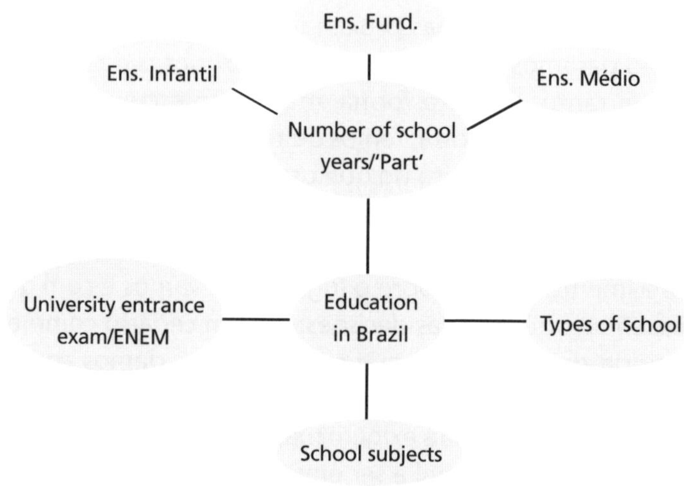

Ainda a respeito do *brainstorm* acima, dois aspectos merecem comentários. O primeiro é a retificação, pelo autor, do idioma a ser usado: o aluno começa escrevendo em português ("Anos", linha 1) e, após cortar tal palavra, continua escrevendo em inglês ("Number of school years", linha 1). Tal decisão é adequada, visto que o texto será escrito em inglês. Um *brainstorm* realizado na língua em que o texto será escrito (ou que seja predominantemente nessa língua) já estabelece uma conexão mais direta entre o autor e o texto que será produzido. O segundo aspecto de certa forma está relacionado com o primeiro, pois envolve o uso da língua portuguesa para registrar assuntos como "Ed(ucação) infantil", "Ens(ino) medio" (sic), " Ens(ino) fund(amental)" (linha 2). Aqui, a decisão é acertada: essa terminologia é específica do contexto brasileiro e deve ser mantida, adicionada de sua explicação, no parágrafo a ser escrito. Afinal, a tradução literal apenas (por exemplo, "Fundamental/Basic Teaching") não teria sentido para um leitor que desconheça esses termos; da mesma forma que o uso de termos equivalentes, tais como "Elementary", "Middle", or "High School" no contexto norte-americano ou "Key Stage 3" ou "Key Stage 4" no contexto britânico, não faz sentido para um brasileiro que desconhece a organização do ensino nesses sistemas.

Até aqui nesta seção tratamos de estratégias de preparação para a escrita considerando-se o processo de *brainstorming* com foco no conteúdo do que será escrito. É importante destacar que há outras formas de se preparar para escrever, como, por exemplo:

- É importante estabelecer o estado de espírito adequado para começar a escrita. Se houver, por parte do escritor, alguma ansiedade atrelada à preparação para uma tarefa de produção escrita, há chances de essa instabilidade emocional afetar a produção do autor de forma negativa. É importante procurar desconstrair-se e focar no conhecimento que podemos acionar durante essa preparação. Nesse estágio, decisões aparentemente simples como em que local escrever (no quarto, na cozinha de sua casa, na biblioteca da escola) e o que fazer no seu ambiente mais imediato (por exemplo, "limpar" a mesa de objetos desnecessários para a tarefa) podem ter um efeito importante no estabelecimento do estado de espírito adequado.
- É importante lembrar que o conteúdo a ser escrito vai depender de características do gênero textual e do propósito do texto (veja "Combinando Estratégias" a seguir).
- A preparação para escrever pode incluir não apenas o conteúdo, mas também a organização das ideias: o que vem antes e depois; como começar o texto e como terminá-lo.
- Pode-se pensar em fontes de referência (*sites* na Internet, textos em jornais, revistas, livros didáticos, trabalhos escritos feitos no passado, entre outros) a serem usadas como apoio no processo de escrita.
- Pode-se pensar em potenciais dificuldades ao escrever (de vocabulário, de estruturas, de adequação ao gênero) e como contemplá-las.

Combinando estratégias

- Ao se preparar para escrever em língua inglesa, é importante ativar o conhecimento prévio sobre o assunto a ser escrito (*world knowledge*), sobre organização textual (*knowledge about textual organization*), sobre a língua inglesa (*systemic knowledge*). Esses conhecimentos apoiarão a preparação do escritor, ajudando-o a identificar o que se sabe e o que não se sabe.
- A identificação de "o que não se sabe" (seja a respeito do assunto, da organização de textos semelhantes, ou do vocabulário e de estruturas da língua inglesa) deve ajudar o escritor no que é conhecido na literatura como "*noticing the gap*" (Schmidt e Frota, 1986), isto é, uma

avaliação sobre a "distância" entre o que se sabe e o que não se sabe. Essa identificação, por sua vez, deve apoiar o escritor na elaboração de um plano de ação para lidar com tal "lacuna", evitando certos assuntos; consultando pares mais competentes, como o professor, um colega, um membro de sua família; ou pesquisando em materiais de referência, como dicionários, livros didáticos, a Internet.

- A preparação para a escrita pode incluir um planejamento específico de se usar o que se conhece em termos de vocabulário e estruturas da língua inglesa (veja mais sobre isso na seção "Considerando oportunidades para sistematização de vocabulário e gramática").
- A atenção do escritor para características e convenções do gênero textual em foco deve ter início durante a preparação para a escrita. Trataremos dessa questão em "Considerando as necessidades do leitor", "Utilizando um texto similar como referência" e "Usando nível de formalidade adequado ao escrever".

Como trabalhar a estratégia em sala de aula

1 > Mesmo em turmas com pouca proficiência linguística deve-se estimular os alunos a fazerem *brainstorms* antes de escrever. Por exemplo, como preparação da produção escrita de textos descritivos simples sobre membros da família, pode-se pedir aos alunos que completem um esquema como o seguinte, adicionando vocabulário específico a ser usado no texto (por exemplo, *tall/can play football well/is a musician/is quiet and loves fishing*). O esquema pode ser adaptado para a preparação da escrita sobre outros temas, colocando-se sempre o assunto principal do texto no círculo central do esquema.

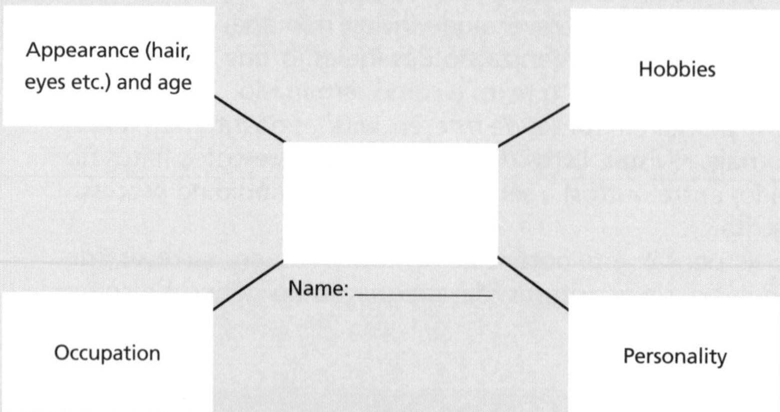

2 > Para auxiliar seus alunos a compreenderem como podem encaminhar a geração de ideias, e como organizar essas ideias no papel, simule *brainstorming processes* em sala de aula, como se você estivesse pensando em voz alta e registrando suas ideias na lousa. Gradualmente vá passando a eles a responsabilidade do controle da geração de ideias e do seu registro. Estimule a troca de *brainstorms* e a discussão da turma sobre as vantagens desse processo e dos produtos gerados (isto é, os *brainstorms* propriamente ditos). Para mais ideias de *brainstorming exercises* visite o *site* <http://www.eslflow.com/brainstorming.html>.

3 > Ao pedir a seus alunos que escrevam algo, estimule-os sempre a pensar antes da escrita: Que tipo de texto está sendo focalizado (narrativo, descritivo, argumentativo etc.)? Que gênero (*e-mail*, carta, cartaz, anúncio, folheto etc.)? Peça-lhes também que pensem nos elementos linguísticos associados à tipologia e ao gênero textual em foco (para mais detalhes veja o quadro nas p. 81-82 deste livro).

4 > Se o ato de escrever produz ansiedade a seus alunos, proponha trabalhos colaborativos durante a preparação da escrita e mesmo durante a escrita propriamente dita. Esse trabalho pode ser feito face a face ou virtualmente (usando-se *chats* ou *sites* de relacionamento para a comunicação).

5 > Peça a seus alunos que utilizem uma ficha como a seguinte na preparação para a escrita e que tiquem as subestratégias usadas.

Name: ________________________________ Date: ___/___/___

Writing Task: ______________________________

As preparation for the writing, I…

( ) activated prior linguistic knowledge (vocabulary, grammar).

( ) activated world knowledge (what I knew about the topic).

( ) activated generic knowledge (what I knew about the genre of the text to be written).

( ) reflected on possible ways to put words together.

( ) looked up a few essential words in the dictionary.

( ) did some research on the topic (on the Internet, or reading other texts).

( ) tried not to panic and to feel in control of the process.

( ) ________________________________.

O uso frequente de tais fichas permite ter objetivos a médio prazo: os alunos podem compilar todas as suas fichas e voltar a elas periodicamente, procurando refletir se os procedimentos têm tido um impacto no resultado da sua escrita e na sua familiaridade com o ato de escrever.

Para ampliar seu conhecimento

- O texto clássico sobre "*noticing the gap*" é "Developing basic conversational ability in a second language: A case study of an adult learner of Portuguese", escrito por R. Schmidt e S. Frota em 1986 e publicado no livro *Talking to learn: Conversation in second language acquisition* (ed. por R. R. Day, Rowley, MA: Newbury, p. 237-326).

- Para ler mais sobre pré-escrita vá a <http://writing.pppst.com/prewriting.html>, onde se encontram diversas apresentações em *slides* sobre o tema.
- Em <http://www.eslflow.com/brainstorming.html> encontram-se vários exemplos de *brainstorms* e alguns exercícios de *brainstorming* sobre diversos tópicos no ensino de inglês como língua estrangeira.
- *Brainstorming* é uma estratégia comumente usada no mundo do trabalho. Para preparar seus alunos com vistas a essas situações você pode se inspirar nos *sites*: <http://www.mindtools.com/pages/Supplementary/BrainstormingExamples.htm> e <http://syque.com/quality_tools/toolbook/Brainstorm/example.htm>.
- O artigo "Training in brainstorming and developing writing skills" (de Zhenhui Rao, publicado em *ELT Journal*, 61/2: 100-106, 2007) descreve um estudo intervencionista envolvendo ensino de *brainstorming*, com resultados positivos.

2>> CONSIDERANDO AS NECESSIDADES DO LEITOR

A situação

Você conversa em um *chat* com uma amiga, e ela comenta que seu dia foi diferente, inusitado. Você quer saber detalhes, e pede à sua amiga que lhe conte sobre seu dia. Ao fazer tal pedido, você imediatamente nota que a estrutura usada (*tell me about it*) é ambígua. Se entendida metaforicamente, será compreendida como "Nem me fale. Eu sei...", o que daria um fechamento abrupto (e potencialmente rude) ao assunto. Para ser entendida como "Fale-me mais sobre isso", a estrutura precisa ser entendida literalmente. Você esclarece o que quer dizer imediatamente e, refletindo sobre esse episódio mais tarde, resolve trabalhar a transcrição do *chat* com seus alunos a fim de chamar sua atenção para a importância de pensar no leitor ao escrever.

O texto

[11:31:35 PM] thisismyname	I've had a surreal day, it was a bit like in a film
[11:31:43 PM] carlos1980	tell me about it
[11:31:52 PM] carlos1980	i mean that literally, by the way
[11:32:02 PM] thisismyname	yeah i wasn't sure

Arquivo pessoal da autora.

A estratégia

O trecho acima ilustra com clareza a importância de considerarmos o posicionamento do nosso leitor quando escrevemos. Se carlos1980 não tivesse percebido que o que tinha escrito poderia ser interpretado de formas diferentes, haveria uma grande chance de se gerar um mal-entendido e uma construção de sentido, por parte de thisismyname, radicalmente oposta à intenção do escritor. Afinal, se entendida idiomaticamente, a expressão *tell me about it* levaria a uma percepção de desinteresse por parte do autor; se entendida literalmente, a uma percepção de interesse. O **reparo** de carlos1980 foi quase imediato, ocorrendo poucos segundos após a produção da expressão original. E a resposta de thisismyname mostra que o esclarecimento se fazia mesmo necessário: afinal, ela "*wasn't sure*" (linha 4) do que carlos1980 quis dizer ao usar "*tell me about it*".

Não são apenas expressões idiomáticas que devem levar um escritor a refletir se há necessidade de esclarecimentos maiores ao escrever. Outros questionamentos são igualmente necessários, como noções sobre o conhecimento prévio do **leitor potencial**, o objetivo do texto que escrevemos e aspectos relativos ao **Princípio da Polidez**. Trataremos de cada um desses três pontos em seguida e retomaremos os conceitos propostos pelo Princípio da Polidez com mais detalhes ao discutir a estratégia de fala "Observando rotinas conversacionais".

Quando escrevemos um texto, é importante sempre considerarmos o que o nosso leitor potencial sabe ou não sobre o que (e como) escrevemos. Ao comunicarmo-nos na Internet com estrangeiros que têm pouco conhecimento sobre hábitos brasileiros, não podemos simplesmente dizer "*I love* brigadeiros" (ou, pior ainda, traduzir a palavra literalmente para *brigadier*, o que remeterá a noções militares e não a um doce de chocolate!). Ao escrever sobre brigadeiros (ou quindins, ou festas de São João, ou axé, entre outros temas tipicamente brasileiros), será necessário fazer maiores esclarecimentos sobre o assunto, incluindo elementos que auxiliem o entendimento do leitor. De forma similar, precisamos estar atentos a uso de termos técnicos que possam ser desconhecidos de nossos leitores, a uso de abreviações que possam ser igualmente obscuras, a menções a conceitos, fatos, eventos ou pessoas de que nosso leitor possa não ter conhecimento. Nesses casos, será necessário ou esclarecer esses termos, ou indicar ao nosso leitor meios pelos quais ele possa fazer tais esclarecimentos, ou mesmo evitar tais termos – é sempre importante refletir sobre a melhor decisão a tomar em cada caso.

Ao escrevermos, é sempre importante termos em mente o objetivo do nosso texto: informar nosso leitor? Convencê-lo de algo? Instruí-lo? Apresentar-lhe um argumento? Entretê-lo? Com base nas respostas a esse questionamento, e tendo em mente que um mesmo texto pode ter mais de um objetivo (por exemplo, um editorial de jornal pode ao mesmo tempo fornecer informações sobre um fato e propor um argumento sobre o assunto), um escritor estratégico deverá orientar sua escrita diante desses objetivos e manter seus leitores em mente o tempo todo. Este ponto é especialmente relevante em se tratando de atividades de produção escrita no contexto escolar. Ao pedirmos a nossos alunos que escrevam algo, devemos sempre propor condições para que os textos por eles produzidos cumpram realmente propósitos comunicativos (de informar, persuadir etc. um leitor projetado) e não sejam apenas formas de se comunicar com o professor a fim de mostrar competência gramatical utilizando vocabulário e estruturas previamente trabalhados. A fim de que nossos alunos se tornem escritores competentes, é necessário que eles concebam a escrita em inglês como tendo outros leitores além do professor.

Finalmente, um escritor estratégico deverá ajustar sua forma de escrever diante das noções de polidez configuradas em cada situação de escrita. Ao escrever um *e-mail* a uma universidade americana pedindo informações sobre o processo de candidatura a uma vaga em um mestrado oferecido pela instituição, é importante estar atento a convenções do gênero textual *e-mail* (como começar, como terminar, como preencher o cabeçalho, que vocabulário incluir). É igualmente importante lembrar que fazem parte dessas convenções noções de polidez associadas ao fato de que o escritor, ao fazer um pedido, está cometendo um **ato ameaçador da face negativa** do seu potencial leitor e que, diante disso, seria inadequado articular o pedido de forma direta demais (por exemplo, escrevendo "*Send me some information about your Master's Degree in ...*"). Uma forma mais adequada seria uma articulação mais indireta do pedido, como em "*I was wondering if you could send me some information...*".

Concluindo, ao escrever, sempre devemos planejar nossa escrita considerando os potenciais leitores do nosso texto e perguntarmo-nos se esses leitores entenderão o que escrevemos, se estamos fazendo uso de linguagem apropriada para o cumprimento do objetivo de nosso texto e se contemplamos aspectos de polidez. Mesmo que não saibamos exatamente quem será (ou serão) nosso(s) leitor(es), temos de imaginar sua caracterização e escrever de acordo com essa projeção.

Combinando estratégias

- A projeção dos potenciais leitores de um texto (para quem se escreve, como se configura esse leitor) faz parte de um processo mais amplo que envolve a consideração de outros aspectos de produção textual: quem escreve (e como esse escritor se situa no texto: como aprendiz? Como cidadão de um país? Como representante de uma associação profissonal? Como homem/mulher/outros?); quando e onde se escreve (em que momento sócio-histórico, em que lugar no espaço); como se escreve (em que suporte: impresso ou digital?); com que objetivo? Todos esses aspectos devem ser considerados no desenvolvimento de escritores em inglês, e essas perguntas devem ser feitas sistematicamente a fim de conscientizar os aprendizes sobre a complexidade do ato de escrever.
- Ao planejar a escrita de acordo com as características dos potenciais leitores de um texto, é importante estar atento a aspectos culturais relativos a esse leitor. Leitores situados em culturas anglófonas, de um modo geral, concebem *e-mails* e artigos acadêmicos de forma mais sucinta do que a concepção desses gêneros textuais no Brasil. Portanto, ao produzir esses gêneros tendo tais leitores em mente, é importante ajustar o formato dos textos de acordo com a expectativa dos leitores. Veja mais sobre isso na seção "Respeitando convenções do discurso escrito em inglês".

- Se seus alunos aprendem inglês com o intuito de prestar algum exame (TOEFL®, IELTS, ENEM, entre outros), é importante que eles compreendam as expectativas dos potenciais leitores dos seus textos escritos (quer dizer, aqueles que verificarão tais textos e lhes darão um conceito). Tais expectativas podem ser projetadas a partir de uma familiarização com os critérios de avaliação de tais exames.
- A estratégia trabalhada nesta seção está intrinsecamente relacionada com processos de monitoramento durante a escrita. Mais sobre isso na seção "Monitorando a escrita".

Como trabalhar a estratégia em sala de aula

1 > Peça a seus alunos que leiam textos sobre o mesmo assunto, escritos para públicos diferentes, e que identifiquem quem são os potencias leitores dos textos lidos. Algumas fontes mais específicas incluem:

a. Artigos de jornal sobre o mesmo assunto: um texto é retirado de um jornal para jovens (por exemplo, <http://www.weeklyreader.com/wr/253>); outro de um jornal para adultos.
b. Textos de referência sobre um assunto de interesse da turma (ou algo que venham trabalhando nas aulas de história, ciências ou geografia): um texto é retirado de uma enciclopédia para adultos; outro, para crianças.
c. Textos sobre questões que preocupam os adolescentes (mudanças no corpo, relacionamentos, futuro profissional): um texto é retirado de uma revista para adolescentes (por exemplo, <http://www.seventeen.com/>); outro, de um jornal ou enciclopédia para adultos.

Depois da leitura dos textos, os alunos conversam: o que essas reflexões podem lhe ensinar sobre o ato de escrever?

2 > Ao trabalhar um gênero textual com sua turma, peça que diferentes alunos escrevam para diferentes leitores em potencial, por exemplo:

a. Numa turma de iniciantes, ao trabalhar a produção de cartazes sobre melhorias necessárias na escola, alguns alunos escrevem seus cartazes para leitura da comunidade escolar; outros, para a comunidade em geral.
b. Numa turma com alunos de nível intermediário, ao trabalhar *e-mails* solicitando a mudança de planos previamente feitos, alguns alunos escrevem para seu professor; outros, para amigos ou familiares.
c. Numa turma com alunos de nível avançado, ao trabalhar a produção de textos argumentativos sobre alimentos transgênicos, alguns alunos escrevem uma carta para o editor de um jornal; outros, para um exame do TOEFL®.

Durante sua produção, esses textos poderão circular pelos alunos para sugestões e comentários; após sua produção, a turma deverá refletir sobre a importância de se considerar o potencial leitor de nossos textos quando escrevemos.

3 > Peça a seus alunos que escrevam sobre tópicos de que têm muito conhecimento (o esporte que praticam, sua cidade de origem, seus animais de estimação etc.) pensando em leitores que não têm muito conhecimento sobre o assunto. Essa tarefa pode ser encaminhada com a utilização de vários gêneros textuais (ensaios, cartas, cartazes, *e-mails*, *blogs*, *wikis*, entre outros) e pode ser ajustada dependendo do nível de proficiência de seus alunos. Os iniciantes podem adicionar recursos visuais (colagens, desenhos) e organizar a escrita em tabelas ou listas.

Para ampliar seu conhecimento

- Para ler mais sobre a estratégia, visite o *link* <http://writingcenter.unc.edu/resources/handouts-demos/writing-the-paper/audience>, produzido pela University of North Carolina sobre o tema.
- O site <http://www.readwritethink.org/> trata de aspectos de letramento e é patrocinado pela *International Reading Association* e pelo *National Council of Teachers of English*. No *site* você pode encontrar vários artigos relacionados à importância da *audience* ao escrevermos um texto. Para acessar tais artigos, vá ao *site* e faça uma busca por esse termo no campo "Search by keyword".
- Em <http://plato.stanford.edu/entries/ambiguity/>, você pode ler sobre as noções filosóficas relacionadas com a noção de ambiguidade.
- Para ler mais sobre propósitos de produção escrita visite o *site* <http://www.kimskorner4teachertalk.com/writing/modes/definitions.html>.

3>> UTILIZANDO UM TEXTO SIMILAR COMO REFERÊNCIA

A situação

Numa turma de alunos com pouca proficiência em inglês, você quer trabalhar a produção escrita de pequenos parágrafos em que os alunos comparem membros de sua família. Suas experiências prévias com produção escrita de textos similares, sem maiores esclarecimentos de como o texto poderia ser organizado, levaram seus alunos a produzir textos sem coesão interna ou organização coerente das ideias. Desta vez, então, você resolve pedir a seus alunos que observem um texto similar, e reflitam sobre sua organização, antes de escrever seus próprios parágrafos.

O texto

introduction

My sister and I are very different. I'm a nurse and she's a ... Well, I don't know what she is.

development

She doesn't have a family and she doesn't have a job, either. I'm married and she is single. She plays the guitar and I don't play any musical instrument. On the weekends I stay home with my family, but she travels with her friends. I live in a comfortable house in the suburbs and she lives in a small apartment in the city. During the week, she sometimes stays with my kids while I'm working.

conclusion

As you can see, I am not like my sister. We are different, but we're sisters...

Introduction

My brother and I look very different.

development

I have brown eyes and short brown hair and he has green eyes and long white hair. I have a mustache and a beard, but he doesn't. He wears glasses, but I don't. I like to paint and I hate numbers. He is a scientist and I'm an artist. I smoke, I go to bed very late and I get up late, too. My brother wakes up very early, works all day and goes to bed early. He doesn't like the way I live my life, but he loves my paintings. And I don't like the way he lives his life, but I think he's a very clever man.

conclusion

As you can see, I don't look like my brother, and I'm not like my brother, but I like him very much!

My sister and I are very diferente. I like to sing, and she is an artist. she has brown hair and I have yellow hair. she is 9 years old, I am 11 years old. she is organiget but I'm not. but I like she very much. I think she likes me too.

Arquivo pessoal da autora.

Transcrição:

My sister and I are very diferente. I like to sing, and she is an artist. she has brown hair and I have yellow hair. she is 9 years old, I am 11 years old. she is organizet but I'm not. but I like she very much. I think she likes me too.

A estratégia

O trabalho acima foi dividido em duas etapas principais: na primeira, os alunos observaram dois textos previamente preparados pelo professor e fizeram, com seu apoio, uma análise da organização dos textos. Essa discussão levou o grupo a concluir que ambos os textos apresentam três partes principais: introdução, em que se apresentam os personagens brevemente, destacando a diferença entre eles; desenvolvimento, em que detalhes sobre cada um dos personagens são dados "em blocos" sequenciais; conclusão, em que se retoma a noção de diferença apresentada na introdução com a adição de informações e uma avaliação final. Ainda como parte do processo de observação e análise da organização dos textos, as três partes de cada texto foram destacadas pelos alunos com cores diferentes e identificadas com os respectivos "labels": *introduction, development, conclusion*. Em seguida, com base nas conclusões acima, os alunos escreveram parágrafos, comparando a si próprios com um membro de sua família.

O texto manuscrito reproduzido acima mostra uma produção que levou em conta as questões discutidas anteriormente, e que apresenta uma organização similar, com evidente uso de introdução (linha 1, primeira frase), desenvolvimento (de "I like", linha 1, até "but I'm not", linhas 2-3) e conclusão (a partir de "but I like", linha 3, até o final). Em outras palavras, considerando-se que o objetivo da atividade era conscientizar os alunos sobre aspectos de organização textual e apoiá-los na produção de textos com organização adequada, pode-se dizer que a estratégia de usar um texto similar como referência foi bem aplicada por esta aluna-escritora.

No entanto, o trabalho com esta estratégia deve ser orientado com base em reflexões mais amplas por parte daqueles que escrevem (e por parte daqueles que ensinam outros a escrever): até que ponto o apoio no texto de referência serviu como inspiração? Até que ponto funcionou como "camisa de força", limitando a criatividade da aluna-escritora? Podemos ter certeza de que há uma relação de causa e efeito entre a análise do texto original e o conhecimento sobre organização textual demonstrado pela aluna-escritora ao escrever? Como podemos garantir que, em futuras produções escritas, a aluna-escritora vá se apropriar desse conhecimento e aplicá-lo com autonomia e competência?

Para responder a essas perguntas é importante revermos algumas considerações sobre uma abordagem discursivo-pedagógica conhecida em inglês como *genre-based approach to teaching writing*. Como discutido na parte "Fundamentos", essa abordagem é orientada pela noção de que *writing* deve ser conceituado como a produção de gêneros textuais que, por definição, ocorre em contextos sociais e envolve aspectos contextuais que vão além dos também necesssários, mas parciais, aspectos linguísticos (léxico e gramática) envolvidos em tal produção.

Um desses aspectos contextuais é o propósito comunicativo do texto. De fato, essa é a noção central na caracterização de um gênero, de tal forma que ela costuma aparecer nas definições mais amplamente adotadas como a de Swales (1990: 58), que define gênero como "a class of communicative events, the members of which share some set of communicative purposes which are recognized by the expert members of the parent discourse". Outros aspectos contextuais que caracterizam um gênero são: seu autor, seu potencial leitor, seu suporte (impresso, digital), o cenário em que ocorre (uma sala de aula, uma banca de jornal, dentro de um ônibus), sua organização, seu registro, seu estilo (digitado, escrito a mão), seus requerimentos, isto é, quais elementos não podem faltar no texto (precisa de assinatura, cabeçalho, contatos do autor, indicação de página).

De acordo com o *genre-based approach to teaching writing*, tal prática pedagógica começa com a familiarização dos aprendizes com o gênero a ser escrito. Isso é feito através de exemplos ilustrativos desse gênero, estimulando-se a observação e análise de seus elementos contextuais e lexicogramaticais. No cenário descrito acima, foi focalizado apenas um desses aspectos: a organização do texto. Em outro momento, poderiam ser explorados outros aspectos contextuais, a fim de que os aprendizes pudessem percebê-los (e incorporá-los em sua escrita). Desta forma, o texto produzido pela aluna-escritora acima poderia ser percebido como o primeiro passo no desenvolvimento de textos similares, mas mais complexos e abrangentes.

Críticos desta abordagem alegam que oferecer "modelos" de textos antes da produção escrita pode inibir a criatividade dos escritores; defensores da abordagem, por outro lado, alegam que é impossível produzirmos um texto se não temos domínio das formas e funções do que vamos escrever – em outras palavras, se não compreendemos as características do gênero textual que vamos produzir. Para esses defensores, os textos usados para observação e análise não devem ser encarados como uma camisa de força, mas, sim, como pontos de partida para os aprendizes-escritores aprenderem a usar, cada vez com mais autonomia, os recursos linguístico-discursivos disponíveis na produção de seus textos escritos.

Combinando estratégias

- A observação de um texto similar como referência está atrelada à noção de gênero textual e, desta forma, envolve outras estratégias tais como "Considerando as necessidades do leitor", "Considerando oportunidades para sistematização de vocabulário e gramática", "Usando marcadores do discurso", entre outras. Vale lembrar que essa observação não precisa necessariamente ocorrer antes da escrita: ela pode acontecer durante a escrita propriamente dita ou mesmo depois dela, para monitoramento e verificação, respectivamente.

Como trabalhar a estratégia em sala de aula

1 > Ao trabalhar um gênero textual com seus alunos, comece explorando um texto ilustrativo: auxilie seus alunos a analisar a organização do texto, o tipo de vocabulário e de estruturas gramaticais utilizados. Numa segunda etapa, construa um texto junto com seus alunos; posteriormente, peça aos alunos que produzam seus textos individualmente.

2 > O trabalho de observação e análise de um texto ilustrativo pode ser encaminhado variando-se o foco ao se observar e analisar o texto. As perguntas a seguir podem apoiar tal trabalho. Após encaminhá-las para debate, peça aos alunos que escrevam textos com características similares.

a. Quem é/são o/s provável/is autor/es do texto?
b. Para quem o texto foi escrito?
c. Qual o propósito comunicativo do texto?
d. Onde esse texto poderia ser encontrado?
e. Qual o nível de formalidade do texto?
f. Quais os requerimentos do texto?
g. Qual o conteúdo do texto?
h. Qual a organização do texto?

3 > Juntamente com o professor de português, organize um trabalho interdisciplinar em que os alunos observam e analisam textos representativos de um mesmo gênero (por exemplo, anúncios para adolescentes, *blogs*, *chats*, *e-mails*, *quizzes*) escritos em português e em inglês.

4 > Compile exemplos representativos de diferentes gêneros textuais em inglês (folhetos, artigos de jornais impressos, artigos de jornais *on-line*, verbetes de enciclopédias etc.) e use-os ao começar ou terminar suas aulas em competições envolvendo grupos (metade da classe contra a outra metade, por exemplo) que devem responder rapidamente, por escrito, a perguntas sobre o texto, como num *quiz*. As perguntas podem ser as listadas no Exercício 2 acima.

5 > Explore os assuntos focalizados nesta seção pedindo aos alunos que escrevam textos ilustrativos de um certo gênero, apoiando o trabalho na ideia de que o processo de produção escrita envolve rascunhos e revisões antes de chegar ao final. Para isso, os alunos compartilham suas versões provisórias e trazem-nas algumas vezes para *feedback* dos colegas (e do professor) antes de finalizar o texto.

Para ampliar seu conhecimento

- A literatura em *Genre Theory* e suas aplicações para o ensino de uma língua estrangeira é vasta. Duas leituras básicas sobre o assunto são:
    - Paltridge, B. *Discourse analysis: An introduction*. Londres: Continuum. [Chapter 4: Discourse and genre], 2004. Em texto acessível, o autor apresenta a noção de gênero e oferece uma estrutura para a aplicação do conceito. O capítulo também inclui discussão sobre a relação entre e a coocorrência de diferentes gêneros, bem como sugestão de miniprojetos e leituras suplementares na área.
    - Swales, J. M. *Genre analysis: English in academic and research settings*. Cambridge: Cambridge University Press, 1990. Este é o texto seminal sobre o assunto. Seu enfoque é *English for Specific Purposes* mas em sua parte introdutória encontram-se discussões mais amplas sobre o assunto.
- Outras leituras recomendadas são:
    - Burns, A. Genre-based approaches to writing and beginning adult ESL learners. In: C. Candlin; N. Mercer (eds.), *English language in its social context: a reader* (pp.200-207). Londres: Routledge, 2001.
    - Bhatia, V. *Worlds of written discourse: A genre-based view*. Londres: Continuum. [p. 22-26], 2004.
    - Paltridge, B. *Genre and the language learning classroom*. Ann Arbor: University of Michigan Press, 2001. Pode-se encontrar mais informações sobre a obra no *link* <http://press.umich.edu/titleDetailDesc.do?id=23749>.
    - McCarthy, M.; Carter, R. *Language as discourse: perspectives for language teaching*. Harlow: Longman. [Chapter 1: Diving the world of discourse, p. 24-38], 1994.
    - Bhatia, V. *Analysing genre: Language use in professional settings*. Londres: Longman. [especially Chapter 2: Approach to genre analysis, p. 13-41], 1993.
    - Hyland, K. *Genre and second language writing*. Ann Arbor: University of Michigan Press, 2004.
- Para ler mais sobre *genre-based approach to teaching wrting*, leia o artigo disponível em <http://www.britishcouncil.org/portugal-ie2006s-richard-sidaway.pdf>. Mais ideias podem ser encontradas em <http://www.tesl-ej.org/wordpress/issues/volume3/ej11/ej11a2/>.

4>> REFLETINDO SOBRE O PROCESSO DE FORMULAÇÃO

A situação

Para entender melhor os processos utilizados por seus alunos ao escrever, você pede-lhes que, ao escrever um pequeno parágrafo comparando sua primeira escola com sua escola atual, eles conduzam um *think-aloud*, isto é, pensem em voz alta ao mesmo tempo que escrevem. Seus alunos reagem: "Mas isto é imposssível! Como podemos escrever, pensar e falar ao mesmo tempo?". Você então resolve simular um *think-aloud process* a fim de mostrar a seus alunos como podem encaminhar tal processo.

O texto

OK. Tenho de comparar minha primeira escola e minha escola atual. Vou começar escrevendo o título ((escreve o título no quadro)) *My first school and my current school.* Vou dividir meu texto em duas partes. Primeiro vou falar de *my first school* e depois escrevo sobre *my current school.* OK. ((escrevendo)) *My first school was very….* O que posso dizer aqui? *Interesting? Exciting?* Hmm… Talvez "acolhedora" seja melhor. Isso. *Welcoming...* E agora? Preciso justificar minha frase, ((escrevendo)) *because…* E agora? O que digo? No texto que lemos essa semana sobre uma escola havia um trecho assim: *"Colorful rooms help children's brain development ".* Então, vou escrever *colorful rooms* mas vou mudar um pouco o resto, *there were many colorful rooms and they made me feel happy.* Vou agora falar dos professores. Hmm... ((escrevendo)) *The teachers were also very nice…*não….não devo usar *also* aqui porque não estou adicionando a mesma ideia… *The teachers were nice and…*como continuo? Quero dizer que elas estavam sempre inventando brincadeiras divertidas. Hmm…Mas não sei dizer isso em inglês. Tenho de pensar em outra coisa. Hmm… ((lendo o que já está escrito)) *they were nice and* ((escrevendo)) *they were creative: they invented original ways about teaching*, não ((trocando "about" por "of")), *of teaching* .

A estratégia

O encaminhamento de *think-alouds* ao escrever pode dar ao escritor (ou àquele que tem o objetivo de entender melhor tal processo de escrita, como o professor ou um pesquisador) importantes *insights* sobre o que acontece durante o processo de formulação. O conceito de "formulação" ao escrever refere-se aos processos cognitivos e metacognitivos desenvolvidos por um escritor ao formular seu texto, isto é, ao gerar palavras, locuções, frases, orações em algum suporte (papel, tela, tecido etc.).

Esses processos podem incluir as seguintes subestratégias (as linhas indicadas ao final de cada item referem-se ao respectivo exemplo no *think-aloud* reproduzido acima):

- Procurando alternativas: Enumerando possibilidades potencialmente adequadas para a produção do texto (linha 5).
- Recombinação: Usando vocabulário e estruturas conhecidas (*set phrases*) no contexto da escrita (linhas 4-5).
- Reformulação: Criando "blocos" (*chunks*) através da modificação de vocabulário e estruturas conhecidas (linhas 7 a 10).
- **Paráfrase**: Reescrevendo algo já lido ou escrito de uma maneira diferente.
- Tradução de L1 a L2: Usando a língua nativa como ponto de partida para a produção de uma palavra, locução ou frase na língua-alvo (linhas 5-6).
- Evitação de um problema: Abandonando-se uma ideia após a conclusão de que ela não será bem-sucedida (linhas 13-15).

Na relação acima encontram-se opções (e não regras) a serem contempladas durante o ato de escrever. Além disso, não há evidência na literatura de que uma seja mais importante do que as outras, ou de que escritores bem-sucedidos façam maior ou menor uso de determinada estratégia. O que se sabe, como dito anteriormente, é que há uma correlação entre maior frequência do uso de estratégias metacognitivas e escritores mais competentes. Portanto, é recomendável que o ensino de produção escrita envolva um trabalho sistemático de avaliação das decisões tomadas durante o processo de escrita. Desta forma, em se tratando de formulação, deve-se estimular os alunos a refletir sobre a adequação (ou não) de suas escolhas (procurar alternativas, recombinar, reformular etc.) ao escrever.

A questão central para o professor que quer entender os processos encaminhados por seus alunos é: como identificar as decisões do escritor ao escrever? Afinal, elas podem envolver processos mentais não observáveis e potencialmente feitos de forma automática por indivíduos ao escrever. O uso de *think-alouds*, então, pode dar acesso a alguns desses processos, mas é importante ter em mente que o ato de "pensar alto" de certa forma altera o encaminhamento do próprio pensamento e consequentemente do processo de escrita. Como vimos na parte "Fundamentos", há um debate na literatura sobre as vantagens e desvantagens de *think-alouds*, mas há uma percepção ampla de que *think-alouds*, como instrumentos de reflexão e pesquisa, geram informações que não poderiam ser acessadas de outra forma – afinal, não temos como ler o pensamento de uma pessoa!

Uma outra forma de ter acesso às etapas de formulação de um escritor é através de *keystroke logging*, isto é, registros de todos os movimentos de um escritor-digitador ao usar um **processador de texto**. Esses registros incluem estatísticas sobre o número e local de pausas, o que foi escrito, apagado, recortado, colado, os movimentos do *mouse*, o tempo em que cada um desses eventos ocorreram, entre outros. Há programas (por exemplo, *Inputlog*) que contêm, além dos detalhes mencionados acima, um mecanismo que permite repetir o que foi sendo escrito na tela, incluindo as revisões feitas. Pesquisas em produção escrita em segunda língua usando o programa *Inputlog* revelam que aprendizes de uma língua estrangeira, ao observar repetições de sua escrita e analisar dados sobre seus comportamentos para pausar (onde tendem a pausar ao escrever? – no meio de palavras, entre palavras, entre frases) ou para rever seus textos podem chegar a importantes conclusões sobre seus hábitos e avaliar sua adequação. Por exemplo, ao perceber que leva muito tempo pausando antes de se escrever um verbo no passado, o aprendiz-escritor pode concluir que precisa de maior agilidade ao escrever tais verbos – e, com isso, pode preparar um plano de estudo sobre esse assunto.

Combinando estratégias

- A reflexão sobre processos de formulação ao escrever está associada a estratégias de monitoramento (ver seção "Monitorando a escrita" para mais detalhes).
- Esta reflexão será enriquecida se, ao contemplar alternativas ao escrever, um escritor considerar o uso de material de referência (um dicionário, um *thesaurus*, a Internet, livros didáticos) para verificação de alternativas previamente contempladas ou geração de novas alternativas.
- Outras estratégias metacognitivas que podem apoiar reflexões sobre o processo de formulação ao escrever são: a previsão do sucesso das decisões tomadas, a avaliação dos recursos disponíveis para apoio (dicionários, colegas, professores) e o autoquestionamento sobre uso de vocabulário e gramática conhecidos e sobre o empenho e concentração ao escrever.

Como trabalhar a estratégia em sala de aula

1 > Para iniciar o processo de conscientização dos seus alunos sobre os processos de formulação existentes, modele um *think-aloud* como o apresentado no início desta seção e comente sobre as estratégias envolvidas nesses processos. Em seguida a turma deve debater sobre tais estratégias, avaliando seus benefícios e suas dificuldades.

2 > Peça a seus alunos que façam um *think-aloud* ao escrever, gravando-o e ouvindo a gravação em seguida. Ao ouvir o áudio, os alunos anotam as estratégias usadas ao escrever e refletem sobre elas. Essa reflexão pode gerar um debate posterior em sala de aula entre todos os alunos.

3 > A fim de ampliar o repertório de opções dos seus alunos ao escrever em inglês, peça--lhes que experimentem diferentes estratégias ao escrever pequenos textos: numa primeira ocasião, peça-lhes que escrevam usando tradução do português para o inglês. Num segundo momento, que escrevam usando paráfrase tendo outros textos como referência. Depois, que escrevam usando a procura de alternativas. Promova, então, um debate entre os alunos sobre as estratégias usadas. Lembre-os de que, ao escreverem em inglês, o objetivo não é usar uma estratégia todo o tempo, mas flutuar entre elas de acordo com a necessidade e adequação dessas estratégias no momento da escrita.

4 > Peça aos alunos que listem/sublinhem as palavras procuradas em um dicionário. Especifiquem por que fizeram a consulta: ortografia? Uso? Pronúncia? Outra razão?

5 > Estimule seus alunos a completarem uma "Ficha para reflexão após a escrita" como a sugerida a seguir:

Name: ______________________________ Date: ___/___/___

Writing Task: ______________________________

While writing, I…

( ) thought in Portuguese and then translated my thoughts into English.

( ) used words and phrases I knew.

( ) recombined phrases I knew.

( ) avoided words and structures I wasn't quite comfortable with.

( ) looked up a few, essential words in the dictionary.

( ) checked my textbook for inspiration of words and phrases.

( ) evaluated my decisions.

Para ampliar seu conhecimento

- Como já comentado na parte "Fundamentos", sob uma perspectiva da teoria sociocultural, e apoiando-se em conceitos propostos pelo teórico russo L. Vygotsky, *think-alouds* podem ser concebidos como *mediating tools* que levam seus usuários a desenvolver habilidades complexas, como, por exemplo, a construção de novos conceitos. Para ler mais sobre isso, consulte Smagorinsky (1994).

- Para ler mais sobre paráfrases e ter acesso a algumas atividades envolvendo esta estratégia, visite o *site* <http://owl.english.purdue.edu/owl/resource/619/01/>.
- As seguintes referências descrevem estudos que usaram *keystroke logging programmes*, no contexto da aprendizagem de uma segunda língua, para conscientização dos alunos-escritores sobre seus processos de escrita:
    - Lindgren, E.; Sullivan, K. P. H. Stimulated recall as a trigger for increasing noticing and language awareness in the L2 writing classroom: A case study of two young female writers. *Language Awareness*, 12(3), 172-186, 2003.
    - Sullivan, K.; Lindgren, E. Self-assessment in autonomous computer-aided second language writing. *ELT Journal* 56(3), 258-266, 2002.
    - Van Waes, L.; Leijten, M.; van Weijen, D. Keystroke logging in writing research: Observing writing processes with Inputlog. *gfl-journal*, No. 2-3/200, 41-64, 2009; disponível em <http://www.gfl-journal.de/2-2009/vanwaes.pdf>.
    - Uma leitura mais geral sobre o tema pode ser feita em Sullivan, K. P. H.; Lindgren, E. (eds.). *Computer Keystroke Logging and Writing: Methods and Applications.* Amsterdam: Emeral Group, 2006.

5>> CONSIDERANDO OPORTUNIDADES PARA SISTEMATIZAÇÃO DE VOCABULÁRIO E GRAMÁTICA

A situação

Você tem uma turma de 1º ano do Ensino Médio que precisa de ampla revisão de vocabulário e gramática básica da língua inglesa: *Simple Present, there is/there are, Simple Past, can, adjectives, verbs, food and drink, types of houses/flats, daily habits, the weather*, entre outros. Você se pergunta se o desenvolvimento de um projeto paralelo ao longo do ano, que crie oportunidades de sistematização desse conteúdo, poderia apoiar seus alunos na apropriação do vocabulário e das estruturas trabalhadas. Você então resolve propor um projeto intitulado *My Imaginary Country*, em que seus alunos criam um país ficcional e vão gradualmente adicionando informações sobre tal país registrando-as em fichas.

O texto

Texto 1: The weather in my country

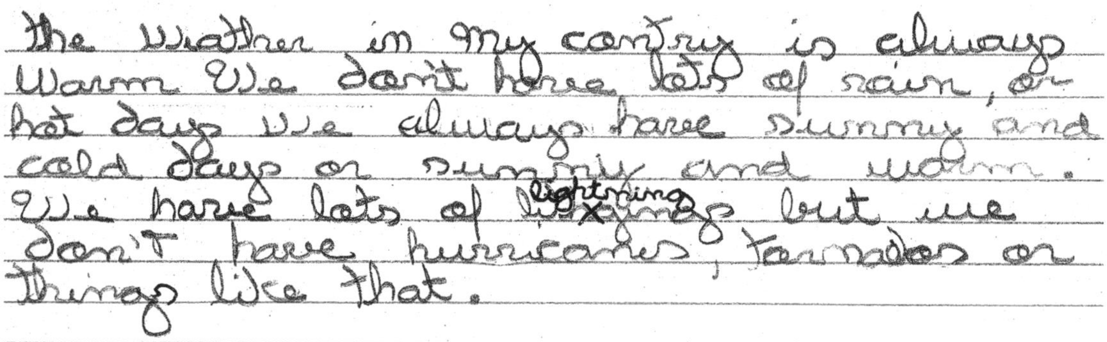

Transcrição:

the weather in my contry is always warm We don't have lots of rain, or hot days we always have sunny and cold days or sunny and warm. We have lots of lightning but we don't have hurricanes, tornados or things like that.

O texto

Texto 2: A typical bird in my country

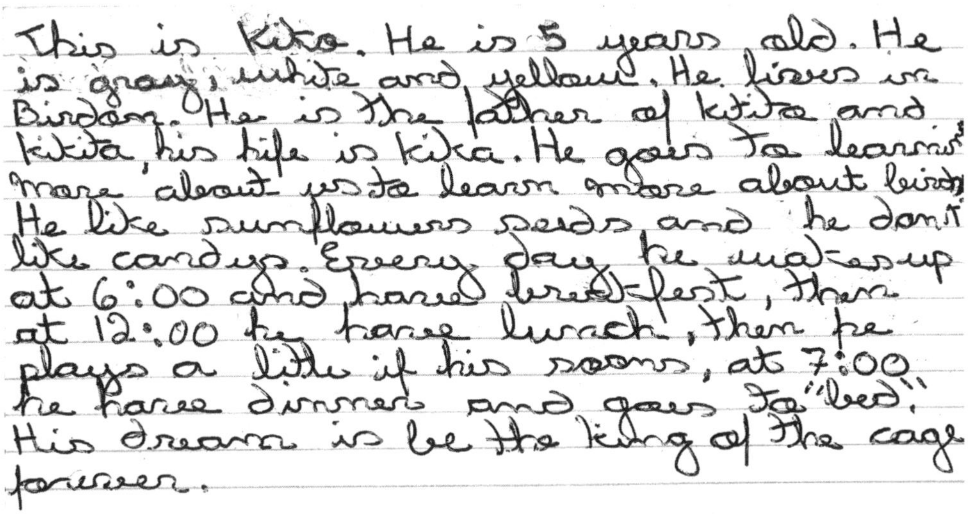

Transcrição:

This is Kiko. He is 5 years old. He is gray, white and yellow. He lives in Birdon. He is the father ok Kikito and Kikita, his hife is Kika. He goes to learning more about us to learn more about birds. He like sunflowers seeds and he don't like candys. Every day he wakes up at 6:00 and have breakfest, then at 12:00 he have lunch, the he plays a litle if his soons, at 7:00 he have dinner and goes to "bed". His dream is be the king of the cage forever.

O texto

Texto 3: A poem about my country

Transcrição:

It's big and stange it's nice
and warm, it's beatifull and
confortable. It makes
me feel as a princess

A estratégia

Os exemplos acima mostram como uma aprendiz criou aspectos de seu país imaginário usando vocabulário e estrutura trabalhados em sala de aula. Os temas de certa forma estabeleceram a necessidade do uso de tais elementos lexicogramaticais: no Texto 1, foi necessário usar vocabulário relativo ao tempo e clima apoiado em verbos no *Simple Present*; no Texto 2, verbos no *Simple Present* com vocabulário relativo a famílias, rotinas e cores; no Texto 3, temos um exemplo de um gênero mais livre em que a aluna usou adjetivos de forma criativa.

Nota-se, nos exemplos acima, que nem sempre tal vocabulário e estruturas são usados de forma adequada (veja, por exemplo, *tornados* no Texto 1; *he don't like candys, Everyday he...have breakfast, he have lunch, a litle if his soons, he have dinner*, no Texto 2; e *stange, beatifull, confortable, fell* – ao invés de *feel*, no Texto 3). No entanto, é importante ressaltar que os textos são informativos, coerentes e interessantes de se ler, e que os eventuais erros não comprometem a construção de sentido por parte do leitor. O que eles fazem (e o que é importante sob o ponto de vista didático-pedagógico) é sinalizar ao professor áreas que necessitam de maior sistematização por parte do escritor do texto. A partir dos exemplos acima, por exemplo, o professor pode retomar a ortografia de adjetivos e verbos, o contraste entre *have* e *has*, o uso de *don't* e *doesn't*. Esse trabalho, por sua vez, pode culminar com uma revisão dos textos por parte da aluna-escritora.

Há muitas vantagens em se encaminhar projetos paralelos como esse, e algumas delas são: eles costumam ser motivadores e gerar interesse por parte dos alunos; eles estabelecem situações de uso genuínas para sistematização do vocabulário e gramática trabalhados em sala de aula; eles criam oportunidades de conscientização dos alunos sobre a caracterização dialógica e dinâmica do processo de produção escrita em inglês – caracterização dialógica porque os textos envolvem, em sua produção, interações entre o aluno-escritor e seu livro didático, dicionário ou gramática (para referência do vocabulário e estruturas a serem usados) e também entre o aluno-escritor e seus colegas e professores (para comentários sobre a leitura do texto); caracterização dinâmica porque, ao escrever e reescrever seus textos, os alunos-escritores percebem a produção escrita como um processo em constante reformulação.

Outro potencial benefício desse tipo de trabalho é que ele contempla o uso de **multimodalidade** em seu desenvolvimento. No caso acima, para o trabalho é utilizado um recurso simples, as fichas, mas estas permitem a utilização do espaço no papel (no verso de onde está escrito o texto, por exemplo) para desenhar, colar imagens ou mesmo alguns objetos como palitos de madeira, folhas secas, embalagens de alimentos, entre outros. Abaixo reproduzimos a ilustração feita pela aluna-escritora para acompanhar a descrição do pássaro típico em seu país (Texto 2) e a imagem que acompanhou a descrição da bandeira de seu país, que incluiu a colagem de uma pena verdadeira:

A sistematização de vocabulário e gramática acompanhando trabalhos de produção escrita pode ter apoio em suportes digitais que façam uso de recursos multimodais que incluam não apenas a escrita e imagens, como ilustrado acima, mas também recursos em vídeo e áudio (por exemplo, *blogs*, *sites* de relacionamento, *wikis*, entre outros).

Como acontece com qualquer estratégia, há algumas dificuldades atreladas à discutida nesta seção. Sob o ponto de vista do professor, a maior dificuldade situa-se provavelmente no pouco tempo normalmente disponível para as aulas de inglês; no entanto, vale a pena considerar a possibilidade de excluir do seu *syllabus* o trabalho com algum conteúdo e substituí-lo por um trabalho que envolveria menos quantidade mas melhor qualidade no processo de sistematização do conteúdo trabalhado. Sob o ponto de vista dos alunos, a maior dificuldade relacionada à aplicação desta estratégia estará possivelmente na criação do hábito de procurar, intencionalmente, usar vocabulário e estruturas recém-apresentados durante a escrita. Cabe ao professor, então, apoiar seus alunos no desenvolvimento dessa prática, sempre estimulando-os a refletir sobre os benefícios associados à aplicação da estratégia e sobre como as dificuldades encontradas podem ser minimizadas ou mesmo sanadas.

Combinando estratégias

- Ao abordar uma produção escrita como uma oportunidade para sistematização de vocabulário e gramática, pode-se refletir sobre os processos de formulação envolvidos ao escrever. Essa reflexão pode levar o aluno-escritor a concluir que determinadas estruturas, ou áreas lexicais, requerem mais prática (por exemplo, se elas são evitadas) ou reconsideração do seu processo de formulação (por exemplo, se elas não geram alternativas suficientes ou capacidade de paráfrase).
- O uso intencional de vocabulário e estruturas ao escrever um texto pode ser apoiado na observação de textos similares como referência, observando-se: como esses textos fazem uso do vocabulário e das estruturas que pretendo/quero usar?
- O trabalho com a estratégia focalizada nesta seção deve ser apoiado por estratégias de monitoramento, *feedback* e revisão. Voltaremos a discutir essas questões nas seções "Monitorando a escrita", "Dando *feedback*" e "Fazendo revisões no texto".

Como trabalhar a estratégia em sala de aula

1 > Crie oportunidades de uso de vocabulário previamente trabalhado pedindo aos alunos que o utilizem na produção de gêneros textuais variados, por exemplo, jogos (caça-palavras, cruzadinhas), exercícios feitos pelos próprios alunos (*match the columns, odd-one out, gap-fills*), *wordles*, histórias em quadrinhos, cartazes, entre outros.

2 > Para prática de estruturas, estimule a produção de gêneros variados, tais como *scripts* para noticiários na TV, resenhas de *video games*, cartas, entre outros.

3 > Para o desenvolvimento de projetos mais longos, durante todo o ano letivo, como o projeto *My Imaginary Country* descrito acima, podem-se trabalhar temas como: *My Character* (aqui, os alunos criam um personagem fictício e vão, ao longo do ano, adicionando novas informações sobre tal personagem, usando áreas lexicogramaticais focalizadas no programa de curso); *Life in* __ (nesse projeto cada aluno trabalha uma década, ou século, do passado e compila gradualmente informações sobre a vida em tal época); Manual de referência com resenhas de *video games*; *Notes for the future* (aqui, os alunos produzem cartas, textos informativos, artigos de jornal e outros gêneros textuais descrevendo o mundo contemporâneo, projetando a escrita em leitores que viverão no futuro e nada sabem sobre o século XXI).

4 > Estimule sempre seus alunos a consultar o livro didático, gramáticas e outros livros de referência ao escrever. Se necessário, reveja em sala de aula as páginas e/ou tópicos que podem apoiar a consulta dos alunos ao escrever um determinado texto.

5 > Peça aos alunos que compilem os textos escritos ao longo do ano num envelope ou fichário e que os observem sempre que possível, refletindo sobre seus *Good Uses* and *Not so Good Uses* de vocabulário e gramática da língua inglesa. Essas reflexões podem ser retomadas em sala de aula em debates envolvendo toda a turma.

Para ampliar seu conhecimento

- Para apoiar a elaboração de exercícios por parte de seus alunos, pode-se usar o programa *Hot Potatoes*, que pode ser baixado em <http://hotpot.uvic.ca/> e que permite a criação de exercícios interativos sob as formas de múltipla escolha, palavras cruzadas, correspondência e ordenamento, preenchimento de lacunas, entre outros.
- Paul Nation (Universidade de Wellington) é uma das maiores autoridades sobre o ensino de vocabulário em língua estrangeira. Em seu *site* pode-se encontrar importantes referências e *links* sobre o assunto: <http://www.victoria.ac.nz/lals/staff/paul-nation.aspx>.
- Para ler mais sobre o ensino de gramática em língua estrangeira, visite o *site* <http://www.nclrc.org/essentials/grammar/grindex.htm>. Nele você pode encontrar informações gerais sobre o tema e sugestões práticas para o desenvolvimento de materiais e atividades para prática e avaliação da gramática nesses contextos.

A situação

Seus alunos estão revendo o *Simple Past* e como parte das atividades encaminhadas neste trabalho você lhes pediu que fizessem uma atividade proposta em um livro didático (Littlejohn e Hicks, 1996: 168): a produção de um parágrafo sobre um personagem fictício (Jack). Um de seus alunos produziu um texto em que o uso dos verbos no passado é apropriado, mas o parágrafo, ao ser lido, parece uma sequência de ações relatadas "em soluço". Você fica na dúvida se deve aproveitar a ocasião para trabalhar o uso de elementos de coesão na escrita ou se, ao fazer isso, você estaria perdendo seu foco e prejudicando o trabalho da estrutura gramatical.

O texto

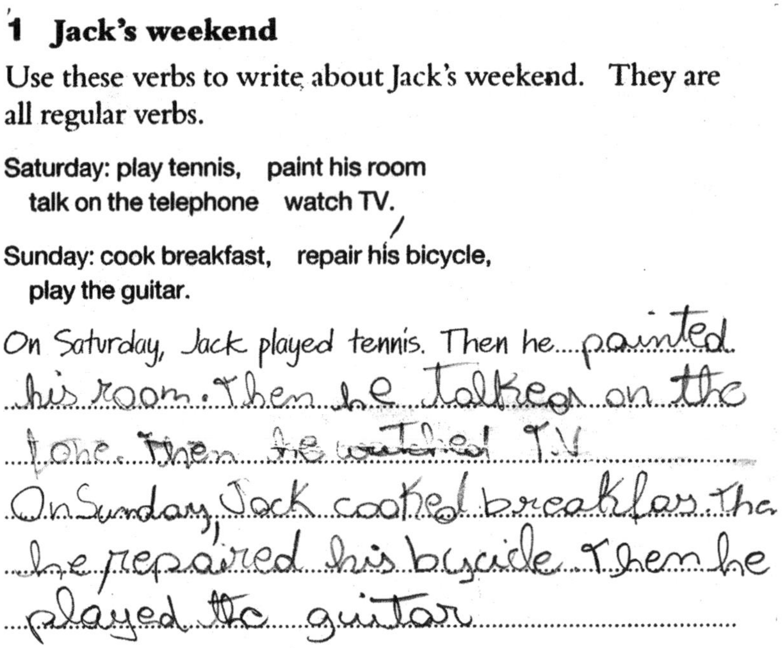
1 Jack's weekend

Use these verbs to write about Jack's weekend. They are all regular verbs.

Saturday: play tennis, paint his room talk on the telephone watch TV.

Sunday: cook breakfast, repair his bicycle, play the guitar.

On Saturday, Jack played tennis. Then he painted his room. Then he talked on the fone. Then he watched T.V. On Sunday, Jack cooked breakfas. Tha he repaired his bycicle. Then he played the guitar

Transcrição:

On Saturday, Jack played tennis. Then he painted his room. Then he talked on the fone. Then he watched T.V. On Sunday, Jack cooked breakfas. The he repaired his bycicle. Then he played the guitar

Arquivo pessoal da autora.

A estratégia

É sempre uma boa ideia partir de problemas específicos de sua turma para contemplar algum tópico que possa resolver tais problemas, ou evitá-los no futuro. O fato de que a atividade acima teve seu objetivo específico atendido (isto é, os verbos foram utilizados pela aluna-escritora de forma correta: *painted, talked, watched, cooked, repaired, played*) não significa que ela não possa ser melhorada. No caso da produção escrita acima, fica evidente que a produção de sentenças "em soluços", sem elementos de transição fazendo as conexões entre elas, torna o texto difícil de ler e mesmo desinteressante.

Outro aluno da mesma turma, fazendo a mesma tarefa, conseguiu produzir, dentro dos limites da atividade proposta, um parágrafo mais fluido e desta forma mais interessante de ser lido:

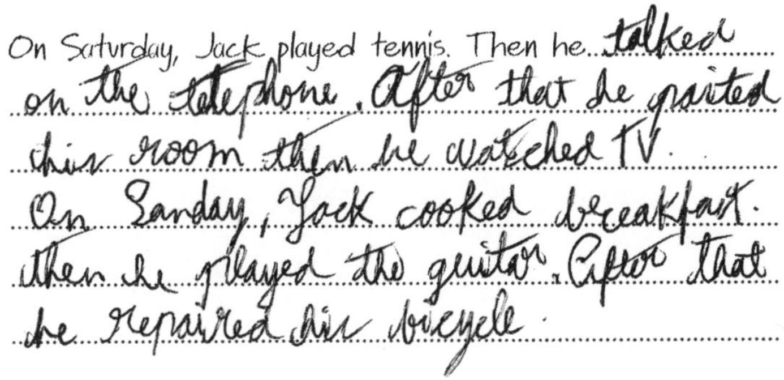
On Saturday, Jack played tennis. Then he talked
on the telephone. After that he painted
his room then he watched TV.
On Sanday, Jack cooked breakfast.
then he played the guitar. After that
he repaired his bicycle.

Arquivo pessoal da autora.

Transcrição:

On Saturday, Jack played tennis. Then he
talked on the telephone. After that he painted his room then he watched TV. On Sunday, Jack cooked breakfast then he played the guitar. After that he repaired his bicycle.

Obviamente, não se pode esperar a criação de um texto excepcionalmente criativo diante da tarefa proposta (a não ser que adicionássemos outras informações sobre o fim de semana do personagem – por que pintou o quarto, de que cor, como ficou etc). Mas o diálogo estabelecido entre o autor do texto e seu potencial leitor tornou-se mais suave e atraente apenas pelo uso de *after that* além de *then* para marcar a sequência de eventos.

Marcadores do discurso (elementos também conhecidos como *transition words, linking words, cohesive devices* ou *cohesion markers*) têm função de conectar e facilitar o desenvolvimento das ideias em um texto. Portanto sua utilização torna o texto mais claro, o que, por sua vez, facilitará a sua leitura.

A tabela a seguir apresenta algumas das noções expressas por marcadores do discurso, bem como alguns exemplos desses termos.

Idea	Examples
Addition	*too, moreover, on top of that, in addition, as well, also, besides, and*
Contrasting ideas	*however, nevertheless, but, even so, whereas, on the contrary, on the other hand*
Concession	*although, even though, though, despite, in spite of*
Cause	*because, due to, given that, for this reason, that's why*
Result	*therefore, thus, consequently, so (that), then*
Purpose	*so that, in order to, so as to*
Examples	*for instance, for example*
Emphasis	*actually, indeed, in fact, as a matter of fact*
Conclusion	*in sum, in conclusion, to sum up, in short*
Change of subject	*as far as ... is concerned, regarding, as regards*
Condition	*if, as long as, unless, assuming that*
Rephrasing/Giving alternatives	*in other words, that is, instead of*
Giving/Reporting opinion	*in my opinion, according to*
Time	*when, while, after (that), before (that), as soon as*

Muitas vezes o uso de *discourse markers* é opcional. No exemplo acima, por exemplo, os alunos poderiam ter simplesmente descrito a rotina de Jack sem elementos de transição: *He played tennis, he painted his room, he talked on the telephone* etc. Mas seu uso, como observado acima, torna as ideias mais evidentes e mais bem conectadas, o que por sua vez faz com que a escrita (e consequentemente, a leitura) torne-se mais clara e fuida. Cabe ao escritor, então, decidir quando e quais elementos usar ao escrever. Em outras palavras, sua presença funciona mais como um guia para o leitor do que como um elemento indispensável para o texto estar correto gramaticalmente. Voltaremos a tratar sobre esse assunto na discussão da estratégia de fala "Expandindo e conectando ideias".

Combinando estratégias

- Para tornar-se um escritor competente em seu uso de marcadores do discurso pode-se observar, sistematicamente, o uso desses elementos em textos similares ao que vamos escrever.
- A adequação do uso de marcadores do discurso deve ser contemplada em processos de monitoramento e revisões de texto (veja as seções "Monitorando a escrita" e "Fazendo revisões no texto" para mais detalhes).

Como trabalhar a estratégia em sala de aula

1 > Com alunos de menor proficiência linguística, pode-se trabalhar o uso de elementos de coesão simples como "and", "but" e "or". Para tal, apresente pares de frases semelhantes (uma com e outra sem os conectivos) e peça-lhes que identifiquem qual a melhor frase e por quê.

2 > Para apresentação de marcadores do discurso que apresentam ideias mais sofisticadas, tais como concessão, finalidade ou consequência, pode-se iniciar o trabalho com frases justapostas sem inclusão de tais elementos, pedindo-se aos alunos que combinem as frases, formando uma única. Uma lista de marcadores do discurso deve ser usada como referência.

3 > Para praticar o uso de várias ideias expressas por marcadores do discurso ao mesmo tempo, compile frases retiradas da Internet (ou do livro didático, ou de qualquer fonte confiável) que contenham alguns *discourse markers*. Retire, então, tais elementos e substitua-os por uma linha em branco. Um boxe com os elementos retirados (em ordem diferente da ordem de apresentação das frases) deve acompanhar a tarefa. Em outro momento os alunos podem ser responsáveis pela compilação das frases e elaboração do exercício. Os exercícios são então trocados pelos alunos.

4 > Uma adaptação mais desafiadora da atividade acima envolve o uso de textos e não frases, retirando-se seus *discourse markers* para posterior adição dos alunos.

5 > Para exercícios envolvendo *discourse markers*, visite o *site* <http://www.esl-lounge.com/student/vocabulary/2v1-discourse-markers.php>.

Para ampliar seu conhecimento

- A referência clássica sobre coesão na língua inglesa é Halliday, M. A. K.; Hasan, R. *Cohesion in English.* Londres: Longman, 1976. Essa leitura é um *must* caso deseje saber mais sobre o assunto.
- O *site* <http://owl.english.purdue.edu/owl/resource/574/1/> contém informações sobre transições em textos escritos, incluindo exemplos de trechos em que tais transições não estão adequadas e suas revisões.
- Para ler mais sobre elementos de transição e ter acesso a uma extensa lista, visite <http://www.smart-words.org/transition-words.html>.

7>> USANDO NÍVEL DE FORMALIDADE ADEQUADO AO ESCREVER

A situação

Seus alunos parecem ter dificuldade em usar o registro adequado ao escrever textos que requerem um maior nível de formalidade. Recentemente, ao escrever em conjunto um *e-mail* para o diretor da escola britânica na cidade a fim de agendar uma visita àquela escola, os alunos fizeram uso de termos como "wot" (no lugar de *what*), "gr8" (no lugar de *great*) e "u" (no lugar de *you*). Quando você comentou sobre a inadequação desses termos, um de seus alunos retrucou: "Mas qual o problema? Eu escrevo assim para os meus amigos". Você se pergunta como poderia sensibilizá-los para o fato de que diferentes situações de escrita podem exigir níveis de formalidade diferentes. Ao ler uma reportagem sobre um texto escrito por um juiz norte-americano (cujo trecho é reproduzido abaixo), você se pergunta se tal texto poderia ajudar seus alunos a se conscientizarem sobre a importância do uso do registro adequado.

O texto

Judge 'happier than a tick on a fat dog' that he doesn't have to preside at trial

By Jennifer Hewlett

A humorous order issued by Kenton Circuit Judge Martin Sheehan is making the rounds in legal publications throughout the country, including the American Bar Association Journal.

Sheehan, obviously happy that a lawsuit filed in 2009 had been settled before it was to go to trial, wrote the order on July 19.

News of the settlement has "made this Court happier than a tick on a fat dog because it is otherwise busier than a one-legged cat in a sand box and, quite frankly, would rather have jumped naked off of a twelve foot step ladder into a five gallon bucket of porcupines than have presided over a two week trial of the herein dispute, a trial which, no doubt, would have made the jury more confused than a hungry baby in a topless bar and made the parties and their attorneys madder than mosquitoes in a mannequin factory," Sheehan wrote in the order canceling the trial.

[...]

Disponível em: <http://www.kentucky.com/2011/08/02/1831687/judge-happier-than-a-tick-on-a.html>. Acesso em: 16 set. 2011.

A estratégia

Ao lermos um trecho de um acordo escrito por um juiz em que se depara com comparações inusitadas tais como *happier than a tick on a fat dog* (linha 6), *busier than a one-legged cat in a sand box* (linha 7), *more confused than a hungry baby in a topless bar* (linhas 10-11) e *madder than mosquitoes in a mannequin factory* (linhas 11-12), é inevitável o sentimento de que há algo estranho com o texto.

Tal reação é ocasionada pelo uso inesperado, não convencional, de expressões tão informais numa ordem judicial. Afinal, esse gênero textual é caracterizado por grande formalidade, como outros documentos legais. Nossa surpresa ao ler o texto ganha ainda uma intensidade adicional ao nos depararmos com a justaposição de uma locução formal (*of the herein dispute*, linha 9) e um trecho bastante informal (*would rather have jumped naked off of a twelve foot step ladder into a five gallon bucket of porcupines*, linhas 8-9).

Uma vez que, no texto acima, o descompasso entre nossas expectativas sobre o que vamos ler e o que lemos de fato causa esse estranhamento, a questão básica a ser explorada é: por que temos uma expectativa de formalidade quando lemos textos legais? A resposta a essa pergunta está na noção de gênero textual que, como ressaltamos anteriormente, faz os membros de uma **comunidade discursiva** reconhecerem, definirem e descreverem certos textos a partir de características convencionalizadas na cultura.

Algumas convenções que aprendemos em nosso contato com gêneros textuais incluem noções de formalidade em alguns textos (por exemplo, cartas de recomendação, artigos acadêmicos, contratos) e informalidade em outros (por exemplo, bilhetes, mensagens de texto, *chats*). É importante ressaltar que as caracterizações "formal" e "informal" não devem ser vistas como dicotômicas, tendo suas identificações pautadas em avaliações do tipo "ou isso ou aquilo". Elas são mais bem configuradas ao longo de um contínuo em que coexistem de forma gradativa: desta maneira, um gênero vai apresentar mais ou menos marcas de formalidade do que outro.

Há ainda gêneros que podem ter variações em seus níveis de formalidade de acordo com outros elementos contextuais (por exemplo, o leitor em potencial e/ou o assunto): um *e-mail* a um membro de nossa família que tem o objetivo de relatar o nosso fim de semana será mais informal do que um *e-mail* a um professor justificando nossa ausência na aula anterior. Caberá ao escritor decidir quais recursos deverá usar a fim de configurar seu texto no nível de formalidade adequado.

Ao escrever um texto mais formal em inglês, um escritor estratégico deverá fazer maior uso de palavras oriundas do latim, de frases mais longas, de subordinação, de voz passiva, de *full forms*. Seus textos mais informais incluirão *phrasal verbs*, frases mais curtas, coordenação, voz ativa, contrações e/ou abreviações. Escolhas de vocabulário também oscilarão: ao escrever um texto mais informal, um autor competente deverá usar preferencialmente termos como *kid, kind of, sort of, get* (ao invés de *children, type of, become*).

Concluindo, ao escrever, fazemos usos de recursos diferentes dependendo do que escrevemos, sobre o quê, para quem, com que objetivo, em que suporte. Decisões quanto à escolha dos recursos adequados em cada evento de escrita são pautadas em nossa experiência na comunidade discursiva de que participamos. Ao aprender inglês, temos de aprender as convenções nessa língua, uma vez que elas podem variar das convenções que conhecemos em português. Voltaremos a tratar desse assunto na próxima seção.

Combinando estratégias

- A atenção ao nível adequado de formalidade pode fazer parte do processo de monitoramento e revisão dos textos que escrevemos (mais sobre isso nas seções "Monitorando a escrita" e "Fazendo revisões no texto").
- O uso de nível adequado de formalidade ao escrever está associado a outras estratégias de cuidados com "escolhas adequadas" ao escrever. Essas escolhas envolvem, por exemplo, a adequação (ou não) do uso de jargão especializado, de gírias e expressões idiomáticas, de linguagem potencialmente ofensiva ou preconceituosa. Leia mais sobre o assunto em <http://owl.english.purdue.edu/owl/resource/608/01/>.

Como trabalhar a estratégia em sala de aula

1 > Para sensibilizar seus alunos sobre a importância da estratégia, promova a observação de textos escritos por outras pessoas pedindo-lhes que caracterizem tais textos (e comparem-nos, se for adequado) com relação a seus níveis de formalidade. Algumas sugestões de gêneros a serem usados nessas atividades são: cartas que acompanham *job applications* (veja <http://www.open.ac.uk/careers/application-letters.php> para exemplos), apresentações pessoais nas páginas de entrada de *blogs*, descrições pessoais em *sites* de relacionamento.

2 > Gerações mais jovens tendem a se comunicar predominantemente através de recursos digitais caracterizados por informalidade (por exemplo, *chats on-line*, mensagens de texto, áreas para tal fim em *sites* de relacionamento). Esse hábito pode gerar dificuldade por parte desses jovens em compreender as convenções associadas a

outros gêneros que requerem maior formalidade. Para conscientizar os alunos dessas diferenças, encaminhe um trabalho interdisciplinar com o professor de português, orientando os alunos a observarem vocabulário, gramática e recursos paralinguísticos (uso de negrito, pontuação, itálico) nos seguintes pares: conversa entre membros da familia usando mensagens de textos/entrevista transcrita numa revista; conversa entre amigos num *chat*/*e-mail* entre colegas de trabalho. As conclusões do trabalho devem orientar a produção de textos similares em inglês.

3 > Para outras sugestões de atividades, explore os *links*: <http://www.esl-lounge.com/student/reading/3r8-formal-informal-letter.php>; <http://www.englisch-hilfen.de/en/words/letters.htm> e <http://www.tefl.net/alexcase/worksheets/writing/email/formality/formal-informal-links/>.

Para ampliar seu conhecimento

- Em <http://www.courses.vcu.edu/ENG-652/tbuchanan/levels.htm> pode-se ler mais sobre o assunto. O *site* inclui sugestões sobre como promover a conscientização de escritores sobre noções de formalidade/informalidade e como tornar mais adequadas suas escolhas ao escrever.
- Para uma listagem de conjunções e suas caracterizações (formais, informais) com exemplos, veja <http://learnenglishbetter.com/content/all-articles/46-list-of-conjunctions-with-levels-of-formality.html>.

8>> RESPEITANDO CONVENÇÕES DO DISCURSO ESCRITO EM INGLÊS

A situação

Você vem trabalhando com seus alunos a noção de propósito comunicativo de textos escritos. Um dia, uma de suas alunas lhe mostra um *e-mail* que recebeu recentemente de um membro de sua família cuja língua materna é o inglês. Sua aluna lhe diz que, apesar de entender o conteúdo do *e-mail*, ficou na dúvida sobre seu propósito comunicativo, já que o texto contém vários assuntos diferentes.

Uma lida rápida no *e-mail* lhe permite concluir que a dificuldade da sua aluna provavelmente tem origem no fato de que a autora do *e-mail* é inglesa e que, ao escrever, construiu seu pedido de uma forma que pode não ser evidente para brasileiros que não estejam familiarizados com certas convenções discursivas associadas à língua inglesa.

O texto

Busca | Compras | Vídeos | E-mail | Música | Imagens | Notícias

Hairdresser!

From: Katherine Souza
Sent: Tuesday, 16 August 2011 22:15
To: Mariana Souza

Hi,

I hope you're having a good week. I was just wondering if you'd be able to send me the contact details of Sandra the hairdresser you mentioned, for future reference. I could do with a haircut – I've not had one for months and I'm ready for a change! Marcos tells me he has lent Alexandre a DVD of the Dog Whisperer that he loves so much at the moment – so I'm sure before long, you'll be watching it too! If you're free, then you're all very welcome to come over here for the usual Thurs evening, or we can meet you at yours, or somewhere else if suits!

All the best

Kxxx

Adaptado de arquivo pessoal da autora.

A estratégia

Ao justificar sua dificuldade em identificar o propósito comunicativo do *e-mail* com o fato de que o texto continha muitos assuntos, sua aluna cometeu um erro fundamental: associar "propósito comunicativo" a "assunto". É importante fazer essa distinção porque, para compreender o propósito comunicativo desse *e-mail* (fazer um pedido) é importante saber que, em língua inglesa, para produzir pedidos por escrito e minimizar a ameaça da face negativa do leitor, alguns escritores usam a estratégia de incluir assuntos adicionais em seu pedido.

Foi o que fez a autora do texto, além da adoção de algumas outras convenções associadas à produção de *e-mails* informais em inglês. Sob uma ótima mais linear, remetendo à sequência de itens no texto, observamos que:

- Iniciou-se o *e-mail* com um cumprimento informal (*Hi,* linha 4);
- O primeiro parágrafo começa com "*I hope you're having a good week.*" (linha 5), que não tem **função referencial** (de informar, comunicar algo) mas sim uma **função interpessoal** de estabelecer/manter relação pessoal com o interlocutor;
- Parte-se então para o pedido propriamente dito: os contatos da cabeleireira (linhas 5-6). Note-se que o pedido vem acompanhado de justificativas e explicações (de "*for future reference*" até "*for a change*");
- O restante do texto então trata de assuntos adicionais: um DVD sobre o qual a autora do texto e sua leitora têm conhecimento; planos para um encontro no futuro (linhas 8-9 e 10-11, respectivamente);
- O fechamento do texto consiste em duas línhas, uma contendo um cumprimento informal (*All the best*, linha 12), e outra contendo a assinatura da autora, que é feita através da inicial do seu nome (*K*) e a adição de *xxx* que, em inglês, significa "*kisses*", "love".

As decisões acima necessitam de comentários adicionais a fim de melhor entender o *e-mail* no contexto da comunicação intercultural em que ele se configura. Primeiramente, o uso de *hi* (linha 4) sem o nome do destinatário da mensagem é uma prática comum em inglês. A não ser que o *e-mail* seja um pouco mais formal (iniciando-se, neste caso, por *Dear [nome do destinatário]*), não é frequente a menção do nome do leitor a que se destina. Em segundo lugar, o uso de uma frase inicial com função de aproximar o autor e o escritor é muito comum em *e-mails* em inglês: a autora poderia ter escrito outras frases como *I hope this e-mail finds you well; I hope all is well with you.* Além disso, a inclusão dos assuntos adicionais no *e-mail* (o DVD, o encontro futuro) podem ser analisados como estratégias de minimização da ameaça de face ocasionada pelo pedido: afinal, é possível que a autora do texto não escrevesse apenas para falar desses assuntos – eles provavelmente foram mencionados como "adornos" ao assunto principal: o pedido dos contatos da cabeleireira. Finalmente, o fechamento do *e-mail* seguiu normas típicas da língua inglesa para esse gênero textual: cumprimento informal (*all the best;* poderia ter sido sua abreviação ATB, ou *Best wishes,* ou a forma curta *Best,* esta mais comum em contexto norte-americano). A assinatura também fez uso de escolha frequente nesse tipo de produção escrita (a letra inicial do autor do texto; os símbolos xxx – que poderiam ter vindo também acompanhados de ooo, que significa "hugs", mas seria improvável ter as palavras "kisses" ou "hugs").

É importante destacar que muitas dessas escolhas diferem de convenções mais frequentemente adotadas em *e-mails* similares escritos em português. E mais, que o que a autora desse *e-mail* fez não foi "inventar" uma forma de escrever, mas sim adotar formas aceitas e normalmente usadas em seu grupo social. Da mesma forma que essas escolhas podem causar um estranhamento a um leitor que escreva em outro meio social, as decisões normalmente adotadas por brasileiros ao escrever *e-mails* podem não ser bem entendidas por leitores **anglófonos**. Os brasileiros poderão, por exemplo, incluir o nome do destinatário, cumprimentos como "Bom dia" ou "Boa tarde", pedidos mais diretos, finalizações com as palavras "beijos" ou "abraços": tais decisões, se transportadas para um *e-mail* escrito em inglês, poderiam ser configuradas como ***pragmalinguistic failure*** (no caso do uso de termos como "Good morning" ou "kisses") ou ***sociopragmatic failure*** (no caso da construção de um pedido direto). Um outro exemplo de *sociopragmatic failure* em *e-mails* escritos por brasileiros em inglês é o uso de letras maiúsculas no título ou no corpo da mensagem: essas formas são "lidas" em *e-mails* em inglês como se o autor do texto estivesse gritando com o leitor, o que costuma gerar uma reação negativa por parte dos que leem. Voltaremos a tratar desses tipos de *failure* ao discutir as estratégias de fala "Observando rotinas conversacionais" e "Respeitando normas de polidez".

Como se vê, a estratégia de produção escrita focalizada nesta seção nos mostra como é tênue a fronteira entre "escrita" e "leitura". Em outras palavras, nossas decisões ao escrever terão um impacto direto de como nosso texto será lido. Portanto, é importante estar atento a normas de escrita que podem divergir entre nossa língua materna e a língua estrangeira em que escrevemos. No entanto, ao nos familiarizarmos com essas normas é preciso cuidar para não formar generalizações indevidas ("Todos os norte-americanos escrevem assim";

"Todos os britânicos escrevem dessa maneira"); afinal, há variações entre membros de um mesmo grupo e cabe aos autores observar as normas vigentes nos grupos em que participa e decidir de forma criteriosa.

Combinando estratégias

- Ao escrever para leitores que podem adotar diferentes convenções no uso dos gêneros textuais, é sempre importante monitorar a escrita pensando como tais leitores podem reagir ao que estamos escrevendo, perguntando-se: eles irão entender? Eles podem ficar ofendidos ou confusos com o que escrevo? Em caso afirmativo o que posso fazer para evitar mal-entendidos?
- Contextos de escrita em inglês podem requerer níveis de formalidade diferentes das expectativas em escrita em português. E mais, comparando-se diferentes grupos anglófonos podemos concluir que alguns grupos tendem a requerer mais formalidade do que outros em alguns textos escritos. Portanto, sempre é bom observar como os outros membros da comunidade discursiva de que participamos produzem seus textos, e inspirarmo-nos nesses textos ao escrevermos para essa comunidade.

Como trabalhar a estratégia em sala de aula

1 > Usando fontes similares em inglês e em português (por exemplo, um jornal impresso com qualidade similar, como *A Folha de S.Paulo*, *The Guardian*, *The New York Times*), peça aos alunos que recortem exemplos de mesmos gêneros textuais nesses jornais (por exemplo, artigos, cartas para o editor, anúncios classificados, anúncios publicitários, charges, indicadores econômicos, gráficos, entrevistas, obituários, horóscopos, previsão do tempo) e que, em grupos, observem e analisem as semelhanças e diferenças das representações desses gêneros nas duas línguas. O professor de português pode apoiar esse trabalho.

2 > Peça aos alunos que, observando os comentários feitos nesta seção, escrevam *e-mails* em inglês fazendo pedidos. Os *e-mails* escritos pelos alunos podem ter destinatários diferentes: os próprios alunos, professores, diretores da escola, membros de outra comunidade escolar.

Para ampliar seu conhecimento

- *Cross-cultural Pragmatics* é a disciplina que estuda diferenças e semelhanças nos usos de linguagem em ação em grupos sociais que representam culturas diferentes. Uma leitura básica nesta área é Wierzbicka, A. *Cross-cultural pragmatics: the semantics of human interaction*. Berlim: Walter de Gruyter, 2003. Para uma visão geral do livro, consulte <http://books.google.co.uk/books?hl=en&lr=&id=-hpG6PBljIAC&oi=fnd&pg=PR5&dq=cross-cultural+pragmatics&ots=RSwH4LM1SM&sig=i5MaQRfFWPmKPIUQLBD2L0xl18o#v=onepage&q&f=false>.
- A Retórica Contrastiva (*Contrastive Rhetoric,* em inglês) conceitua a produção escrita como uma prática social e investiga as variações em expectativas quanto às normas convencionalizadas para a escrita em diferentes grupos sociais. Uma leitura abrangente nesta área é Connor, U. *Contrastive rhetoric: cross-cultural aspects of second-language writing*. Cambridge: Cambridge University Press, 1996. Para uma leitura mais compacta sobre o assunto, veja o artigo Connor, U. New directions in contrastive rhetoric. *TESOL Quarterly* 36(4), 493-510, 2002.

A situação

Como parte de um projeto sobre planetas do sistema solar, você pediu a alguns alunos que lessem textos sobre diferentes planetas e que preparassem um pequeno texto escrito apresentando alguns fatos sobre o planeta lido. Ao ler um dos textos, você percebe que nele há algumas evidências das retificações feitas pelo seu autor ao escrever. Você se pergunta se tais evidências podem dizer algo sobre o processo de escrita do aluno e, em caso afirmativo, se valeria a pena explorar tais "mudanças visíveis no papel" como apoio para o desenvolvimento de alguma estratégia de escrita.

O texto

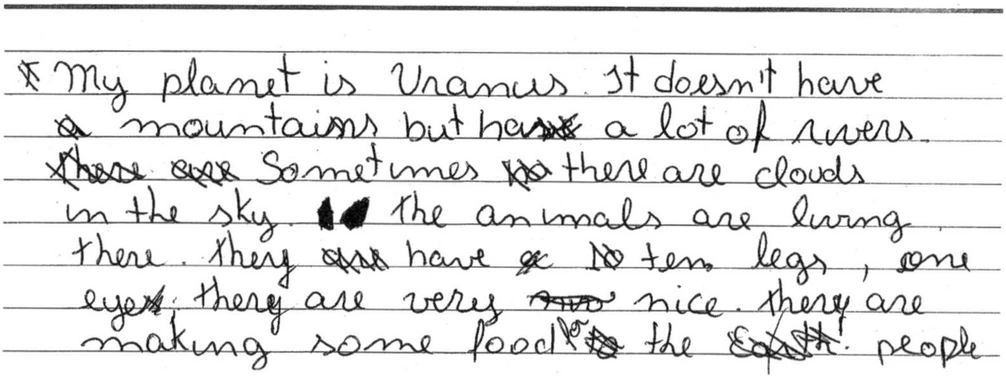

Arquivo pessoal da autora.

Transcrição:

((~~incomprehensible~~)) My planet is Uranus. It doesn't have ~~a~~ mountains but ha~~ves~~ a lot of rivers. ~~There are~~ Sometimes ~~ha~~ there are clouds in the sky. ((~~incomprehensible~~)) ((~~incomprehensible~~)) The animals are living there. The~~re~~y ~~are~~ have ~~a 10~~ ten legs, one eye~~s~~. The~~re~~y are very ~~no~~ nice. The~~re~~y are making some food for ~~to~~ the ~~Earth~~ people

A estratégia

As retificações visíveis no trecho podem realmente dar ao leitor uma ideia de mudanças no pensamento e/ou no plano do escritor, conforme comentários a seguir:

Linha	A retificação	O que a retificação sugere
1	Há algo cortado: uma letra T? (não é claro).	Não se pode concluir.
1	"a" é cortado.	O autor planejou dizer "a mountain" e depois resolveu usar "mountains"?
1	"have" é mudado para "has".	O autor percebeu que "It" deveria ser seguido de "has"?
2	"There are" é cortado.	O autor resolveu começar a nova frase com "Sometimes".
2	"ha" é cortado.	O autor lembrou que para se dizer "tem nuvens" usa-se "there are" e não "have"?
2-3	Dois elementos são cortados.	Não se pode concluir.
3	"There" é emendado para "They"; "are" é cortado.	O autor mudou de planos, ao invés de "There are" resolveu começar a nova frase com "They".
3	"a" é cortado.	O autor lembrou que "ten legs", adiante, não seria precedido de "a"?
3	"10" é cortado e substituído por "ten".	O autor achou que seria melhor escrever "ten" por extenso?
4	"s" final em "eyes" é cortado.	O autor lembrou que "one" é seguido de "eye" e não "eyes"?
4	"There" é cortado e substituído por "they" duas vezes.	O autor faz confusão entre "There are" e "They are" ou simplesmente mudou de ideia?
4	"no(?)" é cortado, e substituído por "nice".	O autor retificou a ortografia da palavra?
4	"to" é cortado e substituído por "for".	O autor lembrou-se da distinção entre "for" e "to"?
5	"Earth" é cortado e substituído por "people".	O autor mudou de plano no encaminhamento do texto?

Como se vê, há muitas mudanças num pequeno trecho (como visto nas descricões da segunda coluna) e é impossível determinar com precisão as razões que levaram a essas mudanças (por isso os pontos de interrogação ao final de cada linha na terceira coluna). Mas podemos ter certeza de que houve as mudanças e podemos imaginar que essas mudanças foram fruto de algum monitoramento por parte do autor do texto.

As mudanças acima sugerem que houve monitoramento de forma e de conteúdo por parte do autor do texto. Monitoramento de conteúdo envolve decisões quanto à adequação dos elementos escolhidos para serem incluídos na produção do texto (um exemplo é a mudança *Earth → people*). Monitoramento de forma envolve atenção a aspectos tais como ortografia, ordem e terminação das palavras (exemplos incluem as mudanças envolvendo *nice, eyes → eye, 10 → ten, There are → Sometimes there are*). Algumas vezes esses dois tipos de monitoramento convergem, já que a fronteira entre "o que escrever" e "como escrever" é tênue. Algumas mudanças no texto acima ilustram esse ponto: não é possível afirmar com precisão se os movimentos de "They are" para "There are" ou "They have" envolveram preocupação do autor do texto com relação à sua forma, conteúdo, ou os dois aspectos ao mesmo tempo.

Há outros tipos de monitoramento, e alguns deles também podem ter sido encaminhados durante o processo de escrita do aluno cujo texto reproduzimos acima. Eles são:

- Monitoramento auditivo, que envolve uma indagação se o texto "soa adequado" quando ele é lido em voz alta ou em pensamento.
- Monitoramento visual, que envolve uma reflexão por parte do escritor se o texto "parece adequado" quando se olha para ele.
- De coerência e coesão, quando o escritor se pergunta se o texto está fluindo bem ao se observar a sequência de seus elementos (palavras, locuções, frases, períodos, parágrafos, capítulos etc.) e também ao se perguntar se cada parte faz sentido diante de outras partes do texto.
- De convenções do gênero textual, quando se observa a adequação quanto às necessidades do leitor, propósito comunicativo do texto, adequação com relação a seu suporte, requerimentos etc.
- De senso comum, ao se perguntar se o texto faz sentido diante do que seu escritor sabe sobre o assunto em foco.

Escritores eficientes monitoram os textos que escrevem; portanto, concluímos que é uma boa ideia auxiliarmos nossos alunos a compreenderem melhor seus processos de monitoramento, aprendendo a avaliar como encaminham tais processos e o que podem fazer para melhorá-los. A dificuldade nesse entendimento reside no fato de que esses processos são de natureza cognitiva e, portanto, não observáveis. A fim de melhor compreendê-los, temos de nos apoiar em seus "traços" (como as mudanças visíveis no texto acima), em *think-alouds*, em diários, em questionários, em programas que registram *keystrokes* ao se escrever. Como vimos anteriormente, todos esses instrumentos de pesquisa têm os seus problemas e nenhum deles irá nos dar uma exata noção de como um escritor monitora sua escrita.

Tendo essas limitações sempre em mente, vale a pena explorar os processos de monitoramento dos seus alunos usando uma combinação de instrumentos. Os resultados dessa exploração podem oferecer importantes *insights* àqueles que escrevem e aos que apoiam a aprendizagem dessa escrita (professores, colegas, familiares). Atividades que envolvam monitoramento colaborativo podem trazer conclusões importantes, também: isso pode ser feito quando os alunos escrevem em pares/pequenos grupos e monitoram conjuntamente o texto que produzem.

Sob um ponto de vista conceitual, é importante distinguir monitoramento (que, por definição, envolve autorreflexão) de verificação (*checking*): este acontece quando o escritor usa uma fonte externa ao texto para tirar alguma dúvida. Essas fontes incluem dicionários, *thesauruses*, outros livros de referência como enciclopédias, e também pares mais competentes como um colega ou o professor.

Combinando estratégias

- Ao rever um texto escrito, pode ser útil não apenas fazer monitoramento mas também tentar recuperar os monitoramentos feitos quando a versão anterior do texto foi escrita: O que pensei ao escrever isso? Por que fiz essa ou aquela modificação? Havia outras alternativas que considerei mas descartei? Essas reflexões podem apoiar os novos monitoramentos.
- Os pontos acima podem ser considerados ao se dar *feedback* sobre um texto escrito para outra pessoa (veja também a seção "Dando *feedback*").
- Um tipo de monitoramento importante é aquele que envolve a ativação de dificuldades pessoais, isto é, que ocorre quando um escritor fica atento a potenciais problemas que costuma ter ao escrever. Trataremos desse tipo de monitoramento na próxima seção.

Como trabalhar a estratégia em sala de aula

1 > Para mostrar a seus alunos os tipos de monitoramento existentes, simule um *think-aloud* (escrevendo algo no quadro e falando os pensamentos em voz alta ao monitorar a escrita). Nesse *think-aloud* inclua os tipos de monitoramento apresentados nesta seção. Em seus cadernos, os alunos anotam tais tipos de monitoramento com exemplos do que se diz/pensa ao encaminhá-los. Estimule a turma a consultar a lista antes e durante o processo de escrita no futuro.

2 > A fim de conscientizar seus alunos sobre os tipos de monitoramento que costumam fazer ao escrever, peça-lhes que façam *think-alouds* ao escrever e que gravem tais episódios. Depois, ouvem o áudio e listam os tipos de monitoramento que fizeram, avaliando suas implicações: os monitoramentos aconteceram em momentos adequados ou não? Tiveram consequências positivas ou não? Por quê? O que poderia ser feito para melhorar o monitoramento ao escrever?

3 > Peça a seus alunos que escrevam um pequeno parágrafo descritivo sobre um tema que lhes seja familiar (por exemplo, sua família, cidade ou escola). A fim de criar

oportunidades de reflexão sobre como monitoram a forma de sua escrita, peça-lhes que sigam os seguintes procedimentos: (1) escrevam uma frase sem parar no meio; ao final dela verificam se a frase está adequada; (2) na segunda frase, devem parar para fazer essa verificação após cada palavra; (3) o resto do parágrafo deve ser escrito sem pausa para monitoramento. Ao final do parágrafo, os alunos refletem em pares ou pequenos grupos: qual monitoramento foi melhor? Por quê?

4 > Use textos produzidos pelos alunos para a prática desta estratégia. Antes de distribuir os textos de volta a seus alunos, torne-os anônimos (isto é, não inclua o nome do autor nos textos distribuídos). Em grupos, os alunos leem um ou mais textos fazendo monitoramento de coerência durante a leitura. No quadro, escreva os passos a serem seguidos pelos alunos neste processo: (1) *Read the text*; (2) *For each sentence, discuss: I think it means [...]. Does this make sense*? Após o trabalho a turma pode discutir em conjunto as suas conclusões e sugerir formas de melhorar o texto quando necessário.

5 > Estimule a turma a preencher fichas para reflexão logo após terminar a escrita de um texto.

Name: ______________________________ Date: ____/____/____

Writing Task: ______________________________

While writing, I monitored my work by asking myself:

( ) Does it look right? (Visual monitoring)

( ) Does it sound right? (Auditory monitoring)

( ) Does it make sense? (Coherence monitoring)

( ) Did I use the right/adequate information? (Content monitoring)

( ) Did I apply grammar rules adequately? (Form monitoring)

( ) Do the ideas follow each other? (Coherence monitoring)

( ) Is this text adequate for a [genre in focus]? (Conventions monitoring)

Para ampliar seu conhecimento

- Para ler mais sobre o assunto, visite o *site* <http://www.allkindsofminds.org/generating-and-organizing-ideas-monitoring-writing-strategies-impact-of-attention-self-monitoring>. Lá você também encontra sugestões de implementação da estratégia em sala de aula.
- O artigo "Self-monitoring in student writing: developing learner responsibility", de Andy Cresswell, publicado no *ELT Journal* 54 (3): 235-244, 2000, amplia a discussão sobre a estratégia desta seção. *Abstract* disponível em <http://eltj.oxfordjournals.org/content/54/3/235.short>.

A situação

Ao fazer a correção de um teste escrito aplicado recentemente em sua turma, você nota que seus alunos não mostraram domínio do conteúdo gramatical que vinha sendo trabalhado com eles: o *Simple Past*. Você se pergunta como poderia encaminhar um plano de ação para melhorar essa aprendizagem. O seu desejo não é oferecer mais prática de exercícios mecânicos em gramáticas porque, nesse tipo de tarefa, seus alunos fazem uso do tempo verbal de forma adequada. Você quer criar tarefas mais livres em que os alunos possam usar o *Simple Past* e, ao mesmo tempo, monitorar a adequação desses usos. Você pensa: "Será que eu poderia usar de alguma forma os textos que foram por eles escritos em seus testes a fim de conscientizá-los das dificuldades que vêm encontrando ao usar o *Simple Past*?".

O texto

VI. Your friend is asking you some questions about your weekend. Write some answers, and some questions, too! ***(20 points)***

_______: Hi. Did you have a good weekend? I did. I went to the Museum of Natural Science.

YOU: Good!!! Where is it? ?

_______: It is near the zoo.

YOU: What [did] you [see] saw there? ? –1

_______: I saw the dinosaur and the mummy.

YOU: Was it interesting? .

_______: Yes, it was very very interesting. Now tell me about your weekend.

YOU: I go [went] to a farm. . –1

_______: Oh. Were you with your family?

YOU: No. Only my uncle and my [riscado] cousin

_______: Oh really? And did you ride a horse ?

YOU: Yes. I did. .

_______: That sounds fun. Did you stayed there four days ? –1

YOU: No. Only three. .

_______: Was it good? ?

YOU: Yes. It was. .

Arquivo pessoal da autora.

Transcrição:

VI. Your friend is asking you some questions about your weekend. Write some answers, and some questions, too! (20 points)

________: Hi. Did you have a good weekend? I did. I went to the Museum of Natural Science.
YOU: Good!!! Where is it?
________: It is near the zoo.
YOU: What you saw there?
________: I saw the dinosaur and the mummy.
YOU: Was it interesting?
________: Yes, it was very, very interesting. Now tell me about your weekend.
YOU: I go to a farm.
________: Oh. Were you with your family?
YOU: No. Only my uncle and my cousin.
________: Oh really? And did you ride a horse?
YOU: Yes. I did.
________: That sounds fun. Did you stayed there four days?
YOU: No. Only three.
________: Was it good?
YOU: Yes. It was.

Correções:
linha 7: inserida a palavra "did"; "saw" substituído por "see"
linha 11: "go" substituído por "went"
linha 16: indicação de erro em "stayed"

A estratégia

Sua ideia é muito boa. Ela demonstra que você contempla o instrumento de avaliação não apenas como uma forma de aferir decisões quanto ao passado (isto é, como um ponto gramatical que vinha sendo ensinado) e ao presente (isto é, como esse ponto gramatical se configura num produto feito pelos seus alunos – o teste). Ao indagar sobre a possibilidade de usar o teste para apoiar a conscientização dos alunos sobre suas dificuldades, você está remetendo seu pensamento para o futuro: especificamente, para o potencial desenvolvimento de uma estratégia de produção escrita importante, o monitoramento pessoal.

No exemplo acima, você poderia pedir ao autor do texto que listasse seus problemas e, em cada um deles, refletisse sobre "o que"

o problema envolve e "como" tal problema poderia ser minimizado ou mesmo evitado no futuro. Tal avaliação do autor do texto acima provavelmente iria levá-lo a concluir que todos os seus erros envolvem usos inadequados do *Simple Past*, conforme os detalhes a seguir:

O problema	O que o problema envolve	Como o problema pode ser minimizado/evitado
What you saw there?	Numa pergunta, ausência do auxiliar *did* e verbo em sua forma no passado	Maior prática/cuidado ao fazer perguntas usando o *Simple Past*
I go to a farm.	Uso do verbo no presente para indicar uma ação no passado	Maior atenção ao tempo verbal necessário
Did you stayed there...?	Numa pergunta, uso do verbo em sua forma no passado	Maior prática/cuidado ao fazer perguntas usando o *Simple Past*

Como se vê, no texto acima, todos os problemas do aluno remetem para o mesmo assunto: o *Simple Past*. Isso é surpreendente porque, por ser uma atividade "guiada", de certa forma forçando o aluno a usar o passado no seu diálogo, ele poderia ter monitorado mais seu uso de tal tempo verbal, minimizando os problemas nessa área, e ter apresentado uma série de outros problemas (ortográficos, morfológicos, lexicais, sintáticos e discursivos).

Um processo de reflexão como o acima, se feito sistematicamente (isto é, após cada produção escrita), pode ajudar o aluno-escritor a identificar suas dificuldades pessoais ao escrever e orientar um monitoramento dessas dificuldades em futuros processos de produção escrita. Ainda com base no cenário acima, o aluno poderia adotar um monitoramento perguntando-se, ao escrever formas verbais que envolvessem o *Simple Past*: "Estou usando a forma verbal adequada? Preciso ou não usar *did* aqui?"

A discussão sobre a estratégia desta seção focalizou um aspecto estrutural da língua inglesa (a formação de um tempo verbal), mas é importante lembrar que o monitoramento de dificuldades pessoais pode funcionar em diversas áreas: na ortografia ("Sempre confundo como se escreve *accommodation:* Com um –c ou dois? Com dois –m ou um só?"), na morfologia ("Para escrever 'desinteressante' qual é mesmo o prefixo que usamos em inglês? *Dis-? Un-?*"), no léxico ("*Pull* é puxar ou empurrar? Sempre faço confusão!"), na sintaxe ("Tenho de lembrar que a preposição que vem depois de *congratulations* não é a que parece óbvia para mim"), no discurso ("Preciso prestar atenção a como me dirigir a meu leitor neste currículo que estou escrevendo; sempre me esqueço de fazer os ajustes necessários").

Ao fazer monitoramento de dificuldades pessoais, escritores estratégicos não farão disso um "fim". Eles procurarão, também, dar "os próximos passos", criando mecanismos solucionadores caso se achem num impasse.

Para ativar seu monitoramento de dificuldades pessoais, um escritor precisa, necessariamente, saber quais são essas áreas. Portanto, o uso desta estratégia requer um trabalho prévio de conscientização das áreas que lhe causam maior dificuldade ao escrever. Algumas sugestões para esse trabalho serão dadas abaixo, em "Como trabalhar a estratégia em sala de aula".

Combinando estratégias

- Ao encaminhar monitoramento pessoal, um escritor pode usar estratégias de formulação, de verificação ou de revisão dos seus textos.
- O monitoramento sistemático de dificuldades pessoais ao escrever deve levar o escritor a planos de como resolver essas dificuldades a médio ou longo prazo. Esses planos podem, por sua vez, envolver outras estratégias, como a observação de textos similares como referência (a fim de perceber tais áreas que causam dificuldade em contexto) ou a criação proposital de situações para uso das áreas que costumam causar dificuldade, a fim de obter maior prática, em textos a serem escritos no futuro.

Como trabalhar a estratégia em sala de aula

1 > Uma forma de conscientizar os alunos sobre suas dificuldades pessoais é pedir-lhes que façam exercícios de *Error Analysis* que incluam erros ou inadequações compilados de textos previamente escritos por eles. Ao fazer essa compilação o professor pode organizar os tópicos que causam problemas por áreas (*orthography, morphology, lexicon* etc; ou, de forma mais geral, *vocabulary, grammar, discourse*).

2 > Durante um mês, peça a seus alunos que anotem os erros que cometeram ao escrever e que, para cada um deles, identifiquem a que tópico da língua inglesa está relacionado (por exemplo, *Present Perfect, use of 's, phrasal verbs, level of formality* etc.). Paralelamente peça-lhes que delineiem um plano de ação para tornarem-se mais competentes nos tópicos listados. Após esse mês os alunos compartilham suas anotações e reflexões com a turma.

3 > Como *follow up* para o trabalho de conscientização acima, peça a seus alunos que escrevam pequenos textos tentando usar os tópicos previamente listados como áreas que causaram problema. Ao usar tais tópicos em seus textos, eles devem monitorar seu uso ("Qual o problema que esse tópico costuma me causar? O que posso fazer para não ter esse problema no texto que estou escrevendo?").

4 > Ao terminar um trabalho que envolveu um processo de produção escrita, peça a seus alunos que completem a seguinte ficha refletindo sobre uma dificuldade específica que tiveram durante tal processo:

A problem I had while writing:	What I did to deal with that problem:
______________________________ ______________________________ ______________________________ ______________________________ ______________________________ ______________________________ ______________________________	( ) I managed to find an alternative, and to write in a different way. ( ) I avoided the problem and abandoned my original idea. ( ) I asked someone to help me (a teacher, a friend, a family member). ( ) I checked another source (a dictionary, a textbook, the Internet etc.). ( ) I retrieved **mnemonic devices**.

A ficha acima pode ser usada sistematicamente, o que deve auxiliar o escritor a conscientizar-se de suas dificuldades e desenvolver planos de ação para lidar com elas. Lembre os alunos de ativar o monitoramento dessas dificuldades ao escrever e periodicamente estimule a turma a debater: a ativação desse monitoramento contribui para tornar a escrita melhor?

Para ampliar seu conhecimento

- No capítulo "An intervention study in detail" em seu livro *Learning strategies in foreign and second language classrooms,* Ernesto Macaro (2001) descreve e comenta com detalhes as estratégias de monitoramento de escrita detectadas e trabalhadas num projeto da Universidade de Oxford (Reino Unido) que teve como objetivo auxiliar alunos de língua estrangeira a entenderem melhor seus perfis como escritores. O monitoramento de dificuldades pessoais é uma das estratégias destacadas. A leitura do capítulo pode servir como inspiração para desenvolvimento de projetos similares.

A situação

Ao verificar os textos escritos por seus alunos num teste formal, você nota que seus procedimentos de *feedback* variam não apenas de aluno para aluno mas também no mesmo texto. Tal percepção gera uma dúvida sobre a potencial aplicabilidade de tal *feedback* como forma de auxiliar seus alunos a evitarem problemas semelhantes no futuro. Diante desses pensamentos, algumas perguntas lhe ocorrem: "Como garantir que meu *feedback* possa se tornar um instumento de reflexão e aprendizagem para os meus alunos? Será que devo dar o mesmo tipo de *feedback*, sempre, ou devo variar? E, mais fundamentalmente, será que *feedback* pode ser configurado como uma estratégia de escrita?"

O texto

Life 15,000 years ago
Life 15,000 years ago [was] very nice.
because the cavepeople [drew] animals
in the cave. They did it because
they think if they [drew] animals
the animals will come to them. And
they hunted animals to eat, and after [that]
they put the skin [on] to protect their bodies
Life nowadays.
Life nowadays is very cool, because
we have many machines and computers.
We wear cloth clothes, and we put coat
to protect us. Life nowadays is very
cool but I prefore life in the past.

Arquivo pessoal da autora.

Transcrição:

1 Life 15,000 years ago

2 Life 15,000 years ago very nice because the cavepeople drew animals in the cave.
3 They did it because they think if they drew animals the animals will come to them.
4 And they hunted animals to eat, and after they put the skin to protect their bodies

5 Life nowadays.

6 Life nowadays is very cool, because we have many machines and computers. We
7 wear cloth clothes, and we put coat to protect us. Life nowadays is very cool but I
8 prefare life in the past.

Correções:

linha 2: "was" adicionado
linha 3: indicação de "vt" (***wrong verb tense***) no verbo "think" e destaque em "will"
linha 4: inserida a palavra "that"
linha 4: inserida a partícula "on"
linha 7: indicação de erro na locução "cloth clothes"
linha 8: indicação de erro na grafia do verbo "prefer"

A estratégia

É louvável a preocupação do professor na situação acima quanto a como proporcionar *feedback* que possa estimular aprendizagens por parte do aluno-escritor. Afinal, por definição, *feedback* a respeito de um texto escrito deve promover um "repensar" por parte de seu autor, não apenas sobre o texto em foco, mas, idealmente, também sobre seus processos de escrita de uma forma mais geral.

Procede, também, o questionamento do professor sobre a possibilidade de se abordar *feedback* como uma estratégia de escrita.

Os pontos acima revelam que *feedback* como estratégia de escrita pode ser abordado sob duas perspectivas: a de quem dá o *feedback* e a de quem o recebe. Nesta seção trataremos da primeira perspectiva e na próxima seção, da segunda. Para efeito de esclarecimento, é importante adicionar que nesta seção apoiaremo-nos nos comentários feitos pelo professor no texto acima, mas que aqui conceitualizamos *feedback* não apenas como uma prerrogativa do professor mas, também, do aprendiz-escritor.

Aquele que dá *feedback*, seja ele professor ou aluno, usa do seu conhecimento para guiar a aprendizagem de outra pessoa, atuando, assim, como o par mais competente. Nesse processo, esse par mais competente pode detectar problemas que poderiam existir nos textos por ele também produzidos – e isso pode aumentar sua conscientização sobre seu próprio processo de escrita. Ele pode, também, perceber soluções criativas, bons usos da língua e da produção do gênero textual, entre outros, e inspirar-se nessas características ao escrever no futuro.

Em outras palavras, questionamentos sobre "como dar feedback" devem ser encaminhados tanto por professores quanto por alunos. Esses questionamentos envolvem muitas áreas, incluindo:

- Qual o foco do *feedback*: forma? Conteúdo? Adequação ao gênero textual? Preocupações com o leitor? Outros aspectos?
- O *feedback* deve ser positivo ou negativo?
- Ele deve ser dado por escrito (a lápis? A caneta? Em que cor?) ou face a face, oralmente?
- Com que frequência deve-se dar *feedback*?
- Em que local do texto incluímos nossos comentários: no começo ou no final, apresentando uma compilação dos nossos comentários? No meio do texto, enquanto vamos fazendo nossa leitura?
- *Feedback* deve incluir comentários gerais ou específicos? Devem-se corrigir os erros ou apenas indicá-los? Nesse caso, como eles devem ser indicados: destacando os locais no texto onde ocorrem (através de sublinhamento, por exemplo)? Fazendo-se uma lista ao final do texto, cabendo ao autor do texto localizar tais problemas? Marcando e descrevendo os problemas através de códigos previamente estabelecidos (por exemplo, sp = *spelling*; wo = *word order*; -w = *delete a word*; +w = *add a word*; ww = *wrong word* etc.) que levem o autor do texto a concluir qual é exatamente o problema?

No exemplo acima, o professor usou caneta em cor forte (o que pode ser interpretado como "agressivo" por algumas pessoas) e registrou os problemas de várias formas: acrescentou o que estava faltando (linhas 2 e 4), usou código VT para indicar *wrong verb tense* (linha 3), sublinhou problemas de tempo verbal (linha 3), de escolha de vocabulário (linha 7) e de ortografia (linha 8). Não houve comentários sobre a organização ou coesão textual; não houve *feedback* positivo.

Todas essas decisões têm consequências na forma em que a autora do texto irá fazer suas revisões ou, a longo prazo, produzir textos semelhantes no futuro. Em termos mais gerais, se o *feedback* for confuso, vago, autoritário, agressivo ou gerar qualquer espécie de desconforto ou desinteresse por parte do autor do texto, é possível que esse *feedback* não tenha *follow-up* satisfatório.

Se, ao se dar *feedback*, pretende-se torná-lo um instrumento de reflexão para aquele que o recebe, é importante concebê-lo como uma estratégia de andaimento. Aquele que dá o *feedback* precisa certificar-se de que aquele que vai recebê-lo possa compreender o que as marcas no papel (símbolos, sublinhados, abreviações etc.) significam para, então, poder refletir sobre o que pode ou deve fazer a partir dessas "marcas" para melhorar seus textos. Autores de *feedback* devem, também, caracterizá-los como sugestões e possibilidades e não ordens e requerimentos. Essas perspectivas auxiliarão o aluno escritor a desenvolver um senso de apropriação do seu processo de escrita (mais sobre isso na próxima seção).

Em termos mais práticos, até agora nesta seção apresentamos aspectos sobre como se pode e deve dar *feedback* de um modo geral. Sugestões específicas de aplicações pedagógicas acerca de *feedback* são encontradas na seção "Como trabalhar a estratégia em sala de aula" mais adiante.

Combinando estratégias

- Para dar *feedback* aos textos escritos por colegas, um aluno precisará aprender como isso pode ser feito. A observação de outros textos, já com *feedback*, como referência pode apoiar essa aprendizagem.
- Ao dar *feedback*, um aluno pode tentar se colocar no lugar do escritor do texto e se perguntar se o texto demonstra bom uso de outras estratégias tais como "Usando marcadores do discurso", "Usando nível de formalidade adequado ao escrever", "Respeitando convenções do discurso escrito em inglês". Os comentários fornecidos podem, então, abordar essas áreas.

Como trabalhar a estratégia em sala de aula

1 > Para estimular seus alunos a focar a atenção em potenciais problemas na escrita, proponha atividades de *Error Analysis* regularmente. Essas podem ser mais guiadas (por exemplo, dizendo aos alunos que cada frase ou cada linha do texto contém um erro) ou mais livres (oferecendo textos para análise sem indicação de quando ou quantas vezes os erros ocorrem).

2 > Atividades para análise podem envolver não apenas aspectos de forma mas também de conteúdo e sua organização. Para tal, pode-se pedir aos alunos que respondam às seguintes perguntas sobre o trabalho de um colega:

a. O texto cumpre seu propósito comunicativo?
b. O texto é interessante, agradável de se ler?
c. Há informações faltando?
d. Há informações desnecessárias?
e. O texto tem um bom início?

f. O final do texto é adequado?
g. O texto é bem organizado?
h. Há alguma parte que não esteja clara?
i. Se escrito à mão, o texto está legível?

Seguindo as perguntas pode haver um boxe em que o autor do *feedback* adiciona comentários adicionais e/ou sugestões para revisão do texto.

3 > Em grupos, os alunos trocam seus trabalhos escritos e dão *feedback* sobre o texto dos colegas. Esse *feedback* pode ter vários níveis de apoio, desde comentários mais guiados (como na ficha abaixo) até comentários livres (sem predefinição), passando por perguntas gerais (como no exercício sugerido acima).

Feedback on ______________________________

Done by ______________________________

What I liked about your text:

____

This is a problem I found in your text:

____

Here's a suggestion on how to deal with the problem:

____

Para ampliar seu conhecimento

- Em <http://www.edu.gov.on.ca/eng/literacynumeracy/inspire/research/WW_Improving_Student_Writing.pdf> você encontra um documento oficial do governo canadense sobre a estratégia discutida nesta seção.
- Para ler mais sobre o assunto, incluindo sugestões práticas de como dar *feedback*, veja o *site* <http://iteslj.org/Techniques/Williams-Feedback.html>.
- Para mais informações sobre *feedback* dado por um aluno a seu colega (*peer feedback*), vá a <http://www.mwp.hawaii.edu/resources/wm7.htm>.
- A leitura dos critérios de avaliação de *writing* em alguns exames (por exemplo, TOEFL®, IELTS) pode trazer algumas reflexões sobre o que os examinadores têm em mente ao avaliar a escrita de estrangeiros. Para ler esses critérios de avaliação do IELTS, vá a <http://www.ieltsontrack.com/content_desc.php?content=20>.
- O artigo "A typology of written corrective feedback" de Rod Ellis (publicado em *ELT Journal* 63/2: 97-107, 2009) discute e ilustra formas de se dar *feedback*. *Abstract* disponível em <http://eltj.oxfordjournals.org/content/63/2/97.abstract?sid=f4bd7217-2da5-4871-ad5e-cc1e4f7442f4>.

A situação

Você vem trabalhando com seus alunos as diferenças entre a vida na zona rural e em áreas urbanas e, como apoio a esse trabalho, pede à turma que escreva sobre um dia típico na vida de dois brasileiros que representem esses dois cenários. Ao ler a primeira versão do texto dos alunos, você dá um *feedback* e pede aos autores dos textos que os reescrevam com base em seus comentários. Quando recebe a segunda versão de um dos alunos, você nota que houve melhorias importantes, mas imagina que algumas das mudanças feitas provavelmente necessitaram da implementação de algumas estratégias. Você se pergunta se é possível encontrar traços dessas estratégias no texto revisto e se há alguma forma de auxiliar todos os seus alunos a fazerem suas revisões de forma estratégica e bem-sucedida.

O texto

Versão 1

Brasil has rural areas and urban areas.

The rural areas ~~are~~ an areas of has plants, animals etc...

Typical day of the person ~~que~~ live in rural area: at 5:30, they get up; at 6:00, they have a breakfast; at 7:00, they put seeds on the earth; at 9:00, they put watter on the earth; at 12:00, they have a lunch; at 15:00, they take the cows, oxen, bulls etc... for the house of cows; at 19:00, they have dinner; at 21:00, they go to bed.

Transcrição:

1 Brasil has rural areas and urban areas.

2 The rural areas are an areas of has plants, animals etc...

3 Typical day of the person que live in rural area: at 5:30, they get up; at 6:00, they
4 have a breakfast; at 7:00, they put seeds on the earth; at 9:00, they put wather
5 on the earth; at 12:00, they have a lunch; at 15:00, they take the cows, oxes, bulls
6 etc... for the house of cows; at 19:00, they have dinner; at 21:00, they go to bed.

Correções:

Linha 2: indicação de –w (***delete word***) em "The"
Linha 2: indicação de –w (***delete word***) em "an"
Linha 2: indicação de erro em "of has"
Linha 3: indicação de +w (***add word***) antes de "Typical"
Linha 3: "que" corrigido para "who"
Linha 3: indicação de vc (***verb conjugation***) em "live"
Linha 4: indicação de –w (***delete word***) em "a"
Linha 4: indicação de sp (***wrong spelling***) em "wather"
Linha 5: indicação de –w (***delete word***) em "a"
Linha 6: indicação de ww (***wrong word***) em "for"
Linha 6: indicação de erro na locução "house of cows"

O texto

Versão 2

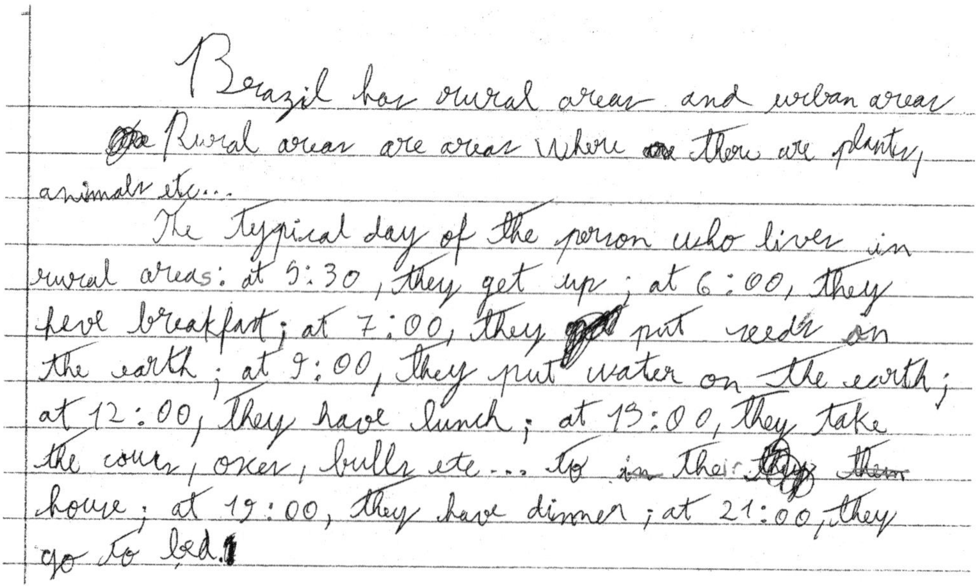
Brazil has rural areas and urban areas
Rural areas are areas where there are plants, animals etc...
The typical day of the person who lives in rural areas: at 5:30, they get up; at 6:00, they have breakfast; at 7:00, they put seeds on the earth; at 9:00, they put water on the earth; at 12:00, they have lunch; at 15:00, they take the cows, oxes, bulls etc... to their house; at 19:00, they have dinner; at 21:00, they go to bed.

Arquivo pessoal da autora.

Transcrição:

1 Brazil has rural areas and urban areas.

2 Rural areas are areas where there are plants, animals etc...

3 The typical day of the person who lives in rural area: at 5:30, they get up; at 6:00,
4 they have breakfast; at 7:00, they put seeds on the earth; at 9:00, they put water
5 on the earth; at 12:00, they have lunch; at 15:00, they take the cows, oxes, bulls
6 etc... to in the them house; at 19:00, they have dinner; at 21:00, they go to bed.

A estratégia

Uma leitura crítica das duas versões do texto sugere que, para fazer a revisão da Versão 1 do texto, seu autor teve de fazer algumas inferências a partir do *feedback* dado pelo professor. Para mais detalhes, veja o quadro abaixo:

Linha	O problema	Como o autor do texto solucionou o problema
2	-W (*The*)	O código –W (*delete word*) possivelmente levou o autor a uma revisão imediata, sem necessidade de maiores reflexões ou trabalho estratégico, que envolveu apenas a eliminação da palavra desnecessária. Mas note-se que mesmo na Versão 2 o texto foi originalmente iniciado por "*The Rural areas*". No entanto, "*The*" aparece cortado, o que sugere que houve monitoramento por parte do aluno ao escrever.
2	-W (*an*)	
2	*of has*	Na Versão 1 o *feedback* indica apenas que há um problema com o trecho, sem descrição da natureza do problema. O aluno aqui precisou inferir que *of has* não expressava a ideia de "que tem"/"onde há" adequadamente, indo procurar uma outra alternativa. A decisão de usar "*where there are*" é perfeita (mas note-se que originalmente ele usou *are* antes de *there*). Que houve algum trabalho estratégico na solução do problema é uma conclusão plausível: afinal, para fazer a revisão, o aluno ou checou uma referência (um dicionário, o professor, alguém que soubesse inglês), ou formulou a estrutura através de recombinação. No entanto, não há como se dizer com precisão, apenas pela leitura das duas versões do texto, qual foi a estratégia usada pelo escritor.
3	+W (antes de *Typical)*	Aqui, ao rever o texto, o aluno sabia que deveria *add a word (+W).* Optou, erradamente, por usar um artigo definido e não podemos afirmar com precisão qual a estratégia usada neste processo de revisão.

Linha	O problema	Como o autor do texto solucionou o problema
3	*que*	Não houve necessidade de trabalho estratégico aqui, já que o professor cortou a palavra errada na versão 1 (*que*) e indicou a palavra adequada (*who*).
3	VC (*live*)	Para retificar o problema com *verb conjugation* (VC), o autor do texto precisou ou ativar conhecimento prévio ou consultar uma referência, mas é impossível identificar com precisão a estratégia usada.
4	- W (*a*)	Ver comentário na segunda linha deste quadro.
4	SP (*wather*)	A revisão contém a palavra "water" com ortografia adequada. A estratégia pode ter sido ou ativação de conhecimento prévio ou consulta a dicionário ou outra referência.
5	-W (*a*)	Ver comentário na segunda linha deste quadro.
6	WW (*for*)	A retificação (de *for* para *to*) pode ter envolvido consulta a referência ou ativação de conhecimento prévio aliada à recombinação.
6	*house of cows*	A substituição de *house of cows* por *to in the them house* sugere trabalho cognitivo por parte do autor, na tentativa de parafrasear a locução. Podemos concluir com certa segurança que não houve consulta a um dicionário – tal consulta levaria provavelmente ao uso de *cowshed/stable* e não à criação de nova estrutura: uma boa ideia que, no entanto, gerou novo problema.

A análise acima nos mostra, então, que é possível entender algumas das estratégias usadas pelos nossos alunos ao escrever com base na comparação de duas versões de um mesmo texto. Este "diagnóstico" fornece ao professor uma indicação de áreas que podem ser mais bem trabalhadas com esse aluno: no caso acima, por exemplo, pode-se concluir que o aluno-escritor deveria desenvolver o hábito de consulta ao dicionário e de maior monitoramento em casos de revisão que envolvam mudanças significativas em relação à versão anterior.

Sob o ponto de vista do aluno, o processo de revisão de um texto torna-se estratégico quando ele é capaz de refletir sobre o *feedback* recebido indagando-se o que pode ter causado problemas mas indo além de respostas atribuídas à "falta de conhecimento" (de vocabulário, de gramática) apenas. Em outras palavras, é importante que o aluno considere a ausência ou a aplicação indevida de estratégias ao escrever como potenciais geradoras de problemas no texto. Especificamente, as seguintes perguntas podem ser formuladas durante o processo de revisão:

- Quais os principais problemas no meu texto?
- O que pode ter causado cada um deles:
    - Planejamento inadequado?
    - Falta de atenção às necessidades do meu leitor?
    - Ausência de monitoramento? Mau monitoramento?
    - Problemas de formulação?
    - Falta de atenção quanto ao nível de formalidade adequado ou a outros requerimentos do gênero textual produzido?
    - Dificuldades ao checar referências?
- Como posso resolver tais problemas?

O próximo passo é, então, encaminhar a revisão propriamente dita acionando-se estas ou outras estratégias, conforme detalhes a seguir.

Combinando estratégias

- Ao fazer a revisão de um texto, pode-se utilizar um texto similar como referência.
- Revisões serão mais eficazes se acompanhadas de consultas a materiais de referência como dicionários, trabalhos escolares previamente escritos e comentados, a Internet, entre outros. Para apoiar as consultas a dicionários pode ser necessário um trabalho paralelo ensinando-se como fazer essas consultas de forma mais eficaz.
- Ao rever um texto é importante fazer um monitoramento constante ao reescrever, não apenas focando os problemas previamente detectados, mas também verificando potenciais problemas novos.

Como trabalhar a estratégia em sala de aula

1 > Encaminhe um trabalho de reflexão sobre os benefícios (e malefícios) de diferentes formas de se dar *feedback* aos trabalhos escritos dos seus alunos. Durante um mês, dê *feedback* para cada um dos trabalhos escritos de seus alunos de formas diferentes: num deles, sublinhe os erros; noutro, corrija-os; noutro, liste-os ao final da página; noutro, indique-os com códigos. Todos esses textos devem passar por revisões dos alunos, seguidas de reflexões em forma escrita (num diário, por exemplo) ou em discussões com a turma: quais formas de *feedback* permitem identificar melhor meus problemas e solucioná-los? Nesses debates insista na menção de problemas associados à ausência ou mau uso de estratégias e não apenas àqueles relacionados à falta de conhecimento sistêmico.

2 > A sugestão acima pode ser simplificada da seguinte forma: peça aos alunos que, ao receber um trabalho escrito com *feedback*, selecionem 3 ou 4 frases com problemas e (1) copiem as frases, destacando as partes onde os problemas ocorrem; (2) reflitam sobre as causas do problema, listando-as (podem-se usar os tópicos do boxe acima); (3) reescrevam a frase.

3 > Tendo uma lista de estratégias como referência (num mural, no quadro, ou num folheto em cima da mesa), os alunos trabalham em pares e comentam sobre o *feedback* recebido num trabalho de escrita. Para tal conversa, podem usar as perguntas relacionadas no boxe ao final do tópico "A estratégia" acima.

Para ampliar seu conhecimento

- Para ler mais sobre *revision,* visite os *sites* <http://owl.english.purdue.edu/owl/resource/561/01/> e <www.hltmag.co.uk/may07/sart02.rtf>.
- Em "Activating the ZPD: Mutual scaffolding in L2 peer revision", artigo de autoria de María de Guerrero e Olga Villamil (publicado no *Modern Language Journal*, 84/1: 51-68, 2000), as autoras descrevem um estudo que examina as revisões na escrita de dois alunos de inglês como língua estrangeira sob a ótica da teoria sociocultural. O *abstract* e início do artigo estão disponíveis em <http://www.jstor.org/pss/330449>.

13>> TOMANDO NOTAS

A situação

Você pediu à metade de seus alunos que lessem um artigo de revista sobre *tsunamis* a fim de relatar e comentar oralmente o texto ao restante da turma na próxima aula. Como o artigo era relativamente longo, contendo informações organizadas na forma de perguntas e respostas, os alunos encarregados da leitura deveriam também tomar notas sobre o texto ao lê-lo, para usá-las como referência na aula seguinte.

Seus alunos reagem, não ao pedido da leitura, mas ao pedido das anotações: "Como devemos fazer isso?", pergunta um. "Tomar notas é o mesmo que fazer um resumo escrito?", indaga outro. Você então resolve preparar duas notas diferentes sobre a resposta dada a uma das perguntas do texto e apresentar essas notas à turma como ponto de partida para o desenvolvimento da estratégia "tomar notas".

O texto

The peril of tsunamis

What causes a tsunami?

Typically, an earthquake under the seafloor. The plates that form the Earth's crust grind against each other, sometimes moving the seabed up and down. If this happens, hundreds of cubic miles of water can be displaced in a movement, and a massive wave or series of waves is formed. In the open sea, these waves can be imperceptible, even though they can move at speeds of around 500mph. When they approach shallower waters, however, they slow down, the volume of water piles up, and they can rise to heights of 30ft or more. This tremendous build-up of energy creates the tsunamis' destructive force and drives the water much further inland than other freak waves. Tsunami means "harbour wave" in Japanese.

The Week, 10 out. 2009. p. 13.

Nota 1

Tsunami / causes
- earthquake / under sea floor
- plates grind
- water displaced
  - open sea: waves / imperceptible
  - shallow waters / tremendous energy; destructive force
- tsunami = harbor wave (Japanese)

Nota 2

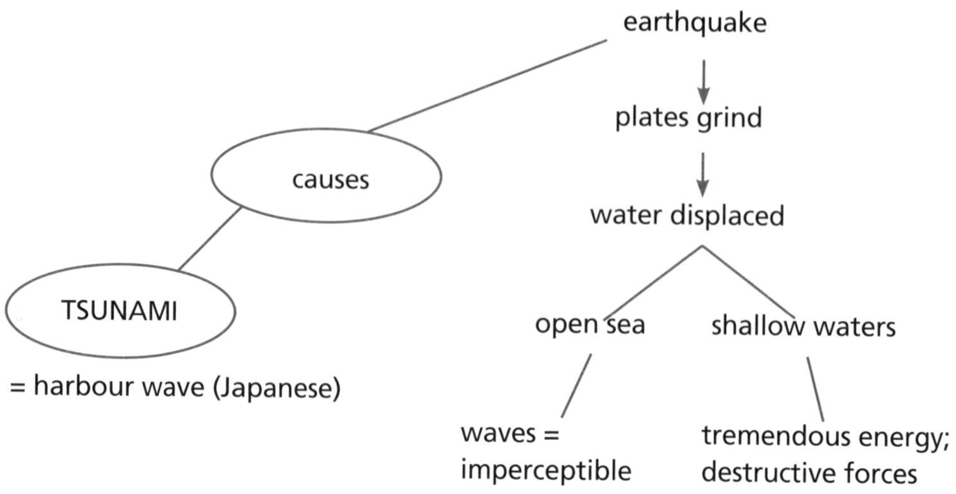

A estratégia

Como mostram os dois exemplos acima, é equivocado pensar que há maneiras "certas" ou "erradas" de se tomar notas. Os dois formatos acima ilustram duas formas diferentes, ambas legítimas, de se organizar as notas que tomamos. A Nota 1 ilustra uma organização sequencial, seguindo a ordem de apresentação do conteúdo. A Nota 2, por outro lado, organiza as informações por assunto, independente de sua ordem de apresentação. Essas notas são conhecidas como *linear notes* e *pattern notes,* respectivamente.

Linear notes são apropriadas para registrar ideias que envolvem sequência como o texto acima (*earthquake* leva ao *grinding of plates* que leva a *water displacement*), mas tal sequência pode ser indicada em *pattern notes* através de setas. *Pattern notes,* por sua vez, através de *mind maps* como o utilizado acima, permitem que o leitor registre as ideias por meio de associações não necessariamente feitas no texto tomado como base para as notas (seja ele oral ou escrito). No exemplo acima, note-se que o leitor optou por anotar o significado "harbour wave" perto da ideia central do texto (*tsunami*), não seguindo a ordem da apresentação da definição de *tsunami* no texto original. Ainda com relação ao texto acima, para tomar notas do resto do texto (das outras perguntas e respostas não reproduzidas acima), nas *linear notes* o escritor continuaria sequencialmente e nas *pattern notes* ele adicionaria outras ideias (em círculos, com fez com *causes*) ao redor do tema central *tsunami*.

Um escritor estratégico, ao tomar notas, irá considerar quais informações serão úteis e/ou necessárias no futuro, e organizará suas notas de forma que entenda o que anotou e possa usar o que escreveu. Uma questão fundamental a ser levada em conta ao se tomarem essas decisões é a finalidade de tais notas. De um modo geral, o autor de anotações será também o leitor de tais notas, mas pode-se imaginar uma situação em que um escritor tome notas para serem lidas por outra pessoa (por exemplo, um recado deixado ao telefone). De qualquer forma, um escritor precisa ter clareza do propósito de suas notas sob o ponto de vista de quem vai lê-las. Para tal, devem-se considerar os seguintes pontos:

- Se as notas forem feitas à mão, é importante garantir que a escrita esteja legível.
- Deve-se utilizar recursos que auxiliem na organização de hierarquias de ideias e destaque de pontos importantes, por exemplo: sublinhamento, negrito e itálico, marcadores de texto, cores diferentes, marcadores, setas.
- Deve-se deixar clara a distinção entre "elementos do texto" e "a opinião ou comentários de quem escreve as notas". No exemplo acima, tudo o que foi registrado nas notas estava presente no texto original. Caso houvesse a adição de comentários (por exemplo, *This is important/interesting; Don't forget this)*, estes deveriam vir em cor diferente, por exemplo.
- Ao tomar notas de um texto mais longo, é útil também produzir um pequeno resumo do texto ao final da leitura, registrando a ideia geral do texto e alguns detalhes.

Combinando estratégias

- De uma forma geral, tomam-se notas (escritas) a respeito do que lemos ou ouvimos. Portanto, esta estratégia de produção escrita está muitas vezes intercalada com situações que envolvem *reading* ou *listening* e, portanto, outras estratégias associadas a essas duas habilidades, como a identificação dos pontos principais e dos detalhes do que lemos/ouvimos.
- Ao tomar notas, é importante fazer monitoramento de conteúdo ("Estou adicionando as informações adequadas/corretas?") e considerar as necessidades do leitor ("Meu leitor irá entender o que está escrito?", "Estou registrando as informações que serão importantes na leitura desta nota?")

Como trabalhar a estratégia em sala de aula

- Peça a seus alunos que tomem notas sobre textos lidos em sala ou em aula. Mostre-lhes alguns exemplos e peça-lhes que experimentem tomar notas de formas diferentes (*linear notes, pattern notes*). As notas devem ser utilizadas em alguma atividade posterior (por exemplo, para se relatar o texto a quem não o leu) e os alunos devem avaliar os seus formatos: que tipo de notas eles acham mais fácil de produzir? Que tipo de notas são mais úteis durante a leitura?

- Em cada aula, peça a um aluno diferente para tomar nota sobre o encaminhamento da aula (as atividades, os pontos principais, as tarefas para casa etc.). Essas notas devem ser passadas aos alunos ausentes naquele dia. Se possível, as notas podem ser postadas no *blog* da turma. Outra alternativa é ter um fichário na sala em que se guardam todas as notas para referência quando necessário.
- Incentive seus alunos a tomar notas sobre os textos que leem na aula de inglês. Para tal podem-se usar fichas e organizar as notas assim:

NOTES ABOUT (title of the reading) ______________________________

What the text is about: (topic) ______________________________

Main idea/Details: ______________________________

Key vocabulary: ______________________________

Para ampliar seu conhecimento

- Leia mais sobre a estratégia nos *sites* <http://www.ehow.com/how_9258_reading-notes.html>; <http://www.open.ac.uk/skillsforstudy/thinking-reading-and-taking-notes.php>; <http://www2.warwick.ac.uk/fac/soc/al/learning_english/leap/reading/note/> e <http://www.ehow.com/how_4752782_improve-taking-skills.html>.

14>> DEIXANDO SUA "IMPRESSÃO DIGITAL" NO TEXTO

A situação

Como tarefa de casa, você pediu a seus alunos que fossem ao *blog* da turma e registrassem seus comentários sobre um artigo recentemente lá postado. Ao ler os comentários, você se surpreende. Eles são todos muito vagos, muito impessoais: "This is really good.", "I enjoyed reading this.", "The text is informative and interesting." E você se pergunta como poderia ajudar seus alunos a produzirem comentários mais pessoais, em que sua autoria ficasse registrada de maneira eficiente. Você tem então a ideia de usar alguns *posts* que encontra num fórum disponível na Internet como forma de encaminhar o processo de desenvolvimento da estratégia de marcar a autoria do texto.

O texto

http://www.conqueryourbeing.com/?p=41

Busca | Compras | Vídeos | E-mail | Música | Imagens | Notícias

Wow what a blog man! great tips they are very helpful. I want more!
Comment by Herman Winters on June 19, 2011@ 1:23 pm

Thanks dude. This is cool knowing
Comment by Traghetti Grecia Italia on June 20, 2011 @ 2:43 am

Hi! This is my first comment here so I just wanted to give a quick shout out and say I genuinely enjoy reading your articles. Can you suggest any other blogs/websites/forums that deal with the same subjects? Thanks for your time!
Comment by Dark Green Stool on June 20, 2011@ 5:07 pm

Great website you have here but I was wanting to know if you knew of any community forums that cover the same topics discussed here? I'd really love to be a part of group where I can get opinions from other experienced people that share the same interest. If you have any suggestions, please let me know. Thanks a lot!
Comment by Eugena Auckley on August 12. 2011 @ 5:52 pm

<http://www.conqueryourbeing.com/?p=41>. Acesso em: 27 set. 2011.

De fato, os depoimentos dos alunos na situação acima são vagos e impessoais. São vagos porque os adjetivos usados (*good, informative, interesting*) não permitem que o leitor dos comentários construa um sentido preciso da percepção de quem escreveu o texto: o texto é bom em que sentido? Informativo com relação a quê? Interessante por quê? Se esses detalhes não são dados pelo autor do comentário, o leitor fica sem saber exatamente o que tais caracterizações sinalizam. E tais comentários são impessoais porque, na ausência de elementos que "conectem" cada texto a quem os escreveu, seus autores poderiam ser trocados sem maiores consequências para posteriores envios de mensagens entre os visitantes do *blog*. Consideremos, por exemplo, uma ampliação da noção de "*informative*" em um comentário assim: "*The text is informative. I learned some things I didn't know about the economic crisis in the United States and I can now use this information in my history classes*". Tal comentário é preciso por explicitar porque se achou o texto informativo; é pessoal porque seu autor se posicionou no que escreveu (*I learned, I didn't know, I can now use, my history classes*). Quem lê o comentário sabe algo sobre seu autor, e pode retomar essa informação numa conversa única, pessoal, com aquele que escreveu o texto – num outro comentário, por exemplo.

Uma análise similar pode ser feita sobre os depoimentos no fórum reproduzido acima: "*This is cool knowing*" não deixa claro a que o "*this*" se refere; o comentário também não esclarece por que seu autor qualifica o *post* original como "*cool*". O mesmo pode ser dito de "*I genuinely enjoy reading your articles*". Os pedidos de sugestões sobre fontes com conteúdo similar nos dois comentários finais também soam impessoais e vagos, levando o leitor a cogitar se tais *posts* são *junk mail*.

Para deixar sua marca no texto um escritor deve achar formas originais e criativas ao escrever, surpreendendo o seu leitor positivamente com tais contribuições singulares. Paralelamente, deve considerar elementos e condições contextuais e tomar suas decisões ao escrever de acordo com eles: alguns gêneros textuais são sabidamente mais "fixos" do que outros e permitem menor (ou mesmo nenhuma) criatividade ao escrever. Alguns exemplos desses gêneros são: recibos, receitas médicas, documentos legais, entre outros.

Combinando estratégias

- Ao "deixar sua impressão digital no texto" que escreve, um escritor deve considerar as necessidades dos leitores, colocando-se no lugar deles e monitorando sua escrita de acordo com essas necessidades.

- Ao familiarizar-se com novos gêneros textuais, um escritor normalmente posiciona-se de forma mais convencional na geração de seus textos, muitas vezes usando textos similares como referência. Aos poucos, ao dominar as convenções do gênero mais competentemente, pode considerar "criar" formas originais de produzir tais textos. Mais sobre isso em "Respeitando convenções do discurso escrito em inglês".

Como trabalhar a estratégia em sala de aula

1 > Procure sensibilizar seus alunos para o fato de que, quando você lê textos escritos por eles, às vezes você pode chegar a ter dezenas de textos para ler ao mesmo tempo. Pergunte-lhes: como eles acham que você deve se sentir se todos os textos são semelhantes? Como seria sua reação ao encontrar textos originais, que têm a marca do escritor tornando-os únicos? Com a turma, você pode levantar ideias de como um escritor pode deixar sua marca no texto que escreve.

2 > A sugestão acima pode ser complementada com atividades em que os alunos, em pares ou individualmente, "melhoram" textos vagos e impessoais.

3 > Para mostrar a seus alunos como **linguagem vaga** pode ser evitada, mostre-lhes alguns exemplos usando os *sites* a seguir como referência: <http://myinformationbase.blogspot.com/2007/05/8-vague-writing.html>; <http://www.laspositascollege.edu/RAW/VagueLanguage.php>.

4 > Com alunos de pequena proficiência linguística, procure ensinar formas de tornar o texto mais interessante através da adição de ilustrações, comentários pessoais ou justificativas. Por exemplo, ao escrever sobre "*favorite sports/TV programs etc.*", o escritor pode mencionar um evento/programa específico a que assistiu; ao descrever uma rotina, o escritor pode esclarecer qual é a sua parte do dia favorita, e por quê; ao narrar um evento no passado, o escritor pode adicionar o que foi dito ou pensado naquela ocasião.

Para ampliar seu conhecimento

- Para mais informações sobre formas de engajar o leitor no texto que escrevemos, explore o *site* <http://www.yourdictionary.com/grammar/grammar-rules-and-tips/writing-advice-and-tips-on-how-to-engage-the-reader.html>.
- Para ler mais sobre linguagem vaga no contexto da produção oral, visite o *site* <http://www.linguarama.com/ps/297-4.htm>. Uma leitura mais ampla sobre o tema pode ser feita no livro *Vague Language (Describing English Language)*, de Joanna Channell, pubicado pela Oxford University Press.

15>> REFLETINDO SOBRE O PROCESSO DE ESCRITA EM INGLÊS

A situação

Você gostaria de colocar em prática um projeto de desenvolvimento de estratégias de produção escrita no semestre que se inicia, mas não sabe bem como estruturar esse plano: quais estratégias devem ser trabalhadas? Em que ordem? Como?

A fim de obter elementos que possam lhe ajudar a tomar essas decisões, você resolve pedir a seus alunos que respondam a um questionário com perguntas sobre o que acham do processo de produção escrita em inglês de um modo geral e sobre como eles se veem como escritores em inglês de uma forma mais específica. Ao recolher os questionários preenchidos, você fica na dúvida se eles de fato podem orientar o trabalho a ser encaminhado. Abaixo, temos um questionário como exemplo.

O texto

1. Are you aware of differences **in the way you write in English and in Portuguese?** If yes, please explain.

I USUALLY WANT TO WRITE EXPRESSIONS IN PORTUGUESE THAT I CAN'T WRITE THE SAME IN ENGLISH

2. Think of a time when writing in English was a good experience. Describe the task and circumstances in as much detail as possible. Then answer: What are the factors which make writing a good experience for you?

IN THE BEGINNING OF THIS YEAR I WENT TO A ENGLISH SCHOOL IN ENGLAND, THERE I DID A EXAM WITH THE GRADE THEY HAD GIVEN ME WAS WRONG, SO I WROTE A LETTER TO THE TEACHER TO FIX IT AND I SUCCED IN IT. IT WAS A VERY GOOD EXPERIENCE

3. Think of a time when writing in English was difficult/unsatisfying. What are some of the conditions which make writing difficult for you? Then answer: What kinds of writing are you less confident about producing?

THE TEXT WICH ARE DIFFICULT ARE THOSE THAT WE HAVE TO USE A SPECIFIC VOCABULARY TO WRITE

4. What are your strengths as a writer in English?

I CAN DEVELOP MY IDEAS VERY WELL

5. What would you like to improve about the way you write in English?

I WOULD LIKE TO IMPROVE MY FORMAL WAY TO WRITE A TEXT

6. What steps do you go through to complete a writing assignment in English?

SOMETIMES I LOOK FOR MORE INFORMATION IN THE WEB THEN I ORGANIZE IT IN MY MIND TO WRITE

7. Do you plan before starting to write? If yes, what do you plan?

I SUST PLAN IN MY MIND.

8. What do you do when you have trouble in writing? (for example do you use translation, do you check past assignments, etc)?

I LOOK FOR WORDS IN THE DICTIONARY AND I ASK MY TEACHERS ABOUT MY DOUBTS

9. What types of changes do you make while writing and when do you make these changes?

I USUALLY MAKE CHANGES TO BE MORE UNDERSTANDABLE

10. Do you reread your work? If so, do you reread as you write or wait until the end?

YES, I DO. I REREAD IN THE END

Arquivo pessoal da autora.

Transcrição:

1. Are you aware of differences **in the way you write in English and in Portuguese**? If yes, please explain.

I usually want to write expressions in Portuguese that I can't write the same in English.

2. Think of a time when writing in English was a good experience. Describe the task and circumstances in as much detail as possible. Then answer: What are the factors which make writing a good experience for you?

In the beginning of this year I went to a English school in England, there I did a exam with the grade they had given me was wrong, so I wrote a letter to the teacher to fix it and I succed in it. It was a very good experience.

3. Think of a time when writing in English was difficult/ unsatisfying. What are some of the conditions which make writing difficult for you? Then answer: What kinds of writing are you less confident about producing?

The text wich are difficult are those that we have to use a specific vocabulary to write

4. What are your strengths as a writer in English?

I can develop my ideas very well

5. What would you like to improve about the way you write in English?

I would like to improve my formal way to write a text

6. What steps do you go through to complete a writing assignment in English?

Sometimes I look for more information in the web then I organize it in my mind to write

7. Do you plan before starting to write? If yes, what do you plan?

I just plan in my mind.

8. What do you do when you have trouble in writing? (for example do you use translation, do you check past assignments, etc.)?

I look for words in the dictionary and I ask my teachers about my doubts.

9. What types of changes do you make while writing and when do you make these changes?

I usually make changes to be more understandable

10. Do you reread your work? If so, do you reread as you write or wait until the end?

Yes, I do. I reread in the end.

A estratégia

Promover esse tipo de reflexão é benéfico para o professor, pois sinaliza áreas que precisam ou podem ser trabalhadas. No caso acima, várias conclusões podem ser tiradas sobre o posicionamento do aluno como escritor:

- Pela resposta 1, conclui-se que ele percebe a diferença mas isso lhe cria dificuldade. Do ponto de vista estratégico, esse aluno pode se familiarizar com formas diferentes de formulação e ser encorajado a analisar textos semelhantes para observar como outros escritores fizeram uso das expressões que lhe causam problemas;
- Em 2, o aluno ressalta a importância da relevância comunicativa no ato de escrever. Esse comentário terá de ser levado em conta pelo professor ao sugerir tarefas de escrita no futuro;
- O aluno se queixa de ter de usar um vocabulário específico ao escrever (na resposta 3). Vale aqui tentar sensibilizar tal aluno para a importância da estratégia "Considerando oportunidades para sistematização de vocabulário e gramática" por meio de debates e avaliação do desenvolvimento da escrita quando essa estratégia é utilizada.
- Em 4, o aluno comenta achar que sabe desenvolver suas ideias bem (portanto, o trabalho com marcadores do discurso pode não ser necessário). Mas em 5 ele menciona precisar mais apoio na produção de textos formais. Esse comentário sinaliza ao professor a importância de se trabalhar a estratégia "Usando nível de formalidade adequado ao escrever" e "Respeitando convenções do discurso escrito em inglês".
- As perguntas (e respectivas respostas) de 6 a 10 envolvem o ciclo de produção da escrita, engajando o leitor a refletir sobre como concebe esse ciclo em geral (em 6) e como se posiciona em etapas mais específicas tais como planejamento (7), formulação (8), monitoramento e revisão (9 e 10). A resposta dada pelo aluno em 6 indica que ele se prepara para escrever mas essa preparação é limitada, restringindo-se a uma pesquisa na Internet.

- Em 8, o aluno sugere que ele usa recursos externos para formular ou verificar seu texto; em 9, que monitora sentido; em 10, que faz uma revisão final da escrita, mas não durante ela. Tais conclusões podem sinalizar ao professor que o aluno-escritor poderia se beneficiar do desenvolvimento de estratégias como "Refletindo sobre o processo de formulação"e "Monitorando a escrita", a fim de ampliar seu repertório de estratégias nessas etapas.

Se encaminhadas em pontos-chave durante o ano letivo (por exemplo, no início, no meio e no final do ano), reflexões como as propostas no questionário acima podem trazer benefícios tanto para o professor quanto para o aluno-escritor. Para o professor, elas podem fornecer uma avaliação fundamentada sobre as estratégias que cada aluno poderia desenvolver; além disso, a análise conjunta das reflexões feitas pela turma pode ajudar o professor a definir prioridades em função da frequência de comentários que remetam para uma mesma estratégia.

Para os alunos, as reflexões acima podem atuar como mediadoras de conscientização sobre áreas que devem ser desenvolvidas no seu comportamento estratégico como escritor. Essa conscientização, por sua vez, vai lhes dar subsídios para apoiar o automonitoramento de sua escrita.

Combinando estratégias

- Como ilustrado no questionário acima, a reflexão sobre o processo de escrita pode contemplar reflexão e avaliação sobre uso de outras estratégias de produção escrita.

Como trabalhar a estratégia em sala de aula

1 > Para se encaminhar reflexão sobre o processo de escrita podem-se usar questionários com perguntas abertas como o ilustrado acima. Podem-se, também, utilizar afirmativas às quais o aluno reage selecionando opções, como no exemplo a seguir:

	Never	Rarely	Sometimes	Frequently	Always
I brainstorm before writing.					
I use translation when I write.					
I think of my reader when I write.					
etc.					

2 > A sugestão anterior envolve reflexões sobre o processo de escrita de um modo geral. Mas ela pode focalizar as estratégias usadas em um processo de escrita específico, usando fichas como a seguinte:

Name: ______________________________ Date: ____/____/____

Writing Task: ______________________________

Tick the strategies you've used:

Before writing:

( ) Understanding the task

( ) Getting in the right frame of mind

( ) Brainstorming

( ) Thinking about potential problems (and about ways of dealing with those problems)

While writing:

( ) Using words I know and want to practice

( ) Using structures I know and want to practice

( ) Recombining phrases I know

( ) Creating new phrases

( ) Translating

( ) Avoiding

( ) Checking references (dictionaries, the Internet etc.)

( ) Monitoring. If yes, which type:

- ( ) Visual
- ( ) Auditory
- ( ) Coherence
- ( ) Form
- ( ) Personal
- ( ) Other (please specify: ______________________________)
- ( ) Auditory

( ) Revising as I go along

After writing

( ) Revising

3 > Diários mais guiados ou menos guiados, a serem feitos após cada tarefa de produção escrita ou com uma frequência predefinida (por exemplo, ao final de cada quinzena), podem registrar aspectos tais como:

a. *What went well, and why.*
b. *What didn't go so well, and why.*
c. *How I feel about my progress in writing in English, and why.*
d. *Plans for the future.*

Para ampliar seu conhecimento

- No *site* <http://writingcenter.tamu.edu/teaching-writing/feedback/self-assessment/>, você encontra definições e sugestões de formas para se fazer autoavaliação durante a escrita. O *site* inclui também recomendações de *links* adicionais sobre o tema.
- Em <http://www.nclrc.org/essentials/assessing/peereval.htm> também há detalhes de como apoiar os alunos de língua estrangeira a aprenderem a fazer *self-* e *peer-assessment*, isto é, autoavaliações e avaliações sobre os trabalhos dos colegas.

ESTRATÉGIAS DE COMPREENSÃO ORAL

[...] listening instruction in many language courses tends to focus almost exclusively on understanding the content of spoken texts, with little time given to teaching about the process of listening and how to listen.

(Christine Goh, 2010: 180)

A situação

Como parte de um trabalho sobre o movimento pelos direitos humanos, você pretende explorar o famoso discurso *I have a dream*, feito pelo ativista político norte-americano Martin Luther King, Jr em 1963. Antes de executar o áudio, você pede a seus alunos que façam algumas previsões sobre o que vão ouvir e eles, em pares, listam um vocabulário básico que supõem ser utilizado no discurso, por exemplo, *free(dom), equality, future, women.* Em seguida, você toca o áudio, e não retoma as previsões feitas pelos alunos: após a escuta, há uma atividade de compreensão do que é ouvido. Após a aula, você se pergunta se o trabalho com previsões foi adequado.

O texto

Transcrição do áudio

[...]

I have a dream that one day this nation will rise up and live out the true meaning of its creed: "We hold these truths to be self-evident, that all men are created equal."

I have a dream that one day on the red hills of Georgia, the sons of former slaves and the sons of former slave owners will be able to sit down together at the table of brotherhood.

I have a dream that one day even the state of Mississippi, a state sweltering with the heat of injustice, sweltering with the heat of oppression, will be transformed into an oasis of freedom and justice.

I have a dream that my four little children will one day live in a nation where they will not be judged by the color of their skin but by the content of their character.

I have a dream today!

[...]

Disponível em: <http://www.americanrhetoric.com/speeches/mlkihaveadream.htm>.
Acesso em: 11 out. 2011.

A estratégia

Foi uma boa ideia pedir a seus alunos que, antes de ouvir a gravação, fizessem previsões sobre o que iriam ouvir. Normalmente, ao nos engajarmos em situações que envolvem compreensão oral (em conversas, em aulas, ao assistir à televisão etc.) temos uma ideia do contexto que tais situações envolvem e a estratégia de fazer previsões em sala de aula antes de se ouvir um trecho gravado é uma forma de tentar trazer à tona alguns elementos do contexto da gravação, tornando a tarefa mais genuína.

Uma outra forma de entender os benefícios de previsões em situações que envolvem compreensão oral é pensar que, ao se fazerem previsões ativa-se conhecimento prévio sob as formas de conhecimento sistêmico, conhecimento de mundo e conhecimento de organização textual. Essa ativação contribui para o estabelecimento de uma conexão entre o ouvinte e o texto antes mesmo de a escuta começar, desenvolvendo vários tipos de previsão, entre elas:

- Previsões de vocabulário: Como na situação acima, essas envolvem ativação de conhecimento sistêmico antes de ouvir;
- Previsões de assunto: Essas são mais gerais que as previsões de vocabulário e envolvem ativação de conhecimento de mundo a respeito de possíveis temas sobre o que será ouvido;
- Previsões de respostas: Em casos de situações de compreensão oral que envolvam perguntas ou outros exercícios de compreensão (*gap-filling, true/false, matching* etc.), pode-se encaminhar a formulação de previsões sobre as respostas aos exercícios.
- Previsões de gênero textual: Ativa-se conhecimento de organização textual nesses casos para se prever o gênero a ser ouvido e suas características. No exemplo acima, sabendo-se que se vai ouvir um discurso político, pode-se prever que haverá um falante apenas, que o texto será pausado, planejado e envolverá repetições, por exemplo.

Como se vê, as previsões estão associadas à aplicação de conhecimento prévio no que se vai ouvir, o que sob o ponto de vista da compreensão oral é benéfico, pois qualquer entendimento é construído a partir de entendimentos prévios. As previsões podem ainda trazer o benefício adicional de apoiar a criação de expectativas e estímulo à curiosidade.

É importante destacar, porém, que não há uma relação de causa e efeito entre a formulação de previsões e os benefícios mencionados acima. Para que de fato as previsões feitas antes de ouvir tragam esses benefícios é importante verificá-las continuamente durante a escuta, confirmando-as ou substituindo-as por novas previsões. Na situação acima, em que os alunos previram vocabulário antes de ouvir mas não necessariamente retomaram essas previsões ao escutar o áudio, não há garantia de que a estratégia tenha sido benéfica além de uma inicial tentativa de se conectar com o texto a ser ouvido.

Para serem eficazes, as previsões de *free(dom), equality, future* e *women* precisariam ser acompanhadas de monitoramento ao ouvir acerca desses termos. Por exemplo, logo no início do áudio (ao ouvir *one day,* linha 2 na transcrição), o ouvinte poderia associar tal locução à sua previsão de *future*, e isso, por sua vez, deveria contribuir para o seu entendimento de *will rise* (linha 2 na transcrição) indicando futuro mais adiante. Tal percepção provavelmente apoiaria o entendimento de outras menções a *one day* (linhas 4, 7 e 10 na transcrição) e outros verbos indicando *future* (*will rise up and live out; will be able; will be transformed; will one day live; will not be judged*, linhas 2, 5, 8, 10 e 11 na transcrição) ao longo do áudio.

É importante lembrar também que o fato de não escutar *women* no áudio não é necessariamente um equívoco sob o ponto de vista da aplicação desta estratégia. Ao fazer previsões, o importante não é acertar ou errar mas sim estabelecer uma conexão prévia com o texto, conexão esta que deve ser continuamente verificada a fim de ser mantida.

Isso nos leva ao ponto final a ser comentado nesta seção: nem sempre é possível fazer previsões *antes* de ouvir. Imaginemos, por exemplo, uma situação em que comecemos a ouvir "do nada", por exemplo, ao ligarmos o rádio no carro ou ao sermos abalroados por uma pessoa na rua. Nesses casos, apesar de não fazermos previsões antes de começar a ouvir, podemos começar a fazê-las imediatamente ao começar ao ouvir (Isso é um programa de entrevistas ou a apresentação das notícias? Quem está falando?; Sobre o que esta pessoa está falando? Com quem ela está falando?).

Combinando estratégias

- A boa aplicação desta estratégia está intrinsecamente associada a um monitoramento constante durante a escuta, e mesmo após ela. Falaremos mais sobre isso em "Monitorando a escuta".
- Uma estratégia de compreensão oral que, como as previsões, está associada à preparação para a escuta é a preocupação em se ter postura e atenção adequadas ao ouvir. Nesta preparação, portanto, vale se perguntar: Meu foco de atenção está voltado para o que vou ouvir? Estou relaxado? Meu nível de concentração é adequado?
- A formulação de previsões está associada à identificação de palavras-chaves (foco da próxima seção).

Como trabalhar a estratégia em sala de aula

1 > Para promover a prática de previsões sobre o assunto de uma gravação, use áudios de notícias do dia (os *sites* <http://www.bbc.co.uk/news/video_and_audio/> e <http://www.npr.org/> são bons para isso) e peça aos alunos que, em conjunto ou pequenos grupos, prevejam os assuntos tratados.

2 > A sugestão acima pode ser ampliada com previsões sobre vocabulário: os assuntos previstos são registrados em círculos em teias de informações como as "ideias centrais" e desses círculos saem "pernas" em que os alunos registram vocabulário previsto.

3 > A fim de apoiar as previsões (de assunto, de vocabulário, de gênero textual) sobre um áudio a ser escutado, use uma imagem relacionada ao que vai ser ouvido como apoio das previsões. No caso da situação acima, por exemplo, seria possível usar uma imagem (em foto, em *slide*) de Martin Luther King, Jr fazendo o seu discurso.

4 > Toque um áudio e depois de algum tempo faça uma pausa pedindo aos alunos que adivinhem o que virá em seguida. Toque então o restante do áudio para que os alunos possam conferir suas previsões. Alternativamente, leia a transcrição do áudio em voz alta e suspenda a leitura em pontos de sua escolha. Esta sugestão pode ser aplicada com monólogos (narrativas pessoais, palestras, notícias) ou diálogos.

5 > Ao trabalhar previsões de vocabulário, estimule os alunos a consultar seus livros didáticos ou dicionários como fontes de referências para suas previsões.

6 > Liste algumas palavras-chaves sobre o que vai ser ouvido no quadro, e peça aos alunos que, em pares ou pequenos grupos, pensem em uma situação em que tal vocabulário poderia ocorrer. Ao ouvir, os alunos verificam suas previsões.

7 > Estimule a conscientização dos alunos sobre as possíveis estratégias a serem implementadas antes de ouvir, bem como sobre seu comportamento estratégico nessas ocasiões, pedindo-lhes que preencham fichas de autoavaliação listando as estratégias usadas:

Before listening, I ...

( ) Decided on key words to listen out for.

( ) Thought about the speaker(s): how many/their relationship/purpose of talk.

( ) Predicted what was going to be heard based on the layout and/or illustrations in the textbook.

( ) Tried to guess the answers to the questions.

8 > As fichas podem listar outras estratégias e serem em português em turmas de menor proficiência linguística. Podem, também, gerar um debate sobre o uso das estratégias (os benefícios e dificuldades a elas associadas) após o *listening*.

Para ampliar seu conhecimento

- Para mais ideias de como explorar a ativação de conhecimento prévio antes de ouvir, leia o artigo em <http://iteslj.org/Techniques/Lingzhu-Listening.html>.
- No artigo "From prediction through reflection: Guiding students through the process of L2 listening" (*Canadian Modern Language Review*, 59/3: 425-440, 2003), Larry Vandergrift, uma das maiores autoridades sobre *L2 listening*, descreve um estudo intervencionista que envolve conscientização sobre a importância de previsões com apoio em estratégias metacognitivas.

2>> FOCANDO A ATENÇÃO EM PALAVRAS-CHAVES

A situação

Você quer mostrar a seus alunos que, ao se ouvir um texto, não é necessário compreender todas as palavras. Ocorre-lhe que a noção de "palavras-chaves" *(key words)* é essencial para esse trabalho, mas você não sabe bem como encaminhar o processo de sensibilização dos alunos para as *key words* de um texto. Você se pergunta: "Será que eu devo dizer de antemão a meus alunos quais são as palavras-chaves no texto que eles irão ouvir? Será que eu devo simplesmente tocar o áudio e pedir-lhes que foquem a atenção nas palavras-chaves? Será que há outra alternativa mais apropriada?"

O texto

Transcrição do áudio

My son Casey was a bright, fearless 20-year-old, with a boundless future ahead of him. But in the blink of an eye, he was gone. While out riding his skateboard, Casey fell; he was not wearing a helmet. Our whole family wishes he was, it could have saved his life. I'm Captain Kevin Rafaeli of the San Mateo Police Department. Parents, encourage your kids to strap on a helmet every time they jump on a bike, scooter or skateboard. Think of my son Casey, and use your head, put a helmet on, it could save your life.

Disponível em: <http://www.cpsc.gov/vnr/audio/helmet1.mp3>.
Acesso em: 29 set. 2011.

A estratégia

O foco em *key words* ao ouvir é sabidamente uma boa estratégia de compreensão oral; afinal, essa estratégia possibilita diminuir a pressão de se precisar entender tudo o que é dito em um texto oral. As perguntas feitas na situação descrita acima são, portanto, válidas, mas ambas trazem novas dificuldades ao questionamento que fazem. Vejamos:

Pergunta (1): Será que eu devo dizer de antemão a meus alunos quais são as palavras-chaves no texto que eles irão ouvir?

Este procedimento tem a vantagem de auxiliar os alunos a focar sua atenção no que é realmente essencial no texto a ser ouvido, mas possui um problema básico: se "fornecemos" esse vocabulário aos alunos antes da escuta, como eles aprenderão a identificar quais são as *key words* de um áudio ao se engajarem em processos de compreensão oral de forma autônoma?

Pergunta (2): Será que eu devo simplesmente tocar o áudio e pedir-lhes que foquem a atenção nas palavras-chaves?

Esta ideia teria a vantagem de proporcionar uma experiência auditiva menos guiada, mas ela tem riscos exatamente nessa ausência de apoio: se os alunos não sabem como identificar as *key words*, como eles poderão focar sua atenção nessas palavras ao ouvir?

Portanto, podemos concluir que a terceira pergunta proposta na situação acima (Será que há outra alternativa mais apropriada?) é a melhor opção a ser seguida, pelo menos em ocasiões em que os alunos não saibam em que devem focar sua atenção ao tentar identificar as palavras-chaves dos textos que ouvem. Em outras palavras, o primeiro passo para uma eficaz implementação desta estratégia é saber quais são as palavras-chaves de um texto.

Em alguns casos essa identificação é mais imediata. Em um anúncio no aeroporto, por exemplo, as palavras-chaves estarão associadas ao número do voo, seu destino, horário e informação sobre o portão de embarque. Ao pedir direções na rua, termos que indiquem pontos de referência (por exemplo, *corner, bank, traffic light*), direção (*right, left, straight on*) e sequência (*first, second* etc.) são chaves para o entendimento.

De um modo geral, há alguns procedimentos que podem ajudar um ouvinte a identificar as *key words* de um texto. Como na leitura de um texto escrito, o foco em palavras frequentes (ou ideias semelhantes expressas através de sinônimos ou paráfrases), negativas (*not* e derivados, *never*), números, palavras que restringem (*only, almost, usually*) e marcadores do discurso podem auxiliar o entendimento de ideias importantes no texto. A identificação de tempos verbais também apoia o entendimento do tempo sobre o qual se fala. No áudio acima, temos alguns exemplos que ilustram esses pontos:

- O nome *Casey* é mencionado 3 vezes. Além dessa frequência em uso, o fato de tal nome ser mencionado logo no início do trecho sugere que ele será um assunto central do texto. Um ouvinte atento irá notar que o rapaz é mencionado de outras formas (*a...20-year-old*, linha 1; *he*, linhas 2 e 3; *his*, linhas 2 e 4; *my son*, linhas 1 e 6).

- A palavra *helmet* é também mencionada 3 vezes; *skateboard,* 2 vezes. Ambas são *key words* no trecho.
- Uso de *but* (linha 2) indica que uma situação contrária está para ser apresentada.
- O uso de *not* em *he was not wearing a helmet* (linha 3).
- A justaposição entre verbos no *Simple Past* (*was,* linhas 1 a 3) e no imperativo (*encourage,* linha 5; *think, use, put,* linha 6) é chave para o entendimento da estrutura do texto: eventos no passado → recomendações para o futuro

Em textos escritos, algumas ideias-chaves são destacadas através de recursos tipográficos como negrito, itálico, sublinhamento. Em textos orais, esse destaque é feito por aumento no volume ou tom ao se falar, e também por pausas antes dos termos destacados. No texto acima há pausas antes de *key information* como "*he was gone*" (linha 2) e "*he was not wearing a helmet*" (linha 3). Há aumento de tom em "*parents*", destacando a quem o áudio é dirigido.

Ao orientarmos a escuta para esses elementos que costumam estar associados à articulação de ideias centrais, temos grande chance de identificar as *key words* em um texto. É a partir dessa identificação que podemos perceber as informações centrais no que ouvimos, mas outras estratégias devem apoiar esse trabalho de percepção auditiva, como comentado a seguir.

Combinando estratégias

- Saber prever as *key words* do que vamos ouvir pode facilitar o processo de escuta, mas é sempre importante ter em mente que *predicting* não é um *guessing game* em que participamos a fim de "acertar" ou "errar". É necessário monitorar essas previsões continuamente durante a escuta.
- A identificação de *key words* está associada a processos de inferência com base em uso de paralinguagem (por exemplo, entonação, ênfase, pausas) no que ouvimos. Veja mais sobre isso em "Fazendo inferências".
- Suponhamos que o ouvinte consiga identificar uma palavra ouvida como *key word* (por exemplo, pela sua frequência em um trecho) mas que não a compreenda. Pode ser possível inferir seu significado com o apoio do cotexto ou de cognatos. No caso de *helmet* no exemplo acima, é possível inferir seu significado pelo apoio em *skateboard, bike, scooter* e *not wearing a helmet* ao falecer; ou pelo apoio no conhecimento da palavra "elmo" (jogadores de *video game* deverão conhecer esse vocabulário!).

Como trabalhar a estratégia em sala de aula

1 > Use um ou mais áudios para conscientizar seus alunos sobre os elementos associados à presença de *key words*: termos repetidos; marcadores do discurso; números/estatísticas; tempos verbais; termos enfatizados (voz/tom mais altos); termos apresentados depois de pausas; termos pronunciados mais devagar.

Para cada um desses elementos você pode encaminhar os seguintes procedimentos: toque o áudio e peça aos alunos para identificar o elemento focalizado. Em seguida, em pares, os alunos comentam sobre seus resultados, trocando ideias. Toque o áudio mais uma vez para verificação da presença dos elementos identificados. Os pares então avaliam se tais elementos estão mesmo relacionados a *key words* no trecho. Neste estágio, eles podem ler a transcrição do trecho se quiserem.

2 > Escolha um áudio curto e peça aos alunos que o ouçam uma primeira vez, anotando as *key words* que identificam. Em pares, trocam ideias e ouvem o áudio uma segunda vez para verificação. Em <http://libweb.surrey.ac.uk/library/skills/note%20taking/1/page_10.htm>, encontra-se um exercício semelhante incluindo áudio. Em turmas com maior competência linguística, você pode usar trechos de filmes que contenham discursos (no *site* <http://www.filmsite.org/bestspeeches.html> há vários exemplos).

3 > Para auxiliar seus alunos a desenvolver a capacidade de prever as *key words* em um texto oral, deixe claro o contexto do que vai ser ouvido: quem são os falantes, seu relacionamento, onde estão, qual o assunto. Individualmente, os alunos fazem uma lista de algumas *key words* que acham que vão ouvir, e conversam sobre suas previsões em pares, justificando-as. Em seguida, ouvem o áudio e, escutando alguma palavra de sua lista, sublinham-na. Após ouvir o áudio uma ou duas vezes os pares conversam sobre seu uso da estratégia: prever as *key words* facilitou a sua identificação ao ouvir o áudio?

4 > Promova um trabalho interdisciplinar com o professor de português no intuito de apoiar os alunos no seu entendimento sobre *key words*. Esse trabalho pode começar com frases simples, em que as palavras-chaves vêm sublinhadas: "Todos os brasileiros gostam de futebol"; "Ela tomou três comprimidos mas a dor não passou"; "Ele ainda não chegou"; "Meus irmãos são bem mais velhos que eu, portanto eu tive sobrinhos muito cedo". Esse trabalho então é transposto para a língua inglesa, começando com traduções para o inglês, gravadas em áudio, das frases previamente utilizadas.

Para ampliar seu conhecimento

- Para atividades de compreensão oral envolvendo o foco em *key words*, explore o *site* <http://www.teachingenglish.org.uk/activities/listening-key-words-songs>.
- Para ler mais sobre a identificação de *key words* no contexto do exame IELTS, veja os *links* <http://www.adviceforyou.org.uk/blog/ielts-tips/ielts-listening-preparation-%E2%80%93-identifying-key-words/> e <http://www.dcielts.com/ielts-listening/how-to-listen-for-key-words/>.

3>> OUVINDO PARA TER UMA IDEIA GERAL

A situação

Você ouve uma notícia inusitada na Internet e resolve compartilhá-la com seus alunos. Em sala de aula, toca o áudio com a notícia sem preparações adicionais, dizendo-lhes que façam de conta que ligaram o rádio e ouvem algo, tentando apenas responder à pergunta: "Qual é a ideia geral do texto?" Após tocar o áudio por um minuto, você percebe que seus alunos têm expressão confusa. Você pausa o áudio e, antes de perguntar o que os alunos entenderam, alguns deles já dizem: "Não entendi nada!"; "É muito difícil!"; "Eles falam rápido demais!". Você se pergunta como deve reagir a esses comentários.

O texto

Transcrição do áudio

Interviewer In the state of Florida this week, in southwest Miami to be precise, a small subdivision has been invaded by, by what, Richard Gaskalla?

Interviewee The Giant African snail, it's a very large land snail, that is a, an invasive species, that is, not native to the United States.

Interviewer Wow. At 10 inches long apparently, 4 inches wide, thousands of them are overtaking that neighborhood in Miami, uh, apparently the most damaging land snails in the world and Richard Gaskalla is the man trying to eliminate them. He's the director of plant industry at the Florida Department of Agriculture and Consumer Services. Ah, so Richard, the most damaging land snails in the world, I mean, maybe it's a dumb question, how much damage can a land snail actually do?

Interviewee Well that's a good question, as you mention these snails get very large and they're omnivores, they feed on just about any kind of plant material. They also like substances that have calcium in them, like the side of a house, so they'll attach to the side of a house and eat the stucco off the side of the house and leave a slime trail and excrement on the side of the house so they're a major nuisance factor and...

Disponível em: <http://www.npr.org/2011/09/17/140540662/miami-invaded-by-giant-house-eating-snails>. Acesso em: 30 set. 2011.

É comum vermos aprendizes de inglês reagirem com comentários semelhantes aos registrados na página anterior. No entanto, mesmo utilizado com aprendizes em nível básico, o áudio em questão não deveria levar a uma sensação de entendimento nulo como expresso no comentário "Não entendi nada!". Afinal, é bem provável que tal aluno seja capaz de inferir algumas informações básicas sobre o contexto do áudio: que há duas pessoas falando, que essas pessoas são dois homens, e que um deles está fazendo perguntas ao outro que, por sua vez, dá respostas às perguntas feitas. Essas conclusões constituem entendimentos importantes sobre o áudio, e é fundamental que aqueles que aprendem inglês estejam cientes disso, percebendo que, apesar de tais inferências não estarem diretamente relacionadas ao que é dito no áudio, elas fornecem importantes informações sobre o texto. Portanto, em situações como essa o primeiro passo é "destruir" qualquer sensação equivocada de que não houve entendimento algum! Muito frequentemente é possível ter algum entendimento sobre elementos contextuais do que ouvimos, e ouvintes estratégicos saberão apoiar-se nesses elementos na construção da ideia geral do texto.

O segundo equívoco nos comentários acima diz respeito à percepção da tarefa como "muito difícil". O entendimento dos elementos contextuais mencionados acima (isto é, que há dois falantes e que um faz perguntas e o outro responde) apoiado na percepção de cognatos como *Florida, Miami, director, Department of Agriculture*, bem como de *key words* como *snails* (pela frequência), *invasive/invaded* (pela repetição de termos similares), *thousands of them* (números) deve ser suficiente para um aprendiz de inglês em nível elementar ser capaz de perceber que o texto trata de uma entrevista com o diretor de um órgão público sobre a invasão de milhares de algo chamado *snails* (supondo que esse termo seja desconhecido) na área de Miami, Flórida. Como se vê, é importante auxiliar nossos alunos a compreender que "nível de dificuldade da tarefa" não é o mesmo que "nível de dificuldade da língua utilizada no texto".

O terceiro comentário mencionado acima, sobre a velocidade da conversa, também merece ser discutido com nossos aprendizes, fazendo-lhes entender que aprendizes de qualquer língua estrangeira sempre acham que os falantes dessa língua falam rápido demais! Em termos mais concretos, descreve-se uma fala com velocidade média quando os falantes usam cerca de 150 palavras por minuto. Falas lentas têm cerca de 100 palavras; falas moderamente rápidas, cerca de 200 palavras. O diálogo transcrito acima tem 208 palavras que foram produzidas em 1 minuto e 8 segundos, o que dá uma média de 183 palavras/min: tal número está de fato acima da média, mas não caracteriza o diálogo como exageradamente rápido. O que pode dificultar a compreensão oral de aprendizes de inglês (e que é muitas vezes confundido com "velocidade da fala") é o fato de que, em inglês, muitas palavras são monossílabas, o que faz com que se possa articular um grande número de palavras num pequeno espaço de tempo.

Os pontos discutidos acima nos fazem concluir que vale a pena conscientizar nossos alunos para o fato de que, mesmo ouvindo textos "difíceis" sob o ponto de vista linguístico, eles devem tentar identificar a ideia geral do que ouvem apoiando-se em algumas estratégias de compreensão oral que conhecem. Além disso, essa identificação pode ser facilitada atentando-se para eventuais expressões que destacam o assunto do que será falado, como nos seguintes exemplos, comuns em interações orais tais como aulas, apresentações, noticiários de TV:

> What I'm going to talk about today is... and in order to to that I will...
>
> The topic of today's lecture is... and we're going to see...
>
> Good evening. Today's headlines are...

Combinando estratégias

- Vale ressaltar que a identificação da ideia geral de um texto oral está associada à identificação das *key words* do que é ouvido.
- A fim de que a identificação da ideia geral do que se ouve seja acurada, é importante monitorar esse processo de identificação durante a escuta, integrando diferentes partes do texto na construção desse entendimento. Trataremos desse assunto na seção "Transferindo o que se entende em uma parte para compreender outra parte do texto".

Como trabalhar a estratégia em sala de aula

1 > Pratique esta estratégia sistematicamente com seus alunos, expondo-os a áudios que sejam além da sua capacidade de compreensão linguística. Incentive-os a construir significado com base no que compreendem e no que podem inferir sobre o contexto. Se expostos desde cedo a essa prática, eles vão aceitar melhor a ideia de que não

precisam compreender tudo o que ouvem e que podem inferir as ideias gerais de textos mais sofisticados do que imaginam.

2 > Toque um áudio e peça aos alunos que anotem o que ouvem. Em seguida, os alunos formam pares ou pequenos grupos e compartilham suas informações. Peça-lhes então que respondam por escrito: "Qual é a ideia geral do texto?" O áudio é então tocado mais uma vez para verificação das respostas.

3 > Escreva a ideia geral de um texto oral no quadro. Toque, então, três ou quatro pequenos textos orais e peça aos alunos que identifiquem qual deles contém a ideia geral escrita no quadro, justificando suas respostas.

4 > Divida a turma em grupos de A a C e peça que cada grupo se concentre em um aspecto de um áudio a ser ouvido: os membros do grupo A ouvem e anotam as *key words*; os de B concluem quantos são os falantes, quem são eles, qual a sua relação, como se sentem, onde estão; os de C prestam atenção ao início ou ao fim do áudio à procura de *topic sentences* sobre o trecho. Após ouvirem o áudio uma vez, formam-se novos grupos com membros de A, B e C, e os alunos compartilham suas anotações, tentando identificar a ideia geral do áudio. Ouvem então mais uma vez para confirmar suas respostas.

5 > Peça aos alunos que explorem um material audiovisual (por exemplo, os vídeos em <http://edition.cnn.com/video/>) da seguinte forma: eles ouvem o áudio (sem imagem) e em seguida escrevem sua ideia geral. Depois, veem o vídeo (com áudio) e retificam o que escreveram se acharem necessário. Em conjunto, a turma conversa sobre de que forma o vídeo contribuiu (ou não) para a identificação da ideia geral.

Para ampliar seu conhecimento

- Para ler mais sobre como identificar a ideia geral em aulas e palestras, visite o *site* <http://www.wwu.edu/tutoring/listening%20for%20main%20ideas.shtml>.
- Em <http://linguistics.byu.edu/resources/lp/lpl9.html>, você pode encontrar um plano de aula que tem o objetivo de ensinar os alunos a identificar a ideia principal de um texto ouvido.

4>> FOCANDO A ATENÇÃO EM INFORMAÇÕES ESPECÍFICAS

A situação

Você pede a seus alunos que ouçam um texto e que respondam a algumas perguntas sobre ele (*listening for specific information*). Antes de tocar o áudio, você se pergunta qual a melhor forma de ajudar os seus alunos a se prepararem para a tarefa: Será que devo orientá-los a ler as perguntas e adivinhar as respostas antes de ouvir? Será que devo encaminhar uma previsão de *key words*? Será que devo dizer-lhes para prever o assunto do áudio e ativar conhecimento de mundo que têm sobre o assunto?

O texto

Transcrição do áudio

Carbohydrates are the body's most important and readily available source of energy. Even though they've gotten a bad rap lately and are sometimes blamed for the obesity epidemic in America, carbs are a necessary part of a healthy diet for both kids and adults.

The wo major forms of carbs are:

1. **simple sugars** (simple carbohydrates), such as fructose, glucose, and lactose, which also are found in nutritious whole fruits
2. **starches** (complex carbohydrates), found in foods such as starchy vegetables, grains, rice, and breads and cereals

So how, exactly, does the body process carbs and sugar? All carbohydrates are broken down into simple sugars, which are absorbed into the bloodstream. As the sugar level rises, the pancreas releases the hormone insulin, which is needed to move sugar from the blood into the cells, where the sugar can be used as energy. [...]

Disponível em: <http://kidshealth.org/parent/growth/feeding/sugar.html>. Acesso em: 29 set. 2011.

A tarefa:

Listen to the passage and mark T (true) or F (false) for each of the following statements:

1. ( ) We need carbohydrates to produce energy.
2. ( ) Carbohydrates are responsible for the high levels of obesity in the United States.
3. ( ) Carbohydrates and starches are the same thing.
4. ( ) Breads and cereals are types of complex carbohydrates.
5. ( ) Sugar is used as energy in the pancreas.

A estratégia

Todas as suas ideias procedem em situações como a acima: fazer previsões de assunto, de *key words* e de respostas aos exercícios são estratégias potencialmente facilitadoras de tarefas como a descrita acima. Ao fazer tais previsões, os ouvintes direcionam a sua audição para ideias específicas fazendo com que o processo de escuta se torne, de certa forma, uma verificação de tais previsões.

À primeira vista, pode-se pensar que a identificação de ideias específicas de um texto é uma estratégia *bottom-up*, que parte dos elementos do texto para o seu entendimento. No entanto, sabemos que a escuta não se inicia num vácuo. Ela se situa em orientações previamente definidas por aqueles que ouvem e usa essas orientações como base para construção de novos entendimentos. No caso acima, a partir da leitura das sentenças que compõem o exercício, os alunos já sabem de antemão que o áudio tratará de aspectos relativos a carboidratos, açúcares, energia e alimentação. Com base nessa conclusão, podem prever a tradução dessas palavras como *key words* no texto e podem usar seu conhecimento de mundo para prever as respostas aos exercícios. Os alunos podem, ainda antes de começar a ouvir, acionar seu conhecimento de organização textual e prever que, nesse tipo de exercício, as afirmativas costumam aparecer na ordem em que seu assunto é mencionado no texto, e que dificilmente todas as afirmativas serão ou falsas ou verdadeiras.

Como se vê, muitas ideias sobre o que vai ser ouvido já podem ser exploradas mesmo antes de se começar a ouvir o áudio. E o processo específico da escuta, nesse caso, passa a ser configurado como uma verificação dessas previsões, mantendo-se a mente aberta para o fato de que nosso conhecimento prévio pode falhar e que pode haver outras palavras-chaves no que ouvimos. De qualquer forma, como já discutimos em seções anteriores, o importante ao fazermos previsões não é necessariamente acertar o que prevemos mas sobretudo manter um canal de comunicação aberto com o que ouvimos, refinando nossos entendimentos continuamente durante a escuta.

Neste ponto o leitor pode estar se perguntando se o foco em ideias específicas está sempre agregado à formulação de previsões. A resposta para essa pergunta é sim, porque ao focarmos nossa atenção em algo específico no que ouvimos estamos necessariamente à procura de algo que achamos que deve ser mencionado – isso, por definição, é uma previsão. O que pode ocorrer, porém, é que essas previsões não sejam conscientes nem claramente articuladas. Uma pessoa que liga a TV ou inicia um vídeo no computador para ouvir o resultado das eleições presidenciais nos Estados Unidos, sem formular previsões explícitas sobre o que vai ouvir, terá necessariamente algumas expectativas sobre o conteúdo do áudio (por exemplo, nomes de pessoas e locais a serem mencionados, estatísticas). Ao focar sua atenção no nome do vencedor e seu número de votos, de certa forma ela está retomando expectativas, e podemos entender essas expectativas como previsões não explícitas.

Ao ouvir um trecho à procura de informações específicas deve-se evitar a perda de foco no que se quer, ou transferindo-se a atenção para detalhes desnecessários ou tentando-se obter um entendimento geral que possa ser desnecessário numa certa situação. Por exemplo, ao ouvir o trecho acima, o aluno perderia o foco se tentasse memorizar os tipos de *simple sugars* e os tipos de *starches*; perderia concentração e se distanciaria do objetivo da tarefa se tentasse entender todo o processamento dos carboidratos na alimentação.

Concluindo, em situações de compreensão oral é importante ter claro o objetivo da escuta: se ouvimos algo sobre o qual queremos apenas informações específicas, vale a pena focar a atenção nessas informações apenas. Situações como essa ocorrem em exercícios de compreensão ou testes que envolvem perguntas de múltipla escolha, afirmativas para serem classificadas como *true or false*, ou quadros para serem preenchidos com determinadas informações. Em situações do dia a dia, ouvimos à procura de informações específicas em anúncios em aeroportos ou estações de trem, quando perguntamos pelo preço de algo, quando perguntamos quais ingredientes são usados em um alimento que pensamos em consumir.

Como num *scanning* numa leitura, ouvir por informações específicas requer prática e apoio em outras estratégias, como explicitado a seguir.

Combinando estratégias

- A identificação de informações específicas pode ser facilitada se a tarefa for feita após uma primeira escuta com o objetivo de identificar a ideia geral de um texto.
- Ao se prever o que será ouvido, pode ser útil tomar algumas notas escritas e usar essas notas como apoio ao ouvir, ticando-se as corretas e cortando-se as erradas.
- Ao procurar identificar informações específicas no que ouvimos pode ser necessário integrar informações dadas em partes diferentes do texto a fim de construir a informação necessária. No exemplo acima, essa integração é necessária para classificar a frase 3 como falsa.
- A identificação de informações específicas pode estar associada à estratégia "Identificação de problema", em que o ouvinte é capaz de identificar um determinado ponto no áudio que contém a informação de que precisa, sem necessariamente ser capaz de garantir o entendimento de tal trecho. Para tal, outras estratégias tais como vocalização e visualização podem servir como apoio. Trataremos dessas duas estratégias mais adiante.

Como trabalhar a estratégia em sala de aula

1 > Com alunos de pouca proficiência linguística, você pode encaminhar atividades de *Total Physical Response*: antes de tocar o áudio, liste no quadro algumas palavras que os alunos devem ouvir. Toque o áudio e instrua os alunos para levantarem os dedos (ou bater palmas, ou levantarem-se) quando ouvirem tais palavras. Torne a atividade mais desafiadora pedindo à turma que ouça determinados *chunks* (grupos de palavras).

2 > Antes de tocar um áudio peça aos alunos que façam algumas previsões sobre o conteúdo a ser ouvido e registre-as no quadro. Ao ouvir, os alunos, em pares, referem-se às notas no quadro para comentar o que ouviram. Pode-se tocar o áudio mais uma vez para verificação, ou mesmo ler a transcrição do texto.

3 > Pratique a diferença entre a escuta pela ideia principal (*listening for the main idea)* e a escuta por detalhes (*listening for details)* tocando pequenos áudios sistematicamente – por exemplo, no início ou no final de todas as aulas. O áudio deve ser tocado duas vezes. Na primeira vez, os alunos ouvem para identificar a ideia principal; na segunda, por informações específicas a serem predefinidas.

4 > A fim de conscientizar seus alunos para a frequência com que, no nosso dia a dia, ouvimos por informações específicas, promova um trabalho interdisciplinar com o professor de português em que os alunos listam os gêneros textuais que costumam ouvir em português e observam, por uma semana, se os ouvem por informações específicas. A partir dessas conclusões, você pode auxiliar seus alunos a procurar na Internet situações que ilustrem gêneros semelhantes em inglês (em Youtube.com, por exemplo) e criar atividades com essas situações que envolvam a escuta por informações específicas.

Para ampliar seu conhecimento

- A Internet está repleta de fontes de exercícios que envolvem *listening for specific information.* Você pode explorar alguns deles para seleção e adaptação de tarefas:
    - <http://free-english-study.com/home/listening.html>: Exercícios de compreensão diversos (com áudio), organizados por nível;
    - <http://www.teachingenglish.org.uk/activities/listening-specific-information>: Sugestões de atividades, sem áudio, para diferentes níveis;
    - <http://www.hawaii.edu/eli/student-resources/sa-lis2-specific-info.html>: Aqui você encontra um plano de aula com o objetivo de praticar a estratégia;
    - <http://www.onestopenglish.com/skills/listening/listening-lesson-plans/topic-based-lessons/>: Aqui há *links* para várias atividades envolvendo a estratégia.
- No *link* <http://www.bbc.co.uk/skillswise/topic/listening-for-specifics> você pode ver um pequeno vídeo em que profissionais falam da importância de saber ouvir informações específicas no seu dia a dia de trabalho.

5>> VOCALIZANDO O QUE É OUVIDO

A situação

Você está trabalhando o tema "Narrativas" com seus alunos. Para tal, ouvem em sala de aula um áudio com a história *The Three Little Pigs.* Num dado momento, você observa que um de seus alunos mexe os lábios, como se falando consigo mesmo, ecoando algumas palavras mencionadas na história (*seek, pig*) ou ecoando trechos que são repetidos algumas vezes na narrativa (por exemplo, *Then I'll huff, and I'll puff, and I'll blow your house in*). Depois de um tempo, você nota que os alunos ao lado desse que "fala em silêncio" começam a rir, como que debochando do comportamento do colega. Você fica na dúvida: como deve reagir?

O texto

Transcrição do áudio

[...]

There was once a family of pigs. The mother pig was very poor, and so she sent her three little pigs out to seek their fortunes. The first that went off met a man with a bundle of straw, and he said to him:

"Please, man, give me that straw to build me a house."

Which the man did, and the little pig built a house with it. Presently came a wolf, and he knocked at the door, and said:

"Little pig, little pig, let me come in."

To which the pig answered:

"No, no, no, not by the hair of my chiny chin chin."

The wolf then answered to that:

"Then I'll huff, and I'll puff, and I'll blow your house in."

So he huffed, and he puffed, and he blew his house in, and ate up the little pig.

[...]

Disponível em: <http://storynory.com/2008/02/25/the-three-little-pigs-2/>.
Acesso em: 29 set. 2011.

A estratégia

Ao vermos um aluno repetir o que ouve "dentro de sua cabeça", não temos como afirmar com precisão o que leva esse aprendiz a utilizar essa estratégia, que é conhecida na literatura como *vocalização.* No cenário descrito acima, as causas mais prováveis seriam a musicalidade e o ritmo do trecho "Then I'll huff, and I'll puff, and I'll blow your house in.", que poderiam ter funcionado como um convite ao aluno a também produzir, individual e silenciosamente, o que é dito no áudio.

Vocalizações permitem ao ouvinte conectar-se com o texto ouvido e apropriar-se dele, integrando o que ouve ao repertório do que também produz oralmente. Nesse caso, a estratégia pode ter um impacto positivo na aprendizagem de *longer chunks of language* (grupos extensos de palavras) e no aprimoramento da pronúncia.

A vocalização de *seek* na situação acima poderia ser interpretada como uma estratégia do aluno para lidar com o não entendimento da palavra ao ouvir o áudio. Vocalizações podem ser usadas por um ouvinte como um recurso para "congelar" o que foi ouvido, mas não foi bem compreendido, numa tentativa de ganhar um pouco mais de tempo para entender algo.

Ao vocalizar, repete-se o que se ouviu em pensamento ou em voz baixa, como que falando consigo mesmo. Vocalizações são procedimentos cognitivos iniciados e orientados pelo ouvinte como formas de "controlar" o seu processo de compreensão oral, seja para lidar com uma dificuldade momentânea, seja para engajar-se em prática oral de algo que não domina. Há sugestões na literatura (Graham, Santos e Vanderplank, 2008) de que ouvintes competentes tendem a produzir vocalizações ao ouvir.

Retomando a pergunta do professor ao final da situação acima, poderíamos concluir que os pontos apresentados poderiam ter sido explorados em sala de aula, como uma forma de conscientizar os alunos sobre o que são vocalizações, o que elas envolvem, e quais os seus potenciais benefícios. Como acontece com outras estratégias, uma boa compreensão dos benefícios que vocalizações podem trazer ao aprendiz iria requerer também alguns esclarecimentos sobre os riscos da implementação dessa estratégia.

Ao vocalizar, é importante não perder o fio da meada. É necessário estar consciente de que o trecho que ouvimos prosseguirá apesar do "congelamento" que é feito através da vocalização. Essa conscientização deve permitir que se continue ouvindo ao mesmo tempo em que se "guarda" o que foi vocalizado. Obviamente esse duplo foco (de construir sentidos tanto através da continuação da escuta quanto do que é vocalizado) faz com que vocalizações envolvam processos muito complexos do ponto de vista cognitivo. É por essa razão que a estratégia deve ser utilizada criteriosamente, quando for apropriada, e não com relação a todo e qualquer elemento do texto ouvido.

Combinando estratégias

- Vocalizações podem incluir visualizações mentais das palavras que correspondem às "cadeias sonoras" vocalizadas. Ao "ver" tais palavras "na cabeça", pode-se construir um entendimento mais eficaz sobre os termos vocalizados. Essa combinação pode ser especialmente útil no entendimento de números. Voltaremos a tratar de visualizações na próxima seção.
- Vocalizações podem ser úteis em associação à estratégia de focar a atenção em aspectos fonético-fonológicos que causam dificuldade ao aprendiz ao ouvir em inglês. Mais sobre isso na seção "Prestando atenção à pronúncia e à entonação".

Como trabalhar a estratégia em sala de aula

1 > A estratégia pode ser trabalhada desde níveis elementares, pedindo aos alunos que, ao ouvir trechos que contenham vocabulário recentemente trabalhado (por exemplo, cores, matérias escolares, esportes), eles vocalizem esses termos quando aparecerem no áudio. Para tal, você deve usar áudios que contenham o vocabulário focalizado em contexto.

2 > Uma outra alternativa para o trabalho com vocalizações, como forma de conscientizar os alunos sobre a pronúncia de novo vocabulário, é usar recursos audiovisuais que contenham tal vocabulário. Por exemplo, nos *sites* <http://www.languageguide.org/english/> e <http://www.languageguide.org/english-uk/vocabulary/body/>, os alunos podem ouvir (e vocalizar) vocabulário em diversos campos semânticos (em *American English* e *British English*, respectivamente) enquanto vão movendo o *mouse* de um item para outro.

3 > Para praticar o uso da estratégia como apoio ao entendimento de termos não compreendidos ao ouvir, toque áudios de textos que contenham potenciais fontes de dificuldade e peça aos alunos que, ao ouvir tais termos, vocalizem-nos. Um exemplo de aplicação dessa sugestão seria tocar áudios com notícias, que devem ter muitos verbos no passado, em paralelo à apresentação do *Simple Past*.

4 > Toque áudios que contenham nomes de pessoas, de lugares e números em inglês e peça aos alunos que, ao ouvir tais termos, vocalizem-nos e escrevam-nos num pedaço de papel. Em seguida a turma confere o que escreveu.

5 > Use trava-línguas (*tongue twisters*) para prática desta estratégia. Os alunos ouvem os *tongue twisters* uma ou duas vezes, depois vocalizam palavras ou grupos de palavras de sua escolha. O *site* a seguir pode ser útil para esse exercício: <http://www.repeatafterus.com/author.php?f=&l=Tongue%20Twister&g=nurseryrhymes>.

6 > Quando seus alunos já tiverem incoporado as vocalizações ao seu repertório pessoal de estratégias de compreensão oral, toque um áudio que deve ser considerado linguisticamente difícil pela turma e peça-lhes que produzam vocalizações quando acharem necessário. Em seguida, os alunos trocam ideias sobre o processo de vocalizar e avaliam se a estratégia auxiliou sua compreensão oral.

Para ampliar seu conhecimento

- A estratégia de vocalização está relacionada a *speed reading*, isto é, a leitura feita com grande velocidade. Para ler mais sobre o assunto, explore o *site* <http://ababasoft.com/subvocalization/index.html>.

A situação

Com sua turma de nível avançado, você está para iniciar a leitura do livro *A Tale of Two Cities*. Ao invés de iniciar o trabalho com o livro propriamente dito, você resolve tocar o áudio do trecho inicial do romance, sem dar maiores instruções a seus alunos. Após tocar o áudio, você pergunta o que eles conseguiram compreender. Uma de suas alunas comenta: "Eu não entendi os detalhes, mas consegui ver dentro da minha cabeça algumas das coisas que estavam sendo descritas." Você fica na dúvida sobre o que de fato essa aluna fez ao ouvir: essa "visão dentro de sua cabeça" seria por acaso uma estratégia de *listening?*

O texto

Transcrição do áudio

The Period

It was the best of times, it was the worst of times, it was the age of wisdom, it was the age of foolishness, it was the epoch of belief, it was the epoch of incredulity, it was the season of Light, it was the season of Darkness, it was the spring of hope, it was the winter of despair, we had everything before us, we had nothing before us, we were all going direct to Heaven, we were all going direct the other way— in short, the period was so far like the present period, that some of its noisiest authorities insisted on its being received, for good or for evil, in the superlative degree of comparison only.

There were a king with a large jaw and a queen with a plain face, on the throne of England; there were a king with a large jaw and a queen with a fair face, on the throne of France. In both countries it was clearer than crystal to the lords of the State preserves of loaves and fishes, that things in general were settled for ever.

Disponível em: <http://ia600204.us.archive.org/9/items/tale_two_cities_librivox/tale_of_two_cities_01_dickens_64kb.mp3>. Acesso em: 29 set. 2011.

A estratégia

Ao "ver uma imagem em sua cabeça", o aluno estava usando uma estratégia descrita na literatura como "visualização". O uso dessa estratégia está associado ao comportamento estratégico de bons ouvintes e ocorre quando os ouvintes "veem e fixam" o que ouvem de forma visual, em suas mentes. Essas visualizações podem envolver cenas propriamente ditas (como um conjunto de fotos num álbum de retratos) ou cenas em sequência (como num filme). Podem, também, envolver visualização das palavras ou locuções que correspondem ao que é ouvido.

No exemplo acima, visualizações poderiam ter ocorrido de várias formas:

- A sequência de antônimos usada na primeira parte do texto (*best/worst; wisdom/foolishness; belief/incredulity; Light/Darkness; spring/winter; hope/despair; everything/nothing; Heaven/the other way*) pode ter ocasionado uma visualização dessas ideias opostas, seja em forma de imagens, seja em forma de palavras.
- As descrições dos reis e rainhas ingleses (*There were a king with a large jaw and a queen with a plain face, on the throne of England*, linhas 8-9) e franceses (*there were a king with a large jaw and a queen with a fair face, on the throne of France*, linhas 9-10) também são muito propensas a desenvolver visualizações.

Não é difícil concluir que tais visualizações são potencialmente facilitadoras do entendimento do que é ouvido. Elas estabelecem uma conexão entre o ouvinte e o que é ouvido a partir de estimulação sensorial, fazendo com que esse estímulo funcione como base ou apoio para outros entendimentos. Portanto, a aluna que disse que conseguia ver "dentro de sua cabeça" algumas das partes descritas no áudio estava fazendo uso de uma estratégia de compreensão auditiva.

Como sabemos, o importante ao pôr em prática alguma estratégia não é apenas "fazer uso" dessa estratégia mas sobretudo fazê-lo de forma apropriada, no contexto adequado. No caso acima, o texto de fato se prestava ao desenvolvimento de visualizações (pela sua sequência de antônimos, pelas descrições apresentadas).

Outros fatores caminham lado a lado com visualizações. Ao ouvir interjeições e onomatopeias, por exemplo, um ouvinte estratégico poderá visualizar a cena em que estes "barulhos" ocorrem. Ao ouvir um diálogo que inclui barulhos ao fundo ou expressões de alegria, dor, surpresa etc., o ouvinte pode usar esses elementos como pontos de partida para uma visualização do contexto associado ao diálogo ouvido.

Vimos acima que textos descritivos são especialmente adequados para desencadear visualizações. Isso ocorre porque esse tipo de texto caracteriza-se pela frequência de adjetivos e advérbios, os quais apresentam características do que é descrito de forma clara e vívida. Textos narrativos, também, por utilizarem verbos de ação com frequência, podem desencadear visualizações que apoiem o entendimento do que é narrado: é facil imaginarmos uma cena quando ouvimos verbos como *run, get on the bus, fight for a seat, relax for a few minutes, squeeze your way through the door, rush to work*. Da mesma forma, textos instrucionais podem gerar visualizações: é fácil imaginarmo-nos ouvindo sequências de instruções tais como "*first you peel the apples, then you dice them, then you put them in the microwave*". Tais visualizações não seriam tão automáticas em textos informativos (como o texto sobre carboidratos da seção "Focando a atenção em informações específicas") ou argumentativos.

Visualizações podem ser especialmente úteis para aprendizes elementares ou mesmo intermediários de inglês ao ouvir números. Esses itens lexicais costumam causar dificuldade ao aprendiz pois podem constituir uma sequência longa de referentes (por exemplo, *ten thousand nine hundred and sixty four*): ao ouvir esses números, o ouvinte pode visualizá-los em sua representação numérica. Nesse caso, então, visualizaria o símbolo matemático "10.964".

Combinando estratégias

- A previsão de visualizações antes de ouvir (seguida de seu monitoramento e verificação constante) pode ser facilitadora da compreensão auditiva.
- Visualizações podem ser construídas de forma colaborativa quando os ouvintes ouvem e desenham o que "viram" ao ouvir e em seguida compartilham seus desenhos, justificando-os, antes de ouvir o texto mais uma vez para verificação.
- "Transferências" são estratégias de *listening* que envolvem o entendimento de uma parte do que se ouve na interpretação de outra parte. Visualizações a respeito de uma parte podem, então, ser retomadas para entendimentos de partes subsequentes do que ouvimos.

Como trabalhar a estratégia em sala de aula

1 > Toque um diálogo e peça a seus alunos que visualizem os participantes envolvidos na cena ouvida, tentando responder: Quem são esses participantes? Quantos homens e quantas mulheres há? Como eles são? O que vestem? Onde estão? Esclareça que eles podem visualizar esses elementos mesmo que tais informações não sejam dadas explicitamente. Essa atividade pode ser usada com alunos iniciantes a fim de conscientizá-los sobre o que (e quanto) se pode entender ao ouvir, mesmo que não compreendamos o que é dito.

2 > A fim de aprimorar a capacidade de seus alunos de associar o que é dito a imagens, selecione algumas pequenas reportagens em áudio na Internet e toque três delas. Depois apresente uma cena associada a uma das três reportagens (você deverá imprimir a imagem do *site* ou projetá-la em uma tela, se for possível). Peça então aos alunos que identifiquem a que áudio a imagem se refere.

3 > Selecione um vídeo a ser mostrado a seus alunos. Passe o vídeo uma primeira vez, pedindo à turma que, neste estágio inicial, apenas ouça o áudio e não olhe para a tela. Enquanto ouvem, os alunos devem imaginar o que é passado na tela. Depois de trocar algumas ideias em pequenos grupos (justificando suas descrições sobre o que "viram" ao ouvir o áudio), todos então veem o vídeo (desta vez com imagem e som) e comentam: até que ponto as suas percepções iniciais corresponderam ao vídeo "verdadeiro"?

4 > Toque pequenos trechos em áudio e peça aos alunos que, ao ouvir, visualizem as palavras usadas no áudio. Esta tarefa é especialmente adequada para o trabalho com nomes de pessoas, lugares e números. Uma continuação para essa tarefa é a leitura do *script* do áudio, para conferência e avaliação do uso da estratégia.

5 > Explore *sites* que contenham gravações de sons (por exemplo <http://www.pdsounds.org/library_abc/T/Table>): em sala de aula ou em casa, os alunos ouvem alguns sons e tentam visualizar o objeto, ou cena, ou evento a que eles remetem.

6 > Introduções de romances costumam ser ricas em descrições de lugares e personagens, sendo portanto apropriadas para a prática de visualizações. Enquanto ouvem, os alunos podem visualizar as cenas mentalmente ou registrar tais visualizações através de desenhos, gráficos ou esquemas.

7 > Peça a seus alunos que desenhem as imagens que guardaram em suas mentes após ouvir, por exemplo, uma poesia ou uma letra de música. Depois, os alunos trocam suas representações visuais e conversam sobre elas, descrevendo-as.

Para ampliar seu conhecimento

- No *site* do Projeto Gutenberg (<http://www.gutenberg.org/>) você encontra um acervo de milhares de livros eletrônicos. Muitos deles têm sua gravação em áudio disponível no *site* Librivox (<http://librivox.org/>). Em conjunto, essas duas referências podem ser utilizadas amplamente no trabalho com a estratégia desta seção.
- Em <http://online.edfac.unimelb.edu.au/LiteracyResearch/pub/Projects/AKurzman.pdf>, você pode ler um estudo que descreve os benefícios do ensino de visualização na *oracy* de crianças no contexto de aprendizagem de língua materna.
- Onomatopeias e interjeições variam de língua para língua. Para ler sobre o tema, visite os *sites* <http://www.examples-of-onomatopoeia.com/index.html> e <http://www.englishclub.com/vocabulary/interjections.htm>.

7>> FAZENDO INFERÊNCIAS

A situação

Você quer oferecer a seus alunos uma experiência de compreensão auditiva que seja livre, sem perguntas predefinidas. Após tocar o áudio, você pergunta a eles o que compreenderam. Um ou dois alunos mencionam algumas palavras isoladas que conseguiram identificar (*solutions, impact*), mas a maioria da turma reage dizendo "Não entendemos nada". Você se pergunta se há alguma maneira de mostrar a seus alunos que eles são capazes de construir algum sentido do que ouviram e eliminar a sensação de fracasso que a tarefa parece ter causado à turma.

O texto

Transcrição do áudio

... something solutions, something solutions

(word?) a word

I do like solutions

we're trying to be creative (background: creativity)

creativity, innovation, I think it's gotta be along those lines.

let's try and think of a word which is successful and aspirational.

upbeat and snappy.

what about a word like dynamite then?

no, yeah that is on the right wavelength, though, that impact of the word is bang on

impact

impact?

impact

the meaning of impact, is its impact

can I suggest... it's action, it suggests something, poom, impact, there's something happening, it's action

I've got an impact

Disponível em: <http://realenglishlistening.posterous.com/>. Acesso em: 5 out. 2011.

A estratégia

Numa situação em que ouvimos um áudio e compreendemos nada ou quase nada do que ouvimos, podemos fazer algumas inferências sobre o contexto a que tal interação está associada. Essas inferências envolvem, por exemplo, o número de falantes, se esses são homens ou mulheres. Pode-se muitas vezes também inferir onde esses participantes estão e por que interagem.

No caso acima, podemos inferir que há pelo menos quatro participantes na interação. O cenário em que a interação ocorre e a razão da conversa entre essas pessoas não são evidentes (nem mesmo um falante de inglês com proficiência na língua poderia concluir esses elementos com exatidão). No entanto, ao ouvir o áudio pode-se inferir, pelo tom de voz dos participantes, que eles não estão cantando, nem assistindo a uma palestra, nem apresentando as notícias na TV. Pode-se concluir, também, que os participantes da conversa não expressam raiva, nem surpresa, nem alegria, nem tristeza. Como se vê, concluir que o áudio "não é" uma série de coisas já traz informações importantes sobre o que ouvimos. Essas informações, por sua vez, aliadas à percepção de que o tom da conversa é ágil e colaborativo, pode levar o ouvinte a fazer algumas inferências sobre possíveis personagens e situações relativas à interação: os participantes podem ser amigos planejando um evento futuro; podem ser colegas de trabalho negociando uma decisão de trabalho; podem ser estranhos que se acham numa situação inesperada e têm de chegar a uma conclusão conjunta. Todas essas interpretações (e possivelmente algumas outras) são plausíveis, mas vale lembrar que o rol de possibilidades, diante das inferências feitas sobre o tom das vozes e a expressão dos falantes, é limitado.

Tais inferências são feitas com base no conhecimento de mundo do ouvinte. Assim como acontece na leitura, inferências são feitas em compreensão oral com base em conhecimento prévio. Se em leitura dizemos que inferir é "ler nas entrelinhas", em compreensão oral as inferências requerem um "saber ouvir entre as falas". Ao construir um sentido para um texto que ouvimos não nos baseamos apenas nas palavras desse texto: se fosse assim, não haveria mal-entendidos entre falantes proficientes de uma mesma língua!

Ao ouvir, um falante necessariamente projeta o que sabe sobre a situação, as pessoas envolvidas, o gênero da interação (se é uma palestra, ou conversa ao telefone, ou transação comercial numa loja, por exemplo), entre outros, para construir um sentido para aquilo que ouve. Um outro tipo de conhecimento também é obviamente importante para se construir sentido do que ouvimos em inglês: o conhecimento do ouvinte sobre essa língua!

Retornando à situação acima, além das inferências já mencionadas, construídas a partir da ativação de conhecimento de mundo, pode-se construir mais entendimento tomando-se como base o conhecimento sistêmico do ouvinte, especificamente o conhecimento lexical. É bem possível que certas palavras repetidas (como *solutions, creative/creativity, impact, word*) possam auxiliar o ouvinte a inferir que os participantes estão tentando achar uma palavra que expresse uma ideia que lhes interessa de forma criativa e impactante.

Como vemos, pode-se fazer inferências sobre os participantes e sobre o conteúdo do que se ouve. Pode-se também inferir o significado de termos desconhecidos com certa segurança em algumas situações, e este será o assunto da próxima seção. Por ora, retomemos o exemplo acima: suponhamos que um aluno-ouvinte de nível intermediário tenha conseguido uma boa compreensão do início do áudio (veja linhas 1 a 6) mas que ouça as palavras *upbeat* e *snappy* sem compreendê-las. Apoiando-se no cotexto, isto é, amparando-se no seu entendimento de "*creativity, innovation, I think it's gotta be along those lines.*" e "*let's try and think of a word which is successful and aspirational.*", bem como de "*what about a word like dynamite then?*" que vem em seguida, pode-se concluir com boa segurança que *snappy* e *upbeat* sejam termos que reforçam a ideia de sucesso, aspiração, criatividade, inovação, dinamite.

Saber fazer inferências fundamentadas é essencial para se ouvir com eficiência em inglês. Não podemos esperar que nossos interlocutores (ou as pessoas a quem ouvimos na TV, no computador ou no rádio) vão explicitar tudo o que precisa ser dito sobre o assunto a que se referem. Por exemplo, um apresentador de um telejornal irá dizer "*Today's headlines are: Dramatic developments in the war in Afghanistan and European leaders discuss the economic crisis*". Mas esse apresentador não irá explicar o que é uma guerra, nem onde fica o Afeganistão, nem por que há uma guerra naquele país. Não irá, tampouco, dar detalhes do que é Europa e o que são líderes europeus, nem vai comentar a origem da crise econômica e suas implicações. Todas essas informações terão de ser acionadas pelo ouvinte, como inferências feitas com base em seu conhecimento de mundo a fim de construir um sentido para o que ouve.

Concluindo, e retomando a situação descrita no início desta seção, é importante que os aprendizes de inglês saibam que podem compreender várias coisas a partir de inferências sobre o que ouvem. É essencial, no entanto, que fique clara a diferença entre "adivinhar sem base" e "inferir com fundamento": adivinhações que não são fundamentadas em algum conhecimento prévio ou em elementos do texto não serão necessariamente construtivas para o entendimento do que se ouve. Inferências fundamentadas, por outro lado, podem ser trabalhadas desde cedo na aprendizagem, mostrando-se àqueles que aprendem que não é necessário compreender tudo o que se ouve para se ouvir com competência em inglês.

Combinando estratégias

- Saber fazer inferências está associado a uma estratégia de compreensão oral chamada "elaboração", que ocorre quando um ouvinte constrói sentido a partir de um ou dois itens ouvidos, usando conhecimento prévio para "*fill in the gaps*". No exemplo acima, um ouvinte que compreendesse, por exemplo, *"let's try and think of a word which is successful and aspirational*" (linha 6), poderia também inferir que o tom da conversa era ágil mas amigável e, a partir dessa compreensão e inferência, poderia elaborar a conclusão de que o propósito da conversa era *brainstorm* uma palavra adequada para algum objetivo desses participantes.
- É importante lembrar que fazer inferências não é o mesmo do que fazer previsões. Inferências não se situam antes da escuta mas durante e após a escuta. Elas, de certa forma, fornecem subsídios para a verificação de previsões.

Como trabalhar a estratégia em sala de aula

1 > Ao encaminhar atividades de compreensão auditiva com seus alunos, desde cedo incentive-os a fazer inferências sobre os falantes dos textos que escutam: quantas pessoas falam? Qual a sua relação? Onde elas estão? Por que falam/conversam?

2 > Selecione algumas cenas de *sitcoms* que sejam apropriadas para mostrar a seus alunos. Em sala de aula, os alunos ouvem a cena (sem vídeo) e, em pares, fazem inferências: como os participantes da cena se sentem? (*Are they excited? Angry? Nervous? Tired? Depressed?* etc.). Em seguida, veem a cena com áudio e vídeo e verificam suas inferências. (Uma busca na Internet por "*sitcom*" "*video*" pode levar a algumas opções.)

3 > Para conscientizar os alunos para o fato de que não é necessário entender tudo em um texto oral para se construir algum entendimento sobre ele, toque um áudio que seja relativamente fácil do ponto de vista linguístico e abaixe todo o volume em vários momentos, criando "lacunas" no que é ouvido. Ao chegar ao fim do áudio, pergunte à turma o que eles entenderam e o que podem inferir sobre o texto.

4 > Peça à turma que ouça um diálogo simples (de um livro didático, por exemplo) entre um homem e uma mulher. Como tarefa de compreensão, peça-lhes que preencham uma tabela como a abaixo:

	...which is said on the audio.	...which is not said on the audio, but can be inferred.
What I know about the man...		
What I know about the woman...		

Em seguida, os alunos comparam suas respostas, retificando e acrescentando informações.

5 > A fim de auxiliar seus alunos a distinguirem atividades de compreensão oral que envolvem inferência de atividades que requerem identificação do que é dito no áudio sem inferência, faça alguns exercícios de compreensão oral com a turma pedindo-lhes que, ao final da tarefa, classifiquem cada pergunta sobre o áudio como "*The info is given in the text*" ou "*The info needs to be inferred from the text*". No *site* <http://www.talkenglish.com/Listening/ListenBasic.aspx> encontram-se atividades de *listening* (áudio com perguntas e *script*) de nível básico. Na mesma página, no menu à esquerda, você pode acessar exercícios de nível intermediário e avançado.

Para ampliar seu conhecimento

- Uma importante conclusão da revisão da literatura em *listening strategies* feita por Macaro, Graham e Vanderplank (2007) é que muitas vezes os ouvintes fazem mau uso de conhecimento prévio ao fazerem inferências ao ouvir. O capítulo faz parte do livro *Language Learner Strategies: Thirty Years of Research and Practice* (Cohen e Macaro, 2007) e é uma leitura importante sobre o tema.
- Para ler mais sobre inferências no contexto do exame TOEFL®, visite o *site* <http://www.bettertoeflscores.com/how-to-develop-an-ear-for-making-accurate-inferences-about-listening-ibt-listening-passages/779/>.
- Para uma sugestão de atividade de compreensão oral envolvendo inferências, explore o *link* <http://www.hawaii.edu/eli/student-resources/sa-lis2-inferencing.html>.

8>> INFERINDO O SENTIDO DE VOCABULÁRIO DESCONHECIDO

A situação

Seus alunos queixam-se com frequência de que têm dificuldades com atividades de compreensão oral porque seu vocabulário em inglês é limitado, e que não entendem o que é dito nos textos que ouvem. Você gostaria de ajudá-los a concluir que, em muitas situações em que ouvimos em inglês, é possível inferir com certa segurança o sentido de palavras que não conhecemos. "Mas como fazer isso?", você se pergunta. Resolve, então, criar um texto com palavras inventadas e ler tal texto em voz alta para seus alunos.

O texto

There are days when everything seems to go frobocky. Yesterday was one of those days. I didn't hear the blong and I overflought. I rushed to the kog station and when I arrived there all the kogs had been cancelled because of the zungzy weather. I tried to locateer a taxi but all of them were blituous. So I had to walk to work. Because the weather was zungzy there weren't many people at the onbud, so I had to do my work and my hallocs' work as well. By the end of the day I was so proby that I made a venilous errium: I told one of my hallocs that I frodied that work, that I frodied my glif. My glif heard what I said and told me to go home and never grabe back.

A estratégia

Antes de comentar o texto acima, é importante destacar que a intenção do professor na situação acima é extremamente louvável. A capacidade de inferir de forma fundamentada o sentido de vocabulário desconhecido é uma habilidade importante quando aprendemos inglês. Esta habilidade deve ser desenvolvida desde cedo no processo de aprendizagem e esse desenvolvimento continua, de certa forma, para sempre: afinal, mesmo falantes com alta proficiência em inglês não podem esperar conhecer todo o vocabulário que ouvem! Sempre haverá, com maior ou menor frequência, situações que façam com que esses falantes se deparem com vocabulário que não conhecem, e nesses casos a estratégia precisará ser implementada.

E aqui retomamos o questionamento inicial: como mostrar a nossos alunos que é possível fazer certas inferências e evitar a percepção de não entendimento que o confronto com novo vocabulário pode trazer?

Uma forma relativamente simples de desenvolver essa estratégia é exatamente a escolhida na situação acima: utilizar textos que incluam o que se conhece na literatura como *non-words*, isto é, palavras inventadas, que não existem no léxico inglês mas que "soem" como termos em inglês. O trabalho com essas palavras, quando feito num contexto mais amplo que permita ao ouvinte acionar alguns tipos de conhecimento, ou outras estratégias, a fim de compreender o vocabulário desconhecido, pode sensibilizar o aluno-ouvinte acerca de sua capacidade de fazer inferências fundamentadas sobre o que não conhece.

Voltemos ao texto acima. Nele, há ao todo 137 palavras, das quais 20 são *non-words*: *frobocky* (linha 1), *blong* (linha 2), *overflought* (linha 2), *kog* (linha 2), *kogs* (linha 3), *zungzy* (2 vezes, linhas 3 e 5), *locateer* (linha 4), *blituous* (linha 4), *onbud* (linha 5), *hallocs* (2 vezes, linhas 6 e 7), *proby* (linha 6), *venilous* (linha 7), *errium* (linha 7), *frodied* (2 vezes, linhas 7), *glif* (2 vezes, linhas 7 e 8), *grabe* (linha 8).

À primeira vista, o percentual de "palavras desconhecidas" representadas por essas *non-words* pode parecer demasiadamente alto (elas representam 14,5% do total de palavras). Isso, aliado ao fato de que todas elas são **content words**, pode causar uma paralisia no ouvinte ao ouvir o trecho, criando uma sensação de bloqueio devido ao não entendimento dessas palavras.

No entanto, é possível inferir com segurança o sentido de todas as *non-words* listadas acima, conforme detalhes no quadro a seguir:

Non-word	**Como o sentido da *non-word* pode ser construído**
frobocky	Ao ouvir a palavra pode-se concluir que se trata de um advérbio (pelo cotexto: *everything seems to go frobocky*). No entanto, nesse ponto não se sabe se *frobocky* refere-se a *go well* ou *go wrong.* A última alternativa pode ser confirmada, porém, continuando-se a ouvir a sequência de problemas ocorridos durante o dia descrito.
blong	Ativando-se conhecimento de mundo pode-se concluir que *blong* é o alarme.
overflought	Com base no contexto global do texto (dia ruim, o alarme não tocou), somando-se a ativação de conhecimento sistêmico (uso do prefixo "*over*"; terminação *–ought* remetendo a verbo no passado), pode-se concluir que a palavra refere-se a "perder a hora", *oversleep.*
kog(s)	Pelo cotexto (*station*), pode-se concluir que *kog* é trem, ou ônibus, ou bonde, ou algum outro meio de transporte. Seu segundo uso, acompanhado de *–s* final, indica ao ouvinte, através da ativação de conhecimento sistêmico da língua inglesa (especificamente, a formação de plural), que o mesmo meio de transporte mencionado anteriormente aqui aparece no plural.

Non-word	Como o sentido da *non-word* pode ser construído
zungzy	O cotexto (especificamente, *cancelled*, que é transparente; e o substantivo *weather* que segue a palavra desconhecida) sugere que *zungzy* é um adjetivo que indica caracterização negativa tal como ruim, mau, terrível.
locateer	A ativação de conhecimento sistêmico da língua portuguesa pode facilitar a percepção de que a palavra consiste num cognato de "localizar". Essa inferência pode ser confirmada pelo complemento do verbo (*a taxi*): "localizar um táxi" faz sentido em geral e também no contexto da narrativa.
blituous	Ativação de conhecimento de mundo pode levar o ouvinte a concluir que *blituous* é algo como "ocupado" ou "cheio": afinal, num dia de mau tempo, com transporte sendo cancelado, muitas pessoas andam de táxi. Essa inferência pode ser apoiada pela ativação de conhecimento sistêmico da língua inglesa: o sufixo *–ous* é comumente usado para formar adjetivos (*famous, generous* etc.).
onbud	Conhecimento de mundo e apoio no contexto global da narrativa podem auxiliar a conclusão de que *onbud* refere-se ao local de trabalho: escritório, fábrica, consultório, escola, ou algo assim.
halloc	Conhecimento de mundo e apoio no contexto global da narrativa podem auxiliar a conclusão de que *halloc* é "colega de trabalho" na primeira vez que a palavra é usada. Essa inferência pode ser confirmada no segundo uso do termo.
proby	Ativando-se conhecimento de mundo, conhecimento sistêmico (uso do sufixo *–y*) e transferência de entendimento de diferentes partes do texto, pode-se concluir que *proby* é um adjetivo que significa algo como "cansado", "exausto", "exaurido".
venilous	Ativação de conhecimento sistêmico (uso de *–ous* para formar adjetivo) e apoio no cotexto (*made a [x] errium*) pode levar o ouvinte a concluir que *venilous* é um adjetivo que denota caracterização negativa (algo como "terrível", "inadmissível").
errium	O sentido de "errium" pode ser inferido através da ativação de conhecimento sistêmico em português (a palavra parece ser cognata de "erro") e em inglês (sufixo *–um* para formação de substantivo).
frodied	Ativando-se conhecimento sistêmico em inglês conclui-se que *frodied* é um verbo (vem depois de *I* e é seguido de complemento) no passado (desinência *–ed*). Pelo contexto global e ativação de conhecimento de mundo, pode-se refinar essa conclusão inferindo-se que *frody* significa algo como "detestar", "não suportar", "não aguentar mais".
glif	Isoladamente, os dois usos de *glif* não poderiam garantir uma inferência conclusiva sobre o sentido da palavra. No entanto, em conjunto os dois usos podem acionar conhecimento de mundo e transferência de entendimento de outras partes do texto para se concluir que *glif* é o chefe do falante ou outra pessoa influente no local de trabalho.
grabe	Ativação de conhecimento de mundo, transferência de entendimento de outras partes do texto e observação do cotexto (*go home and never [x] back*) podem levar à conclusão de que *grabe back* é algo como "voltar", "retornar".

Como se vê, pode-se chegar a conclusões importantes sobre vocabulário desconhecido ao se ouvir um texto a partir da aplicação de estratégias de apoio à realização dessas inferências. Outras estratégias além das mencionadas acima podem contribuir para esse apoio, conforme detalhes a seguir.

Combinando estratégias

- Ao se inferir o significado de palavras desconhecidas, é preciso monitorar as inferências feitas continuamente, perguntando-se se elas fazem sentido no desenrolar do texto.
- Antes de tentar inferir o sentido de vocabulário desconhecido ao ouvirmos algo em inglês é necessário saber estabelecer as fronteiras desse vocábulo: onde ele começa, onde ele termina. Para tal, estratégias de segmentação podem ser necessárias (ver seção "Identificando 'fronteiras' no que se ouve").
- Ao se deparar com uma situação de compreensão oral em que haja muito vocabulário desconhecido, é recomendável que o ouvinte permaneça concentrado na escuta, não entrando em pânico nem se deixando dispersar com elementos exteriores à situação da escuta. Ao sentir que se está perdendo o foco por alguma razão, é importante acionar mecanismos de monitoramento de atenção, dizendo-se a si próprio: *Focus! Don't panic! Keep going!*

Como trabalhar a estratégia em sala de aula

1 > Produza um texto em português, semelhante ao apresentado nesta seção, que contenha várias *non-words*. Pode ser uma tradução do texto acima, substituindo as *non-words* por palavras que não existem em português mas que poderiam, em princípio, existir (como por exemplo, jubitoso, frimata, golé, sefava, entre outras).

Em seguida, leia o texto em voz alta para os seus alunos, pedindo-lhes que, em pares, façam inferências sobre o significado dessas palavras, justificando suas conclusões. A atividade pode culminar num debate com todos os alunos sobre a possibilidade de se inferir vocabulário desconhecido ao ouvir um texto.

2 > Com alunos de baixa proficiência linguística, apresente a estratégia usando textos que contenham frases simples, com algum paralelismo, tornando a inferência mais fácil, por exemplo: *My favorite color is blue, but I like angag too.; My father is a web designer and my mother is a greatalist.; I'm going to the supermarket. I need to buy eggs, sullocks and bread.* Os alunos devem então concluir que *angag* é uma cor; *greatalist*, uma profissão; *sullock*, provavelmente um alimento.

3 > Toque um pequeno áudio e peça aos alunos que, em pequenos grupos, escrevam uma palavra que ouviram mas cujo sentido não compreendam (eles devem escrever a palavra como acham que ela deve ser escrita; nesse momento não é importante acertar a ortografia da palavra). Numa segunda vez, os alunos ouvem o áudio e tentam inferir o sentido da palavra escrita, justificando suas respostas. A atividade pode ser estendida com o apoio da transcrição do áudio, a confirmação da ortografia da palavra e a consulta a um dicionário para verificação do sentido inferido.

4 > A sugestão acima pode ser adaptada pedindo à turma toda que selecione uma palavra desconhecida. A palavra então é escrita na lousa e toca-se o áudio novamente. Os alunos ouvem e, em conjunto, inferem seu significado, justificando suas inferências. Essa atividade pode ser feita rapidamente, em cerca de 5 minutos e, se encaminhada sistematicamente, pode auxiliar os alunos a desenvolver a aplicação desta estratégia com competência.

Para ampliar seu conhecimento

- Para ler mais sobre o assunto, leia o artigo "The role of linguistic knowledge in word-meaning inferencing" de Shiva Kaivanpanah e Sayyed Mohammad Alavi, publicado em *System*, 36(2): 172-195, 2008. *Abstract* disponível em <http://www.sciencedirect.com/science/article/pii/S0346251X08000183>.

9>> PRESTANDO ATENÇÃO À PRONÚNCIA E À ENTONAÇÃO

A situação

Você resolve usar um texto oral para explorar aspectos de pronúncia com seus alunos. No texto escolhido, há palavras cuja pronúncia pode causar dificuldades ao aprendiz brasileiro, tais como *high, thought, sour*. Você pede aos alunos que, ao ouvir tais palavras no áudio, escolham a opção de palavra que rima com a ouvida:

high	( ) me	( ) fig	( ) my
thought	( ) lot	( ) go	( ) loft
sour	( ) four	( ) flower	( ) lower

Em seguida, você pede aos alunos que leiam o texto em voz alta. Apesar de pronunciarem as palavras acima adequadamente (*high* rimando com *my*; *thought* com *lot*; *sour* com *flower*), eles leem o texto mecanicamente, sem atentar para a entonação. Você se pergunta, então, se há alguma possibilidade de associar o trabalho de compreensão oral com a atenção à entonação.

O texto

Transcrição do áudio

The Fox and the Grapes

A hungry Fox saw some fine bunches of Grapes hanging from a vine that was trained along a high trellis, and did his best to reach them by jumping as high as he could into the air. But it was all in vain, for they were just out of reach: so he gave up trying, and walked away with an air of dignity and unconcern, remarking, "I thought those Grapes were ripe, but I see now they are quite sour."

Disponível em: <http://usefulenglish.ru/phonetics/listening-for-intonation-the-fox-and-the-grapes>. Acesso em: 29 set. 2011.

A estratégia

Aspectos relativos à pronúncia e à entonação da língua inglesa são normalmente associados ao trabalho de produção oral, o que é compreensível. Afinal, ao falar em inglês, é importante estar atento a esses aspectos. No entanto, na situação acima o professor mostrou que é possível trabalhar a compreensão oral com um foco na atenção à pronúncia, no sentido de explorar o texto ouvido como fonte de informação e reflexão sobre a pronúncia da língua inglesa – em outras palavras, como desenvolvimento de uma estratégia de compreensão oral.

Ao observar a pronúncia e a entonação ao ouvir em inglês, um aprendiz-ouvinte aplica uma estratégia de *listening* por configurar a escuta como uma área em sua aprendizagem da língua que requer desenvolvimento. Na situação acima, o exercício proposto pelo professor mostra ao aprendiz que é possível discriminar os sons de uma palavra causadora de dificuldade e associá-los a sons idênticos em outras palavras familiares. Encaminhada sistematicamente, e acompanhada de outras tarefas, essas observações e reflexões sobre aspectos fonético-fonológicos da língua inglesa podem auxiliar o aprendiz a perceber esses sons mais competentemente. A seguir listamos algumas áreas de pronúncia que costumam causar dificuldade ao aprendiz brasileiro, e que podem ser beneficiadas por trabalhos de observação e reflexão:

- ***Minimal pairs***: *sheep/ship; beat/bit; fool/full; reach/rich* etc.
- Palavras que terminam com alguns sons consonantais (como *Internet, sit, united, rock, top*): estas tendem a ser pronunciadas por brasileiros com um som vocálico ao final.
- Fonemas /θ/ (som inicial em *think*) e /ð/ (som inicial em *then*).
- O fonema /ə/, como em *about*, o som mais comum em língua inglesa, conhecido como *schwa*, e inexistente no português brasileiro.
- O fonema /æ/, o que dificulta para os brasileiros a distinção entre, por exemplo, "man"e "men", "pan" e "pen", "laughed" e "left","bat" e "bet, "had" e "head", "sad" e "said", "dad" e "dead", "kettle" e "cattle", entre outros.
- Palavras que se iniciam por /p/, /t/ e /k/ iniciais, em **sílaba tônica**, devido à sua **aspiração**.

Retornando à situação do início desta seção, lembramos que o professor se perguntou se poderia usar o mesmo procedimento (ouvir, observar, refletir, decidir) no que se refere à entonação do trecho em foco. A resposta a essa pergunta é "sim": da mesma forma que se pode observar com atenção a pronúncia do que ouvimos, podemos atentar para a entonação do que é dito: sua "musicalidade" e ritmo, onde há pausas, onde há sons mais fortes e mais fracos.

No texto acima, por exempo, o trecho "*and did his best to reach them*" é provável causador de dificuldade de entonação para falantes brasileiros, que tenderão a enfatizar o *them* final ou a dar mais força sonora a *reach* do que a *best*. A observação de marcações de entonação (onde há *stress, rising intonation, falling intonation, long pauses, short pauses*) pode ajudar o aprendiz a se apropriar dessas tendências com mais eficiência. No *site* indicado para audição do texto "The Fox and the Grapes", pode-se encontrar detalhes de tais marcações com relação a esse áudio.

Combinando estratégias

- Em situações que envolvem compreensão e produção oral ao mesmo tempo (por exemplo, em uma conversa formal ou informal) pode-se observar e monitorar o uso de pronúncia e entonação simultaneamente.
- A visualização de padrões de entonação pode auxiliar um aprendiz a melhor compreender esses padrões. A combinação dessas estratégias pode ser feita desenhando-se o ritmo do que ouvimos com linhas retas, curvas, ou combinando-se retas com curvas.
- Vocalizar sons e grupos de sons que ouvimos pode facilitar tanto a aprendizagem quanto o entendimento desses sons (e grupos de sons) em futuras situações de *listening*.

Como trabalhar a estratégia em sala de aula

1 > Pratique a observação de padrões de entonação em perguntas, pedindo a seus alunos que ouçam alguns trechos gravados e vocalizem todas as perguntas que ouvirem. Se quiser prover maior andaimento, peça aos alunos que tenham a transcrição do áudio durante a tarefa.

2 > A sugestão acima pode ser adaptada para outras áreas que costumam causar dificuldade de entonação a brasileiros, como ***tag questions***.

3 > Peça a seus alunos que visitem um jornal americano que contenha notícias em áudio e ouçam sobre um evento importante do dia. Em seguida, peça que façam o mesmo num *site* britânico, observando as diferenças de pronúncia para palavras-chaves da notícia. Esta sugestão pode ser ampliada com a audição de notícias de jornais australianos, canadenses, sul-africanos etc. Para uma lista de jornais internacionais, ver <http://www.onlinenewspapers.com/>.

4 > Peça a seus alunos que explorem o *site* <http://www.howjsay.com/>: lá é possível digitar e ouvir várias palavras e locuções. Para prática da estratégia, pode-se digitar e ouvir palavras e locuções de pronúncia potencialmente difícil para observação e análise do aprendiz, por exemplo: *United States of America, mom and dad, a friend of mine, other than, spring onions, a thousand, sick and tired.*

5 > A sugestão acima pode ser utilizada para observação e análise da pronúncia de nomes de pessoas e lugares. Os *sites* <http://inogolo.com/> ou <http://www.pronouncenames.com/> podem ser utilizados para ouvir tais pronúncias.

6 > Para observação de entonação da língua inglesa, explore o *site Jazz chants* <http://www.onestopenglish.com/skills/listening/jazz-chants/mp3-files-and-recording-scripts/> com seus alunos.

Para ampliar seu conhecimento

- Em <http://www.soundsofenglish.org/> você encontra tudo o que precisa saber sobre os sons da língua inglesa, incluindo descrições (por escrito e de forma visual) de como esses sons são produzidos, além de vídeos e áudio ilustrativos.
- No *site* <http://www.uiowa.edu/~acadtech/phonetics/#> você tem acesso a animações com sons e descrições passo a passo do movimento articulatório necessário para se pronunciar todos os sons do inglês americano.
- O *site Sounds Familiar* <http://www.bl.uk/learning/langlit/sounds/> é produzido pela British Library e nele você pode ler e ouvir sobre acentos e dialetos no Reino Unido.
- Em <http://accent.gmu.edu/index.php> encontra-se um acervo interessante de acentos nativos e não nativos da língua inglesa: todos os falantes leem um mesmo texto, cuja audição e transcrição podem ser usadas como apoio para o desenvolvimento da estratégia desta seção.
- Em <http://www.rachelsenglish.com/> vários aspectos de pronúncia são tratados do ponto de vista teórico e na prática, em situações do dia a dia.
- Boas referências de leitura na área, ambas com foco em *British English*, são:
  - Kelly, Gerald. *How to teach pronunciation*. Harlow: Pearson, 2000.
  - Roach, P. *English Phonetics and Phonology: A practical course*. Cambridge: Cambridge University Press, 2009. <www.cambridge.org/elt/peterroach>.
- No *site* <http://www.bbc.co.uk/worldservice/learningenglish/grammar/pron/> você encontra explicações sobre a pronúncia da língua inglesa (em vídeo, em áudio, por escrito) e muitas atividades, incluindo *quizzes*, que você pode usar para praticar esse assunto com seus alunos.
- Para ler e ouvir sobre o som *schwa*, visite o *site* <http://www.bbc.co.uk/worldservice/learningenglish/grammar/pron/features/schwa>.

10>> IDENTIFICANDO INFORMAÇÕES SEMELHANTES EM UM TEXTO

A situação

Você resolve experimentar uma nova forma de trabalhar compreensão oral, dizendo a seus alunos: "Imaginem que vocês estão no carro e ligam o rádio. Vocês ouvem, então, algo cujo assunto vocês não sabem de antemão. Não têm como fazer previsões de vocabulário ou de conteúdo, nem têm como saber quem fala. Vocês são pegos 'de surpresa'. Tentem entender o máximo que podem, apoiando-se no que ouvem". Você toca o áudio, mas fica inseguro se seus alunos vão conseguir construir um sentido para o texto.

O texto

Transcrição do áudio

Americans love their pets a lot --- especially their cats and dogs. In fact, many Americans consider pets to be as much a part of their family as human family members. So says a two thousand nine report from the Associated Press and the petside.com website. Fifty percent of pet owners questioned said they considered their pets to be full members of the family. And forty three percent admitted to feeding the animals people food. After all, a dog is said to be man's best friend. But what happens when a pet owner has to go away? Jim Tedder has more about a business that cares for pets.

JIM TEDDER Sadaf Atashbarghi is with Olde Towne Pet Resort in Springfield, Virginia. This well-to-do hotel for animals has become popular among the Washington area's pet owners. Ms. Atashbarghi is herself a pet owner. She says her dog is very much a part of her family. And she says she too has been guilty of what some might call puppy love.

SADAF ATASHBARGHI I treat my dog as if she were my own kid. I take her to day camp. I buy her clothes. I get her nails done.

[...]

Disponível em: <http://www.voanews.com/learningenglish/home/american-life/Americans-and-their-Pampered-Pets-128893818.html>. Acesso em: 30 set. 2011.

Ao ouvir o trecho acima sem preparação, há grandes chances de se compreender as palavras-chaves da frase introdutória, *Americans, love, pets.* De fato, essa frase funciona como uma *topic sentence,* fornecendo logo no início do texto uma antecipação da ideia geral do que será ouvido.

Suponhamos, no entanto, que o ouvinte não saiba nesse momento que essa frase é mesmo uma *topic sentence*, o que é bem provável. Logo adiante o ouvinte vai possivelmente ouvir e compreender os termos *cats* e *dogs*. Essa informação retoma a ideia de *pets* ouvida originalmente e fortalece a interpretação de que o texto trata de animais de estimação.

De fato, a palavra *pets* é usada 5 vezes nesse trecho. Mas, mais do que isso, esta é a palavra mais frequentemente usada no texto, à frente de *dog(s), family, owner(s)* (cada uma delas usada 4 vezes). Como se vê, não é apenas a repetição da palavra *pet* que contribui para a confirmação da ideia central do áudio: outras palavras frequentes (como *dog*, ou *owner*, que é um **collocate** frequente de *pet*), também reforçam essa ideia. Isso sem contar outras palavras que remetem para *pet* (*animals*) e que derivam desse termo (*petside.com*), que também fortalecem a mesma ideia.

Estar atento para informações semelhantes em um texto é uma estratégia potencialmente útil na construção de sentido do que se ouve, pois ela permite que o ouvinte faça uma "costura" entre diferentes partes do texto. Ao ouvir informações semelhantes, confirmam-se previsões ou inferências, e constrói-se uma base de entendimento mais sólida sobre a qual novos entendimentos podem ser construídos.

Como vimos no exemplo acima, "informações semelhantes" não envolvem apenas repetições, mas também outros recursos que contribuem para a coesão do texto. O quadro a seguir toma como base os **elementos de coesão** propostos por Halliday e Hasan (1976), e lista alguns recursos utilizados no texto que permitem que o ouvinte faça conexões entre informações semelhantes.

Tipo de coesão	Quando ocorre	Exemplos no texto
(Co) Referência	Quando uma parte do texto refere-se a outra parte do texto	*Pronominals: their* (linha 1) referindo-se a "Americans"; *they/their* (linha 4), referindo-se aos donos de animais que participaram da pesquisa *Demonstratives and definite article: this* (linha 9); *the* (linhas 3 e 5) *Comparatives: as human family members* (linha 2)

Tipo de coesão	Quando ocorre	Exemplos no texto
Substituição	Um elemento do texto substitui outro, no mesmo *"grammatical slot"*.	*"So says a two thousand nine report..."* (linha 3): "so" substitui *"many Americans consider pets to be as much a part of their family as human family members."* (linhas 1-2).
Elipse	Uma parte do texto é omitida e os ouvintes têm de usar o cotexto ou conhecimento prévio para "preencher" a lacuna.	*"And forty three percent admitted to feeding the animals... "* (linha 5), em que *"of pet owners questioned"* está elíptico.
Léxico	O uso das mesmas palavras repetidamente, ou de outros termos que se relacionam de alguma forma, por exemplo: repetições, sinônimos ou quase-sinônimos, antônimos, hipônimos (relação entre geral e específico, por exemplo, *furniture/chair*); meronímios (relação entre o todo e uma parte, por exemplo, *hand/finger*); colocações (palavras que tendem a coocorrer, por exemplo, *coffee/milk*).	*Repetition: pets* (linhas 1, 2, 4 e 7), *family* (linhas 2, 5 e 12), entre outros *Near synonym: a business that cares for pets* (linha 7)/ *hotel for animals* (linha 9) *Hyponyms: pets/animals* (linhas 1, 2, 4, 7 e 9) *Meronyms: kid* (linha 15)/*family* (linhas 2, 5 e 12) *Collocation: puppy love/nails done/pet owners*

Combinando estratégias

- Saber ouvir informações semelhantes em um texto está associado a saber identificar as palavras-chaves e a ideia geral do que ouvimos. Utilizadas em conjunto, e acompanhadas de monitoramento, essas estratégias podem facilitar o processo de compreensão auditiva.
- Saber classificar uma sequência de termos que ouvimos como componentes de um mesmo "grupo de ideias" pode auxiliar o ouvinte a chegar à conclusão de que certos tempos são semelhantes. Por exemplo, ao ouvir "*On our safari we managed to see elephants, zebras and gerenuks*", um ouvinte pode concluir que a palavra *gerenuks* se refere a um animal mesmo que não compreenda tal vocabulário. Na seção "Inferindo o sentido de vocabulário desconhecido" há mais detalhes.
- Ao fazer previsões sobre possíveis respostas a exercícios de compreensão oral, pode-se prever vocabulário que remeta a palavras que aparecem nas perguntas (ou opções de respostas, se elas existirem, por exemplo, sob a forma de múltipla escolha).

Como trabalhar a estratégia em sala de aula

1 > Para conscientizar seus alunos sobre o fato de que ideias centrais num áudio costumam aparecer através da repetição de que remetem a essas ideias, toque um áudio e peça à turma que identifique a palavra mais frequente. Após ouvir o áudio uma segunda vez, os alunos respondem: o que se diz/se elabora sobre essa palavra?

2 > A sugestão acima pode ser ampliada com o uso de programas que fornecem a visualização das palavras mais frequentes em um texto apresentando as palavras componentes de um texto em tamanhos diferentes: quanto maior, mais frequente uma palavra é – ver estratégia de leitura "Identificando o vocabulário que precisa (ou não precisa) ser compreendido numa leitura" para mais detalhes. Por exemplo, a representação visual do texto que corresponde ao áudio comentado nesta seção seria como a imagem a seguir, que representa "pet" (a palavra mais frequente) de forma maior que as outras. Palavras do mesmo tamanho (por exemplo, *dog, owner, family*) têm a mesma frequência no texto.

americans animal area associated atashbarghi become best business buy call camp cat clothe considered day dog especially family fifty friend full go happen hotel human jim lot love member nine olde own owner part percent pet press puppy report resort said say take tedder thousand treat two virginia website welltodo

Fonte: <http://www.wordsift.com/>.

3 > Ao tocar um áudio que contenha alguns elementos de coesão de referência pronominal, pause o áudio após o uso desses elementos e pergunte à turma: *What does [it/her/them/etc.] refer to?*

4 > Selecione áudios que contenham exemplos de coesão lexical e referencial (por exemplo, *Cinderella, the girl, she, her sisters / the Prince, he, dance with him / the ball, it*) e peça aos alunos que ouçam e identifiquem os vocábulos que correspondem a um mesmo personagem ou ideia.

Para ampliar seu conhecimento

- Repetições são frequentemente usadas no discurso oral, com funções diferentes. A literatura na área é vasta, mas um livro clássico sobre o tema é *Talking voices: repetition, dialogue, and imagery in conversational discourse*, de Deborah Tannen (Cambridge: Cambridge University Press, 1989).

11>> IDENTIFICANDO "FRONTEIRAS" NO QUE SE OUVE

A situação

Você toca um áudio, pedindo à sua turma que ouça o diálogo e responda a algumas perguntas sobre ele. Durante o tempo em que o áudio é tocado, você nota, no entanto, que alguns alunos têm o olhar perdido, como se não estivessem compreendendo o que ouvem. Ao final da gravação um de seus alunos comenta: "Não entendi nada. É tudo muito rápido, e parece que ouvi uma sequência de sons, um atrás do outro, embolados, como se fosse uma coisa só. Não consigo distinguir uma palavra da outra." Outros alunos concordam. Você se pergunta se haveria alguma estratégia que pudesse auxiliar seus alunos a não terem percepções semelhantes ao ouvir um texto.

O texto

Transcrição do áudio

A All I do all day is work and watch TV. I really should start thinking about my health.

B I never thought about that, but you're right. What do you think we should do?

A For starters, we should start doing more outdoor activities. That way we'll get some exercise.

B I was thinking about taking tennis lessons. I always have an hour to spare in the afternoon.
What do you think about that?

A That's not a bad idea. How much is it?

B I heard it is only about one hundred twenty dollars a month for 8 lessons.

A Playing tennis twice a week will be a good start. Count me in.

Disponível em: <http://www.talkenglish.com/Listening/LessonListen.aspx?ALID=108>.
Acesso em: 30 set. 2011.

A estratégia

Se o texto acima fosse apresentado de forma escrita à turma, provavelmente os alunos não teriam tanta dificuldade para ler o texto. O vocabulário e a estrutura usados no diálogo são relativamente simples e, ao ler, pode-se contar com o apoio dos espaços em branco, entre as palavras, para indicar o fim de uma e o início de outra.

Ao ouvir, no entanto, não temos esses espaços como referência, e os sons que ouvimos podem mesmo ser percebidos como uma cadeia sonora única. Pode haver pausas um pouco maiores entre uma palavra ou outra (no texto acima, essas pausas ocorrem ao final de algumas frases) e também pode haver pausas entre uma fala e outra (o que ocorre às vezes mas não sempre no texto acima). Para construir entendimento dessa "sequência de sons", então, o ouvinte precisa saber segmentar os itens ouvidos – o que é uma palavra, o que é um grupo de palavras com sentido próprio, o que é uma frase, o que é uma fala. Esse processo é conhecido em inglês como *segmentation.*

Em diálogos, as diferentes falas podem ser mais facilmente identificadas a partir da distinção entre os diversos falantes. Quando há um homem e uma mulher, ou um adulto e uma criança falando, fica mais fácil fazer essa distinção. No caso acima, as duas vozes são masculinas e torna-se, portanto, mais difícil distinguir os dois falantes, até porque suas vozes são semelhantes.

Ao ouvir, então, é necessário dispor de recursos adicionais a fim de conseguir segmentar uma fala da outra. Muitas vezes diálogos apresentados em livros didáticos são compostos por estruturas simples que em princípio facilitariam tal segmentação, como o diálogo abaixo:

A Hi!
B Hi!
A What are you doing tonight?
B I'm staying home.
A Do you want to go to the movies with me?
B Sure!

No entanto, tais estruturas são demasiadamente simplistas, e não correspondem à maioria das situações de interação oral: nessas, os interlocutores não costumam apenas ou só perguntar ou só responder; ao contrário, numa conversa um mesmo participante poderá produzir posicionamentos com indagações, afirmações e negações. Como se vê, no áudio usado como referência acima, tanto A quanto B perguntam e respondem, assim como constroem depoimentos, reflexões e expressões de opinião. Um ouvinte competente precisará saber distinguir os falantes com base em outros elementos que não sejam apenas a estrutura e funções comunicativas das falas.

Perguntas que pedem opinião do interlocutor (como, por exemplo, *What do you think we should do?*, linha 3; *What do you think about that?*, linha 8) são fortes sinalizadores que o turno passará a outra pessoa – mas não necessariamente. É importante monitorar essa hipótese ouvindo com atenção o que é dito em seguida. Afinal, após formular a pergunta, o mesmo falante poderia adicionar um comentário extra como *I really think we should do something about it.*

Para saber segmentar com competência o que ouvimos é importante ter em mente que os sons que ouvimos e a representação mental que temos dos mesmos elementos que correspondem a esses sons em forma escrita são duas coisas diferentes. Em outras palavras, o que ouvimos quando alguém diz "*How are you doing today?*" configura-se como sons que não necessariamente corresponderão à nossa concepção da sequência de letras para a forma escrita das palavras que compõem tal fala. E, no caso de estarmos ouvindo em inglês, essa correspondência torna-se ainda mais desafiadora. Por exemplo, brasileiros que aprendem inglês tendem a associar o fonema /i/ à letra *i*; o ditongo /ey/ à combinação de letras *ei;* o ditongo /oʊ/ à combinação de letras "ou"*; /z/* à letra *s* intervocálica, e essas correspondências não ocorrerão necessariamente em inglês. Portanto, é aconselhável um trabalho de conscientização dos aprendizes sobre a não equivalência entre "o que se ouve" e "o que se lê" desde cedo, a fim de que eles compreendam que, ao ouvir, é importante ter normas de discurso oral (e não escrito) como referência.

Combinando estratégias

- Vocalizações podem apoiar o trabalho de segmentação, auxiliando o ouvinte a ouvir diferentes formas e decidir pela que lhe parece fazer mais sentido. Por exemplo, ao ouvir "AllIdoallday", um ouvinte pode não conseguir perceber que essa sequência de sons remete-se à sequência de palavras "All I do all day", mas, após vocalização pausada de cada uma das sílabas, pode ser mais fácil perceber a correspondência.
- Visualizar um trecho ouvido, tentando fazer a correspondência entre a cadeia de sons e a ortografia que a ela corresponde, pode também apoiar o trabalho de segmentação de um texto oral. Visualizações também podem ser usadas em diálogos, associando-se visualmente diferentes pessoas para cada um dos participantes do diálogo que ouvimos. Isso facilitaria a segmentação das falas (quem fala o quê).
- Diante da complexidade da aplicação desta estratégia, é importante apoiar segmentações em um trabalho de monitoramento constante perguntando-se: essa interpretação faz sentido com o que eu sei sobre o assunto? Faz sentido com o restante do texto?

Como trabalhar a estratégia em sala de aula

1 > O diálogo apresentado acima poderia ser usado para iniciar um trabalho com a estratégia de segmentação, da seguinte forma:

a. Apresenta-se o áudio acompanhado de sua transcrição, sendo que esta vem sem pausa entre palavras, assim:

> AllIdoalldayisworkandwatchTVIreallyshouldstartthinkingaboutmyhealthInever thoughtabout thatbutyou'rerightwhatdoyouthinkweshoulddoforstarterswe shouldstartdoingmoreoutdooractivitiesthatwaywe'llgetsomeexerciseIwas thinkingabouttakingtennislessonsIalwayshaveanhourtospareintheafternoon whatdoyouthinkaboutthatthat'snotabadideahowmuchisitIhearditisonlyabout onehundredtwentydollarsamonthforeightlessonsplayingtennistwiceaweekwill beagoodstartcountmein

b. Pede-se então aos alunos que, ao ouvir, marquem a fronteira entre as falas dos dois personagens (ou seja, ouvem e marcam com um traço a separação entre ... *health* e *Inever...*; ...*shoulddo* e *for...*; ...*exercise* e *Iwasthinking...*; ...*aboutthat* e *that'snot...*; ...*muchisit* e *Iheardit....*; ...*lessons* e *playing...*).

c. Numa segunda e terceira vez, os alunos ouvem o áudio e marcam as fronteiras entre as palavras.

2 > Um trabalho similar pode ser feito sistematicamente com músicas que interessem a seus alunos: toca-se o áudio e apresenta-se a transcrição sem espaços entre palavras e/ou versos, pedindo-se aos alunos que marquem tais fronteiras. Nos *sites* <http://www.songlyrics.com/> e <http://www.music.warnerbros.com> encontram-se muitas letras de músicas.

3 > *Sites* que contenham textos escritos e áudios correspondentes podem ser úteis também para a mesma prática. Explore, por exemplo, <http://www.literacynet.org/cnnsf/home.html> ou <http://www.breakingnewsenglish.com/>. Esses *sites* também podem ser úteis para a prática individual dos alunos: nesse trabalho eles podem usar a gravação como um ditado, escrevendo tudo o que ouvem e pausando o áudio (e indo para trás ou para frente) quantas vezes acharem necessário.

4 > Toque ou leia em voz alta pequenos textos para os seus alunos. Faça pausas sistemáticas e aleatórias, pedindo-lhes que escrevam as quatro últimas palavras que ouviram.

5 > Explore as sugestões acima em trabalhos que envolvam *collaborative listening*: neles, os alunos fazem as tarefas em pares, tentando chegar a um acordo quando houver alguma discordância.

Para ampliar seu conhecimento

- Para ler mais sobre *segmentation* em língua inglesa, incluindo discussões de aplicações pedagógicas, leia os artigos:
    - Al-jasser, F. The effect of teaching English phonotactics on the lexical segmentation of English as a foreign language. *System*, 36(1), p. 94-106, 2008.
    - Field, J. Promoting perception: lexical segmentation in L2 listening. *ELT Journal*, 57(4), p. 325-334, 2003. Para o *abstract*, vá a http://eltj.oxfordjournals.org/content/57/4/325.abstract.
    - Field, J. Revising segmentation hypotheses in first and second language listening. *System*, 36(1), p. 35-51, 2008. Para o *abstract*, vá a http://www.sciencedirect.com/science/article/pii/S0346251X07000929.

12>> TRANSFERINDO O QUE SE ENTENDE EM UMA PARTE PARA COMPREENDER OUTRA PARTE DO TEXTO

A situação

Você vem percebendo que seus alunos têm dificuldades com tarefas de compreensão oral que requerem transferência de entendimento de uma parte do texto para entendimento de outra parte. Você se pergunta se há alguma estratégia de compreensão oral que possa ser trabalhada a fim de minimizar ou mesmo eliminar essa dificuldade.

O texto

Transcrição do áudio

Fun Reading Show

Knowing how to read is very important. Reading helps you understand things. Many people want to get more children, adults, and families to read.

A special program was created to help others learn about reading. This program is a tour that goes to different places. It gets people watching it to be a part of it.

The program puts on a show that is 20 minutes long. It has two funny people putting on a show. They go to schools all over California and perform.

One of the things they do is a game show with someone in the audience. That person has to answer questions about books and reading. They will win a prize if they get the questions right.

The show is part of a program that costs a lot of money. It wants to get as many people involved in reading as they can. They will travel to many different places.

Disponível em: <http://www.cdlponline.org/index.cfm?fuseaction=activity1&topicID=4&storyID=118>. Acesso em: 29 set. 2011.

A estratégia

É possível e mesmo recomendável trabalhar a estratégia de transferência de entendimentos de uma parte para compreensão de outras partes do texto. Afinal, quando escutamos, muitas vezes nosso entendimento é construído com base na totalidade do que é ouvido e não apenas em cima de entendimentos isolados e desconectados.

Desta forma, para se ouvir com competência é importante combinar o que se entende (e mesmo as dúvidas relativas ao que não se entende) de uma parte do texto com o que se ouve em outras partes do texto, a fim de ampliar e/ou refinar nossos entendimentos. Transferência de entendimento é especialmente importante quando o texto que ouvimos apresenta informações antagônicas (por exemplo, quando envolve posicionamentos contrários acerca de um tema) ou mesmo contraditórias (quando apresenta ideias que não "batem" uma com a outra, cabendo ao ouvinte perceber tais contradições e concluir que há algo problemático com o texto).

No entanto, a aplicação desta estratégia está associada a dois fatores que podem dificultar sua implementação: a primeira delas envolve potencial dificuldade do ouvinte em identificar que duas ou mais partes do texto ouvido estão de alguma forma relacionadas. Para superar essa dificuldade, é recomendável acionar mecanismos de identificação de informações similares no que ouvimos, tal como foi abordado na seção "Identificando informações semelhantes em um texto".

O segundo potencial dificultador de mecanismos de transferência ao se ouvir uma passagem em inglês está relacionado ao fato de que muitos alunos não estão acostumados a acionar tais estratégias, visto que muitas das tarefas que costumam fazer requerem apenas percepção de itens isolados no que ouvem.

Com relação ao áudio mencionado acima, estes são alguns exemplos de perguntas de compreensão que envolvem "informação específica"e "transferência de informações":

Informação específica	Fonte da informação no texto
O texto trata de um programa especial que foi criado para ensinar outras pessoas sobre o quê?	*A special program.... learn about reading* (linha 3)

Transferência de informação	Fonte da informação no texto
De que forma o programa especial de que trata o texto pretende envolver um grande número de pessoas em leitura?	*This program is a tour....to be a part of it. (linhas 3-5); They go to schools all over California and perform.* (linha 7)

Informação específica	Fonte da informação no texto
Por que foi criado um programa especial sobre leitura?	*Knowing how to read...understand things.* (linhas 1-2)

Transferência de informação	Fonte da informação no texto
Quais as dificuldades associadas à implementação do programa?	*[it] costs a lot of money (linha 11); [it needs to go] to different places (linha 4)/ travel to many different places* (linhas 12-13)

Desta forma, é importante oferecer prática sistemática de atividades de compreensão auditiva que não envolvam apenas a identificação de uma informação dada num ponto específico do áudio, mas que requeiram combinação e integração de informações dadas em diferentes pontos do texto.

Combinando estratégias

- Transferências de entendimento de uma parte para outra do texto podem ser facilitadas pela identificação de termos que correspondam a ideias semelhantes no texto, tais como sinônimos, pronomes, substuições etc., conforme discutido na seção "Identificando informações semelhantes em um texto".
- Uma vez que não envolvem articulação explícita no texto ouvido, entendimentos construídos a partir da aplicação de transferência de entendimento devem ser monitorados continuamente. Mais sobre isso na próxima seção.
- Inferências baseadas em conhecimento prévio podem também atuar na construção e monitoramento de transferências.

Como trabalhar a estratégia em sala de aula

1 > Selecione um áudio linguisticamente simples para ser tocado e, antes de tocá-lo, divida a turma em dois grupos. Peça à metade dos alunos que saia da sala enquanto você toca a primeira metade do áudio; em seguida, esses alunos retornam e os outros saem, e você toca a segunda metade. Com todos os alunos na sala, forme pares que sejam compostos por alunos que ouviram as diferentes partes do áudio. Os alunos conversam, trocando informações sobre o que ouviram. Ao final da atividade, a turma debate: Para boa compreensão auditiva, é importante saber integrar informações a partir do entendimento de diferentes partes de um texto?

2 > Toque um áudio de uma notícia recente. Divida a turma em quatro grupos, encarregando cada grupo de ouvir informações específicas: *What happened? Where? Who was involved? When did it happen?* O áudio então é tocado e os grupos anotam as respostas. Depois, os alunos formam grupos com quatro membros (um representante de cada grupo original) e trocam informações. Em conjunto, a turma conversa: até que ponto o entendimento de partes diferentes pode dar uma dimensão maior a um entendimento isolado?

3 > Ao fazer exercícios de compreensão auditiva que envolvam exercícios de múltipla escolha, estimule os seus alunos a justificarem, com base no texto ouvido, as opções escolhidas e as opções descartadas.

4 > Como ampliação do trabalho de tarefas de compreensão sobre um texto (por exemplo, com perguntas de múltipla escolha e classificação de afirmativas como *true* ou *false*) peça sistematicamente a seus alunos que indiquem as partes do texto em que as informações necessárias para a realização da tarefa se encontram. Isso pode ser feito oralmente ou com o apoio da transcrição do texto ouvido.

Para ampliar seu conhecimento

- *Jigsaw listening* é uma atividade de compreensão auditiva que requer que cada ouvinte ouça algo diferente, como que identificando uma "peça" de um quebra-cabeça. Depois, os alunos juntam suas "peças" a fim de ter um entendimento mais global do que foi ouvido. Para ler mais sobre *jigsaw listening* vá a <http://www.teachingenglish.org.uk/knowledge-database/jigsaw> ou a <http://tlp.excellencegateway.org.uk/resource/su_mfl_learactcd/singlesessionactivities/jigsawlistening.htm>.

13>> MONITORANDO A ESCUTA

A situação

Você leu recentemente uma listagem de estratégias de compreensão oral em que monitoramento é definido como "*checking, verifying, or correcting one's comprehension or performance in the course of a listening task*" (Vandergrift, 2003:494). Você entende o conceito mas tem dúvidas em como ele pode ser trabalhado com seus alunos. Especificamente, você se pergunta se seria possível fazer isso com um áudio que está previsto para ser usado na sua próxima aula.

O texto

Transcrição do áudio

Hello and welcome to the British Library in London. Sometimes called the "nation's memory", it houses millions of valuable items, including Magna Carta, Leonardo da Vinci's Notebook, and the National Sound Archive. It also houses the oldest book in the world, which was printed in 868 AD in China. This Chinese connection makes it an appropriate place in which to start this year's Reith Lectures. Our subject on this, their 60th anniversary, is China; [...]

Disponível em: <http://www.bbc.co.uk/radio4/reith2008/>. Acesso em: 18 mar. 2012

A estratégia

A rigor, a estratégia "Monitorando a escuta" pode ser apresentada e trabalhada com qualquer tipo de texto oral. Sua aplicação, então, não é dependente do texto, ou mesmo da tarefa, mas sim da ativação de processos metacognitivos por parte do ouvinte.

Há indicações na literatura (Goh, 1998; O'Malley e Chamot, 1990; Vandergrift, 1997; 1998) de que ouvintes eficientes fazem monitoramento com frequência e competência e, como destacado ao longo desta parte sobre estratégias de compreensão auditiva, o monitoramento pode ocorrer durante todo o processo de audição, apoiando outras estratégias de compreensão auditiva antes, durante e depois de se ouvir um texto.

É necessário explorar algumas perguntas para um bom entendimento sobre monitoramento da escuta: o que é essa estratégia e o que ela envolve? De que forma ela ocorre? Por que ela é tão importante? Como podemos ensiná-la?

Comecemos pela definição e caracterização de monitoramento. De acordo com a definição reproduzida acima (que é de fato a definição mais amplamente aceita na literatura), monitoramento envolve "fazer uma conferência" (*checking*), "confirmar como verdadeiro" (*verifying*) ou "retificar" (*correcting*) o entendimento ou os processos e recursos usados em tal entendimento ao ouvir um texto.

Como se vê, a estratégia é complexa não apenas por abarcar comportamentos diferentes (*checking, verifying* e *correcting*) mas sobretudo por envolver processos metacognitivos árduos que, por definição, têm de ocorrer durante situações que já podem exigir demasiado esforço por parte de quem ouve em língua estrangeira.

Uma forma de lidar com essas dificuldades em caracterizar a estratégia e torná-la mais "palatável" para ser apresentada aos aprendizes é entender *listening monitoring* como uma série de subestratégias. O quadro a seguir lista as caracterizações secundárias mais frequentemente mencionadas na literatura e descreve tais caracterizações tomando-se o texto acima como referência:

Tipos de monitoramento	Definição	Simulação baseada no áudio transcrito acima
Monitoramento de compreensão *Comprehension monitoring*	O ouvinte estabelece se está entendendo (ou não); se entendeu (ou não).	O ouvinte começa a ouvir o áudio. Seus pensamentos paralelos são: "*OK, estou compreendendo. A mulher que fala está na British Library em Londres. Não entendi o que vem depois: será que ela está dizendo que a casa dela tem milhões de itens valiosos? Ou ela está falando sobre outro lugar? A British Library, talvez?...*"
Monitoramento de hipótese *Hypothesis monitoring*	O ouvinte questiona e/ou verifica uma interpretação ou hipótese previamente levantada a partir do que ouve subsequentemente.	"*Hmm... Is my hypothesis verified or condradicted by the text? Acho que ela não está falando da casa dela, não. A Magna Carta e o caderno de Leonardo da Vinci não podem estar na casa dela...*"
Confirmação de hipótese *Hypothesis confirmation*	O ouvinte confirma que sua interpretação ou hipótese é correta.	"*I'm now sure that she's talking about the British Library!*"
Monitoramento de conteúdo *Monitoring against the passage*	O ouvinte questiona/ verifica se sua interpretação faz sentido dentro do contexto do que é ouvido.	"*OK, the library has the oldest book in the world, todos esses objetos podem mesmo estar na biblioteca, tudo faz sentido...*"

Tipos de monitoramento	Definição	Simulação baseada no áudio transcrito acima
Monitoramento de coerência *Monitoring for sense*	O ouvinte questiona/ verifica se sua interpretação faz sentido diante de seu conhecimento de mundo.	*"Mas como é isso? Oldest book... printed in China? A imprensa não foi desenvolvida na Alemanha? E o livro impresso mais antigo é chinês?"*
Monitoramento de foco *Focus monitoring*	O ouvinte questiona/ verifica se está com o foco direcionado ao que ouve.	*"OK... Deixa essa dúvida pra lá... Am I paying attention? Am I listening carefully to what I hear? I need to keep listening..."*
Monitoramento de confirmação *Double-check Monitoring*	O ouvinte questiona/ verifica interpretações e comportamentos anteriores ao longo do processo de audição.	*"Então... Ela fala de Chinese connection agora. Então é isso mesmo. Ela está no museu, falou do livro chinês que está no museu."*

Como mostra a simulação acima, o monitoramento feito por um ouvinte é essencial para a manutenção de seu diálogo com o que ouve e da formulação de conclusões plausíveis sobre o texto ouvido. Os monitoramentos descritos acima mostram que a estratégia pode ocorrer paralelamente a todo o processo de audição, e que sua implementação permite o refinamento contínuo do entendimento do ouvinte.

A dificuldade em monitorar a audição é, como foi dito anteriormente, saber manter dois "canais de comunicação" abertos ao se ouvir: um com o que se ouve, um consigo mesmo. Como acontece com outras estratégias, a prática e constante avaliação da estratégia devem apoiar seu desenvolvimento.

Combinando estratégias

- Monitoramento de escuta é uma estratégia que pode amparar o processo de compreensão oral antes, durante e depois da escuta propriamente dita: ao se preparar para ouvir, pode-se monitorar as previsões ("Elas fazem sentido?") e a atenção ("Estou focado no que vou começar a ouvir?"); durante a escuta, pode-se encaminhar todos os tipos de monitoramento explicitados no quadro acima, paralelamente à implementação de todas as estratégias discutidas até agora na parte *Estratégias de Compreensão Oral* deste livro; após a escuta pode-se continuar a monitorar o entendimento ("Minhas conclusões fazem sentido diante do conteúdo de todo o áudio?", "Fazem sentido diante de meu conhecimento de mundo?"). Esse questionamento, por sua vez, pode apoiar outras estratégias de compreensão oral tais como "Avaliação de estratégias" (quando o ouvinte julga a adequação das estratégias adotadas ao ouvir, avaliando a necessidade de mudanças e adaptações) e "Autoavaliação" (quando o ouvinte avalia sua própria competência e/ou conhecimento ao ouvir).

Como trabalhar a estratégia em sala de aula

1 > A fim de conscientizar seus alunos sobre como se pode monitorar a compreensão oral, o professor pode modelar um *think-aloud* ao ouvir um texto. Incialmente esse *think-aloud* pode ser feito pausando-se o áudio: nessas pausas, encaminha-se então o *think-aloud* monitorando a escuta como é mostrado, por exemplo, na terceira coluna do quadro sobre tipos de monitoramento apresentado nesta seção.

2 > A sugestão acima pode ser ampliada apresentando a transcrição de um *think-aloud* e examinando tal transcrição junto com os alunos a fim de familiarizá-los com os diferentes tipos de monitoramento que podem ser feitos ao se ouvir em inglês.

3 > Prepare uma folha com um exercício de relacionar colunas, listando os vários tipos de monitoramento à esquerda e dando suas definições com exemplos à direita, e peça aos alunos que façam a correspondência entre as colunas. Nesse exercício pode-se adicionar um outro tipo de monitoramento: Monitoramento diante da tarefa (*Monitoring against the task*), que consiste em questionar/verificar se a interpretação faz sentido dentro das exigências de uma tarefa de *listening* (por exemplo, as perguntas para serem respondidas, as opções de múltipla escolha, os quadros ou frases a serem completados).

4 > Proponha tarefas para serem feitas em casa ouvindo-se, por exemplo, *sites* que contenham áudios na Internet. As tarefas não precisam necessariamente conter perguntas de compreensão; devem, no entanto, encorajar os alunos a ouvir e monitorar seu entendimento. Para tal, os alunos devem ser orientados a manipular o áudio como quiserem (pausando-o, movendo-o para frente e para trás quando acharem necessário), monitorando seu entendimento mentalmente. Os ouvintes podem utilizar uma lista de estratégias de monitoramento durante a tarefa, para referência. Posteriormente, em sala de aula, a turma conversa sobre a experiência de ouvir e monitorar o que se ouve.

Para ampliar seu conhecimento

- Juntamente com estratégias de planejamento e avaliação do processo de compreensão oral, estratégias de monitoramento formam um conjunto de estratégias metacognitivas que a pesquisadora Christine Goh defende em seu artigo "Metacognitive instruction for second language listening development", publicado em *RELC Journal* 39(2), p. 188-213, 2008. O artigo está disponivel em <http://nie-sg.academia.edu/ChristineGoh/Papers/991354/Metacognitive_Instruction_for_Second_Language_Listening_Development>.
- Um outro artigo que oferece importantes *insights* e sugestões para implementação de *metacognitive instruction* é o paper de Jeremy Cross "Metacognitive instruction for helping less-skilled listeners", publicado no *English Language Teaching Journal*. O *abstract* do artigo está disponível em <http://eltj.oxfordjournals.org/content/early/2010/12/23/elt.ccq073.short?rss=1>.

14>> OUVINDO EM COLABORAÇÃO

A situação

Você leu um artigo sobre *collaborative listening* e quer explorar a estratégia em sua turma de alunos de nível básico durante uma atividade de *listening*. A tarefa consiste na escuta de frases simples a serem lidas em voz alta pelo professor (por exemplo, *These people are in a farm, This boy is in a town.*) e na identificação de uma de quatro imagens (a, b, c, d) que corresponde a cada uma das frases ouvidas. Para poder refletir sobre a eficácia da estratégia após a aula, você grava a interação durante a aula em áudio, transcrevendo-a posteriormente. Ao ler a transcrição, você percebe que sua tentativa de implementar a estratégia não foi bem-sucedida, mas não sabe como proceder no futuro para garantir melhor encaminhamento do trabalho.

A interação

Classroom interaction

T okay everybody? Hum? Okay, now let's go to page ten, please. Let's go to page ten Roberto. Look at this ((mostrando a imagem de duas pessoas conversando em uma escola)): where are the people? where are the people?
S1 school
S2 school =
S3 = the people are in a school
T *ah*! in a school, in a farm, in a factory, in a town =
S2 ((tentativamente)) = in... school
T er... I will say the number right?
S4 number
T you will listen okay? And you write the numbers right? Okay? Number one, these people are in a farm . . .
S5 Huh?
T Look at the people, where are the people? Where? I will say the number and you write where you think they are okay? Right? Number one. These people are in a farm, these people are in a farm. a, b, c or d? What do you think?
S1 b
T okay. I did the first one with you, now you do it together, ***vocês fazem agora, tá***? ***Num grupo***. You may help each other. Number two. Er... this boy is in a town. Okay?

S2 okay
T number three. This boy is in a school. ((pausa)) Number four. This man is in a factory. Can you please check as a group now? A. What number is it?
S4 (?)
T hum? a. Letter a
S2 ***a letra a***
T letter a…
S2 three
T hum?
S2 ***a letra*** a é three =
T = go ahead. G***ente, vocês podem perguntar para o outro:*** what's letter b?
what's letter c?
S4 letter b é one ***letra c*** é four ***letra d*** é two

Arquivo pessoal da autora.

A estratégia

No cenário do ensino e aprendizagem da compreensão auditiva, fala-se de *collaborative listening* para se referir a situações em que a dicotomia *listener-speaker* se faz imprecisa: quando se interage com outras pessoas e, ao falar, "escuta-se" ao mesmo tempo o interlocutor a partir de suas reações verbais e não verbais de forma continua e simétrica; ao se ouvir, "fala-se" registrando entendimento, compreensão, discordância etc., também de forma verbal ou não verbal.

Como explica Rost (2002: 55), "In collaborative listening, the purpose of listening is not primarily comprehension of messages but rather establishing interactive connections with one's interlocutors and mutually moving toward goals". Na aula transcrita acima, o professor abordou a noção de *collaborative listening* não com o foco no *listening* propriamente dito mas na verificação da tarefa de *listening*.

Na linha 19, depois de a tarefa propriamente dita já ter sido apresentada na primeira parte da interação (linha 1 a 17), o professor sugere aos alunos: "Vocês fazem agora, tá? Num grupo. *You may help each other.*". A proposta de um trabalho colaborativo é rearticulada mais adiante, na linha 24 (*Can you please check as a group now?*), mas os alunos não reagem conforme proposto: a verificação do exercício seguinte é feita entre o professor e a Aluna 2 (linhas 26-31). Mais uma vez, o professor insiste no trabalho colaborativo (linhas 32-33) mas as respostas seguintes são propostas de forma individual, em sequência, por um único aluno (linha 35). Em outras palavras, apesar do convite feito pelo professor a seus alunos a trabalharem colaborativamente na verificação das respostas do exercício de *listening*, não houve colaboração nesta atividade pois os alunos se posicionaram como ouvintes passivos, organizando sua fala num padrão interacional Professor-Aluno-Professor-Aluno-etc. e sinalizando que esperavam que o professor lhes confirmasse as respostas dos exercícios.

É importante notar que, no caso acima, e em geral, não é o objetivo da atividade em si que impede que haja *collaborative listening*. Os alunos poderiam se engajar numa verificação verdadeiramente colaborativa das respostas do exercíco ouvindo dúvidas e perguntas dos colegas (e propondo respostas), ouvindo justificativas de respostas (e concordando ou discordando em seguida), ouvindo propostas para se seguir adiante (e aceitando ou não tais propostas). Todo esse processo de *listening-and-speaking* seria factível se os alunos estivessem acostumados a interagir dessa maneira.

Da mesma forma, os alunos poderiam se engajar na própria atividade de *listening* de forma colaborativa: para tal, ouviriam o professor (como no caso acima), ou um áudio, e negociariam respostas (expressando seu entendimento e opinião, justificando seu posicionamento, pedindo e dando esclarecimentos etc.).

Obviamente tal processo envolve algumas dificuldades, entre elas: se os alunos não estão acostumados a "ouvir em conjunto", eles precisarão aprender a trabalhar desta forma, discutir seus benefícios, avaliar os resultados. Uma segunda dificuldade atrelada à prática de *collaborative listening* tem caráter técnico: normalmente as salas de aula possuem apenas um único aparelho para emitir o áudio (seja ele um *CD-player*, um *MP3 player*, um computador, ou um toca-fitas) e nesse cenário é impossível permitir aos pares ou grupos que manuseiem tal aparelho a seu critério. Nesses casos, pode-se ter uma pessoa encarregada de tocar e pausar o áudio (o professor, ou um dos alunos) enquanto os grupos interagem durantes as pausas.

Como vimos acima, o trabalho com *collaborative listening* envolve, por definição, um amálgama de *listening* e *speaking*. Portanto, para auxiliar os alunos a saberem implementar a estratégia de forma eficiente, será necessário instrumentalizá-los com locuções e expressões úteis em sua colaboração. O quadro a seguir oferece algumas sugestões de "*Useful language*" para a operacionalização de *collaborative listening*.

I didn't catch that. What did s/he say?
What was the last word s/he said?
I understood [x]. What about you?
I think the answer is [y] because...
I heard [z] but I'm not sure.
Let's listen again. / Can you repeat that, please?

O uso de expressões como as acima é comum em situações de *listening* no dia a dia. Frequentemente, ao ver TV, ouvir o rádio, conversar com outras pessoas, ouvir a gravações no computador, entre outros, não entendemos algo e pedimos esclarecimentos ou a quem falou ou a outra pessoa. Isso nos leva a concluir que saber "ouvir em conjunto" é uma estratégia importante em língua estrangeira também. Havendo a possibilidade de fazer esses esclarecimentos, eles devem ser feitos – mas obviamente haverá situações em que tal negociação não será apropriada, como ao ver filmes no cinema, ao ouvir palestras, ao assistir a uma peça de teatro. Caberá ao ouvinte avaliar a adequação da estratégia ao evento de compreensão oral em que está participando e decidir se nele é possível e recomendável se engajar em *collaborative listening.*

Sob o ponto de vista pedagógico, no entanto, é sempre uma boa ideia incentivar a colaboração ao ouvir em sala de aula. Trabalhando em pares ou grupos, os aprendizes podem trocar ideias e juntos construir novos entendimentos. Além disso, a interação pode criar oportunidades de andaimento, em que um par mais competente possa auxiliar o colega a fazer algo que não saberia fazer sozinho.

Combinando estratégias

- Ao ouvir de forma colaborativa, pode ser muito útil vocalizar e repetir o que se ouviu, a fim de que o interlocutor possa propor novas ideias com base no que foi ouvido pelo seu par.
- Em *collaborative listening*, monitoramento pode ocorrer não apenas como automonitoramento, mas também como monitoramento mútuo. Desta forma, aumentam-se as possibillidades de se monitorar o processo de audição de forma focada e sistemática.
- Depois de engajar-se em *collaborative listening*, os participantes devem avaliar o processo de tal escuta, perguntando-se: valeu a pena ouvir-se de forma colaborativa? Houve ganhos? Se sim, quais? Se não, por que não? O que poderia ser feito para tornar esse processo mais eficaz no futuro?

Como trabalhar a estratégia em sala de aula

1 > A fim de conscientizar seus alunos sobre os benefícios de ouvir colaborativamente, pode-se pedir que ouçam uma pequena passagem oral e anotem individualmente o que compreenderam. Em seguida, os pares compartilham suas notas e produzem diagramas de Venn como o abaixo, registrando na interseção os pontos observados por ambos.

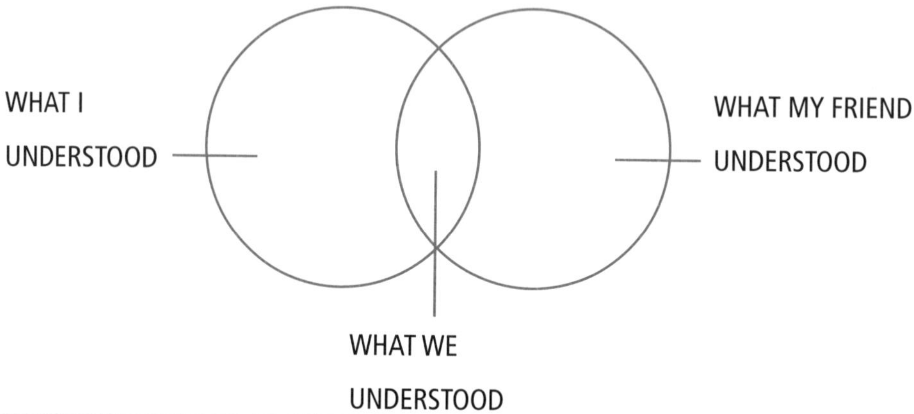

Uma análise crítica do conteúdo do diagrama pode ajudar os alunos a perceber que, ao se ouvir colaborativamente, entende-se melhor o que se ouve.

2 > Em pares, os alunos ouvem um áudio (ou veem um vídeo, com áudio) e tomam notas do que entendem. Em seguida, comparam suas notas e tentam recompor oralmente a ideia do que ouviram com base em suas anotações. Ouve-se o áudio mais uma vez para verificação das ideias construídas colaborativamente.

3 > A sugestão acima pode ser ampliada pedindo-se aos alunos que compartilhem informações não apenas sobre o conteúdo do *listening* mas também sobre as estratégias que usaram para chegar às suas conclusões. Os potenciais benefícios dessa troca são diversos: para quem ouve sobre as estratégias utilizadas pelo colega, a troca pode gerar reflexão sobre a importância de estratégias desconhecidas ou esquecidas; para quem articula as estratégias usadas ao ouvir, a troca pode funcionar como conscientização de estratégias metacognitivas que envolvem avaliação de comportamento estratégico.

4 > Após ouvir em duplas, os alunos podem dramatizar ou criar cartazes sobre o que ouviram, compartilhando seus entendimentos com o resto da turma. Podem, também, fazer exercícios sobre o áudio para serem trocados com seus colegas. Tais ampliações podem favorecer a percepção dos alunos-ouvintes como agentes de seu processo de compreensão oral.

5 > Para fortalecer o sentimento da turma como uma "comunidade de ouvintes", proponha a criação de um *blog* ou *wiki* em que os alunos registrem fontes para ouvir em inglês (por exemplo, *talking books*, exercícios convencionais, músicas, *sites* de canais de TV etc.), comentando sobre tais fontes e trocando ideias sobre suas experiências ao ouvir usando tais recursos.

Para ampliar seu conhecimento

- Um estudo que relata a observação de escuta em duplas é Fernandez-Toro, Maria. The role of paired listening in L2 teaching. *Language Learning Journal*, 31(1), p. 3-8, 2005. Em <http://oro.open.ac.uk/16890/>, você pode ler o *abstract* do estudo.
- Para ler mais sobre o assunto, leia o artigo "Cooperative listening as a means to promote strategic listening comprehension", de Patrisius Istiarto Djiwandono. O artigo está disponível em <http://eca.state.gov/forum/vols/vol44/no3/p32.htm>.

15>> IDENTIFICANDO AS DIFICULDADES E DELINEANDO UM PLANO DE AÇÃO PARA SOLUCIONÁ-LAS

A situação

Você está confiante de que vem fazendo um trabalho de familiarização e prática de estratégias de compreensão oral com seus alunos: já lhes apresentou várias estratégias, e vem oferecendo com frequência e regularidade oportunidades de implementação dessas estratégias. No entanto, você tem dúvidas sobre como seus alunos se sentem ao se engajarem em atividades de compreensão auditiva: quais são as suas dificuldades? Que áreas podem ser mais bem trabalhadas? Você resolve, então, encaminhar um debate sobre o tema.

O texto

Arquivo pessoal da autora.

A estratégia

A ideia de convidar os alunos a se posicionarem sobre os desafios associados a ouvir em inglês é sempre positiva. É impossível que um professor consiga detectar exatamente o que causa dificuldades a cada indivíduo em sala de aula. Sempre que damos a voz a nossos alunos temos acesso a informações, sentimentos, percepções que possivelmente passariam despercebidos na sempre movimentada – e às vezes impessoal – dinâmica da sala de aula.

Os depoimentos acima podem ser agrupados em três categorias:

- Aluno 1 concebe a dificuldade no âmbito de "listening" de um modo geral (*Listening is challenging*) e, desta dificuldade geral, parte para a articulação de uma dificuldade associada à tarefa de compreensão auditiva. De forma similar, a Aluna 3 também concebe a dificuldade (*I find it hard to process the information*) no âmbito da tarefa propriamente dita (*given the little time I have*).
- A Aluna 2 atribui a dificuldade a um problema pessoal: a falta de vocabulário.
- Os Alunos 4 e 5 descrevem os falantes como responsáveis pelas dificuldades: eles *speak too fast* mas se falarem de forma pausada ou mais clara, ou se tiverem sotaques familiares, será mais fácil compreendê-los.

Com base no que já se discutiu sobre estratégias neste livro, pode-se concluir que os Alunos 1, 3, 4 e 5 não estão no caminho certo para se tornarem ouvintes estratégicos. Por definição, saber escolher e utilizar uma estratégia de *listening* presume que o ouvinte esteja "no controle" do seu processo de compreensão oral, percebendo onde estão os potenciais problemas e acionando ferramentas que possam minimizar ou eliminar tais dificuldades. Em outras palavras, o ouvinte precisa ser agente de sua audição.

Ao alocar a responsabilidade de sua dificuldade com compreensão oral a terceiros (como fizeram os Alunos 4 e 5) ou às tarefas envolvidas ao ouvir (como fizeram os Alunos 1 e 3), esses aprendizes ficam de certa forma paralisados, sem poder dar solução a seus problemas: afinal, não se pode mudar a maneira como outras pessoas falam, da mesma forma que não se pode mudar as tarefas a que somos apresentados em situações de compreensão oral em inglês.

O que se pode mudar é a nossa maneira de encarar esses desafios. Nesse sentido, a Aluna 2 posiciona-se melhor que os outros alunos ao atribuir sua dificuldade ao ouvir em inglês a uma limitação pessoal: *My English vocabulary is very limited*. A percepção de uma dificuldade pessoal é o primeiro passo para se delinearem soluções para esse problema.

No entanto, se por um lado é positiva a articulação do problema da Aluna 2 como sendo algo que reside nela própria (e não em outras pessoas, nem em situações que fogem do seu controle), por outro lado é problemática a concepção da dificuldade de se ouvir em inglês apenas no âmbito do conhecimento sistêmico (lexical, para sermos mais específicos). Há pelo menos dois questionamentos a serem levantados a partir dessa concepção: primeiramente, a Aluna 2 não percebe que a sua dificuldade pode não ser apenas de vocabulário. Em segundo lugar, falta a percepção maior de que para ouvir bem é preciso utilizar várias estratégias.

Concluindo, uma importante estratégia de *listening* consiste em saber identificar as dificuldades ao ouvir – e articular essas dificuldades de forma que possam ser remediadas através de alguma estratégia, conforme exemplos abaixo:

Listening "problem"	Possible ways of dealing with the problem
"Não consigo me concentrar. Começo a ouvir e, se não entender, entro em pânico e fico perdido."	Acionar monitoramento de foco, lembrando a si próprio: *Keep going! Don't panic! Stay focused!*
"Às vezes acho que entendo, mas sempre fico na dúvida se minha interpretação é correta."	Procurar ouvir por informações semelhantes no texto; transferir entendimentos.
"Quando ouço, fico na dúvida de quais são as palavras-chaves. Acabo achando que elas são as palavras que eu conheço!"	Desenvolver a capacidade e identificar *key words* ao ouvir, atentando para repetições, negativas, pausas etc.
"Quando ouço notícias no computador não entendo nada!"	Ouvir em colaboração com outras pessoas, trocando ideias e construindo conhecimento em conjunto.

Portanto, a identificação das dificuldades está de certa forma interligada ao desenvolvimento de um plano de ação que possivelmente envolverá outras estratégias de compreensão oral.

Combinando estratégias

- Ao se preparar para ouvir um texto cujo gênero tende a causar dificuldade, pode-se acionar a estratégia "Atenção seletiva", decidindo por antecipação em quais informações devemos concentrar nossa atenção. Por exemplo, antes de engajar-se numa transação comercial, pode-se antecipar o tipo de informação que ouviremos (por exemplo, preço, condições de pagamento) e canalizar a atenção para tais informações.

- Ao se ouvir um texto sobre cujo assunto temos conhecimento de mundo limitado, é importante identificar essa falta de base como um potencial problema e questionar as conclusões a que chegamos sobre o áudio com base no nosso conhecimento prévio.
- Saber identificar nossas dificuldades ao ouvir em inglês está associado à capacidade de autoavaliar essas dificuldades, concebendo-as como limitações pessoais sobre as quais podemos agir.

Como trabalhar a estratégia em sala de aula

1 > Estimule os alunos a desenvolverem mecanismos que possam lembrá-los de "focar" ou "refocar" a atenção para o que é ouvido. Pode ser um gesto, ou uma palavra ou comando em pensamento (por exemplo, *Keep listening!*). Com o tempo, esses lembretes podem ficar mais automáticos, permitindo aos alunos-ouvintes que controlem o foco de sua atenção.

2 > Estimule seus alunos a refletir sobre suas dificuldades ao ouvir. Essas reflexões podem ser registradas em um *blog*, diário, ou numa parte do caderno alocada para tais reflexões. O registro pode ser feito livremente ou organizado em fichas como a seguinte:

Name: ______________________________ Date: ___/___/___

Listening passage: ______________________________

Problem(s) I encountered: ______________________________

____

What I did to tackle the problem(s): ______________________________

____

What I can do in similar situations in the future: ______________________________

____

____

Em paralelo, vá encorajando seus alunos a "assumir responsabilidade" sobre suas dificuldades, evitando atribuí-las a outras pessoas ou situações. Comente com seus alunos sobre a importância de voltar a anotações passadas, para poder facilitar a aplicação de estratégias já usadas anteriormente ou cogitadas na reflexão como potencialmente úteis em situações futuras.

3 > A sugestão acima pode ser apoiada distribuindo-se aos alunos uma lista de estratégias que deverá então ser consultada durante as reflexões.

Para ampliar seu conhecimento

- No artigo "A cognitive perspective on language learners' listening comprehension problems" (publicado no jornal *System*, Volume 28, Issue 1, p. 55-75, 2000), Christine Goh examina as dificuldades encontradas por um grupo de aprendizes de inglês ao ouvir nessa língua. O *abstract* do artigo está disponível em <http://www.sciencedirect.com/science/article/pii/S0346251X99000603>.
- No artigo "Listening comprehension: The learner's perspective" (publicado em *System* 2006, 34/2: 165-182), Suzanne Graham explora as dificuldades identificadas ao ouvir por um grupo de aprendizes de língua estrangeira no Reino Unido. O *abstract* do artigo está disponível em <http://www.sciencedirect.com/science/article/pii/S0346251X06000273>.

ESTRATÉGIAS DE PRODUÇÃO ORAL

Speaking [...] is not just a matter of individuals' encoding and decoding of messages. To interact [...] is to engage in an ongoing process of negotiation, both to infer what others intend to convey and to monitor how one's contributions are received.

(John Gumperz, 1999: 454)

1>> ESCLARECENDO O QUE SE QUER DIZER

A situação

Em suas aulas, você nota que seus alunos fazem uso recorrente do português para pedir esclarecimentos sobre vocabulário que desconhecem em inglês. Para tal, eles costumam perguntar, por exemplo: "Como é que se diz 'madrugada' em inglês?" Você se pergunta se haveria uma maneira de estimulá-los a usar a língua inglesa para pedir tais esclarecimentos, mas se questiona se o uso do inglês em tais situações seria plausível, e se tal uso envolveria alguma estratégia de produção oral.

A interação

(Cena do seriado de *TV Modern Family (Season 1, Episode 3 - Come Fly With Me)*. Nela, a personagem Gloria, que é **falante nativa** de espanhol, conversa com seu marido americano Jay.)

Gloria Men need their hobbies. Manny's father had many hobbies like hiking in the desert, that kind of skiing where they drop you from the, how do you say in English? ((Makes helicopter sounds))
Jay Helicopter.
Gloria Yes. Once on a dare, he even boxed with an alligator.
Jay Wrestle, you wrestle... you can't box with alligators.
Gloria You sure?
Jay How would they get the gloves on their little claws?
Gloria Aren't they like tiny little hands?
Jay No! Okay, now I forgot what we were talking about.

Disponível em: http://www.tvfanatic.com/quotes/shows/modern-family/episodes/come-fly-with-me/#ixzz1ORlvCiwl. Acesso em: 5 jun. 2011.

A estratégia

A cena acima demonstra que o pedido de esclarecimento sobre o nome de algo em inglês é plausível. Além disso, a interação sugere que tal pedido envolve uma estratégia de produção oral: afinal, o uso da expressão *How do you say in English* (linhas 2-3) caracteriza-se como uma ação encaminhada pela personagem a fim de atingir um objetivo no seu uso do inglês como língua estrangeira: mais precisamente, o uso da expressão configura-se a partir da identificação pela falante de uma dificuldade na produção oral (não saber com exatidão como expressar certa ideia em inglês) e consequente tentativa de solucionar tal dificuldade.

Em aulas de inglês, é recomendável estimular nossos alunos a proceder de forma similar. No entanto, é preciso lembrá-los de que, ao usar tal expressão juntamente com o nome do objeto em questão em português (como em *How do you say "helicóptero" in English? How do you say "abacaxi" in English?*), a interação só vai ser bem-sucedida se os interlocutores entenderem o que é "helicóptero" ou "abacaxi" – o que normalmente acontece nas aulas de inglês no Brasil.

No entanto, não podemos contar com esse entendimento da língua portuguesa toda vez que falamos inglês. Haverá situações em que teremos de lançar mão de outros recursos a fim de esclarecer o nome de algo em inglês. A interação acima ilustra um desses recursos: o uso de onomatopeia. Para deixar claro a que se referia, Gloria não usou o nome do termo na sua língua nativa; usou uma onomatopeia, imitando o som do objeto cujo nome em inglês ela procurava.

Formas adicionais que combinam perguntas com outros recursos para se pedir esclarecimento do que queremos dizer são:

- What's the word in English for [*explica-se/descreve-se o objeto*], por exemplo: What's the word in English for that big round hat some men wear on special occasions?
- What's this in English? [*apontando para um objeto*]
- What's this called? [*apontando para um objeto*]
- What do you call that? [*apontando para um objeto*]

Os exemplos acima mostram que, para operacionalizar a estratégia, podem-se combinar recursos linguísticos (as perguntas propriamente ditas, as imitações de sons) e paralinguísticos (apontar para o objeto sobre o qual queremos falar; desenhá-lo; fazer mímica).

Algumas das opções acima nem sempre são viáveis: nem sempre se terá o objeto desejado por perto para se apontar para ele; nem sempre haverá disponibilidade de instrumentos para desenhar; nem sempre o aprendiz saberá usar circunlóquios ao descrever um objeto. Nesses casos, vale a pena arriscar: se não houver como esclarecer, ou após tentativas de esclarecimento malsucedidas, uma estratégia alternativa é "inventar" um termo, como fez a personagem Gloria na situação inicial (linha 5). No caso acima, o uso inadequado de *boxed* gerou correção imediata por parte do seu interlocutor, o que por sua vez gerou um debate sobre a diferença entre *boxing* e *wrestling* e até mesmo sobre a anatomia dos jacarés! (linhas 6-9). Como ilustrado no final da interação (linha 10), o uso "inventado" pode fazer os interlocutores perderem o fio da meada da conversa, o que é sempre indesejável. É importante estar atento a esses desvios numa conversa.

O comentário anterior nos leva a outro ponto importante sobre o uso desta estratégia: ao se pedir esclarecimento sobre o que se quer dizer, é importante manter a **costura conversacional**, procurando não deixar solto o que é dito, mas, sim, incorporar o que foi esclarecido em falas subsequentes e/ou confirmar o entendimento (como fez Gloria ao dizer *yes*, linha 5). Mais detalhes sobre isso são dados a seguir.

Combinando estratégias

- Ao recebermos esclarecimentos sobre o que queremos dizer, é recomendável confirmarmos o entendimento verbalmente (*ok, yes, yeah, uh-huh, right, ah!*, etc.) ou não verbalmente através de um movimento de cabeça e/ou expressão facial. Tais sinalizações, chamadas de *backchannelling cues*, indicam que o que está sendo dito pelo **falante primário** está sendo entendido e são uma importante estratégia de manutenção de envolvimento na interação.
- Durante o processo de esclarecimento da pronúncia de uma palavra, após obter uma resposta sobre tal pronúncia, podem ser feitos novos esclarecimentos, se assim for necessário, empregando formas tais como: *Like this?/Have I pronounced it correctly?/Have I said it right?*

Como trabalhar a estratégia em sala de aula

1 > Cenas em filmes ou seriados de TV que envolvem o uso da estratégia podem ser usadas a fim de conscientizar os alunos sobre as formas e ocasiões em que esclarecimentos podem ser pedidos. O exemplo a seguir, baseado em uma cena do filme *Lost in Translation*, ilustra como tal trabalho pode ser implementado. Na cena, o personagem norte-americano Bob usa diversas estratégias a fim de esclarecer como se diz "hospital" em japonês.

A cena:

Bob tries to get a taxi, finally one stops and they get in. He tries to explain "hospital", he does pantomime, draws a first aid cross, but the DRIVER doesn't understand. Charlotte is enjoying Bob's effort. Finally he finds a Park Hyatt matchbook and calls the hotel number.

BOB	How do you say "hospital" in Japanese?
RECEPTION (O.S.)*	Excuse me?
BOB	Hospital?
RECEPTION (O.S.)	One moment, please. She transfers call, it rings.
CONCIERGE (O.S.)	Concierge desk, may I help you?
BOB	Yes, can you tell me how to say "hospital" in Japanese?
CONCIERGE	"Hospital" in Japanese? Hosupitari.
BOB	Hosupitari?

He tells the Driver who looks at him funny. Bob says it again - faster, with a Japanese accent. The driver nods excitedly and drives off.

*(O.S.: *off-screen,* indica que o falante não aparece na tela)

Disponível em: <http://www.dailyscript.com/scripts/lost-in-translation-script.html>. Acesso em: 5 jun. 2011.

A tarefa:

a) Primeiramente, pede-se aos alunos que leiam a transcrição do texto e listem as estratégias usadas pelo personagem para esclarecer o nome de algo que quer dizer.

b) Em seguida, sem olhar o *script*, os alunos respondem: como o personagem Bob pergunta "Como se diz hospital em japonês?".

c) Depois, conferem sua resposta no *script*, refletindo: essa pergunta é feita de forma similar em português e em inglês?

2 > Peça a seus alunos que olhem ao seu redor e tentem nomear todos os objetos que veem. Em seguida, em pares, os alunos fazem uma lista em português que inclua os objetos cujos nomes não conhecem em inglês. Depois, produzem diálogos tentando formular pedidos de esclarecimentos dos nomes de tais objetos de formas diferentes, mas sem usar português em suas perguntas.

3 > Utilize a estratégia desta seção como apoio à sistematização de vocabulário que apresenta formas diferentes nas variantes linguísticas britânica e americana do inglês. Para tal, peça a seus alunos que pesquisem esse vocabulário em seus livros didáticos ou na *web* (por exemplo, no *site* <http://esl.about.com/library/vocabulary/blbritam.htm>) e que conversem em pares, pedindo e dando esclarecimentos sobre tais termos, usando as formas apresentadas nesta seção (A: *How do we say "candy" in British English?*/B: *Sweets.*; A: *What's the word for "ill" in American English?/B: Sick.).*

4 > A sugestão acima pode ser adaptada para esclarecimentos de pronúncia. Nesse caso, os alunos selecionam algumas palavras de cuja pronúncia não tenham certeza. Para essa seleção, podem usar um texto lido recentemente. Depois, consultam dicionários *on-line* ou impressos a fim de verificar a pronúncia de uma palavra. Em pares, conversam aplicando a estratégia. Enquanto os alunos trabalham, circule na sala, incentivando o uso de *backchanneling* ou pedido de novos esclarecimentos, se assim for necessário.

Para ampliar seu conhecimento

- A estratégia desta seção envolve ensino e aprendizagem de novo vocabulário. Caso queira ler mais sobre outras estratégias acerca da sistematização de vocabulário, visite o *site* <http://wvde.state.wv.us/strategybank/VocabularyStrategies.html>.
- Para ler mais sobre formas e funções de *backchanneling* em *American English*, veja o artigo disponível em <http://www.reading.ac.uk/AcaDepts/ll/app_ling/internal/Cutrone_vol_2.pdf>.

2>> ESCLARECENDO O QUE FOI DITO

A situação

Numa aula, alunos e professora se preparam para iniciar uma tarefa oral após a leitura de um texto sobre uma percussionista chamada Evelyn. Como os alunos já leram o texto, é esperado que saibam algumas informações sobre Evelyn. A tarefa oral requer que os alunos simulem uma entrevista com a percussionista, em que um dos alunos deve fazer o papel de um jornalista e o outro, de Evelyn. Uma aluna não entendeu bem a tarefa, e ela precisa esclarecer os procedimentos requeridos. Ela faz tal pedido de esclarecimento, mas não é bem-sucedida, pois a professora não compreende a sua dúvida. Cria-se um impasse. Você se pergunta: como evitar situações como essa no futuro? Haveria algum trabalho que pudesse apoiar o uso da estratégia "esclarecer o que foi dito" de forma eficaz?

A interação

T so you're going to be a journalist
S1 it need to be true?
T sorry?
S1 need to be true?
T what do you mean if it needs to be true?
S1 like er where do you live? In Africa
T the answer is on the text, so you have to see
S1 needs to be true?
T it needs to be according to the text
S1 but it needs to be true?
T if it says on the text that she lives in Africa, then Africa is the answer to 'where do you live'. Yes?
S2 I =
S3 = for example, about =
S1 = but it needs to be true?
T I don't understand your question, try to explain
S1 it needs to be true?
T to be true…
S1 yes
T the answer is, I don't understand. Gustavo, did you understand my explanation? ((Asks another student to rephrase the explanation))

Arquivo pessoal da autora.

A estratégia

Há aspectos positivos no uso da estratégia "Esclarecendo o que foi dito" por parte da Aluna 1. Primeiramente, a decisão de usar a estratégia (isto é, de pedir esclarecimento sobre o que foi dito) merece elogio – afinal, muitos alunos preferem permanecer no não entendimento a expor sua dúvida ao resto da turma. Desta forma, é positiva a intervenção da aluna na linha 2. É também apropriada a resposta da aluna (linha 4) ao pedido de repetição feito pela professora na linha 3. No entanto, já na linha 5 observa-se que o impasse ocorre não porque a professora não entende o que a aluna diz, mas sim porque não está claro o que ela quer dizer com "*it needs to be true*". A aluna usa um recurso também louvável ao tentar explicar o que ela quer dizer em inglês através de um exemplo (linha 6). No entanto, o impasse continua, e a aluna não consegue articular seu pedido de forma diferente, repetindo a mesma forma ou formas muito similares outras quatro vezes (nas linhas 8, 10, 15 e 17).

O exemplo acima mostra que repetir um pedido de esclarecimento que não é bem-sucedido da mesma forma e inúmeras vezes provavelmente não vai garantir que o interlocutor entenda qual é a sua dúvida. Na interação acima, a professora teve de pedir o auxílio de outro aluno (linha 20) para parafrasear o que ela havia dito originalmente e assim prosseguir no encaminhamento da tarefa.

Em outras palavras, é interessante variar as formas de se fazer uso desta estratégia. O quadro a seguir apresenta algumas dessas formas: a coluna à esquerda refere-se a esclarecimentos específicos, sobre algo que foi ouvido mas não foi bem compreendido; a do meio refere-se a esclarecimentos de significado específico; a da direita refere-se a esclarecimentos mais gerais, solicitando-se repetição do que foi dito.

Esclarecendo o que foi dito		
Esclarecendo o entendimento geral	**Esclarecendo o significado de uma palavra**	**Pedindo repetição**
• What do you mean by...? • Do you mean [this] or [that]? • Did you say that…? • You mean that… Is that right? • Could you please explain what you mean by...? • Could you clarify that, please?	• What's [x]? • What does [x] mean? • I'm not sure what [x] means. • Can you tell me what [x] means? • [x]? (Repetição do que foi dito com entonação de pergunta)	• (I'm) sorry? • Excuse me? • Pardon me? • Sorry, what did you say? • Can you say that again, please? • Can you repeat that, please?

Esclarecendo o que foi dito		
Esclarecendo o entendimento geral	**Esclarecendo o significado de uma palavra**	**Pedindo repetição**
• Could you give me/us an example, please? • Could you be more explicit? • Could you be more specific, please? • You'd like me to... Is that right? • Sorry, I'm not sure I understood… • Let me see if I got this right: you said that…	• Does [x] mean [y]? • What's the meaning of [x]?	• Sorry, what was that? • Sorry, I missed that. • Sorry, I missed what you said about… • Sorry, I missed the first/final part. • I'm sorry, I don't understand. • Sorry, I'm not following you. • Sorry, I didn't catch that.

Além da variação das formas usadas ao se pedir esclarecimento, é importante estar atento nesses casos para necessárias confirmações (ou não) do entendimento do esclarecimento. E como em outras estratégias também é necessário garantir a costura da conversa, não deixando o esclarecimento "ficar no ar". Os usos das estruturas acima podem gerar diferentes respostas ou reações, dependendo das situações em que ocorrerem. Em sala de aula (como no exemplo acima), podem ocorrer traduções para o português diante de tais pedidos de esclarecimento; em turmas com maior proficiência linguística, a interação pode se desenvolver em inglês e gerar necessidade de novos pedidos de esclarecimento. Em situações em que os interlocutores não falem português, o esclarecimento terá de ser desenvolvido em inglês, e pode requerer confirmações como as seguintes:

- Hum, let me see if I understood. Is [x] something similar to [y]?
- Okay. So [x] is something that […].
- I'm not sure I got it. Is [x] […]?

Para registrar o entendimento, expressões como as listadas a seguir podem ser utilizadas:

- Oh, I see, [x] is […]
- Now I understand.
- Ah, now I get it.
- Of course.
- Really? I didn't know that.

O importante, nessas e em outras situações de produção oral em inglês, é saber estabelecer uma noção de continuidade na conversa: o pedido de esclarecimento gerará uma resposta e essa resposta, por sua vez, provavelmente vai gerar uma reação específica a ela. Essa reação pode ser mínima (*Oh, I see./Thanks/Ah!/Okay*) e ser imediatamente seguida por um retorno ao assunto anterior. Mas ela também poderá ser mais extensa e levar a interação a novos rumos acerca do significado da palavra original ou de outras, novas, que surgirão na conversa. Portanto, ao empregar esta estratégia, deve-se cuidar para que os pedidos de esclarecimento não se tornem uma sequência de pedidos de novos esclarecimentos que levem os interlocutores a perderem o foco da conversa original.

É importante lembrar também que, em interações orais, esclarecimentos não envolvem apenas o que é dito por nossos interlocutores. Eles podem envolver também o que nós próprios falamos. Vamos tratar desse assunto na próxima seção.

Combinando estratégias

- Um cuidado adicional relacionado à aplicação desta estratégia é a atenção a marcas de polidez no pedido de esclarecimento (tais como *please* ou *sorry*). O falante deverá sempre avaliar os elementos contextuais e decidir sobre a necessidade e/ou adequação dessas marcas. Voltaremos a esses pontos nas seções "Respeitando normas de polidez" e "Observando rotinas conversacionais".
- O uso desta estratégia também pode ser orquestrado com outras estratégias de que trataremos mais adiante, entre elas "Criando envolvimento" e "Fazendo automonitoramento durante a fala".

Como trabalhar a estratégia em sala de aula

1 > Peça a seus alunos que trabalhem em pares. Inicialmente cada um fica encarregado de ler um pequeno texto de sua escolha (ou selecionado pelo professor). Enquanto lê o texto em voz alta, seu par vai pedindo esclarecimento de termos que não entende ou de trechos que não compreende ou ouve bem. Enquanto os alunos conversam, circule na sala, encorajando os alunos a expressarem entendimento ou a produzirem novos pedidos de esclarecimento se necessário.

2 > Uma forma mais sofisticada de implementar a sugestão acima envolveria dividir a turma em grupos, pedindo que um membro do grupo fale sobre um tema de sua escolha. Cada um dos outros membros do grupo deve pedir esclarecimento sobre uma palavra usada pelo falante primário, e reagir confirmando ou não seu entendimento. Ao final da atividade, o grupo faz uma lista com as palavras destacadas na conversa e seus significados. As listas dos alunos podem ser exibidas no mural da sala.

3 > Peça a seus alunos que ampliem os diálogos a seguir, lendo-os em voz alta e inserindo pelo menos dois pedidos de esclarecimento em cada um deles. Estes devem ser acompanhados por confirmações (ou não) de entendimento.

Diálogo 1

A I can't find my car keys.
B I've seen them somewhere in the kitchen.

Diálogo 2

A *(talking about a newspaper article)* This is really interesting.
B What is it about?
A It's about this guy who's spent his childhood on a goats farm in Africa and who has turned out to be the father of the current president of the United States!

4 > Peça a seus alunos que consultem *sites* que contenham citações (por exemplo, <http://www.quotationspage.com/>) e que copiem cerca de 5 citações que acham interessantes. Em seguida, os alunos trabalham em pares, criando diálogos em que usam pedidos e confirmações de eslarecimento sobre cada citação.

5 > Estimule seus alunos a criar diálogos em situações que potencialmente vão requerer pedidos de esclarecimentos, por exemplo: interações entre pais e filhos; médicos e pacientes; professores e alunos. Nessas atividades insista no uso de expressões variadas, bem como no uso de confirmações (ou não) de entendimento. Em turmas menos proficientes você pode propor aos alunos que escrevam seus diálogos e depois apresentem-nos oralmente; em turmas mais proficientes os alunos poderão improvisar seus diálogos.

6 > Proponha *role plays* sobre situações em que pedidos de repetição sejam frequentes: conversas numa festa em que o som está muito alto; conversas em família em que um dos familiares não escuta bem; conversas em que muitas pessoas falam ao mesmo tempo e fica mais difícil compreender o que está sendo dito.

7 > Crie oportunidades para avaliação do uso da estratégia. Uma forma de fazer isso é gravando os diálogos criados pelos alunos em áudio ou vídeo. Em seguida, os alunos ouvem a gravação e avaliam: seu diálogo contém pedidos de repetição, respostas e reações apropriadas? Eles devem justificar suas respostas. O quadro a seguir pode ser usado pelos alunos para registrarem sua avaliação.

Você sabe...	Muito bem ☺	Bem 😐	Não muito bem. Preciso praticar mais. ☹
...identificar quando deve pedir esclarecimento?			
...pedir esclarecimento adequadamente?			
...pedir esclarecimento de diferentes formas?			
...reagir aos esclarecimentos dados?			

Para ampliar seu conhecimento

- Para ler mais sobre a estratégia, visite os *sites*: <http://compellingconversations.com/blog/2010/09/20/conversation-tip-9-clarifying-questions/>; <http://www.effective-public-speaking.com/clarification/menu.php>; e <http://www.nald.ca/library/learning/cclb/language/lesson10/lesson10.pdf>.
- Mais ideias para aulas (incluindo sugestões de *handouts* e procedimentos) podem ser encontradas em: <http://www.eastsideliteracy.org/tutorsupport/Work/Work_Clarify.htm>.
- Se quiser ler sobre dicionários não convencionais, explore os *sites*:
    - <http://www.urbandictionary.com/>. Neste dicionário, quem escreve as definições são os visitantes do *site*! O *site* é muito útil para se explorar definições de palavras novas na língua, expressões idiomáticas, gírias, entre outros.
    - <http://www.whatdoesthatmean.com/>. Como no *site* acima, aqui os usuários dão suas definições. Neste *site* pode-se deixar sua pergunta sobre o significado de alguma palavra ou expressão.
    - <http://www.wordia.com/>. Neste dicionário as definições são acompanhadas de *videoclips* em que usuários do *site* explicam como entendem as palavras focalizadas.

3>> MONITORANDO O ENTENDIMENTO DO INTERLOCUTOR

A situação

Você nota que, quando seus alunos conversam entre si ou fazem uma apresentação oral, às vezes eles não são claros como deveriam ser. Nem sempre essas ausências de clareza levam o interlocutor a pedir esclarecimento. Você se pergunta se haveria alguma estratégia de produção oral que pudesse ser ensinada para que os próprios falantes percebessem a necessidade de monitorar o entendimento de seu interlocutor, como faz o personagem Ginger Littlejohn na cena transcrita a seguir.

A interação

Ginger Littlejohn What I'm about to say is that what I'm about to say may sound unpleasant, y'know, and all that, but look here, y'know, dammit. I mean, the better man has won. Not, um, that I'm saying that I'm the better man, I wouldn't say that for a moment, awful bad luck on you and all but still, when you come to think of it I mean look here, y'know. Dammit. Do you see what I mean?

Adam Symes Not quite. Is it something about Nina?

Ginger Littlejohn Yes, it is.

Filme *Bright Things*, cena disponível em: <http://www.youtube.com/watch?v=rJFAffoUWYw>. Acesso em: 14 out. 2011.

A estratégia

Com tantas evasivas, e na velocidade em que o trecho acima foi dito (foram 76 palavras ditas em 16 segundos!), realmente: o uso da estratégia fez-se necessário. O personagem precisava mesmo monitorar o entendimento do seu interlocutor, isto é, verificar se ele havia entendido o que tinha sido dito. Tal monitoramento é feito através da pergunta *Do you see what I mean?* (linha 6) e ele gera uma resposta que confirma a adequação do uso da estratégia. Afinal, Adam Symes responde tal pergunta com outra pergunta (linha 7), pedindo confirmação de seu entendimento, o que é feito em seguida pelo falante original (linha 8).

No exemplo acima, o monitoramento do entendimento do interlocutor fez-se necessário porque o assunto da fala era bastante embaraçoso (voltaremos a esse ponto na seção "Comunicando ideias potencialmente desagradáveis"), já que os dois participantes disputavam o amor da mesma mulher. No entanto, a necessidade desse monitoramento não está restrita a situações que envolvem tensões como as vividas pelos personagens da interação acima.

O monitoramento do entendimento do interlocutor pode ser necessário em inúmeras outras situações, tais como:

- Uma apresentação oral, ou aula, ou palestra, em que o falante principal trata de temas complexos ou novos para sua plateia.
- Uma interação em que um ou mais participantes não está atento ao que está sendo dito.
- Uma situação em que o falante primário está com dificuldade de se expressar, seja porque o assunto é difícil, seja porque ele ou ela não tem o vocabulário necessário para comunicar o que quer.
- Uma situação em que fatores externos podem dificultar o entendimento do interlocutor, por exemplo: uma conversa num restaurante ou festa barulhenta; uma conversa telefônica cujo sinal não é forte, causando cortes na linha; uma conversa pelo computador em que não se vê o interlocutor e há um longo silêncio entre uma fala e outra, gerando dúvida se o que o foi dito foi compreendido.

Há diversas formas de monitorar o entendimento do interlocutor, e é aconselhável a variação de formas para se implementar a estratégia:

- Do you know what I mean?
- Are you following me?
- OK so far?
- Does that make sense?
- Are you with me?
- Do you understand?
- Is that clear?
- Am I being clear?
- Do you get what I'm saying?
- Do you know what I'm talking about?

Diante de perguntas como as acima, o interlocutor terá de se posicionar verbal ou não verbalmente (através de expressões faciais, por exemplo). Esse posicionamento, por sua vez, pode gerar encaminhamentos diversos. Num monólogo (como uma aula ou uma palestra), é provável que o falante primário continue sua fala após confirmação de entendimento. Uma expressão de não entendimento, nesse caso, deve levar a uma conversa subsidiária fazendo-se os esclarecimentos necessários antes do retorno ao assunto principal do monólogo. Num diálogo, o uso desta estratégia pode fazer com que o **turno da fala** passe para outra pessoa, como aconteceu no exemplo acima. De fato, poderíamos dizer que o personagem Ginger Littlejohn usou a estratégia com dupla intenção: monitorar o entendimento de Adam Symes e também sinalizar que já havia terminado a sua fala, estando, assim, passando o turno o para seu interlocutor.

Assim como acontece com outras estratégias, um aspecto importante acerca do ensino de monitoramento do entendimento do interlocutor é auxiliar os alunos a saber identificar quando esta estratégia deve ser usada. Para tal, vale lembrá-los de que a regra básica é colocar-se no lugar de seu interlocutor e tentar, ao mesmo tempo em que você fala, perguntar a si mesmo: "Estou sendo claro? Estou dando exemplos do que digo? Meus interlocutores conhecem as pessoas ou o assunto sobre o qual estou falando? Estou usando alguma palavra que pode ser desconhecida pelos meus interlocutores? Estou usando a pronúncia adequada, de forma que meus interlocutores entendam o que eu digo?" Ao telefone, você pode se perguntar: "Tenho certeza de que meu interlocutor está do outro lado da linha? Tenho certeza de que ele ouve o que eu digo?"

Caso essas perguntas gerem respostas negativas, é aconselhável usar uma das formas sugeridas acima para verificar o entendimento do interlocutor, sempre lembrando que é importante não abusar de tais formas. Não se deve perguntar *Do you see what I mean?* ou algo semelhante ao final de cada frase porque isso seria irritante e contraproducente. É também importante lembrar os alunos da importância do ritmo e da ênfase adequados: ditas pausadamente e com ênfase nos pronomes, expressões como *Am I being clear?, Am I clear?* ou *Do you understand?* podem ser entendidas como uma ameaça.

Combinando estratégias

- Uma estratégia que pode apoiar o monitoramento do entendimento do interlocutor é o monitoramento de dificuldades normalmente encontradas por brasileiros ao falar inglês, que podem, por sua vez, causar dificuldade de entendimento aos pares conversacionais desses brasileiros. Por exemplo, ao falar inglês, os brasileiros tendem a manter a fonologia da língua portuguesa ao pronunciar nomes de pessoas e lugares: seguindo essa linha de raciocínio, ao dizer "I'm from Recife " ou "My name is Claudia Pereira", os brasileiros costumam dizer Recife, Claudia e Pereira com a fonologia do português brasileiro. Isso causa uma dificuldade para o falante anglófono, que não vai conseguir associar facilmente o que ouve com os nomes acima. Afinal, ao produzir esses nomes com fonologia do inglês, eles soariam bem diferentes. Portanto, sempre que apropriado, é uma boa ideia usar esses dois monitoramentos simultaneamente.

- Ao monitorar o entendimento do interlocutor, vale lembrar que esta estratégia está intrinsecamente relacionada com a estratégia discutida na seção anterior. E, como ela, também tem importantes conexões com outras estratégias a serem discutidas posteriormente nesta seção, tais como "Comunicando ideias potencialmente desagradáveis" e "Criando envolvimento".

Como trabalhar a estratégia em sala de aula

1 > Peça a seus alunos que descrevam eventos que lhes aconteceram recentemente, ou que deem detalhes sobre seus *hobbies*, ou que descrevam uma foto ou desenho para outros alunos desenharem. Enquanto falam, eles devem monitorar o entendimento de seus interlocutores quando acharem necessário. Para tal, podem ter perto de si uma lista com as formas possíveis de se fazer esse monitoramento e usá-la como referência.

2 > Se tiver oportunidades de convidar falantes nativos de inglês para conversar com seus alunos, peça-lhes que falem a esses convidados sobre assuntos tipicamente brasileiros (festas populares, comidas, lugares etc.) e que monitorem o entendimento do interlocutor sempre que necessário, especialmente quando tratarem de detalhes que devem ser desconhecidos pelo interlocutor.

3 > Selecione algumas expressões idiomáticas em português (por exemplo, "Cada macaco no seu galho", "Estar com a pulga atrás da orelha", "Rodar a baiana") e escreva tais expressões em pedaços de papel. A turma divide-se em grupos e um membro de cada grupo sorteia uma expressão. Este aluno deve, então, explicar oralmente (em inglês) o significado da expressão, usando estratégias de monitoramento de entendimento do interlocutor sempre que necessário.

4 > Se possível, grave algumas das interações sugeridas acima e peça a seus alunos que ouçam ou assistam a tais gravações, avaliando o uso da estratégia: ela foi empregada em pontos adequados? Os alunos variaram a forma de empregar a estratégia?

5 > Mostre a cena do filme *Rush Hour* em que o agente do FBI, representado pelo ator Chris Tucker, recebe o agente chinês Lee (Jackie Chan) no aeroporto. A cena está disponível em <http://www.youtube.com/watch?v=BauukKCff0o>. Ao ver a cena, os alunos obervam: como o agente monitora o entendimento do chinês? Em seguida, a turma avalia o uso da estratégia por parte do agente norte-americano, debatendo: ele fez bom uso da estratégia? O que deu errado? Por que o chinês não avisou que sabia falar inglês?

Para ampliar seu conhecimento

- No artigo "The effects of strategy training on developing discussion skills in an ESL classroom" (publicado em *ELT Journal*, 54/3: 245-255, 2000), Wendy Lam e Jennie Wong exploram o ensino de algumas estratégias de produção oral incluindo o monitoramento do entendimento do interlocutor. O *abstract* do artigo está disponível em <http://eltj.oxfordjournals.org/content/54/3/245.abstract?sid=7460cbb1-ed7b-4aa2-a750-ab8cbba777fa>.

4>> OBSERVANDO ROTINAS CONVERSACIONAIS

A situação

Você está trabalhando funções linguísticas relativas a transações comerciais com sua turma. Um de seus alunos está para viajar para a Inglaterra, e você comenta: "Quando você estiver lá, observe o que as pessoas fazem e dizem quando fazem compras ou usam serviços que envolvem pagamentos". Seu aluno reage: "Mas de que forma essa observação poderia me ajudar na minha aprendizagem de inglês?". Você fica na dúvida de como deve responder a essa pergunta.

A interação

Situação 1: No correio

Cliente ((entregando uma carta ao atendente, iniciando sua interação)) Can I send this by special delivery, please?
Atendente ((após pegar e pesar a carta)) That's five twenty two, please.

Situação 2: No supermercado

Caixa ((para o cliente)) That's fourteen twenty nine, then, please.
Cliente ((pegando o cartão para pagar e preparando-se para inseri-lo na máquina de pagamento)) OK
Caixa ((referindo-se ao cartão de fidelidade do supermercado)) Do you have a Nectar card?
Cliente No, I don't.

Interações baseadas em observação e posterior anotação da autora.

A estratégia

A observação de interações entre falantes nativos, apesar de não ser uma estratégia diretamente envolvida com produção oral, é uma estratégia importante para o desenvolvimento da habilidade de falar em inglês.

Ao observar a situação 1, podemos notar o uso de *please* duas vezes. Um brasileiro pode achar estranho tal uso; afinal em português dificilmente ouviríamos "por favor" (e duas vezes!) em situação semelhante. Podemos analisar as duas falas com mais cuidado para verificar se há algo em comum entre elas que leve ao uso de *please* tanto pelo cliente quanto pela atendente. A fala do cliente tem a função clara de um pedido, mas a fala da atendente do supermercado pode ser, à primeira vista, descrita apenas como o anúncio do preço, o que caracterizaria as duas falas de forma bastante diferente! No entanto, ao dizer *That's five twenty two*, a atendente cumpre duas funções ao mesmo tempo: ela diz quanto é o custo da remessa mas também pede ao cliente que pague o valor devido. O mesmo acontece na situação 2, em que a caixa anuncia o valor total da compra e pede o pagamento ao dizer *That's fourteen twenty nine, then, please*. Portanto, a análise das duas cenas leva-nos a concluir que o uso de *please* está associado ao **ato de fala** "fazer pedidos"em inglês.

Apesar de a amostragem ser pequena (afinal, são apenas duas pequenas interações), a conclusão é adequada. Em inglês, o uso de *please* deve ser incorporado a quaisquer pedidos, como que fazendo parte deles. Nessas horas, pensar em português não ajuda. Não adianta dizer que "em português eu não digo 'por favor' nessas situações" porque na realidade a palavra *please* nesses casos não pode ser comparada diretamente com a expressão "por favor". Apesar de haver uma correspondência entre esses termos, seus usos diferem nas duas línguas. Se você for à padaria e disser "Três pãezinhos, por favor. Bem clarinhos, por favor. Aqueles ali, por favor.", as pessoas à sua volta vão achar você meio estranho! No entanto, em inglês, dizer "*Can I have three loaves of bread, please. The light ones, please. Yes, those over there, please!*" seria adequado.

É importante ressaltar o fato de que usos linguísticos, sua frequência e consequente aceitabilidade como "normal" e "adequada" entre os falantes de uma língua são convenções socioculturais atreladas a essa língua. Um falante de português que não usa "*please*" em pedidos em inglês comete um equívoco semelhante ao falante de inglês que usa "por favor" excessivamente em português. Em ambos os casos, há o que se chama na literatura de *sociopragmatic failure*, um termo que se refere a percepções diferenciadas em diferentes grupos sociais sobre o que é considerado "comportamento linguístico apropriado" (Thomas, 1983: 99).

Há uma grande dificuldade ligada ao entendimento de normas e expectativas de usos linguísticos, pois elas podem variar entre falantes sob vários aspectos: geográfica, socioeconômica, profissionalmente, entre outros. Desta forma, é conveniente estar atento a como falantes de uma região, ou de um grupo socioeconômico, ou representantes de diferentes profissões, sexo e idade, por exemplo, fazem seus pedidos. Tais escolhas estão atreladas ao que se conhece na literatura como o Princípio da Polidez.

De acordo com a linguista Robin Lakoff em seu livro *Language and Woman's Place* (1973), os falantes devem estar atentos a três máximas a fim de seguir esse Princípio:

1. Não impor.
2. Dar opções.
3. Fazer o interlocutor se sentir bem.

Na situação 1 acima, o uso de *can* atende à máxima 1. De certa forma, a palavra *please* também cumpre essa função nos três pedidos ilustrados nas duas situações.

Um exemplo de atenção à máxima 2 em um pedido seria, por exemplo, *Would you like me to buy the sugar or do you prefer to do it yourself?* Para atender à máxima 3, um falante poderia dizer *Can you organize those photos in an album? I'm sure no one can do that better than you!* Obviamente não precisamos usar todas as máximas em todos os pedidos que fazemos; mas o desrespeito às três máximas ao mesmo tempo, ao se fazer um pedido, desobedeceria ao Princípio da Polidez e geraria uma má interpretação por parte do interlocutor.

Em outras palavras, é importante lembrar sempre que, ao falar, as pessoas não inventam palavras ou sequências de palavras. O que elas fazem é lançar mão de recursos linguísticos e paralinguísticos aceitos no seu grupo social, lembrando que o uso desses recursos (o que se fala, como se fala) é de certa forma rotineiro e portanto previsível. A observação de falantes nativos e seus usos dessas rotinas conversacionais, atentando para outros elementos contextuais (onde, entre quem, como, por que etc. a conversa ocorre) pode ser muito útil para aprendizes de inglês. Não há contraindicações: quanto mais se observar esses usos, e refletir sobre eles, incorporando as conclusões tiradas aos seus próprios usos da língua inglesa, melhor será para o processo de aprendizagem. Se não for possível observar interações face a face, alternativas para observação incluem a Internet, *chat shows* e entrevistas na TV e até mesmo filmes e seriados. Estes, quando bem escritos, refletem normas e expectativas presentes em situações genuínas de fala.

Combinando estratégias

- A observação de rotinas conversacionais pode incluir aprendizagens sobre outras estratégias tais como "Iniciando e terminando uma conversa telefônica", "Expressando hesitação" ou "Mantendo, alocando e tomando o turno".
- Além de observar interações em que não participamos diretamente a fim de nos conscientizarmos sobre expectativas sociopragmáticas em um determinado grupo, é uma

boa ideia usar o nosso interlocutor como modelo ao interagirmos em inglês. Por exemplo, ao conversarmos com um par mais competente em inglês, podem-se observar as formas linguísticas usadas por essa pessoa e tentar se apropriar delas de alguma forma. Isso pode ser feito repetindo-se o que foi ouvido a fim de confirmar entendimento ou tomar o turno; anotando-se essas formas e voltando às notas com frequência; procurando-se usar as novas informações em contextos adequados; "forçando-se" a aprender um número mínimo de novo vocabulário em cada conversa que se tem em inglês.

Como trabalhar a estratégia em sala de aula

1 > Prepare alguns diálogos que não estejam totalmente de acordo com padrões sociolinguísticos da língua inglesa (veja exemplos a seguir). Em seguida, peça aos alunos que reflitam sobre tais situações e reescrevam os diálogos, tornando-os mais aceitáveis.

Num restaurante, a conta totaliza US$ 22. O cliente pede ao atendente que digite US$ 25 na máquina do cartão de crédito para incorporar a gorjeta.

Waiter Okay...Your total is... 22 dollars, please.
Client Put 25.

Você atende ao telefone, mas não entende o que a outra pessoa disse:

Caller Hi. This is Mary Carter from Hampshire Insurance. I'm calling about an accident involving your vehicle on the 24th of October.
You Repeat what you said.

Você pode aproveitar diálogos originalmente escritos pelos seus alunos (anonimizando--os, para não causar embaraço a seus autores) ou mesmo diálogos de livros didáticos para serem repensados e reescritos pela turma.

2 > Crie situações simples e peça aos alunos que improvisem diálogos como se estivessem vivendo tal situação. Alguns exemplos são:

a. Você está na bilheteria do cinema, e quer dois ingressos para ver um determinado filme numa certa sessão.
b. Você tem uma dúvida a respeito do trabalho de casa e pergunta ao seu professor de inglês se ele pode repetir as instruções.
c. Você vai viajar na próxima semana. Você pergunta à sua vizinha se ela pode cuidar do seu cachorro enquanto você estiver ausente de casa.
d. Você pede a seu amigo para lembrá-lo do nome da pessoa que acaba de entrar na sala.

Em turmas de menor proficiência, os alunos podem rascunhar seus diálogos (ou escrevendo todo o texto ou anotando *cues*) e depois apresentá-los. Alunos mais proficientes podem improvisar suas conversas.

3 > Se possível, peça a seus alunos que observem cenas de filmes ou seriados de TV em que os personagens desempenhem um determinado ato de fala (por exemplo, fazer pedidos). Ao observar as rotinas conversacionais associadas a esse ato de fala, eles devem (1) anotar alguns elementos contextuais: onde a cena é passada, a relação entre os participantes; (2) anotar as formas linguísticas usadas pelos personagens para construir tal ato de fala; e (3) avaliar se as essas formas observaram as máximas do Princípio da Polidez.

4 > Crie oportunidades para os seus alunos poderem não apenas receber modelos linguísticos de pares mais competentes mas também oferecer esses modelos, sendo os pares mais competentes. Uma forma de sistematizar essa prática é pedir aos alunos que criem ***learning logs*** em que possam registrar o que aprenderam com diferentes interlocutores e quando. Os *learning logs* poderiam ter a forma sugerida a seguir e poderiam, também, ser usados como referência em todas as aulas, ficando em cima da mesa para serem consultados pelos alunos durante suas conversas em sala de aula.

Date	What I learned from my teacher	What I learned from my classmates
_/_/_		
_/_/_		
Etc.		

Para ampliar seu conhecimento

- Para conhecer mais sobre como rotinas conversacionais, leia o livro *Conversational routines in English: Convention and creativity,* de autoria de Karin Aijmer, publicado pela Pearson em 1996.
- O vídeo em <http://www.wiziq.com/tutorial/29606-How-to-Make-Requests-An-English-Grammar-Lesson-Part-2> contém mais informações sobre como fazer pedidos em inglês; no *site* <http://www.better-english.com/vocabulary/politerequests1.htm> você encontra exercícios sobre o assunto.

5>> RESPEITANDO NORMAS DE POLIDEZ

A situação

Um de seus alunos retornou de viagem a um país anglófono. Enquanto esteve lá, observou conversas entre falantes nativos mas também observou criticamente as interações em que brasileiros de sua família conversavam com falantes de inglês. Ao retornar às aulas, ele compartilha com a turma suas anotações sobre duas situações em que um brasileiro interagiu com um falante de inglês que lhe ofereceu algo. Seu aluno então pergunta: "Será que, ao responder *yes* e *no* essa pessoa disse o que era esperado numa situação dessas em inglês?"

A interação

1 **Situação 1: Numa loja**

2 **Shop assistant** Would you like a bag?
3 **Brazilian tourist** Yes.

4 **Situação 2: Num restaurante**
5 **Waiter** Would you like some wine?
6 **Brazilian tourist** No.

Interação baseada em observação e posterior anotação da autora.

A estratégia

A pergunta de seu aluno procede. Parafraseando-a de uma forma mais técnica, o que ele indagou foi: "Será que em língua inglesa situações como essas tendem a ser realizadas linguisticamente da mesma forma que em português? Ou será que elas atendem ao Princípio da Polidez de forma diferente do que em português?"

Nas situações acima, o falante brasileiro cumpriu seu objetivo comunicativo de expressar aceitação ou recusa de uma oferta. No entanto, ao dizer apenas "*yes*" e "*no*" esse falante cometeu deslizes do ponto de vista sociopragmático. Ao se aceitar uma oferta em inglês, nunca se diz apenas "*yes*": nesses casos, usa-se *Yes, please*, como se o *please* fizesse parte do *yes*.

A reação de tentar entender o uso de *Yes, please* traduzindo tal expressão literalmente e comparando usos de aceitações de ofertas nas duas línguas é inapropriada. Como sabemos, o que é tido como "apropriado" e "esperado" numa língua não necessariamente coincide com normas e expectativas em outra língua. Da mesma forma que "sim, por favor" não funciona em português, o uso de "*hugs*" ou "*kisses*" (pensando-se nas saudações "abraços" e "beijos" ao se finalizar, por exemplo, um *e-mail* em português) não é apropriado em inglês.

Recusar ofertas dizendo-se apenas "*no*" também não é apropriado em inglês. Se quisermos recusar algo, devemos dizer *No, thank you* ou *No, thanks.* Retomando-se as máximas do Princípio da Polidez discutidas na seção anterior, podemos concluir que *please* (em *Yes, please)* atende à ideia de "Não impor", enquanto *thank you* (em *No, thank you*) atende à ideia de fazer o interlocutor se sentir bem.

Para se aceitar e recusar ofertas em inglês há outras opções, conforme os exemplos a seguir:

How to accept offers	How to decline offers
• Yes, please. • Yes, that's great! • Yes, that would be lovely. • That would be good, thanks.	• No, thanks. • No, thank you. • No, I'm alright, thanks. • I'm fine, thank you. • I'm good, thank you.

Outro ponto importante a ser esclarecido a aprendizes de inglês é que *yes* e *no* podem ser usados isoladamente em situações que não envolvam ofertas (por exemplo, *Did you go to the cinema by car? Yes./ Do you know her name? No*). Nesses casos, em situações informais, pode-se dizer também *yep* (ao invés de *yes*) ou *nope* (ao invés de *no*). Essas são formas comuns em conversas entre amigos ou qualquer outra interação com pequeno nível de formalidade.

Combinando estratégias

- O respeito a normas de polidez está associado a várias outras estratégias discutidas neste livro, por exemplo, "Comunicando ideias potencialmente desagradáveis" e "Realizando reparos conversacionais". Paralelamente, a estratégia deve ser amparada por automonitoramento durante a fala.

Como trabalhar a estratégia em sala de aula

1 > Peça a seus alunos que, para cada uma das ofertas a seguir, respondam em voz alta usando *Yes, please!* ou *No, thanks,* dependendo do seu interesse.

a. Would you like some water?
b. Some tea?
c. How about some mango juice?
d. Do you need some help with this exercise?

2 > Prepare *slides* em PowerPoint com imagens de comidas e bebidas e utilize-os para sistematizar a aprendizagem de como fazer, recusar e aceitar ofertas em inglês. Em pares, os alunos simulam diálogos como os da sugestão acima enquanto você vai passando os *slides*.

3 > A fim de estimular a observação de como normas de polidez são operacionalizadas em diálogos, reescreva alguns diálogos como o seguinte de forma embaralhada, e peça aos alunos que os desembaralhem. Ao verificar as respostas, pergunte: como os participantes aceitam ofertas? Como as recusam?

Friend 1	Hi Pete. Would you like something to drink?
Friend 2	Some coffee would be lovely, thanks.
Friend 1	How do you like your coffee?
Friend 2	Black.
Friend 1	Some sugar?
Friend 2	No, thanks.
Friend 1	Would you like some biscuits?
Friend 2	Yes, please. I can't say no to biscuits…

4 > Para aumentar (em quantidade e qualidade) o repertório dos seus alunos sobre maneiras de aceitar e recusar ofertas em inglês, peça-lhes que anotem diferentes formas de se realizar esses atos de fala ao ver interações em inglês (em filmes, anúncios, seriados de TV, entre outros) na TV ou no computador.

Para ampliar seu conhecimento

- No artigo "Saying please: pragmalinguistic failure in English interaction" (publicado em *ELT Journal*, 1993, 47(3), 193-202), Ron White explora o uso de *please* em comunicação intercultural.
- No *site* <http://www.myenglishpages.com/site_php_files/communication-lesson-offers.php>, você pode ler mais sobre como fazer, aceitar e recusar ofertas em inglês.
- O *site* <http://www.eslgold.com/speaking/accepting_refusing.html> também contém informações extras sobre o tema, e inclui gravação em áudio de alguns diálogos ilustrativos.

6>> COMUNICANDO IDEIAS POTENCIALMENTE DESAGRADÁVEIS

A situação

Você gostaria de conscientizar seus alunos sobre a importância de atentar para certos cuidados ao comunicar ideias potencialmente desagradáveis em inglês. Você planeja usar como ponto de partida uma cena do filme *Social Network* em que, numa conversa entre o presidente de uma universidade e um aluno da mesma instituição, o aluno faz uma reclamação sobre outro aluno, o que gera discordância por parte do presidente, seguida de outra discordância por parte do aluno.

O cenário certamente ilustra a comunicação de duas ideias potencialmente desagradáveis (reclamação e discordância), mas você se pergunta se poderia explorar a cena abordando noções linguístico-discursivas mais amplas que permeiam situações como essa e, portanto, caracterizam a adequação de estratégias de produção oral na comunicação de ideias que podem causar problemas na interação.

A interação

Larry Summers I don't see this as a University issue.

Tyler Winklevoss Of course it's a University issue. There's a code of ethics and an honor code and he violated both.

Larry Summers You enter into a code of ethics with the University, not with each other.

Tyler Winklevoss I'm sorry President Summers, but what you just said makes no sense to me all.

Larry Summers [*sarcastically*] I'm devastated by that.

Disponível em: <http://www.moviequotesandmore.com/social-network-quotes-2.html>. Acesso em: 2 ago. 2011.

A estratégia

Uma cena como essa ilustra uma interação em que os participantes detêm **poder interacional** diferente, o que faz com que usem diferentes estratégias ao expressar ideias desagradáveis (a reclamação e a discordância). Essa assimetria de poder interacional é a base das diferenças no comportamento linguístico e paralinguístico dos falantes, e voltaremos a esses detalhes mais adiante.

Primeiramente, porém, é necessário entender melhor essas diferenças com base no conceito de atos ameaçadores de face (*face-threatening acts*, em inglês). A face de uma pessoa envolve sua autoimagem, incluindo a sua autopercepção nos âmbitos social e emocional, e também a imagem que essa pessoa espera que os outros tenham dela. Existem dois tipos de face:

- face positiva: envolve a necessidade de conexão com os outros, de ser aceito como membro de um certo grupo, de saber que se compartilha necessidades comuns com outros;
- face negativa: envolve a necessidade de liberdade de ação e independência de uma pessoa.

Atos ameaçadores de face são atos de fala que estabelecem algum tipo de ameaça a um dos interlocutores. Por exemplo, uma ordem é um ato ameaçador da face negativa do ouvinte, pois ameaça seu desejo de independência, de liberdade de ação, de não receber imposições dos outros. Uma crítica é um ato ameaçador da face positiva do ouvinte pois afeta sua necessidade de ser benquisto pelo grupo. Ao pedir desculpas, um falante comete um ato ameaçador de sua própria face positiva, pois ao admitir que cometeu um erro ele/a corre o risco de ter sua imagem no grupo afetada negativamente. Ao aceitar fazer algo que não deseja, um falante tem sua face negativa (isto é, seu desejo de independência) ameaçada.

A fim de garantir a preservação de suas faces negativa e positiva, interlocutores fazem uso de diversas estratégias de polidez. Por exemplo, para se minimizar um ato ameaçador da face negativa do ouvinte, podem-se usar uma estratégia subsidiária envolvendo o uso de ***hedges*** como *maybe, perhaps* ou *just*. Para se minimizar um **ato ameaçador da face positiva** do ouvinte, pode-se evitar o uso de *you* (por exemplo, ao invés de dizer *I think you've made a mistake here*, diz-se *I think there is a mistake here*).

A escolha das estratégias de polidez apropriadas numa interação está associada a noções de poder entre falantes e ouvintes. No caso do exemplo acima, obviamente o presidente da universidade detém um poder interacional mais intenso do que o aluno, e esse poder lhe permite cometer atos ameaçadores de face de forma direta, o que não acontece com o aluno, conforme os comentários a seguir:

Atos ameaçadores de face: Discordâncias	Estratégia de polidez
Larry Summers I don't see this as a University issue.	Nenhuma; ele vai direto ao assunto.

Atos ameaçadores de face: Discordâncias	Estratégia de polidez
Tyler Winklevoss Of course it's a University issue. There's a code of ethics and an honor code and he violated both.	A primeira parte da discordância (a insistência começada com *Of course*) reforça a ameaça à face do ouvinte, mas o personagem minimiza a ameaça com a justificativa que propõe na segunda frase.
Larry Summers You enter into a code of ethics with the University, not with each other.	Nenhuma.
Tyler Winklevoss I'm sorry President Summers, but what you just said makes no sense to me all.	Uso de *hedges* (*I'm sorry, but*), particularização da não compreensão (*makes no sense to* ***him****, not necessarily to everybody*).
Larry Summers [*sarcastically*] I'm devastated by that.	Nenhuma. Ao contrário, ele intensifica a ameaça através do uso de sarcasmo.

A lista a seguir apresenta alguns recursos linguísticos que podem apoiar a introdução de um ato ameaçador de face, mas é importante ressaltar aos aprendizes que esses recursos devem ser usados levando-se em consideração elementos contextuais, tais como as características do evento (se é formal ou informal; se ocorre frequentemente; onde ocorre etc.) e dos participantes (relações de poder entre eles; idade; aspectos de hierarquia etc.). Vale a pena lembrar-lhes, também, que é prudente ser indireto em casos que envolvam atos ameaçadores de face. Afinal, é mais seguro ser indireto do que direto demais e correr o risco de "destruir" a face do ouvinte!

- Excuse me, I'm afraid…
- Excuse me, there seems to be something wrong with…
- Look, I'm sorry to trouble you, but…
- I'm sorry to have to say this but...
- I'm sorry to bother you, but...
- We've got a bit of a problem here, you see…
- Don't get me wrong, but…
- Perhaps you could…?
- Do you think you could…?
- I wonder if you could…
- Would you mind (doing)…?
- Maybe you forgot to...
- I think you may have forgotten to...
- There may have been a misunderstanding but…
- Don't get me wrong, but I think we should...
- Wouldn't it be a good idea to/ not to…

Combinando estratégias

- Saber usar *hedges* é uma estratégia importante no apoio da comunicação de ideias potencialmente desagradáveis. *Hedges* são usados em situações que envolvem assimetria de poder e quando participantes com menor poder interacional expressam um ato de fala ameaçador de face tal como pedir, sugerir, recusar, criticar, apresentar opinião contrária. Mesmo em situações mais simétricas, *hedges* são usados com outras funções, tais como preencher pausas, expressar discordância ou incerteza. Afinal, esses elementos servem para suavizar o que é dito ou não dito (no caso de pausas, *hedges* funcionam como mitigadores do problema associado à pausa propriamente dita). *Hedges* servem também para distinguir fatos de opinião. Alguns exemplos de *hedges* são: *All I know; I'm not sure; This is what I know; Possibly; Perhaps; Maybe; It seems to me; I guess; I suppose; Sort of; Kind of; May/might; Just*
- Há variações importantes entre diferentes grupos socioculturais em termos da frequência de *hedges* utilizados ao falar. Os norte-americanos tendem a ser mais diretos que os britânicos e a usar menos *hedges*. Para melhor entendimento do que é ou não inadequado no que se refere à frequência de uso de *hedges*, vale a pena observar sempre o que é feito por nossos interlocutores e analisar em que circunstâncias, e com que frequência, essas pessoas mitigam sua fala através de *hedges*.

Como trabalhar a estratégia em sala de aula

1 > Crie situações acompanhadas de opções de fala como nos exemplos a seguir. Peça a seus alunos que, em pares, selecionem a opção mais apropriada em cada situação, justificando suas respostas.

Situação	Opção de fala (1)	Opção de fala (2)
Na escola, você deixa cair água na mesa de um colega, molhando alguns papéis. Quando seu colega se aproxima, você diz:	Hi! I accidentally messed up some of your handouts. I hope it's not too bad for you.	I'm so sorry I've dropped some water on your table; I've cleaned up everything but I'm afraid some handouts are still wet…
Há um hóspede na sua casa. Pela segunda vez na semana, você encontra o banheiro molhado ao entrar para tomar banho.	Look, I've said this several times already, and won't say it again, but can you please control where you spill water, the whole bathroom is a mess!	I just walked into the bathroom and there's a big puddle on the floor; if it was you, is it possible to clean it before I shower? I have the same problem sometimes as well, that shower just doesn't keep the water in!
Seu colega de escola ficou de terminar um trabalho que vocês estão escrevendo juntos, mas ao ler o texto final você não ficou muito satisfeito.	I just had a read of what you wrote for our work, and it looks good. I've made a few suggestions, do you want to have a read and see what you think?	I hope this isn't the final version, because it's horrible. You've had 3 weeks to write it and this is all you could come up with?

2 > Proponha *role plays* envolvendo interações em que os participantes tenham poder interacional diferenciado (médico/paciente; pai/filho; empregado/patrão; policial/testemunha) e peça aos alunos que improvisem diálogos que envolvam a produção de atos ameaçadores de face. Incentive-os a usar *hedges* quando necessário.

3 > Em pares, os alunos improvisam conversas que envolvam o relato de uma má notícia. À sua frente eles devem ter papeizinhos em que se vejam exemplos de *hedges*. Cada vez que um desses *hedges* for usado, o papelzinho é virado de cabeça para baixo. A conversa acaba quando todos os papeizinhos forem virados.

4 > Em <http://www.eslfast.com/robot/topics/dailylife/dailylife12.htm>, pode-se ler e ouvir dois diálogos em que o cliente reclama com o cabeleireiro. Explore o *site* com seus alunos, pedindo-lhes que avaliem as formas usadas para expressar descontentamento e suas consequências na interação.

5 > Mostre o vídeo em <http://www.youtube.com/watch?v=pHCG_ml3Ja4>, em que se pode assistir (com legendas) a um professor de inglês falando sobre maneiras de se dar respostas negativas de forma educada. Depois de passar o vídeo, encaminhe um debate sobre o que a turma achou do mesmo.

Para ampliar seu conhecimento

- Para ler mais sobre atos ameaçadores de face, visite o *site* <http://logos.uoregon.edu/explore/socioling/politeness.html>.
- No *site* <http://www.coerll.utexas.edu/methods/modules/pragmatics/01/facethreatening.php> você pode assistir a uma explicação em vídeo sobre o assunto, seguida da discussão de exemplos.
- Para ler mais sobre tipos de *hedges*, leia os artigos disponíveis em <http://www.bu.edu/sed/files/2010/10/2010-Pragmatic-Competence-The-Case-of-Hedging.pdf> e <http://www2b.abc.net.au/science/k2/stn/newposts/5058/topic5058699.shtm>.
- Em <http://micase.elicorpora.info/files/0000/0075/Teach-_Hedges_PDF.pdf> também há mais informações sobre *hedges*, suas funções e sugestões de atividades que podem ser implementadas em sala de aula.

7>> INICIANDO E TERMINANDO UMA CONVERSA TELEFÔNICA

A situação

Você estudou nos Estados Unidos recentemente, e nessa época participou de uma conversa telefônica que lhe fez entender melhor as rotinas conversacionais de tal evento comunicativo naquele país. A conversa aconteceu poucos dias depois de você ter dado um pacote de café brasileiro a um professor. Na época, ao final da conversa, você não entendeu bem o que aconteceu: ficou com a impressão de que o professor ou não disse para que telefonou, ou não estava muito bem da cabeça naquele dia. Mais grave ainda, achou que o professor foi rude ao terminar a conversa, dando um fim abrupto ao telefonema.

Semanas depois, ao ler sobre formas de se iniciar e fechar uma conversa telefônica em inglês, você entendeu o que tinha acontecido no dia da conversa. E você se pergunta: valeria a pena compartilhar tal experiência com seus alunos como apoio ao trabalho de como falar ao telefone em inglês que você vem desenvolvendo em classe?

A interação

1 ((Phone rings))
2 **You** Hello.
3 **Caller** Hi. Can I speak with [*your name*], please?
4 **You** Speaking.
5 **Caller** Oh hi. Listen, that coffee you gave to me is really really good.
6 **You** Oh I'm glad you enjoyed it.
7 **Caller** Honestly it's really nice. Thanks again for that.
8 **You** No problem, glad you liked it.
9 **Caller** OK then. Will you be in class tonight?
10 **You** Yes, sure.
11 **Caller** All right then. I'll see you later.
12 **You** ((surprised, hesitantly)) OK… See you….
13 **Caller** Bye now.
14 **You** ((very confused)) Bye…

Interação baseada em observação e posterior anotação da autora.

A estratégia

Da mesma forma que você compreendeu a "lógica" por detrás da condução do telefonema após ler sobre o assunto, seus alunos poderiam se beneficiar da familiarização de normas conversacionais em inglês acerca de como iniciar e fechar uma conversa telefônica.

O quadro abaixo resume a sequência (e minissequências) que tipicamente caracteriza uma conversa telefônica em inglês. Na coluna à direita vê-se como o diálogo acima se encaixa em tal caracterização:

Abertura	Sequência da chamada e resposta → Sequência da identificação → Sequência do cumprimento → Sequência de *how are you* →	Linhas 1-2 Linhas 3-4 Linha 5 (*Oh hi*) (ausente)
Assunto principal		Linhas 5 (from *Listen*) -8
Fechamento	Pré-fechamento → (Recapitulação) → (Pré-fechamento) → Fechamento	(ausente) (ausente) Linhas 9-12 Linhas 13-14

O estranhamento causado na conversa original está pautado em diferenças interculturais sobre as formas convencionadas (e, portanto, tidas como "normais" e apropriadas) para se iniciar uma conversa telefônica. No Brasil, costuma-se inserir um longo preâmbulo antes de se iniciar o assunto principal. Na situação acima, o falante brasileiro entendeu a conversa sobre o café (linhas 5-8) como preâmbulo e não como assunto principal; portanto, esperava que, após tal conversa, o professor fosse ao assunto principal que o levara a fazer o telefonema. Como o tema "café" era o assunto principal e não o preâmbulo, o aluno ficou com a impressão de que o telefonema teve fim antes de chegar ao assunto principal.

Mal-entendidos como este estão relacionados com nossas expectativas culturais com relação a rotinas conversacionais, como já discutido. A boa notícia é que há mais semelhanças do que diferenças entre as sequências conversacionais em conversas telefônicas em inglês e no português brasileiro. As formas de se fazer o *opening* são semelhantes, e os *closings* também (mas os *closings* dos brasileiros tendem a ser mais longos, fazendo às vezes mais de uma recapitulação, e estendendo as sequências de pré-fechamento e fechamento). Em inglês, o pré-fechamento é geralmente composto de dois turnos, em que se diz *OK (then), All right (then)* com entonação descendente. O fechamento propriamente dito também é normalmente composto por dois turnos, e caracteriza-se pelo uso de *Good bye, bye (bye), bye now.*

É importante familiarizar nossos alunos com essas sequências, e estimulá-los a fazer uso delas ao iniciar e fechar conversas telefônicas em inglês. Muitas vezes os livros didáticos não retratam todos esses passos (Wong, 2002), e o que se vê em alguns materiais são diálogos que são iniciados e fechados abruptamente, não sendo, portanto, realísticos.

Combinando estratégias

- Para se promover a conscientização de como conversas telefônicas são organizadas e desenvolvidas em inglês, é uma boa ideia usar a estratégia "Observando rotinas conversacionais". Caso essa observação seja difícil ou impossível, podem-se observar cenas em filmes e/ou seriados de TV que envolvem conversas telefônicas. Nesses casos, é importante lembrar que o uso de humor nessas cenas pode estar associado ao desrespeito às normas socialmente aceitas.
- Nesta seção tratamos de estratégias de produção oral associadas a conversas telefônicas mas cuidados semelhantes devem ser considerados ao estabelecer contato com interlocutores numa conversa face a face. Nessas situações também há rotinas conversacionais socialmente aceitas, por exemplo: para se aproximar de alguém na rua e pedir informações deve-se iniciar a aproximação com *Excuse me* (*Excuse me, where is London Road?/ Excuse me, can you tell me what time it is?).* Não devemos, também, tocar a pessoa com quem falamos, pois os falantes de inglês tendem a ter sua **space bubble** maior que a dos brasileiros (voltaremos a tratar de questões paralinguísticas na próxima seção).

Como trabalhar a estratégia em sala de aula

1 > Selecione diálogos encontrados em livros ou artigos acadêmicos que analisam conversas telefônicas que ocorreram de fato. Peça a seus alunos que identifiquem os componentes da conversa. O exemplo a seguir é útil para o trabalho de identificação dos seguintes componentes:

Sequência da chamada e resposta → Sequência da identificação → Sequência do cumprimento → Sequência de *how are you*

1 ((ring))
2 **Recipient** Hello
3 **Caller** Hi Ida?
4 **Recipient** Yeah

5 **Caller** Hi, this is Carla
6 **Recipient** Hi Carla
7 **Caller** How are you?
8 **Recipient** Okay
9 **Caller** Good
10 **Recipient** How about you?
11 **Caller** Fine. Don wants to know...

Adaptado de Schegloff, E. The routine as achievement, *Human Studies* 9: 115. 1986.

2 > Peça a seus alunos que analisem criticamente os diálogos que reproduzem conversas telefônicas em seus livros didáticos, refletindo sobre as seguintes perguntas:

a. Com relação aos elementos componentes da abertura de conversas telefônicas em inglês, quais estão presentes no diálogo? Quais estão ausentes?

b. Com relação aos elementos componentes do fechamento de conversas telefônicas em inglês, quais estão presentes no diálogo? Quais estão ausentes?

c. É possível "melhorar" o diálogo analisado, tornando-o mais plausível? Nesse caso, o que poderia ser acrescentado, retirado ou modificado?

3 > Encaminhe um trabalho interdisciplinar com o professor de português de sua escola, pedindo aos alunos que façam um trabalho de "*Language Detective*" observando, por uma semana, como eles iniciam, desenvolvem e terminam conversas telefônicas em português. Podem também observar conversas telefônicas de amigos ou familiares que estão próximos. Na escola, pode-se refletir sobre as escolhas feitas ao iniciar e fechar essas conversas e comparar/contrastar semelhanças e diferenças entre rotinas conversacionais em português e em inglês.

Para ampliar seu conhecimento

- Uma boa leitura sobre *openings* em conversas telefônicas no contexto do ensino de inglês pode ser feita em Wong, Jean. "Applying" conversation analysis in applied linguistics: Evaluating dialogue in English as a second language textbooks. *International Review of Applied Linguistics (IRAL)* 40(1), p. 37-60, 2002. Para ler sobre uma sugestão prática para a sala de aula, preparada pela mesma autora do artigo acima, ver <http://exchanges.state.gov/media/oelp/teaching-pragmatics/wong3.pdf>.
- Para mais informações sobre o assunto, bem como listagens de expressões para iniciar e fechar conversas em geral, e exercícios extras, visite os *sites:* <http://www.eslgold.com/business/useful_expressions/closing_conversation.html>; <http://www.bbc.co.uk/worldservice/learningenglish/radio/specials/1210_how_to_converse/page3.shtml> (este *link* inclui áudio) e <http://esl.wikidot.com/speaking01>.

8>> USANDO COMUNICAÇÃO NÃO VERBAL PARA SE COMUNICAR

A situação

Diferenças entre culturas nas suas formas de se comunicar não verbalmente são notórias. Um exemplo típico e amplamente conhecido é o gesto usado para indicar OK nos Estados Unidos (fazendo-se um círculo com a ponta do polegar e do indicador), gesto esse que tem sentido ofensivo no Brasil. Você gostaria de conscientizar seus alunos sobre a importância de considerar normas de comportamento não verbal ao interagir em inglês, mas não sabe bem como. "Falar sobre" essas diferenças parece-lhe uma forma pautada em transmissão de conhecimento que não levará os alunos a refletir sobre as implicações do assunto.

Você resolve então narrar-lhes um evento a que assistiu num açougue na Inglaterra, entre uma brasileira e o açougueiro inglês, pedindo-lhes que pesquisem sobre o que pode ter causado olhares de espanto e reprovação após o uso de certo gesto pela brasileira.

A interação

Woman Can I have two kilos of chicken breast and a kilo of beef skirt please?

Butcher Certainly, my love. ((Ele pega o pedaço de fraldinha e dirige-se ao fundo do açougue para cortar a quantidade pedida.))

Butcher ((Depois de um tempo retorna com a fraldinha já cortada e se dirige ao local onde estão os peitos de frango, olhando para você à distância.)) How much chicken breast did you say you want?

Woman Two kilos. ((indicando dois com a mão, como na imagem ao lado)) Two.

Interação baseada em observação e posterior anotação da autora.

A estratégia

Pesquisar sobre usos de comunicação não verbal é uma boa forma de fazer os alunos compreenderem que há formas diferentes de se comunicar não verbalmente em inglês e em português e que, ao falar naquela língua, é importante incorporar essas formas à produção oral.

Tal pesquisa poderia levar os alunos a entender que o problema na interação acima foi ocasionado pelo uso de um gesto que pode ser interpretado de diferentes formas: para os brasileiros, tal gesto significa "dois"; para os britânicos ele é ofensivo, de forma similar à ofensa indicada pelo gesto OK norte-americano para brasileiros. Para indicar "dois" em inglês, deve-se manter a palma da mão para fora, como na imagem a seguir:

Ao usar comunicação não verbal em inglês, é importante ter certeza dos sentidos que produzimos, já que nem sempre há equivalência de entendimentos nesse tipo de comunicação entre duas línguas, como ilustra o gesto que foi usado pelo cliente na situação acima.

Comunicação não verbal não envolve apenas gestos feitos com as mãos; envolve, também, outros comportamentos que carregam significado mas não incluem articulação de sons ou palavras, tais como:

Formas de comunicação não verbal	Exemplos e/ou descrição
Movimento corporal	Como nos movimentamos: andando, pulando, saltitando, andando nas pontas dos pés etc.
Posição corporal/Postura	Como nos sentamos (eretos, encurvados, pernas cruzadas ou não etc.), como ficamos de pé (eretos, encurvados, mãos na cintura etc.)
Proximidade física	A distância que mantemos de outras pessoas
Vestuário	O tipo de roupa e acessórios que usamos
Toque	Beijos, abraços, tapas, toques rápidos, carinhos, apertos de mão, ficar de mãos dadas
Olhar	Se olhamos brevemente, fixamente, disfarçadamente, se evitamos o olhar
Gestos	Acenar, apontar, fechar os punhos, abrir os braços etc.
Expressão facial	Franzir a testa, abrir os olhos, levantar as sobrancelhas, sorrir, fazer caretas etc.

Um estudo clássico sobre o assunto é Argyle (1988), em que se demonstrou que interlocutores tendem a priorizar o que é comunicado através de comunicação não verbal em comparação com o que o que é realmente dito. Tal conclusão foi tirada após a realização de um estudo com estudantes universitários que utilizou os seguintes procedimentos: ao final de uma sessão que, para os estudantes, tinha sido o experimento para o qual tinham se voluntariado, pediu-se uma das duas coisas a eles: (1) Que ficassem e conversassem um pouco, porque tinha sido um prazer trabalhar com eles; (2) Que fossem embora rápido para não fazer com que os pesquisadores perdessem mais tempo com eles. Ambos os pedidos foram feitos acompanhados de um tipo de comportamento não verbal por parte dos pesquisadores: ou eles sorriram, apertaram as mãos e mantiveram contato visual com os estudantes; ou eles evitaram contato visual e toque ao falar.

Em outras palavras, os comentários dos pesquisadores envolviam dois tipos de comportamento verbal, um positivo (1) e outro negativo (2). Envolviam, também, dois tipos de comportamento não verbal, um positivo (com sorrisos, aperto de mão e contato visual) e outro negativo (sem contato visual ou toque), o que gerou quatro combinações diferentes, conforme indicado a seguir:

Combinação	Comportamento verbal	Comportamento não verbal
A	+	+
B	+	-
C	-	+
D	-	-

(+ = positivo; - = negativo)

Ao final do experimento pediu-se aos estudantes que comentassem se os pesquisadores tinham sido simpáticos ou não ao se despedir. A percepção dos estudantes em (A) e (C) foi que os pesquisadores tinham sido simpáticos; em (B) e (D), que tinham sido antipáticos.

De acordo com esses resultados, concluiu-se que o que é comunicado não verbalmente pode ser priorizado no entendimento do interlocutor: como visto na combinação (B), um comportamento verbal positivo acompanhado de um comportamento não verbal negativo foi percebido, em geral, como negativo. Paralelamente, como visto em (C), um comportamento verbal negativo acompanhado de um comportamento não verbal positivo foi percebido como positivo. Esse estudo tornou-se referência para pesquisas em paralinguagem e foi reproduzido inúmeras vezes, com resultados similares.

Apesar de haver semelhanças entre o que é percebido como usos "positivos" e "negativos" de paralinguagem, há diferenças nas percepções de alguns aspectos, em diferentes países. De modo geral, em países anglófonos, a quantidade (e intensidade) dos gestos dos brasileiros é considerada exagerada. É importante atentar, também, para outros padrões de comportamento não verbal que divergem nas duas línguas. Nos Estados Unidos, é esperado que se mantenha uma distância física entre falantes (*space bubble)* maior do que se costuma manter no Brasil. Outros países anglófonos (o Reino Unido, a Austrália, a Nova Zelândia) têm expectativas diferentes: neles, as pessoas costumam conversar mantendo distância menores que os norte-americanos (mas maiores que os brasileiros).

Combinando estratégias

- Ao ajudar nossos alunos a tirar conclusões de como os falantes de inglês fazem uso de paralinguagem, deve-se orientá-los a evitar generalizações. Esses comportamentos podem variar de uma região para outra ou mesmo de um grupo social para outro. Como discutido a respeito de outras estratégias, é sempre conveniente observar como as pessoas com quem nos relacionamos usam seu olhar, seu toque, seu corpo etc. para comunicar e ir fazendo hipóteses, verificando-as, e refinando nossas conclusões continuamente.
- O uso de comunicação não verbal está interligado com muitas das estratégias discutidas neste livro, tais como "Esclarecendo o que se quer dizer", "Esclarecendo o que foi dito", "Criando envolvimento".

Como trabalhar a estratégia em sala de aula

1 > Mostre a seus alunos alguns vídeos de cenas de filmes ou seriados de TV, de entrevistas, entre outros. Primeiramente, os alunos veem o vídeo sem som, respondendo ao final das cenas: o que conseguem compreender? Eles conseguem imaginar o que está sendo dito? Depois, a turma vê a cena novamente com som e confere suas hipóteses.

2 > Peça a seus alunos que observem e comentem o uso de comunicação não verbal em filmes (ou cenas de filmes) com o personagem Mr Bean. Outro exemplo clássico para essa observação é uma cena de restaurante no filme *Cracking Up*, de Jerry Lewis, disponível em <http://www.youtube.com/watch?v=J5MpO9grPpk>.

3 > A fim de conscientizar seus alunos sobre a importância de se usar comunicação não verbal de forma adequada, peça-lhes que preparem uma breve apresentação oral para a turma sobre um assunto simples (o fim de semana, ou sua família, ou seus *hobbies*). No momento da apresentação, dê instruções em um pedaço de papel para cada apresentador: um deles recebe uma nota dizendo *Mantenha contato visual;*

Fale num tom de voz adequado; Não se movimente ao falar. Outros recebem notas diferentes, com instruções "problemáticas", por exemplo: *Ao falar, não olhe para a turma; olhe para o chão o tempo todo; Fale muito baixo, quase que falando com você mesmo; Fale muito alto, como se gritando; Ao falar, fique andando de um lado para o outro o tempo todo.* Ao final das apresentações, a turma debate sobre o que foi feito adequadamente e o que foi feito inadequadamente em cada uma delas.

4 > Use trechos de *scripts* de peças de teatro ou filmes com seus alunos, pedindo-lhes que leiam tais trechos usando comunicação não verbal de forma apropriada. No *site* <http://www.lazybeescripts.co.uk/play_script_collections/index.htm> você encontra vários roteiros de peças teatrais. No *site* <http://www.talkingpeople.net/tp/library/scripts/scripts.html> há *links* para *scripts* de peças, filmes e programas de TV. Se possível, grave as leituras (em áudio ou em vídeo) e assista-as depois com seus alunos, pedindo-lhes que avaliem a adequação dos gestos, expressões faciais, tom de voz etc. que usaram.

Para ampliar seu conhecimento

- Para ler mais sobre a estratégia, explore os *sites*: <http://www.brighthub.com/education/languages/articles/79479.aspx>; <http://www.nacada.ksu.edu/clearinghouse/AdvisingIssues/body-speaks.htm> e < http://www.teachingenglish.org.uk/articles/non-verbal-communication>.
- No *link* <http://www.youtube.com/watch?v=CWUcGgSolw4>, você pode ver um vídeo informativo e divertido em que pessoas de nacionalidades diferentes comentam o que os mesmos gestos significam em seus países.
- Em <http://www.youtube.com/watch?v=2hIwmq8_0aU>, você tem acesso a um vídeo sobre gestos norte--americanos.
- Para ler mais sobre *space bubble* na cultura norte-americana, visite <http://en.wikipedia.org/wiki/Body_contact_and_personal_space_in_the_United_States>.

9>> EXPANDINDO E CONECTANDO IDEIAS

A situação

Você mostra, em uma de suas aulas, um trecho de uma entrevista sobre a origem da ideia do sistema público de saúde na Grã-Bretanha. Após mostrar o trecho, você pede a seus alunos que comentem o que acharam sobre a forma de falar do entrevistado: ele apresenta bem suas ideias? Se sim, como faz isso? Uma de suas alunas reage às suas perguntas dizendo: "Ele falou muito, mas suas ideias são bem conectadas uma com a outra." Outro aluno retruca: "Nunca vamos aprender a falar assim em inglês".

Você se pergunta como poderia explorar a cena para familiarizar seus alunos com algumas formas de expandir e conectar ideias em inglês.

A interação

Michael Moore When did this whole idea that every British citizen huh, should have a right to healthcare?

Tony Benn Well if you go back, it all began with democracy. Before we had the vote, all the powers were in the hands of rich people. If you had money you could get health care, education, look after yourself when you're old. And what democracy did was to give the poor the vote, and it moved power from the market place to the polling station, from the wallet to the ballot. And what people said, very simple, they said, in the 1930s we had mass unemployment, but you don't have unemployment during the war. If you can have full employment by killing Germans, why can't we have full employment by building hospitals, building schools, recruiting nurses, recruiting teachers? If you can find money to kill people you can find money to help people.

Cena do filme *Sicko*, de Michael Moore, transcrição da autora. Trecho disponível em: <http://www.youtube.com/watch?v=dgQ_kGZeTcM&feature=related>. Acesso em: 23 jun. 2011.

A estratégia

A pergunta feita por Michael Moore, apesar de ser formulada com *When*, envolve uma grande complexidade histórico-social que não permite uma resposta do entrevistado com uma data exata.

Desta forma, o político Tony Benn constrói sua resposta com uma explicação relativamente extensa, usando 132 palavras para articular as suas ideias, conforme explicitado na tabela a seguir:

Sentence	The words (Number of words)	The idea
	Well if you go back, it all began with democracy. (10)	The key event/idea and its origins
	Before we had the vote, all the powers were in the hands of rich people. (15)	Scenario before the key event/idea
	If you had money you could get health care, education, look after yourself when you're old. (16)	Description of scenario before the key event/idea
	And what democracy did was to give the poor the vote, and it moved power from the market place to the polling station, from the wallet to the ballot. (29)	Description of scenario after the key event/idea
	And what people said, very simple, they said, in the 1930s we had mass unemployment, but you don't have unemployment during the war. (23)	More details of new scenario, with quotes.
	If you can have full employment by killing Germans, why can't we have full employment by building hospitals, building schools, recruiting nurses, recruiting teachers? (24)	Condition and hypothesis putting the two scenarios together
	If you can find money to kill people you can find money to help people. (15)	Conclusion with condition for the original question

Há que se concordar que a resposta dada é bastante sofisticada, e pode-se argumentar que o entrevistado sabe responder com tamanha sofisticação e articulação porque ele é político e esses profissionais aprendem a falar de forma extensa, coesa e clara. Tal conclusão ecoa o comentário do aluno acima: que ter tal articulação como objetivo pode ser um objetivo não realístico.

No entanto, a análise de falas como essa e de como se estruturam pode dar a nossos alunos lições importantes sobre como expandir e conectar suas ideias em inglês. O quadro acima mostra como isso pode ser feito de forma mais geral, e podemos também explorar ainda mais a resposta do entrevistado através da análise dos elementos de coesão usados na sua fala, e de como esses elementos sinalizam ao ouvinte as relações estabelecidas entre diferentes partes da fala. O quadro a seguir traz mais detalhes:

Frase	Elemento de coesão	Ideia
2	Before we had the vote...	Tempo
3	If you had money...	Condição
4	And what democracy did... ...and it moved power...	Adição Adição
5	And what people said... ...but you don't have...	Adição Contraste
6	If you can have full employment	Condição
7	If you can find money	Condição

Tratamos de elementos de coesão ao discutir a estratégia de escrita "Usando marcadores do discurso". Nesta seção sobre estratégias de produção oral, é importante relembrar que alguns desses elementos (por exemplo *nevertheless, given that*) são mais formais que outros (por exemplo, *but, because*). É importante ressaltar também que, de uma certa maneira, os elementos de coesão são opcionais. Se observarmos as frases de Tony Benn que usam elementos de coesão, perceberemos que a maioria deles, com exceção de *before*, poderia ser omitida no texto sem grandes consequências para o seu entendimento. Poderíamos também concluir, pela fala acima, que o entrevistado deixou de usar possíveis elementos de coesão, por exemplo, em:

Frase	O que foi dito e o que não foi dito (sublinhado)	Relação expressa pelos elementos sublinhados
1	Well if you go back, then you conclude that it all began with democracy.	Conclusão
3	If you had money then you could get health care, education, and look after yourself when you're old.	Conclusão Adição
6	If you can have full employment by killing Germans, why can't we have full employment by for example building hospitals, building schools, recruiting nurses, or recruiting teachers?	Exemplificação Alternativa
7	If you can find money to kill people you can also find money to help people.	Adição

Portanto, a decisão de usar ou não elementos de coesão é uma prerrogativa do falante na maioria das vezes. Optando-se por não usar nenhum elemento de coesão cria-se uma "fala-soluço", sem conexões claras. Sua presença deixa a fala mais fluida, mais coesa, e ajuda seu interlocutor a construir sentido mais facilmente sobre as ideias que você está querendo articular.

Combinando estratégias

- Saber expandir ideias de forma conectada está relacionado com saber manter o turno ao interagir com outra pessoa. Voltaremos a tratar desse assunto na seção "Mantendo, alocando e tomando o turno".
- A competência de uso de elementos de coesão é um aspecto central no domínio da estratégia tratada nesta seção. Como vimos, elementos de coesão são um tipo de marcadores do discurso que têm a função de estabelecer relação entre ideias. No discurso oral há outros marcadores do discurso com funções variadas, tais como marcar pausas, criar envolvimento com o interlocutor, ganhar tempo para pensar, entre outros. Alguns exemplos incluem: *well; OK; so; right; oh; you know; I mean; listen; let me see; you see; anyway; oh I see; hum; really?*

Como trabalhar a estratégia em sala de aula

1 > Prepare alguns trechos que não contenham elementos de coesão (como o exemplo a seguir) e leia-os em voz alta, pedindo aos alunos que respondam: o texto é coeso? Por que (não)? Em seguida, distribua a transcrição do texto lido aos alunos, pedindo-lhes que adicionem elementos de coesão ao texto e em seguida leiam-no em voz alta, avaliando se houve melhora.

I had a terrible day yesterday. I woke up late. I missed my bus. The morning meeting had finished when I arrived at work. Everybody looked at me with a funny look. I went to bed too late last night. I shouldn't have done that. I felt bad for the rest of the day. It's impossible to go to bed early every day. I'll try to be good in the future.

2 > Produza diálogos como o seguinte (sem elementos de coesão, sem desenvolvimento das ideias) e peça aos alunos que, em pares, reescrevam os diálogos adicionando novas ideias (exemplos, condições, descrições) e usando elementos de coesão para relacionar tais ideias.

Teacher	Why are you late for class?
Student	I'm not feeling well.
Teacher	Have you brought your assignment?
Student	Yes.
Teacher	You haven't turned in the previous assignment yet.
Student	I know.
Teacher	Come to my office at lunchtime. We need to talk.

3 > Crie oportunidade de reflexão sobre a estratégia para os seus alunos, pedindo-lhes que observem como entrevistados, palestrantes ou personagens em filmes e seriados de TV constroem longas falas através do apoio de elementos de coesão. Há uma ótima cena para isso no filme *Good Will Hunting.* A cena está disponível em <http://www.youtube.com/watch?v=ymsHLkB8u3s>, e a fala a ser observada é a do personagem Will Hunting (Matt Damon).

Para ampliar seu conhecimento

- A leitura clássica sobre marcadores do discurso com ênfase no discurso oral é o livro *Discourse Markers* (de Deborah Schiffrin, publicado pela Cambridge University Press em 1987). Esta obra mostrou que, ao contrário do que se acreditava até aquela data, o uso de *discourse markers* na fala nao é sinônimo de falta de fluência ou dificuldade de comunicação: pelo contrário, o uso estratégico desses elementos está associado ao desempenho de diversas funções essenciais à comunicação.
- Em <http://www.slideshare.net/cupidlucid/cohesion-in-english-presentation> você pode ler mais sobre coesão em geral.
- Para uma lista longa de elementos de coesão, veja <http://home.ku.edu.tr/~doregan/Writing/Cohesion.html>, na parte "Transitional Words". No *site* <http://library.bcu.ac.uk/learner/writingguides/1.33.htm>, além da lista você pode encontrar alguns exercícios também.
- Para ler mais sobre *discourse markers*, explore o *site* <http://spotlight.ccir.ed.ac.uk/public_documents/Dialogue_design_guide/discourse_markers.htm>.
- Para ter acesso a uma lista longa de *discourse markers*, vá a <http://www.ensc.sfu.ca/~whitmore/courses/esl/vocab_04.htm>

10>> MANTENDO, ALOCANDO E TOMANDO O TURNO

A situação

Numa aula de inglês, os alunos entrevistam a diretora da escola em inglês. A turma tem um conhecimento básico da língua que, sob o ponto de vista gramatical, inclui formação de perguntas no *Simple Present* (utilizando os auxiliares *do* e *to be*) e sabem também usar o *modal verb can*. A entrevista, numa observação rápida, flui bem. A turma participa ativamente, faz perguntas, anota as respostas dadas. Mas uma análise mais crítica leva o observador a perceber que há algo bastante errado com a interação. Ela não se configura como uma sequência de perguntas e respostas "natural". O que será que há de errado com ela?

A interação

Aluna 1 Where are you from?

Diretora ((olhando para Aluna 1)) I am from Brazil. From Rio de Janeiro. ((olha para Aluna 2, que levanta o dedo, e sinaliza com o olhar que ela pode falar))

Aluna 2 Where do you live?

Diretora ((olhando para Aluna 2)) I live in Leblon. OK? I live on Rita Ludolf, in Leblon. OK, ((olhando para uma aluna que levanta o dedo)) I think she asked me a question. Do you want to ask a question?

Aluna 3 ((com voz muito baixa)) *Ééé*... Where are you now?

Diretora ((olhando para a Aluna 3)) Where...? Can you repeat?

Aluna 3 ((olhando para o seu caderno)) Where are you now?

Diretora Where I am now? I am here, in Basic One B. ((olha para Aluna 4, que levanta o dedo, e sinaliza que ela pode falar))

Aluna 4 What do you do?

Diretora I am a teacher. ((olhando para o grupo de meninos, que senta no lado oposto ao das meninas na sala)) What about the boys? ((olhando para o Aluno 1)) Yes. Ask a question.

Aluno 1 When is your birthday?

Diretora My birthday is on August 7th. OK? August 7th, yeah.

Aluno 2 Can you speak German?

Diretora Yes, I can. ((olhando para um aluno que levanta o dedo)) Yes, what is your question?

Aluno 3 What kind of pets do you prefer?
Diretora Of pets? Hum. I don't like pets. OK? ((olhando para a Aluna 5, que levanta o dedo)) Yeah.
Aluna 5 When is your birthday?
Diretora I think someone asked this. On, hum, on August 7th.

Arquivo pessoal da autora.

A estratégia

Há vários problemas com a entrevista. Um deles é a ausência de marcadores do discurso por parte dos alunos. A diretora usa alguns, mas poucos, por exemplo, *OK* (linhas 6, 7, 19, 24), *yeah* (linhas 19 e 25) e *hum* (linhas 24 e 27). Outro problema é a falta de envolvimento do grupo como um todo: os alunos participam individualmente ao fazer suas perguntas e anotar as respostas dadas, mas não prestam atenção às perguntas dos colegas e às respostas dadas às perguntas; tanto que uma mesma pergunta é feita mais de uma vez (linhas 18 e 26). Outro problema é a falta de conexão entre as perguntas, fazendo com que a entrevista se configure como prática de formação de perguntas mesmo que elas não façam sentido (veja, por exemplo, a pergunta *Where are you now?*, linhas 9 e 11).

O problema que vamos focar e discutir em mais detalhes nesta seção é o fato de a entrevistada sempre determinar quem tem o direito de falar, estabelecendo um controle excessivo na interação. Tal controle acaba por causar um comportamento passivo por parte dos outros participantes, que acabam aguardando uma "permissão para participar" para fazer suas perguntas. Tal permissão, nesta interação, geralmente envolve o gesto de levantar o dedo por parte dos alunos (linhas 3, 7, 13, 21 e 25), gesto esse que pode ou não ser legitimado pela diretora na sua expressão de permissão (ver linhas 3, 7, 13, 21 e 25 para formas linguísticas e paralinguísticas usadas pela diretora para legitimar tais pedidos).

Neste ponto poderíamos contra-argumentar: "Mas em entrevistas 'reais' pode haver o caso de o entrevistado alocar o turno explicitamente a quem pode lhe fazer perguntas." De fato. Pensando-se em situações altamente formais como *press conferences*, por exemplo, será este o caso: os repórteres sinalizarão com gestos (ou papéis com seus nomes) que têm uma pergunta a fazer e o entrevistado selecionará e indicará quem pode fazer tais perguntas. No entanto, não é ideal conceber a sala de aula com mecanismos de alocação de turnos tão rígidos. Por vários motivos. Primeiramente, ao se determinar quem fala e quando se fala em sala de aula, sinaliza-se aos alunos que as interações ocorrerão em "canais" Professor-Aluno 1; Professor-Aluno 2 etc. que formarão sequências, isto é, um ocorre depois do outro, mas que não há interseção entre esses canais. Em outras palavras, enquanto um aluno tem o direito de falar, os outros não têm, e mais, não precisam prestar atenção porque o canal de que participarão será independente. Ao não ouvir o que os outros alunos falam, nem o que o professor fala com esses outros alunos, perde-se a chance de se ouvir e pensar em inglês numa circunstância em que o tempo de exposição à língua estrangeira já é tão pequeno.

O segundo problema interessa-nos mais especialmente na discussão desta seção, e está relacionado a esse pouco tempo de contato com a língua inglesa por parte dos aprendizes. Se nesse pouco contato eles tiverem sempre de esperar permissão para poder falar, eles nunca aprenderão os mecanismos necessários para se manter e tomar o turno numa conversa em inglês.

Mas que mecanismos são esses? O que sabemos sobre eles e como os participantes dessa interação poderiam ter feito melhor uso dessas estratégias para tornar a entrevista mais plausível? A caixa a seguir apresenta algumas características de *turn-taking mechanisms*, isto é, os comportamentos verbais e não verbais utilizados por falantes para manter, alocar ou tomar o turno.

- Numa conversa, os turnos costumam ocorrer imediatamente um após o outro. *Overlaps* e pausas entre turnos podem ocorrer, mas não são a norma.
- *Overlaps* estão geralmente associados a discordâncias, urgência ao falar, aborrecimento. Alguns grupos culturais fazem mais uso de *overlaps* que outros (como os brasileiros em relação aos norte-americanos ou ingleses).
- Pausas estão geralmente associadas a discordâncias ou necessidade de se pensar o que falar. Alguns grupos culturais fazem mais uso de pausas do que outros (como os asiáticos de modo geral com relação aos latinos).
- Parceiros conversacionais sinalizam verbalmente ou não verbalmente os pontos em que um turno termina e outro começa. Mecanismos não verbais incluem: direção do olhar, postura corporal, gestos; mecanismos verbais incluem entonação e uso de formas linguísticas tais como:
    - Para se manter o turno: *Let me finish. / Hold on. I haven't finished yet. / And... / Also... / Besides...* (essas três últimas formas podem ser articuladas de maneira longa, acompanhada de marcadores do discurso como *hum..., er...*).
    - Para se alocar o turno: *Do you agree? / So what do you think of all this? / Have you got anything to add? / What are your views on this?*; uso de *tag questions isn't it?, don't they?, can't you?* etc.
    - Para se tomar o turno: *But... / Well... / Hum... / So... / I've got a question / a comment /something to add.*

Em conversas informais, as características acima são negociadas "democraticamente" entre os participantes, e passagens de turno tendem a ser estabelecidas suavemente, sem criar quebras na interação. Em conversas mais formais, em que um (ou mais de um) participante detém maior poder interacional sobre os outros, é provável que esse(s) participante(s) de maior poder controle(m) o sistema de troca de turnos, como aconteceu na entrevista acima.

Concluindo, a interação acima é um bom exemplo de "prática gramatical" envolvendo duplas Professor-Aluno, mas não é um bom exemplo de interação genuína em que todos os participantes sabem manter, alocar e dar o turno quando desejam.

Combinando estratégias

- Mecanismos de tomada de turno bem conduzidos estão associados a outras estratégias como "Esclarecendo o que foi dito" e "Criando envolvimento". No caso da entrevista reproduzida nesta seção, ela poderia ter sido mais simétrica se, ao gerenciar os mecanismos de tomada de turno, os alunos envolvessem seus colegas (*Do you have any questions to ask?*), fizessem comentários espontâneos sobre as respostas dadas aos colegas (*That's interesting. / I live in Leblon too. / My birthday is in August, too*), ou pedissem esclarecimentos sobre respostas dadas a outros colegas.

Como trabalhar a estratégia em sala de aula

1 > Crie oportunidades de observação e reflexão sobre mecanismos de tomada de turno em cenas de filmes ou seriados de TV. Para tal, os alunos assistem a uma cena e discutem em pares ou pequenos grupos:

a. Os participantes usam *turn-taking mechanisms* de forma que a conversa flua tranquilamente?

b. Há pausas ou silêncios na interação? Se sim, como essas "lacunas" são resolvidas?

c. Há interrupções na interação? Se sim, como elas são feitas?

d. Há algum participante que controle a alocação dos turnos?

2 > A turma pode assistir a entrevistas e, enquanto assiste, anota as formas usadas por cada um dos participantes para manter e alocar o turno ao outro. Fichas como a seguinte podem ser usadas para registro das notas:

Formas usadas pelo entrevistado		Formas usadas pelo entrevistador	
Formas verbais	Formas não verbais	Formas verbais	Formas não verbais

3 > Peça aos alunos que formem pequenos grupos (de uns 5 participantes) e sentem-se em círculo. Dê uma borracha ou outro pequeno objeto a cada grupo e peça-lhes que conversem: o falante segura o objeto; ao querer ceder o turno, ele joga o objeto a um colega sinalizando que este deve tomar o turno. Depois de alguns minutos, os alunos continuam a conversa sem o apoio do objeto.

4 > Em grupos, os alunos conversam enquanto no quadro há uma lista de expressões que podem ser usadas para ceder, manter e tomar o turno. Em cada grupo um aluno tem a função de anotar as formas usadas pelos outros participantes. Ao final do tempo alocado para a conversa, o grupo avalia o uso *de turn-taking mechanisms* pelos participantes.

5 > Para outras sugestões de como trabalhar o tema em sala de aula, acesse o *link* <http://www.tesolmedia.com/docs/bookmail/707/Chapter7.pdf>.

Para ampliar seu conhecimento

- O texto "clássico" sobre o tema é o artigo "A simple systematics for the organization of turn-taking for conversation", escrito em 1974, pelos acadêmicos norte-americanos Harvey Sacks, Emanuel Schegloff e Gail Jefferson. O artigo está disponível *on-line* em <http://www.utm.utoronto.ca/~jsidnell/Course_files/SSJ.Turn-Taking.pdf>.
- Para ler mais sobre *turn-taking mechanisms*, visite os *sites*: <http://englishonline.tki.org.nz/English-Online/Exploring-language/The-Language-of-Conversation/Turn-Taking> e <http://www.englishpond.com/speaking/Communication%20and%20daily%20English/turntaking/index.html>.

11>> EXPRESSANDO HESITAÇÃO

A situação

Numa aula de inglês, professora e alunos interagem conversando sobre uma atividade proposta no livro didático que está por se iniciar. É a segunda aula do ano e na primeira aula a professora comentou que o trabalho naquele ano iria começar na página 80 do livro. Ao ouvir, nessa segunda aula, que a turma deve abrir o livro na página 52, um dos alunos estranha e quer comentar que a página indicada pela professora vem antes da página mencionada anteriormente. Mas o aluno tem dificuldade para articular seu comentário. Sua fala é quebrada, repleta de pequenas pausas e hesitações. A professora se pergunta se deve explorar tal situação para desenvolver o trabalho com alguma estratégia.

A interação

T [...] open your... student's book. Renato, please, student's book page fifty-two
S1 *no* notebook?
Ss (?)
S2 student's book?
T student's book
S1 *ééé*... in the first... *ééé*... class you give me... you are... going to use... to page eighty
T oh yes but I decided to go back ((laughs)) to go back to page fifty-two. you're right. I told you that we're going to work from... unit... er... yes. Seventeen, yes, until the end of the book but... but... I decided that we have to review something =

Arquivo pessoal da autora.

A estratégia

Em termos mais gerais, não é o uso de hesitação em si que torna a fala do Aluno 1 nas linhas 6 e 7 problemática. Numa conversa informal, e até mesmo em situações de produção oral mais formal, como uma palestra, haverá momentos em que o falante vai hesitar para se dar tempo para pensar no que dizer, ou em como dizer algo. Desta forma, expressar hesitação é uma forma de usar a estratégia "mantendo o turno ao falar" e devemos usá-la quando necessário ao falar em inglês.

O problema com a situação acima ocorre em duas outras dimensões: primeiro, na quantidade de pausas estabelecidas nessas hesitações do Aluno 1 (repare que, em 17 palavras, houve 5 pausas). Em segundo lugar, na forma usada para hesitar: o som "ééé..." é uma marca de hesitação usada no português brasileiro mas essa forma não existe em inglês. Para hesitar em inglês, produzem-se os seguintes sons (também chamados de *fillers,* pois têm a função de "preencher" um vazio na comunicação):

- Uh
- Um
- Hmm
- Er

Outras formas de expressar hesitação, estas envolvendo palavras ou grupos de palavras, são:

- You see
- Let's see
- Well, let me think about this
- What's the word for/how do we say/what do we call
- That's a difficult question to answer
- How can I put this?

Pode-se hesitar, também, repetindo-se o que foi dito (ou parte do que foi dito) ou usando-se interjeições ou outras formas de se expressar sentimento, tais como risadas ou "barulhos" que indicam surpresa, nervosismo, e outras emoções. Pode-se, também, simplesmente diminuir a velocidade da fala. Todas essas formas são ilustradas em hesitações feitas pela professora na interação ilustrada acima: ela repete *to go back* (linha 8), e intercala tal repetição com uma risada. Ela também diminui a velocidade de sua fala ao repetir *but*, sendo cada vez seguida de uma pausa. Como visto, mesmo falantes mais proficientes farão uso de hesitação quando necessário. O importante é saber usar as formas adequadas em inglês (note-se que a professora usa *er* e não ééé na linha 9). É também aconselhável procurar variar essas formas; afinal, uma pessoa que diz *um, um, um* o tempo todo irrita o interlocutor e nao prende sua atenção. É importante, também, não exagerar na frequência de hesitações: mesmo com variações, hesitações excessivas vão incomodar o interlocutor.

Há diferenças no uso de hesitação por falantes razoavelmente proficientes em inglês. Falantes nativos ou quase nativos tendem a hesitar quando titubeiam sobre o que dizer e/ou como dizer algo se, por exemplo, têm de expressar um ato ameaçador de face (como aconteceu com a professora acima, ela hesitou porque teve de admitir uma mudança do que tinha falado antes, o que ameaçou sua face positiva). Falantes menos proficientes às vezes nem estão atentos à sensibilidade dessas situações, e sua hesitação tende a ser consequência de falta de vocabulário e insegurança quanto a regras gramaticais (como aconteceu na fala do aluno).

Obviamente, há pessoas mais articuladas e menos articuladas, e tais características afetarão a frequência do uso de hesitação desses indivíduos. Um ponto importante a ser lembrado, ao se falar sobre hesitações, é que sair falando sem parar, rapidamente, sem pausas (isto é, numa situação oposta à de hesitar), não garante que a comunicação será bem-sucedida! Em falas mais longas, ou mais complexas, as hesitações trazem vantagens não apenas ao falante mas também ao ouvinte, dando a ele mais tempo para construir sentido sobre o que está sendo dito.

Combinando estratégias

- O uso de hesitação pode estar, como vimos anteriormente, associado a estratégias de manutenção de turno. Caberá ao falante avaliar, através do monitoramento do uso dessa estratégia, se ela está sendo usada adequadamente ou se deve alocar o turno a outra pessoa.

Como trabalhar a estratégia em sala de aula

1 > Use *scripts* de filmes ou seriados de TV ou transcrições de interações publicadas em livros ou artigos e peça a seus alunos que observem as formas usadas pelos participantes para expressar hesitação. Tais formas podem ser anotadas e seu uso posteriormente avaliado pelos alunos.

2 > Estimule seus alunos a praticar a estratégia individualmente. Uma forma de fazer isso é usar as anotações de observações para prática individual, como que pensando em voz alta. Para tal, podem escolher um tópico pessoal (família, trabalho, lazer) e falar por 30 segundos, aumentando gradualmente o tempo de fala (1 minuto, 2 minutos etc.). Quando se sentirem seguros, devem repetir os procedimentos usando temas mais complexos e/ou menos familiares (por exemplo, a tensão no Oriente Médio, a exploração do pré-sal no Brasil, as profissões do futuro).

3 > Outra forma de encaminhar tal reflexão através do uso de *scripts* é pedir aos alunos que sublinhem os usos de hesitação em um diálogo e o leiam em voz alta duas vezes: uma com e outra sem os trechos sublinhados. Em seguida, avaliam: como o texto lhes parece na ausência das hesitações?

4 > A estratégia pode ser praticada "ao contrário", isto é, utilizando-se *scripts* que não contenham hesitações e, ao serem lidos sem elas, soem fluentes demais, de forma quase artificial. Os alunos, então, reescrevem e dramatizam versões que contenham hesitações. Os alunos mais proficientes podem simplesmente improvisar seus novos diálogos, sem fazer um rascunho prévio.

Para ampliar seu conhecimento

- Em <http://www.engvid.com/conversation-skills-hesitation/>, você pode ver uma aula em vídeo sobre como expressar hesitação no início do seu turno, numa conversa, quando alguém lhe pergunta algo que, para responder, você precisa de um tempo para pensar.
- Todos nós expressamos hesitação ao falar, e comumente achamo-nos em situações em que temos de descrever um evento (passado, presente ou futuro) em que ocorreu ou provavelmente haverá algum tipo de hesitação. Há, em inglês, inúmeras expressões para se descrever tais situações com hesitações. Para ler uma lista e o significado dessas expressões, vá a <http://www.learn-english-today.com/idioms/idiom-categories/hesitation-indecision.htm>.

12>> CRIANDO ENVOLVIMENTO

A situação

Numa atividade em sala de aula, os alunos, em pares, estão apresentando *role plays* que prepararam há pouco. A primeira apresentação é monótona e não garante o envolvimento dos participantes. O professor pede ao grupo que repita a apresentação, mas, novamente, a atividade não é bem-sucedida. Ao ouvir a gravação da aula, o professor se pergunta se haveria algo que pudesse ter sido feito pelos participantes para encaminhar uma apresentação mais envolvente.

A interação

Professor So, I'd like you to imagine a small dialogue between the tourist and a passer-by. Let's do it very fast. It's not necessary to write anything down. Just imagine what he would ask and what the other person would say, OK? A complete question and a complete answer, all right? OK, go ahead.

Alunos ((falam todos ao mesmo tempo, olhando para o professor))

Professor One at a time! Ok, Gustavo and Eduardo.

Alunos ((Gustavo e Eduardo falam muito baixo e não conseguem manter a atenção dos outros colegas, que conversam enquanto os dois falam; o diálogo produzido é inaudível.))

Professor First of all, I didn't understand what you said and I imagine that the other people didn't either, because they couldn't hear what you said and because they weren't listening, they were talking. Let's try again.

Alunos ((A mesma rotina se repete. Os alunos falam muito baixo, não conseguindo engajar os colegas, que conversam entre si.))

Professor OK, let's give somebody else a chance, because you've wasted yours. So, Gustavo and Eduardo, pay attention to Fernanda and Ivan.

Fernanda Could you tell me if this is the British Museum? ((olhando para o professor))

Professor If this is the British Museum? No, you should go like this "Is this the...?"

Fabricio, Branca Falabella. Coparticipação tático-reflexiva: formas de (inter)ação na sala de aula de LE com potencial democrático. *Calidoscópio*, Vol. 5, n. 2, maio/ago. 2007, p. 128.

A estratégia

Para entender o que aconteceu na interação acima vale utilizar a noção de "envolvimento interacional". Como ressalta Schiffrin (1989: 12), envolvimento é "*an internal, even emotional connection individuals feel which binds them to other people as well as to places, things, activities, ideas, memories, and words.*" A linguista também adiciona que envolvimento não é "*a given but an achievement in interaction*".

Essa definição e caracterização de envolvimento é endossada nesta seção. Aqui se aborda a criação de envolvimento como uma estratégia de fala a ser usada a fim de se evitar situações como a descrita acima. Lá, houve equívocos na forma em que tanto os alunos quanto o professor tentaram (ou não tentaram) criar envolvimento uns com os outros. Analisemos as estratégias dos alunos primeiramente. Na primeira improvisação, Gustavo e Eduardo usaram tom e flexão de voz inadequados que não garantiram a atenção e consequente envolvimento dos outros colegas. Na segunda rodada de improvisações, Fernanda, ao invés de manter contato visual com seu par (Ivan), produziu sua fala projetando seu olhar para o professor. O professor também cometeu uma série de equívocos que certamente contribuíram para o mau resultado da atividade, conforme lista a seguir:

- Os procedimentos da atividade eram problemáticos. Improvisar um diálogo entre um turista e um transeunte com "*a complete question and a complete answer*" (linha 4) faz o diálogo se tornar implausível e, desta forma, desinteressante aos jovens alunos, o que vai afetar seu desejo de envolvimento na tarefa.
- O tom do professor ao comentar o desempenho de Gustavo e Eduardo, bem como o do resto da turma como ouvinte (linhas 11-13 e 16-17), é de crítica e ameaça. Obviamente este não é o tom ideal para se promover o envolvimento dos alunos em sala de aula.
- O professor não fez perguntas que pudessem de fato encorajar o envolvimento dos alunos, ou uma reflexão sobre a importância do envolvimento. Essa ausência pode estar relacionada com o insatisfatório desenrolar da atividade.
- Ao corrigir a formulação da pergunta de Fernanda (linha 20), o professor comete um equívoco linguístico – afinal, a pergunta de Fernanda (linha 18) foi absolutamente apropriada para o cenário proposto, apoiando seu pedido de informação com o *modal verb Could*, a fim de torná-lo menos abrupto e mais polido.

Neste ponto o leitor pode estar se compadecendo com o professor: "Mas se os alunos estavam mesmo fazendo uma bagunça, como o professor poderia elogiá-los?"; "Se o desempenho dos diálogos dos alunos foi mesmo tão fraco, como o professor poderia dar um *feedback* positivo?"

Seguindo essa linha de raciocínio, poderíamos argumentar que o *feedback* do professor teria mais chances de criar envolvimento se incluísse algum elemento positivo, por exemplo, dizendo: "Foi uma boa ideia dizer isso ou aquilo, mas vocês poderiam ter melhorado seu diálogo através disso ou daquilo outro". Em outras palavras, mesmo um *negative feedback* deve incluir algum aspecto positivo, bem como sugestões de como se pode melhorar o que foi feito. Dizer aos alunos que eles *wasted their chance* (linha 16) não ajuda nem a esses alunos (que vão ficar ainda mais desmotivados e desinteressados, esquivando-se de futuras tentativas de envolvimento), nem ao professor (que deve ter se sentido frustrado ao admitir que a atividade que tinha proposto não teve consequências positivas).

O quadro a seguir lista algumas formas possíveis de se criar envolvimento:

Positive Comments	That is/was great/fantastic/fabulous/very good/lovely/good!; Fantastic news! I'm so pleased to hear that!; You've done very well; That's such a nice thing to hear; What a wonderful idea!
Negative comments with a positive outlook	That is/was good. Perhaps in order to make it better you could...; In general, I'm very pleased with this. However...; You've bought a red curtain? That's brave!; You've done well; next time you might want to focus on...; Really? What made you decide to do that?
Asking for the interlocutor's opinion	So what do you think (about this)?; What are your thoughts on this?; What's your take on this?; Do you agree?; How do you feel about this?
Expressing interest	How nice!; How interesting!; How awful!; How amazing!; That's nice! (interesting/awful/amazing etc.); I'm impressed!; Poor you!; Oh really?; Good for you.; That's lovely!
Expressing surprise	Oh!; Oh my!; Wow!; Whoa!; Holy Cow!; My goodness!; What?; Really?; Is that so?

A escolha das formas linguísticas a serem usadas para se criar envolvimento está relacionada com aspectos contextuais da interação: onde ela acontece; quem são os participantes e qual a relação de seu poder interacional; se ela envolve um evento formal ou informal; se já houve anteriormente algum outro comentário positivo, negativo, ou positivo com elementos negativos.

Há um exemplo clássico na literatura em **Sociolinguística Interacional** que ilustra como participantes de diferentes grupos sociolinguísticos podem conceber estratégias de criação de envolvimento de forma diferente, levando a mal-entendidos. Nesse exemplo (Gumperz 1982: 147), um professor faz uma pergunta a um aluno (*James, what does this word say?*) e recebe como resposta a frase *I don't know*, articulada com uma entonação ascendente. De acordo com a variante linguística usada pelo aluno James, entonação ascendente naquela resposta indicava um pedido de ajuda. O professor, sendo de outro grupo social e não usando (nem compreendendo) a sutileza expressa pela entonação do aluno, percebe a frase *I don't know* literalmente, provavelmente adicionando a essa interpretação de "ausência de conhecimento" uma inferência de "desinteresse" e "recusa em participar" por parte do aluno. O professor faz em seguida a mesma pergunta a outro aluno, e ironicamente este aluno também não sabe a resposta e também pede ajuda. A diferença é que, ao fazer esse pedido de ajuda, esse segundo aluno é direto e explícito (*Is that a "p" or a "b"?*), comunicando sua dúvida de uma forma que o professor compreende como expressão de dúvida. Esta compreensão gera um apoio imediato ao aluno, com resposta à pergunta (*It's a "p."*)

O exemplo acima mostra com clareza como um aparente pequeno detalhe na interação pode levar a mal-entendidos que podem ter grandes consequências. O professor provavelmente deixou a interação acima com a impressão de que James era preguiçoso e não queria nem tentar; James, por sua vez, vendo que o professor não lhe deu ajuda quando pedida mas a deu a outro aluno, deve ter ficado com a sensação de que o professor o tratava de forma diferente ou mesmo o discriminava. Ambas as reações podem ter consequências devastadoras para a trajetória educacional do aluno. Concluindo, ao se criar envolvimento é importante estar atento a aspectos culturais.

Combinando estratégias

- A criação de envolvimento pode utilizar estratégias subsidiárias como expressões de concordância, *backchanneling*, formulação de perguntas, uso de *too* e *either*, pedidos de opiniões, entre outros.
- Ao usarmos a estratégia, é sempre uma boa ideia monitorar a reação do nosso interlocutor diante do que dizemos. Voltaremos a tratar desse assunto em "Fazendo automonitoramento durante a fala".

Como trabalhar a estratégia em sala de aula

1 > Crie diálogos que não contenham envolvimento entre os participantes (como o exemplo abaixo) e peça aos alunos que reescrevam tais diálogos implementando a estratégia. Para apoiar tal trabalho você pode pedir aos alunos que tenham a seu lado uma lista de subestratégias como referência: *Ask the other person's opinion; Express surprise; Use too/either; Use backchanneling cues; Express agreement; Ask questions.*

A Where are you from?
B Saint Louis.
A What do you do?
B I'm a teacher.
A What do you teach?
B Maths.
A Where do you work?
B Springfield School.

2 > Peça aos alunos que observem cenas de filmes e/ou seriados de TV em que dois personagens conversam. Após observar as cenas, os alunos respondem: os personagens criaram envolvimento na interação? Se sim, de que forma?

3 > Distribua *scripts* de cenas de filmes (use o *site* <http://www.imsdb.com/> como referência), pedindo aos alunos que, em pares ou pequenos grupos, identifiquem formas positivas e negativas na criação de envolvimento interacional.

4 > Crie cenários como os seguintes, pedindo aos alunos que proponham o que poderia ser dito de forma a não causar um impacto negativo na interação:

a. Você está prestes a sair com seu namorado/a. Quando você o/a vê, você acha que ele/a está vestindo uma roupa inapropriada.
b. Seu amigo lhe diz que decidiu passar as férias num lugar que você já visitou – e onde você teve uma experiência ruim com a comida.

5 > Filmes e seriados de TV trazem comumente personagens "negativos" que tratam os outros de forma desagradável e às vezes desrespeitosa. Em tais contextos, as cenas em que tais personagens aparecem muitas vezes envolvem humor uma vez que esses comentários são tão inusitados e inapropriados que chegam a ser cômicos. Alguns exemplos desses personagens são Miranda (no fime *The Devil Wears Prada*), Dr House (no seriado de TV *House*) e Jack Byrnes (nos filmes *Meet the Parents, Meet the Fockers* e *Little Fockers*). Assista com seus alunos a algumas cenas em que tais personagens aparecem (uma busca no *You Tube* com esses nomes pode levá-lo a algumas cenas) e em conjunto com a turma debata como esses personagens desrespeitam expectativas de criação de envolvimento.

6 > Selecione asssuntos recentes em algum jornal *on-line* e peça a seus alunos que deem suas opiniões sobre tais assuntos. Durante o debate selecione alguns alunos para serem os observadores: sua função é anotar as formas usadas pelos outros alunos para criar envolvimento na interação. Depois do debate os observadores comentam sua lista e, em conjunto, a turma avalia seu desempenho. Em turmas com menor nível de proficiência esses debates podem ser mais guiados, através do uso de expressões a serem usadas como referência (na lousa, nas anotações dos alunos, em pedacinhos de papel a serem usados e descartados para não serem repetidos).

Para ampliar seu conhecimento

- O texto clássico sobre envolvimento em interações é o livro *Talking voices: repetition, dialogue, and imagery in conversational discourse*, escrito pela linguista norte-americana Deborah Tannen em 1989. Um resumo do capítulo que trata de criação de envolvimento em interações pode ser encontrado em <http://pubpages.unh.edu/~jds/Tannen-involv.htm>.
- Para ler mais sobre *negative feedback*, visite o *site* <http://management.about.com/cs/peoplemanagement/ht/negativefb.htm>.
- Em <http://downloads.bbc.co.uk/worldservice/learningenglish/howto/howto_discussing_continuing_conversation.pdf>, você pode ler sobre como envolver o interlocutor através de um diálogo com comentários sobre o assunto.
- Para ler mais sobre tipos de perguntas que podem auxiliar a criação de envolvimento interacional, visite os *sites:* <http://ezinearticles.com/?10-Must-Ask-Questions-to-Keep-a-Conversation-Going&id=4034116> e <http://www.englishtown.com/community/channels/article.aspx?articleName=113-smlltlk>.
- Para ler mais sobre esta estratégia, visite o *site* <http://www.bbc.co.uk/worldservice/learningenglish/radio/specials/1210_how_to_converse/page14.shtml>. Nele você pode encontrar informações, exemplos, áudios e exercícios sobre o tema.

13>> REALIZANDO REPAROS CONVERSACIONAIS

A situação

Numa aula de inglês que envolve sistematização de formação de perguntas no *Simple Present*, os alunos trabalham em grupos iniciando a realização de uma tarefa no seu livro didático. A tarefa começa apresentando uma pequena revisão sobre tipos de perguntas, e um dos alunos de um grupo lê em voz alta o texto dessa revisão, que é reproduzido a seguir:

> In this Unit and Unit 9, there are questions with 'do' or 'does'. Like this:
> What does it eat? Do insects sleep? How long do lions live?
> Look at Units 1-9 again. Find some more questions with 'do' or 'does'. Write down five or six examples. [...]
>
> Littlejohn, Andrew; Hicks, Diana. *Cambridge English for the World, Student's Book One*. Cambridge: Cambridge University Press, 1996. p. 53.

Durante essa leitura o aluno é constantemente interrompido por seus colegas, que fazem correções a aspectos lidos erradamente.

Observando a interação, você se pergunta se as interrupções foram mesmo adequadas: por um lado, elas demonstram envolvimento dos membros do grupo; por outro lado, "quebraram" o fluxo da leitura.

A interação

S1 with the verb be, am is are like this, where is the airport? *ééé*...
where are factories? =
S2 = the factories?
S1 *ééé*... in this... / unit or... *não*... **and** unit nine... *ééé*... there are
questions with do or does... like this... what does it eat?
S3 / unit
S2 ((correcting pronunciation)) does
S1 *ééé*... what does it eat?
S3 ((correcting pronunciation)) eat
S1 ((continuing reading)) *ééé*... do insects sleep?... how long do lions
live?... *ééé*... look at units one nine again, find some more questions
with do or does... *ééé*... write down five or six ex-examples =
Ss ((correcting pronunciation)) = examples

Arquivo pessoal da autora.

A estratégia

Há boas razões para ficar na dúvida sobre a validade das interrupções na interação anterior. Por um lado, é louvável o fato de os alunos estarem interagindo em inglês sem a intervenção da professora. Por outro lado, a frequência dessas interrupções não permite que a interação prossiga normalmente.

Não é apenas a quantidade das interrupções que as torna problemáticas: seu foco também é equivocado, pois há uma preocupação exclusiva em correções de pronúncia (linhas 7, 9 e 13), o que pode ter deixado o falante/leitor inibido.

Em termos mais técnicos, essse tipo de intervenção é chamado de reparo conversacional e existem dois tipos desses reparos: *self-repair* e *other-repair*. Os exemplos mencionados no parágrafo anterior ilustram *other-repairs*, isto é, reparos (nesse caso, correções) do que foi dito pelo interlocutor. Há mais dois exemplos de *other-repairs* na interação acima. O primeiro deles encontra-se na linha 3, em que o Aluno 2 corrige a leitura anterior do Aluno 1 acrescentando o artigo definido *the* que deixou de ser lido originalmente. O segundo ocorre na linha 6 quando o Aluno 3 preenche uma pausa na leitura do Aluno 1 dizendo o termo que deve ser lido em voz alta.

Self-repair envolve reparo do que foi dito pelo próprio falante. Na interação acima podemos observar um *self-repair* na linha 4, quando o Aluno 1 corrige sua leitura equivocada de "*or*" dizendo "não... *and*" em seguida.

Tipicamente, reparos envolvem correção (de si próprio, dos outros), mas vale ressaltar que correções são um tipo de reparo. Outros tipos de reparo são pedidos de repetição e de esclarecimento, a monitoração do entendimento do interlocutor, uso de repetições. No exemplo acima, todos os reparos envolveram correções, o que dá ao uso da estratégia nessa interação um caráter limitado.

Isso nos faz pensar sobre a ênfase dada em correções em sala de aula. Obviamente as correções são importantes quando ensinamos inglês, mas gastar muito tempo (quando tempo é algo escasso) nesse contexto, e restringir o trabalho com reparos sob a ótica da correção, apenas, é um equívoco.

Aprendizes de inglês devem aprender a construir reparos (tanto *self-repairs* quanto *other-repairs*). Talvez mais importante do que corrigir a pronúncia do Aluno 1 tantas vezes, como aconteceu na interação acima, seria chamar sua atenção para o fato de que, ao fazer *self-repair* na linha 4, ele usou uma forma do português para isso (a palavra "não"), e que dali para frente ele poderia usar formas da língua inglesa para fazer tal reparo, por exemplo, usando *discourse markers* tais como *huh*, *I mean*, ou *sorry*.

Em termos de envolvimento entre os participantes, o uso de *other-repairs* pode sinalizar colaboração e interação. Ao intervir no que seu interlocutor diz (seja corrigindo, seja pedindo esclarecimento, *What do you mean by...?;* seja pedindo repetição, *Sorry I didn't catch what you said*), um falante pode sinalizar que está interessado no que está sendo dito, que quer colaborar com a acuidade, adequação ou relevância do que é dito e garantir o entendimento da fala de seu interlocutor. Mas não são essas intenções que os reparos ilustrados na interação acima sugerem: dada a sua frequência e a ênfase na correção (sobretudo de um único aspecto, a pronúncia), esses reparos acabam se tornando o foco da atenção do grupo, o que pode ser ilustrado com o *other-repair* em coro, por toda a turma, na linha 13.

Reparos podem sugerir também uma comunhão no grupo, indicando que os interlocutores podem resolver os problemas que vão surgindo na interação contínua e colaborativamente. Nesse sentido, falantes estratégicos às vezes "deixam sua fala no ar", incompleta, como que convidando o interlocutor a completá-la. Isso pode acontecer, por exemplo, quando se quer dizer algo potencialmente desagradável ou quando não sabemos como continuar.

A decisão de quando e como fazer reparos, sobretudo *other-repairs*, envolve aspectos contextuais tais como o propósito comunicativo ("É mesmo importante para o objetivo da conversa interromper o fluxo para fazer um reparo num dado ponto?"), o nível de formalidade do evento comunicativo e o poder interacional dos participantes ("É apropriado que eu interrompa o que meu interlocutor diz para fazer um reparo?"), entre outros fatores. Cabe ao falante ter a seu dispor os recursos necessários para fazer tais reparos, quer dizer, saber o que falar e como falar ao fazer reparos conversacionais, decidindo a necessidade ou a adequação de tais reparos no desenrolar de cada interação oral que participa.

Combinando estratégias

- Outras estratégias podem e devem apoiar as decisões sobre a realização de reparos conversacionais. Algumas delas foram mencionadas acima, por exemplo: monitoramento, criação de envolvimento, esclarecimento do que foi dito. Outra é "Variando as respostas afirmativas e negativas", o tópico da próxima seção.

Como trabalhar a estratégia em sala de aula

1 > Selecione trechos de transcrições de interações orais (por exemplo, as interações reproduzidas neste livro ou em *sites* que contêm *scripts* de filmes) e distribua-os aos alunos, pedindo-lhes que sublinhem os exemplos de reparo. Depois, em pares, os alunos verificam os exemplos sublinhados e classificam-nos como SR (*self-repair*) ou OR (*other-repair*).

2 > Grave em vídeo uma interação oral entre um grupo de alunos e depois mostre-a para a turma, pedindo aos alunos que avaliem o uso de *self-* e *other-repair* dos membros do grupo: o que funcionou bem na interação? Por quê? O que pode ser melhorado?

3 > Uma forma de se praticar *other-repair* em sala de aula é iniciar o relato de eventos e deixar algumas falas incompletas, a fim de que os alunos as completem. Paralelamente, quando seus alunos tiverem dificuldade de completar sua fala, inicie esse reparo mas deixe-o também incompleto, sinalizando ao aluno (ou a outros alunos) que ele deve contribuir para a sua continuidade.

4 > Crie cenários relevantes aos seus alunos e peça-lhes que escrevam diálogos em tais cenários que contenham exemplos de *self-* e *other-repair*. Estimule-os também a variar o foco do reparo, abrangendo diferentes áreas, tais como pronúncia; uso de palavra inadequada; frases não gramaticais; informação errada; comentário inadequado (por exemplo, politicamente incorreto); comentário irrelevante.

Para ampliar seu conhecimento

- Um artigo importante sobre *repair* é "Repair in foreign language teaching", de Gabriele Kasper (publicado em *Studies in Second Language Acquisition*, 7, 200-215, 1985). O artigo é disponível *on-line* em <http://www2.hawaii.edu/~gkasper/pdfs/Repairinforeign.pdf>.
- Silêncios na comunicação geralmente exigem reparos (de quem fala, ou dos outros). Para ler mais sobre como lidar com silêncios, visite o *site* <http://www.english-at-home.com/speaking/how-to-avoid-silence-in-english-conversations/>.

14>> VARIANDO AS RESPOSTAS AFIRMATIVAS E NEGATIVAS

A situação

Durante uma aula, a professora faz uma pergunta que requer resposta afirmativa ou negativa. O que se ouve é uma sequência de *yes* e *no* por parte dos alunos. Observando depois da aula a transcrição dessa interação, e reagindo negativamente à forma repetida de se responder ao questionamento, a professora se pergunta se seria uma boa ideia ensinar os alunos a expressarem tais afirmativas e negativas de formas diferentes.

A interação

1 **S1** one one minute
2 **T** can I play?
3 **S1** no
4 **S2** yes
5 **S3** yes
6 **T** yes Luiza?
7 **S1** no
8 **T** yes Gustavo? Julia? yeah?
9 **S4** yes
10 **S5** no
11 **T** I'm going to play okay Luiza?
12 **S1** okay

Arquivo pessoal da autora.

A estratégia

Em sala de aula, são comuns os cenários em que se quer iniciar uma atividade mas nem todos estão prontos. Como toda interação que envolve procedimentos e rotina de sala de aula, trata-se de um momento genuíno de comunicação entre os participantes. Neste sentido, é positivo o fato de que todos participam ativamente da conversa, usando a língua inglesa para sinalizar prontidão ou não. Em outras palavras, se considerarmos o propósito comunicativo da interação (verificar se os participantes estão prontos para iniciar algo), a interação foi bem-sucedida.

No entanto, a interação é "pobre", considerando-se sua sofisticação gramatical e vocabulário. Observando-se o uso linguístico dos alunos, vemos que ou eles usam palavras isoladas (das dez palavras produzidas pelos alunos, seis sao *yes* ou *no*) ou uma locução simples que envolve repetição de uma palavra (linha 1).

A interação acima seria nitidamente mais envolvente (e plausível, sob o ponto de vista de uso do inglês por falantes mais proficientes) se tivesse se desenrolado mais ou menos assim:

S1 one one minute
T can I play?
S1 no, hold on a minute
S2 yes
S I'm ready
T OK Luiza?
S1 no, not yet
T what about you Gustavo? Julia? Ready?
S4 yep
S5 nope
T I'm going to play okay Luiza?
S1 okay

Como já discutido em outras seções, o uso de certas estratégias deve estar ancorado no apoio linguístico de certas formas que, por sua vez, devem ser usadas com variação e atenção a questões contextuais (como nível de formalidade, poder interacional relativo entre os participantes, se a ideia está sendo dita pela primeira vez ou repetida etc.). O quadro a seguir apresenta algumas formas de expressar resposta afirmativa em inglês:

- Yes
- Yes, sure
- Yeah
- Yep
- Yup
- Uh huh
- Absolutely
- Indeed
- You bet (you betcha)
- Certainly
- No problem
- By all means

Algumas dessas formas são mais formais que outras. *Indeed, Certainly* e *By all means,* por exemplo, são formais ao passo que *Yeah, Yep, Yup, Uh huh, No problem* e *You bet* são informais (essa última forma é tipicamente norte-americana). *Yes, sure* e *Yes* são uma espécie de "coringa" que servem para diversas situações, e é importante notar que o uso de *yes* não coincide com o uso de "sim" em português. Em outras palavras, enquanto no Brasil soa estranho responder a uma pergunta apenas com "sim" (A: "Você vai ao cinema hoje?"/ B: "Sim."), o uso de *yes* numa situação semelhante seria perfeitamente adequado.

Ainda falando de respostas afirmativas, uma outra distinção importante existe na interface do português e do inglês: ao passo que, em português, "absolutamente" significa "Não!", "De jeito algum!", *absolutely* significa "Sim!", "Com certeza!" em inglês.

Para se expressar ideia negativa em inglês existem também várias formas, conforme os exemplos da lista a seguir:

- No
- Unh unh
- Nope
- I'm afraid not
- I don't think so
- Negative
- Not really
- Not a chance
- Absolutely not
- No way

A dificuldade com o uso das expressões acima é que, na maioria das vezes, o uso de respostas negativas é ameaçador de face. Isso não acontece quando a resposta é factual e não envolve ameaça de face para nenhum dos dois interlocutores, como por exemplo em:

A Has your mother arrived yet?
B No.

No entanto, quando usamos negativas para discordar, recusar, desmentir, expressar um posicionamento que não é favorável, entre outros, estaremos produzindo atos ameaçadores de face; por isso temos de decidir como produzir tais ideias com cuidado. Algumas das expressões acima são consideradas mais fortes que outras e devem ser evitadas ou usadas com cautela, por exemplo, *Not a chance, Absolutely not* ou *Negative*. *I'm afraid not, I don't think so* e *not really* carregam *hedge* neles mesmos (em *I'm afraid, think* e *really*, respectivamente) e são expressões relativamente "seguras" em caso de situações mais sensíveis. *Unh unh, nope* são informais e podem ser razoavelmente "neutras", mas se ditas com sarcasmo podem criar problemas na interação. O mesmo acontece com *no*: sua força e percepção por parte do ouvinte dependerá muito da forma como for expresso – se agressivo, complacente, displicente, ameaçador, e assim por diante.

Combinando estratégias

- Saber variar as formas de responder afirmativa e negativamente faz parte de uma estratégia mais ampla que envolve saber usar diferentes alternativas para se comunicar algo. Esta estratégia é importante sempre que sentimos que não estamos sendo muito claros, ou quando falamos de um assunto sobre o qual temos maior conhecimento do que nossos interlocutores. Alguns recursos linguísticos que podem ser usados no apoio de tal estratégia são: *...I mean,...; ...that is...; What I mean is... / What I meant was...; In other words,...; What I'm trying to say is...; To put it differently,...; To put it another way,...; To make it clearer,...* Ao decidir pelo uso dessas formas é importante considerar elementos contextuais (nível de formalidade, propósito comunicativo, entre outros).
- Saber dizer a mesma coisa de formas diferentes requer prática. Em falas preparadas (apresentações orais no trabalho, conferências, entrevistas de emprego) pode-se pensar previamente em formas de fazê-lo. Em situações de falas não preparadas (conversas entre amigos, situações informais no trabalho ou em familia) é importante monitorar o que está sendo dito, avaliando-se se o conteúdo e a forma utilizados para construir sua fala são claros para o seu interlocutor.

Como trabalhar a estratégia em sala de aula

1 > Depois de familiarizar os alunos com algumas formas de responder afirmativa ou negativamente, proponha algumas perguntas oralmente, as quais devem ser respondidas sem o uso de *yes* nem *no*, por exemplo: *Do you like coconut?; Was your mother born in Brazil?; Have you ever danced the tango?; Would you like to do some volunteer work in Colombia?; Can you speak Spanish?; Do you want some water?* etc.

2 > Uma ampliação da sugestão acima seria propor atividades em pares ou pequenos grupos em que os alunos devem conversar ou usando apenas *Yes/No Questions*, ou livremente: a única regra é que não podem responder nem usando *yes*, nem usando *no*.

3 > No *link* <http://www.youtube.com/watch?v=3zNjQecyjE8> há um vídeo divertido, um pequeno trecho do seriado de TV *Scrubs*, em que o personagem Dr Cox diz "não" de várias formas diferentes. Você pode assistir ao vídeo com seus alunos, pedindo-lhes que anotem as formas usadas pelo médico para expressar negativas.

4 > Estimule os alunos a usar diferentes alternativas para expressar ideias similares pedindo-lhes que falem sobre um assunto que conhecem muito bem (por exemplo, sua escola, ou um filme visto recentemente, ou o processo de entrada na universidade no Brasil) a alguém que não tem tanto conhecimento sobre o assunto. Cada aluno prepara uma fala de 3 a 5 minutos sobre o assunto, durante a qual devem usar expressões como *I mean...; what I'm trying to say is...; in other words...* etc. Se possível, grave as apresentações dos alunos e depois peça-lhes que avaliem seu uso da estratégia.

5 > Peça a seus alunos que simulem diálogos entre eles e um turista que fala inglês. O turista está perdido e quer informações sobre a cidade. Ele não entende bem o que é dito, e é necessário dar a mesma informação de várias formas diferentes. Enquanto os alunos apresentam seus diálogos, os "espectadores" devem observar o uso da estratégia: ela foi usada em momentos adequados? Seu uso facilitou a interação?

Para ampliar seu conhecimento

- Para saber mais sobre o assunto, visite o *site* <http://www.engvid.com/polite-english-saying-yes-no/>.
- O vídeo em <http://www.youtube.com/watch?v=oTsE-LRSo_M> apresenta sugestões sobre como fazer paráfrases, isto é, dizer o que foi dito ou lido anteriormente de outra forma, com suas próprias palavras.

15>> FAZENDO AUTOMONITORAMENTO DURANTE A FALA

A situação

Em sala de aula, os alunos trabalham em conjunto na correção de um exercício de gramática que envolve escolha dos verbos adequados para completar algumas lacunas, bem como escolha do tempo verbal apropriado. Um dos alunos propõe uma resposta possível para um dos exercícios, mas sua resposta mais parece um pensamento em voz alta, expressando dúvida e hipóteses.

Você fica na dúvida sobre que tipo de *feedback* deve dar aos alunos sobre esse tipo de interação: sob o ponto de vista estratégico, uma participação tão insegura é uma boa opção? Vale a pena trazer ao grupo uma ideia quando não temos certeza? Ou é melhor ficar calado nessas horas?

A interação

1 **Edu** When he...take? Não! Break? (*tentando acertar*)
2 **Tania** Broke (*corrigindo a forma verbal*)
3 **Beto** **Broke** his way? (*espantado, não concordando*)
4 **Edu** **No**, when he **lost** his way.
5 **Beto** **Yeh**! (*concordando*)
6 **Edu** It's not break, it's lost (*negociando*)
7 **Turma** **Yes**!

Vaz, Laura Esteves; Pernambuco, Martha; Gardel, Paula. A interação de meninos e meninas em aulas de inglês: Qual o papel do gênero na aprendizagem de inglês como língua estrangeira?. In Ann Arbor, Curso de Idiomas. *Pesquisa, ação e colaboração: a busca de um entendimento sobre a aula de língua estrangeira*. Rio de Janeiro: Publit, 2007. p. 173.

A estratégia

A fala de Edu na linha 1, começando pela frase a ser complementada (*When he*), e continuando com hipótese e sua verificação (*take? Não*), seguida de outra hipótese (*Break?*), pode sugerir que o aluno não está no controle da sua fala. Mas é exatamente o contrário: ao se permitir "experimentar" soluções para um problema, decidir sobre a inadequação de uma solução, e jogar a pergunta no ar, esse falante faz um automonitoramento durante sua fala que envolve complexos processos cognitivos (ao lembrar-se de palavras potencialmente corretas, ao "retirá-las" da memória para uso), metacognitivos (ao avaliar sua fala) e afetivos (ao lançar uma dúvida no ar para ser respondida por seus interlocutores). O que se segue na interação é uma "orquestração" de ideias dos participantes, num processo que poderia ser descrito como um "monitoramento coletivo" sobre o que está sendo falado: na linha 2, Tania apoia-se no "*break*" proposto por Edu na linha 1 e lembra que eles estão à procura de uma forma no passado; na linha 3, Beto reage à colocação com "*broke his way*" e esse comentário (talvez a inclusão de "*way*" junto ao verbo procurado) faz Edu chegar à resposta certa, "*lost his way*" (linha 4). Essa sugestão é aceita por Beto (linha 5), confirmada por Edu (linha 6) e corroborada pelo resto do grupo (linha 7).

Pode-se argumentar, portanto, que esse "pensamento coletivo" só ocorreu porque Edu "pensou alto" na linha 1, o que permitiu que seu pensamento se tornasse público e fosse então construído colaborativamente com seus colegas. Se ele tivesse optado por não articular sua dúvida, tal processo de monitoramento da fala poderia não ter acontecido.

Mas há uma grande dificuldade atrelada à implementação do automonitoramento durante a fala: por definição, ao falar já estamos usando nosso aparato vocal para produzir sons (e palavras, e frases, e trechos mais longos) e é difícil articular um monitoramento oral ao mesmo tempo, isto é, dizer em voz alta em que estamos pensando, quais dificuldades estamos encontrando ao falar, quais soluções podemos dar a essas dificuldades. O que facilitou tal processo na interação acima foi o fato de que o assunto da fala era exatamente "o que falar, quais as dificuldades encontradas ao falar, quais as soluções". Portanto, o tópico da conversa era propício ao monitoramento, que aconteceu de forma coletiva (e não individual) porque naquele cenário os alunos estavam acostumados a trabalhar sempre em conjunto.

Muitas vezes fazemos automonitoramento de forma silenciosa ao mesmo tempo em que falamos, pensando:

- O que é mesmo que eu quero dizer?
- Como posso dizer isso?
- Essa palavra é apropriada?
- Pronunciei-a de forma certa?
- Estou dando as informações necessárias/relevantes/corretas para o que quero dizer?
- Estou usando nível de formalidade adequado?
- Estou atento para os princípios de polidez?
- Como posso prosseguir na articulação das minhas ideias?

A dificuldade com esse tipo de monitoramento é que ele normalmente acontece de forma silenciosa, no pensamento do falante. Por isso, é difícil estudá-lo e entender como ele se configura exatamente no processo da fala. De modo geral, esse monitoramento é estudado através de relatos verbais após a fala: nesses casos, pede-se aos falantes que descrevam em que estavam pensando ao falar, as dificuldades que encontraram, e as soluções que delinearam para tais dificuldades. Às vezes mostra-se um vídeo da interação, para-se num ponto e pergunta-se: você se lembra em que estava pensando aqui? Por que disse isso ou aquilo? Apesar das dificuldades associadas a esse método de pesquisa (afinal, não se pode garantir que o falante se lembre exatamente do que aconteceu), ele dá aos pesquisadores na área de estratégias importantes *insights* sobre como o automonitoramento ocorre e o que ele pode desencadear.

Uma dessas conclusões é que o automonitoramento envolve não apenas "*going backwards*" (monitorando o que foi dito), mas também "*moving forward*" (antecipando o que vai ser dito). Outras conclusões dizem respeito aos mecanismos utilizados no automonitoramento em si (por exemplo, as perguntas listadas no quadro acima) e às soluções construídas pelos falantes (por exemplo, mudar o assunto, pedir ajuda, ganhar tempo para pensar, passar o turno para outro participante).

Concluindo, é importante lembrar os nossos alunos de que, ao falarmos, devemos estar no controle da nossa fala e podemos usar automonitoramento para identificar nossas eventuais dificuldades e achar formas de lidar com elas.

Combinando estratégias

- Uma estratégia importante no apoio do automonitoramento envolve o monitoramento do entendimento do interlocutor. A fala não tem um movimento unidirecional e não adianta, portanto, monitorar um único lado do processo. Monitorar o entendimento do interlocutor atua, pois, no contraponto da estratégia.
- Ao fazer automonitoramento de fala é uma boa ideia ativar monitoramento de dificuldades pessoais ao falar em vários âmbitos: gramática, vocabulário, pronúncia, discurso. Se sabemos, por exemplo, que temos dificuldade para distinguir diferenças entre palavras (por exemplo, *section/session*), é uma boa ideia monitorar a produção de tais palavras ("Estou usando a palavra certa? Como posso ter certeza? Meu interlocutor sinalizou alguma dúvida?").

Como trabalhar a estratégia em sala de aula

1 > Para familiarizar os alunos com formas de se fazer automonitoramento durante a fala, crie exercícios como o seguinte, em que haja um diálogo entre duas pessoas, seguido de listagem de pensamentos envolvendo automonitoramento. Nos diálogos, indicam-se os pontos em que há automonitoramento através de numerais romanos.

Good morning, madam. How can I help you?

Hi. Can I have one kilo of sirloin (I) in steaks, please?

Certainly.

And could you be so kind as to get me two kilos of skirt as well (II).

And do you want the skirt in steaks as well?

No, can you please, (III) er, hum, cut it in little pieces?

Cut it up then.

Yes, cut it up (IV). I'm going to use it for a stew tonight. All the family will be there for dinner. I can make a delicious stew, you know (V)...

Here it is madam. It's 27.50 pounds altogether.

a. (   ) Será que pronunciei a palavra "sirloin" corretamente?
b. (   ) Acho que estou sendo formal demais.
c. (   ) Será que estou dando informações demais?
d. (   ) Vou me dar uma pausa para pensar na resposta.
e. (   ) Será que devo adicionar "*please*" aqui?

2 > Proponha algumas perguntas como estímulo de fala, por exemplo: *Which do you prefer: life in a big city or in a small town?; How did you spend your last vacation? Where did you go? What did you do?; How do you see yourself in five years' time? Where will you be living/working?* Para cada uma delas, peça a seus alunos que improvisem uma resposta oral que dure cerca de um minuto. Ao falar, eles devem ter uma lista de áreas para automonitoramento como referência. A lista (ver sugestão abaixo) pode estar apresentada no quadro, num *slide* ou numa folha avulsa.

- Automonitoramento de pronúncia
- Automonitoramento de gramática e/ou vocabulário
- Automonitoramento de conteúdo (Estou dizendo o que é necessário e adequado?)
- Automonitoramento de forma (Estou atento para normas de polidez e níveis de formalidade ou informalidade?)
- Automonitoramento de compreensão (Estou seguindo a conversa? Estou sendo claro para o meu interlocutor?)

3 > A sugestão acima pode ser ampliada da seguinte forma: grave a apresentação dos alunos e, ao final, peça-lhes que ouçam a gravação e tentem se lembrar em que estavam pensando ao falar, refletindo: seus pensamentos (isto é, seu monitoramento) contribuíram positivamente para a fala?

Para ampliar seu conhecimento

- Para ler o relatório de uma pesquisa encaminhada por Andrew Cohen e colegas sobre o desenvolvimento de estratégias de produção oral com foco em estratégias de automonitoramento e autoavaliação, vá a <http://www.carla.umn.edu/about/profiles/CohenPapers/SBImpact.pdf>.

PARTE 3

COMPLEMENTOS

Abordagem behaviorista é uma forma de se entender todo comportamento humano com base nos conceitos de estímulo e resposta. Para os que seguem essa abordagem, aprendizagem envolve a aquisição de novos comportamentos a partir de condicionamento e reforço.

Acentos são as formas em que diferentes **variantes linguísticas** são pronunciadas.

Adjetivo é uma palavra que caracteriza um **substantivo** atribuindo-lhe qualidades (*generous* woman), aparência (*pretty* woman), estados (*healthy* woman) etc.

Advérbio é uma palavra que modifica o sentido do **verbo**, acrescentando a ele noções de modo (He read *carefully.*), tempo (Read this *now.*), intensidade (She read *a lot.*), entre outras. Os advérbios de intensidade também podem modificar **adjetivos** (He's an *extremely* generous person.) e outros advérbios (Read this *very* carefully.).

Afixos são "pedaços de palavras" que podem ser adicionados no início ou no final de palavras para se formar novas palavras. Sufixos são afixos adicionados no final de uma palavra; prefixos, no começo. Assim, em *unnecessarily*, o prefixo *un-* e o sufixo *–ly* são afixos que mudam o sentido de *necessary*.

Andaimento é um conceito central na teoria sociocultural de ensino-aprendizagem. De acordo com essa teoria, aprendizes necessitam de apoio de um par mais competente antes de saberem fazer algo com autonomia. Esse apoio é concebido metaforicamente como um andaime numa construção: inicialmente, o andaime está presente e permite o desenvolvimento da construção, e ele é gradualmente retirado até a construção tornar-se "independente". Essa metáfora orienta o conceito de andaimento no ensino-aprendizagem.

Anglófono é o falante de inglês.

Aspiração, em Fonética, refere-se a um "sopro" de ar produzido junto com outros sons. Em inglês, /p/ inicial é acompanhado de uma aspiração, o que faz com que a palavra *pie* (em inglês) não tenha a mesma pronúncia que a palavra "pai" (em português).

Ato ameaçador de face refere-se às falas ou ações que ameaçam a autoimagem pública de uma pessoa, por exemplo, uma ordem ameaça a face do ouvinte; um pedido de desculpa ameaça a face do falante.

Ato ameaçador da face negativa refere-se a falas ou ações que ameaçam a face negativa do falante ou ouvinte. A face negativa de uma pessoa envolve sua necessidade de liberdade de ação e independência. Uma ordem é um ato ameaçador da face negativa de um ouvinte; uma concordância para fazer algo que não se deseja é um ato ameaçador da face negativa de um falante.

Ato ameaçador da face positiva refere-se a falas ou ações que ameaçam a face positiva do falante ou ouvinte. Face positiva diz respeito à necessidade de conexão com os outros, de ser aceito como membro de um certo grupo, de saber que se compartilha necessidades comuns com outros. Um pedido de desculpa ameaça a face positiva do falante; a recusa de uma sugestão feita pelo interlocutor ameaça a face positiva do ouvinte.

Ato de fala é a ação desempenhada quando algo é dito; por exemplo, ao se dizer "*Why don't we go out tonight?*", constrói-se uma sugestão através dessa sequência de palavras.

Base é a parte de uma palavra que contém seu significado básico.

Caixa alta refere-se à escrita em letras maiúsculas (*capital letters*, ou *caps*, em inglês). O contrário de caixa alta chama-se caixa baixa (escrita usando-se letras minúsculas; *small letters*, em inglês).

Circunlóquio refere-se ao uso de várias palavras para expressar uma ideia, por exemplo, "objeto de duas lâminas usado para cortar papel" (ao invés de "tesoura").

Classe gramatical (em inglês, *part of speech* ou *word class*) é uma nomenclatura gramatical usada para descrever as categorias que as palavras desempenham de acordo com sua forma e função, por exemplo, verbo, substantivo, adjetivo, advérbio etc.

Collocate é um termo que costuma coocorrer com outro. Por exemplo, "*completely*" e "*forget*" são *collocates*.

Comunidade discursiva é um grupo de indivíduos que compartilham práticas linguístico-discursivas em um certo ambiente comunicativo, por exemplo, os membros de uma associação acadêmica, os participantes em um *blog* sobre culinária, os professores participantes de uma conferência profissional etc.

Conhecimento de mundo, também chamado de conhecimento prévio, é o conhecimento que se tem a partir da experiência de se viver no mundo. Por exemplo, saber que se tem de pagar uma quantia em dinheiro para se comprar algo faz parte do conhecimento de mundo de uma pessoa.

Conhecimento sistêmico é o conhecimento sobre o sistema de organização de uma língua, e envolve aspectos de fonética e **fonologia**, morfologia, léxico e semântica, e sintaxe.

Conhecimento de organização textual é o conhecimento que se tem a respeito de como os textos que fazem parte do meio social são organizados, produzidos e distribuídos. Saber distinguir um anúncio de um artigo de jornal faz parte do conhecimento de organização textual de um indivíduo.

Content words são palavras que carregam sentido (por exemplo, "*house*" ou "*run*", e se distinguem de *funtion words* (como "*of*" ou "*for*"), as quais têm a função de estabelecer relações sintáticas.

Corpo de letra é o tamanho da letra numa composição tipográfica.

Costura conversacional é a produção de elementos integrados, mutuamente dependentes, na construção de uma conversa, fazendo com que a interação se configure numa teia de elementos interligados.

Cotexto é o texto que acompanha ou está nas imediações de uma palavra. Trata-se, pois, de um conceito interno ao texto, ao contrário de "contexto", que pode envolver aspectos externos ao texto em si como a situação, o **objetivo do texto**, seu suporte, seu autor etc.

Derivação é um processo de formação de novas palavras através de, por exemplo, o uso de **afixos**, a partir de uma palavra original. Por exemplo, as palavras *unhappy* e *happily* são derivadas de *happy*.

Dialetos são variações regionais ou sociais de uma mesma língua no que se refere a pronúncia, vocabulário e gramática.

Discurso direto envolve reprodução exata da fala de uma pessoa ou personagem (*His father said: 'You must be home by midnight'.*).

Discurso indireto envolve relato de uma fala de uma forma indireta (*His father told him to be back home by midnight.*).

Elementos de coesão são elementos que integram diferentes partes de um texto, contribuindo para a formação de sua unidade, por exemplo, uso de sinônimos, pronomes (*he*, *him* no lugar de *The Prince*), *this/that* etc.

Falante nativo é a pessoa que adquire uma determinada língua na infância e continua a usá-la ao longo de sua vida, possuindo um nível de proficiência e intuição em relação a essa língua superior ao de outros falantes.

Falante primário é o falante principal numa conversa. A categoria falante primário pode flutuar entre diferentes participantes durante uma mesma interação.

Flexão é a modificação de uma palavra para exprimir as categorias gramaticais (número, gênero, pessoa etc.). Por exemplo, em *"she reads"* o **verbo** *"read"* é flexionado para configurar a 3ª pessoa do singular. Em inglês, além de flexão verbal, há também flexão de número (*one dog, two dogs; one child, two children*). Ao contrário do processo de **derivação**, a flexão não implica a criação de novas palavras.

Fonemas são unidades mínimas de som que distinguem significado em uma língua. Por exemplo, /t/ e /d/ são fonemas em inglês, pois distinguem, por exemplo, os termos *ten* e *den.*

Fonologia é a área da Gramática que estuda o sistema de sons de uma língua e seus padrões de uso e organização.

Fontes tipográficas são conjuntos de caracteres tipográficos de mesmo estilo utilizados para compor textos, por exemplo, Arial, Times New Roman, Courier.

Full forms são formas linguísticas produzidas na íntegra, por exemplo *I will, She does not, He is* (ao contrário de suas *short forms I'll, She doesn't, He's*).

Função referencial é uma função da linguagem caracterizada pela expressão de uma ideia ou informação de forma objetiva, como, por exemplo, em *Tomorrow is a holiday.*

Função interpessoal é uma função da linguagem caracterizada pelo estabelecimento ou fortalecimento de relações sociais entre interlocutores ou entre autor-leitor ou pela indicação de como um escritor ou falante se posiciona com relação ao texto produzido. Ao dizer "*I'm sure you'll enjoy this.*", cumpre-se uma função interpessoal.

Gêneros textuais (*textual genres*, em inglês) são realizações orais ou escritas estabelecidas em um grupo social. Essas realizações são reconhecidas e produzidas pelos membros do grupo a partir de suas convenções de forma e conteúdo. Alguns exemplos são bilhetes, *e-mails*, comerciais de TV, receitas, recibos, poemas, palestras, aulas, conversas informais, entre outros.

Grafemas são as formas mínimas em um sistema de escrita. Letras e símbolos como @ e & são exemplos de grafemas.

Grupo de controle no contexto de uma pesquisa é o grupo usado para comparação com um ou mais grupos (chamados de grupos experimentais): enquanto os membros dos grupos experimentais recebem o tratamento ou aplicação do fator testado na pesquisa, o grupo de controle participa apenas como base de comparação, sem sofrer intervenção alguma.

Hedges são palavras ou expressões que têm a função de suavizar ou enfraquecer o impacto do que é dito.

IELTS é o *International English Language Testing*, que, assim como o TOEFL®, tem como objetivo verificar a proficiência de falantes não nativos de inglês nas quatro habilidades linguísticas em inglês.

Imperativo é uma forma verbal que expressa uma ordem, comando, sugestão ou conselho. Uma frase no imperativo termina em ponto final ou de exclamação: *Do it!, Read that book.; Don't forget to call me.*

Interjeições são palavras ou expressões usadas para expressar emoções, por exemplo: *Cool! Oh! Wow!*.

Interlocutores são as pessoas que participam de uma conversa com outra(s) pessoa(s).

L1 é a primeira língua, ou língua materna, de um indivíduo.

L2 é a segunda língua ou língua estrangeira adquirida por um indivíduo.

Learning logs são registros orais ou escritos, sob a forma de *blogs*, diários, vídeos etc., em que um aprendiz comenta e reflete sobre sua aprendizagem.

Leitor potencial é o leitor projetado ao se escrever um texto.

Linguagem emotiva é uma linguagem que faz uso de recursos que demonstram os sentimentos e criam um impacto emocional, por exemplo, **verbos** como *hate* ou *fear;* **substantivos** como *blaze* ou *agony*; interjeições, entre outros.

Linguagem vaga (*vague language*, em inglês) é uma linguagem incerta, não específica, por exemplo: *There's a lot of stuff there.; I'll be a bit late.; He's got three or four kids.* Usa-se linguagem vaga intencionalmente quando não se tem certeza ou, por alguma razão, não se quer ser exato e preciso.

Linguística de Corpus é o ramo da Linguística que compila e estuda bancos de dados de usos de linguagem em suas formas orais e escritas.

Locução (*phrase*, em inglês) é um conjunto de palavras que não forma uma frase completa mas que, em seu conjunto, tem significado próprio. Na frase "*The competent reader is able to understand the gist of a text*", são locuções *the competent reader, is able to understand; the gist of a text.*

Mapas mentais (*mind maps*, em inglês) são recursos visuais que representam informações em torno de uma ideia central, com a finalidade de visualizar, organizar, classificar e estabelecer relações entre os elementos que caracterizam ou compõem tal ideia, de modo a facilitar sua compreensão ou estudo.

Marcadores do discurso (*discourse markers*, em inglês) são palavras ou **locuções** usadas para conectar e sinalizar partes do discurso, por exemplo, indicando hesitação, troca ou manutenção do assunto, relação entre ideias.

Marcadores temporais são palavras ou expressões usadas num texto para indicar o tempo ou a passagem do tempo, por exemplo, *when, after that, during, meanwhile.*

Minimal pairs são pares de palavras que se distinguem por apenas um **fonema**, por exemplo, *pet/bet; ship/sheep; though/row.*

Mnemonic devices são recursos de memória utilizados para facilitar a memória de algo. Por exemplo, se temos dificuldade em soletrar uma palavra, podemos criar uma frase formada por palavras cujas letras iniciais remetem à ortografia que causa dificuldade. Assim, para lembrar a ortografia de "*arithmetic*", pode-se usar o recurso mnemônico "*A Rat Inside The House May Eat The Ice Cream*".

Multimodalidade é a integração e interação de mais de uma forma de comunicação em um texto, por exemplo: linguagem verbal, imagem, textura, som.

Objetivo do texto é o propósito comunicativo que um texto tem, por exemplo, informar, instruir, comunicar, argumentar, convencer o leitor de algo, entre outros.

Onomatopeias são as palavras que reproduzem o som que descrevem, por exemplo, *click, boo, thump.*

Oracy é a habilidade e capacidade de se comunicar oralmente com acuidade e adequação. O termo foi criado nos anos 60 do século passado pelo educador britânico Andrew Wilkinson como uma forma de criar um contraponto com o conceito de *literacy* e sinalizar a falta de atenção dada às competências orais na educação formal.

Palavra-chave (*key word*, em inglês) é um termo cuja compreensão é essencial para o entendimento de um texto.

Paráfrase é a reprodução de maneira diferente de algo dito anteriormente, normalmente para se obter clareza.

Paralinguagem é o que "acompanha" a linguagem, adicionando sentido ao que é dito ou escrito. Em discurso oral paralinguagem inclui gestos, olhares, posicionamento corporal, entonação, tom de voz, entre outros; em discurso escrito, fonte, cor, sinais de pontuação, uso de negrito, itálico, sublinhamento etc.

Poder interacional é um poder relativo entre participantes de uma interação. Esse poder varia de interação para interação e não é detido de forma fixa por um indivíduo. Uma pessoa pode ter poder interacional superior a outros em uma situação de trabalho, mas não em outras situações. O mesmo acontece entre familiares, vizinhos, na escola etc.

Pragmalinguistic failure é um problema linguístico que ocorre na interface entre o que é dito e o que se pretende dizer, quando um falante inadequadamente transfere recursos usados na sua língua materna a fim de expressar uma intenção em língua estrangeira.

Prefixo é um **afixo** usado no início de uma palavra a fim de adicionar um novo sentido à palavra original. Por exemplo, *re-* é um prefixo que indica "fazer novamente" e é encontrado em *rename, redo, rewrite*, entre outros.

Primeira pessoa é um conceito gramatical que se refere à pessoa que fala ou escreve. Pode ter duas formas: *I* (primeira pessoa do singular) ou *we* (primeira pessoa do plural).

Princípio da Polidez é um princípio adotado por participantes de uma interação com o objetivo de indicar mútuo respeito e permitir que a conversa flua tranquilamente.

Processador de texto é um programa usado para se escrever no computador.

Processos cognitivos envolvem processamento mental tais como retenção, agrupamento, identificação, ensaio e recuperação de informação.

Processos metacognitivos envolvem "cognição sobre cognição", ou seja, planejamento, monitoramento e avaliação de **processos cognitivos**.

Propósito comunicativo (*communicative purpose*, em inglês) é um conceito normalmente associado à identificação de um **gênero textual**; o propósito comunicativo de um texto pode ser entreter, informar, persuadir, entre outros.

Radical é a parte fixa da estrutura de uma palavra à qual se agregam elementos de **derivação** e de **flexão**.

Reader (ou *graded reader*) é um livro de leitura escrito especialmente para aprendizes de inglês, e usa, portanto, vocabulário e estruturas ajustadas ao nível desses aprendizes.

Registro é uma variação de uso linguístico de acordo com a situação, por exemplo, com relação ao âmbito profissional ou ao nível de formalidade.

Reparo é forma usada em uma interação para se retificar erros, mal-entendidos ou formas usadas sem querer. Reparos podem ser feitos pelo próprio falante ou por seu **interlocutor**.

Reporting verb é um verbo que tem a função de reportar o que é dito ou citado, por exemplo, *say, tell, respond, reply, observe.*

Sílaba tônica (*stressed syllable*, em inglês) é a sílaba mais forte de uma palavra, por exemplo, *-nit-* em *United*, *-tel* em *hotel.*

Sociolinguística Interacional é a área da sociolinguística que estuda como aparentes nuances da comunicação (por exemplo, gestos, entonação, escolha de palavras) constroem sentido e podem muitas vezes levar a mal-entendidos se os participantes da interação não estiverem atentos a essas sutilezas.

Sociopragmatic failure é uma falha na comunicação ocasionada quando os participantes têm definições diferenciadas sobre o que é considerado apropriado ao interagir. Por exemplo, um brasileiro que dá um tapinha no ombro de alguém que acabou de conhecer comete um *sociopragmatic failure* num contexto anglófono, já que essa prática não é apropriada em tal grupo social.

Space bubble é a área ao redor de uma pessoa que não deve ser invadida por seu **interlocutor** sem haver permissão verbal ou não verbal.

Substantivo é um nome que designa um ser (*Mary*), lugar (*London*), objeto (*computer*) ou ideia abstrata (*generosity*).

Sufixo é um **afixo** adicionado ao final de uma palavra, formando uma nova palavra com sentido diferente da original. Por exemplo, *-ly* é um sufixo formador de **advérbios** que, adicionado ao **adjetivo** *competent*, forma o advérbio *competently.*

Tag questions é uma sequência de palavras normalmente adicionada ao final de uma sentença afirmativa, transformando-a numa pergunta: *It's time, isn't it?*

Terceira pessoa é um conceito gramatical que se refere à pessoa de quem se fala ou escreve. Pode existir no singular (*he, she, it*) ou no plural (*they*).

Tipos de texto (*text types*, em inglês) são categorias usadas para descrever diferentes textos de acordo com seu **propósito comunicativo**, por exemplo, texto narrativo, texto argumentativo, texto persuasivo.

TOEFL® é um teste de inglês usado por universidades e outras instituições para verificar o nível de proficiência em língua inglesa daqueles que não são **falantes nativos** de inglês. O teste abrange as quatro habilidades linguísticas (*Reading, Speaking, Listening* e *Writing*) e as iniciais que compõem seu nome significam *Test of English as a Foreign Language.*

Tópicos frasais (*topic sentences*, em inglês) são frases que indicam sobre o que é um parágrafo e às vezes funcionam como um resumo do parágrafo. Comumente essas frases aparecem no início de um parágrafo.

Turno da fala é a oportunidade de se falar durante uma interação.

URL é a sigla de *Universal Resource Locator* (em português, "Localizador Universal de Recursos"), que significa "endereço virtual", ou seja, um endereço de um *site*, imagem ou arquivo na *web*. Por exemplo, <http://www.mec.gov.br> é o URL do Ministério da Educação.

Variantes linguísticas são as diferentes formas em que uma mesma língua é falada, dependendo de diferenças regionais, sociais, de idade, entre outros. Do ponto de vista linguístico, todas as variantes são igualmente legítimas e não há uma que seja "melhor" do que a outra.

Verbo é uma palavra que normalmente indica uma ação (*walk, work, run*) mas que também pode indicar um processo verbal (*say, tell, praise, respon*) ou mental (*think, like, feel, hear*).

Verbo intransitivo é um **verbo** que não precisa de complementos. Por exemplo, "*relax*" é um verbo intransitivo (*try to relax*), ao contrário de "*have*", que requer complementos (*have a car, have children*).

FONTES DE REFERÊNCIA

Nesta seção encontram-se sugestões de *sites* que podem apoiar o aluno no seu desenvolvimento de estratégias, bem como contribuir para o desenvolvimento profissional do professor. (*sites* acessados em 27 mar. 2012.)

- http://www.onlinenewspapers.com/

  Neste *site* encontram-se *links* para jornais *on-line* de todo o mundo. Muitos deles incluem artigos em vídeo ou áudio também.
- http://www.gutenberg.org/wiki/Main_Page\

  Este é o *site* do *Project Gutenberg*: nele é possível ler (e mesmo baixar) gratuitamente milhares de livros, incluindo clássicos da literatura em língua inglesa.
- http://www.dmoz.org/Kids_and_Teens/News/Newspapers/

  Este *site* contém uma listagem, e respectivos *links*, de jornais destinados a jovens.
- http://www.literacynet.org/cnnsf/home.html

  Este é o *site* de Literacy Net, onde se encontram reportagens de canais de TV. No *site* pode-se ler o texto integral das reportagens, ou uma versão simplificada ou um *outline* do texto. Exercícios de vocabulário e compreensão acompanham as reportagens. Há ainda a possibilidade de se ver um *videoclip* sobre o texto ou ouvir um áudio correspondente.
- http://www.uefap.com/reading/readfram.htm

  Este *site* é organizado por Andy Gillett com o intuito de apoiar o estudante universitário no Reino Unido a lidar com as exigências de leitura na vida acadêmica. O *site* contém muitas informações em linguagem acessível e inclui, também, vários exercícios.
- http://web2.uvcs.uvic.ca/elc/studyzone/

  Neste *site*, organizado pela University of Victoria, encontram-se inúmeros exercícios de leitura, organizados por nível.
- www.calisphere.universityofcalifornia.edu

  Organizado pela University of California, o *site* contém livros eletrônicos e imagens sobre assuntos diversos.
- http://www.cdlponline.org/index.cfm?fuseaction=homepage

  Aqui se encontram textos acompanhados de exercícios de vocabulário e compreensão, bem como áudio e vídeo. O *site* é desenvolvido por California Distance Learning Project e aqui se podem selecionar textos sobre vários assuntos (por exemplo, *Family, Money, Health and Safety*).
- http://www.free.ed.gov/index.cfm

  Este *site* é uma excelente fonte de referência para leitura de textos de qualidade. Ele é desenvolvido pelo *Federal Resources for Educational Excellence* nos Estados Unidos, com o intuito de oferecer gratuitamente material de pesquisa em diversas áreas do conhecimento.
- http://42explore.com/skim.htm

  Neste *site* pode-se ler mais sobre *skimming* e *scanning,* bem como ter acesso a vários outros *links* sobre essas e outras estratégias de leitura, incluindo planos de aula e exercícios.
- http://academics.smcvt.edu/cbauer-ramazani/Links/esl_reading.htm

  No *site* acima encontra-se uma lista bem grande de outros *sites* que apoiam o desenvolvimento da leitura. Ele é organizado ao redor de tópicos como exercícios de compreensão, planos de aula, *software*, entre outros.

- http://www.testpreppractice.net/TOEFL/TOEFL-Tutorials/Reading-Comprehension-Tutorial.aspx
  Este *site* contém uma excelente discussão sobre exercícios de compreensão de texto: o que eles envolvem, o que pode ser feito pelo leitor para responder às perguntas de forma mais fundamentada através do uso de várias estratégias.
- http://www.edu.gov.on.ca/eng/studentsuccess/thinkliteracy/files/Reading.pdf
  Neste *link* desenvolvido pelo governo canadense, você pode ler mais sobre *reading strategies,* e ter acesso a ideias para aulas e exercícios sobre o tema.
- http://teacher.scholastic.com/commclub/index.htm
  Aqui se encontram vários livros com áudio correspondente. O *site* também inclui exercícios e informações suplementares que podem ser úteis para a prática pedagógica do professor.
- http://www.nationalgeographic.com/grimm/
  Aqui se pode ler e ouvir as histórias originais dos Irmãos Grimm.
- http://www.voanews.com/specialenglish/index.cfm
  Site de *Voices of America*, destinado a aprendizes de inglês, em que se tem acesso a inúmeros artigos e áudio correspondente.
- http://www.bbc.co.uk/worldservice/learningenglish/general/
  Site desenvolvido pela BBC para aqueles que ensinam ou aprendem inglês. No *site* há acesso a leituras, vídeos, áudios, exercícios, informações sobre gramática e vocabulário, o inglês no mundo do trabalho, entre outros.
- http://www.englishbiz.co.uk/
  Site com inúmeras informações e atividades que podem apoiar o desenvolvimento de estratégias de escrita em diversos gêneros textuais.
- http://www.letras.ufmg.br/arado/writing.html
  No *site* encontram-se inúmeros *links* relevantes àqueles que querem saber mais sobre produção escrita. Os *links* são acompanhados de breves descrições.
- http://www.nwp.org/ *Site* do National Writing Project (EUA).
  Nele encontram-se informações e recursos diversos sobre o desenvolvimento da escrita.
- http://owl.english.purdue.edu/
  Este *site* é desenvolvido pela University of Purdue (EUA). Contém inúmeras informações, exercícios, resultados de pesquisa e outros recursos que podem apoiar aqueles que ensinam e/ou aprendem inglês.
- http://www.bbc.co.uk/podcasts
  Neste *site* tem-se acesso a *podcasts* sobre diversos assuntos, produzidos pela BBC.
- http://www.esl-lab.com/
  Site desenvolvido por Randall Davis contendo um vasto repertório de atividades de *listening*, organizadas por nível e incluindo exercícios de compreensão, vocabulário, aplicação de estratégias, entre outros.
- http://www.ted.com/
  Aqui podem-se ver e ouvir apresentações sobre diversos assuntos.
- http://mitworld.mit.edu/index.php
  Neste *site*, mantido pelo Massachusetts Institute of Technolgy (MIT), encontram-se vídeos de qualidade sobre assuntos diversos.
- http://www.bbc.co.uk/radio4/
  Site que contém uma vasta gama de programas de rádio, de diversos gêneros e sobre assuntos variados.
- http://www.eslvideo.com/

Site que contém vídeos e exercícios produzidos para aprendizes de inglês.

- http://www.eslgold.com/listening.html

  Neste *site* tem-se acesso a vários *links* que podem apoiar o trabalho com *listening*, incluindo *sites* com vídeos, *podcasts*, informações para professores, referências de livros didáticos, entre outros.

- http://www.efl.net/index.htm

  Site com vasto acervo de material audiovisual para o aprendiz de inglês, incluindo textos e respectivos áudios, *links* para vídeos e dicionários, entre outros.

- http://www.real-english.com/new-lessons.asp

  O *site* contém pequenos vídeos em situações reais, exploradas para o aprendiz de inglês (com repetições, legendas, apoio de imagens adicionais, entre outros).

- http://www.imsdb.com/

  Excelente banco de dados de *scripts* de filmes.

- http://www.lazybeescripts.co.uk/play_script_collections/index.htm

  Neste *site* tem-se acesso a *scripts* de peças de teatro organizados por faixa etária (crianças, adolescentes, adultos).

- http://www.talkingpeople.net/tp/library/scripts/scripts.html

  Aqui se encontram *links* para *scripts* de peças, filmes e programas de TV.

- http://www.corpora4learning.net/resources/corpora.html

  Neste *site* encontra-se uma lista dos *corpora* mais importantes da língua inglesa. O *site* contém *links* para os diversos *corpora* e indica quais têm acesso gratuito.

- http://www.cde.state.co.us/cdeadult/download/pdf/ListeningSpeakingCorrelatedBESTPlusCASAS.pdf

  Aqui se encontra um documento intitulado *Listening and Speaking Activities for Adult ESL Learners* (de autoria de Jane Miller, do Colorado Department of Education). Nele encontra-se uma longa lista de atividades, com explicações detalhadas, sobre como trabalhar *Speaking* e *Listening* na aula de inglês como segunda língua para adultos.

- http://www.eslgold.com/speaking/topics_conversation.html.

  Útil para professores, este *site* contém *links* com sugestões de tópicos para conversação. Também contém *links* para vídeos, alguns incluindo perguntas, para prática de *speaking*.

- http://free-english-study.com/home/speaking.html

  Aqui você encontra "aulas" que abordam várias situações de *speaking*. O *site* é organizado por níveis de proficiência (*Beginner, Elementary, Pre-Intermediate, Intermediate, Upper-Intermediate* e *Advanced*).

- http://iteslj.org/Lessons/.

  Neste *site*, na seção *Conversation/Oral English*, encontram-se planos de aula para o trabalho de produção oral em sala de aula.

- http://www.englishclub.com/pronunciation/index.htm

  Visite este *site* para informações sobre diversos aspectos da pronúncia da língua inglesa.

- http://www.soundsofenglish.org/

  Neste *site* tem-se acesso a inúmeras informações sobre pronúncia (incluindo aspectos de articulação, tonicidade e entonação) sobre sons da língua inglesa. O *site* contém imagens e áudio além de explicações escritas.

- http://free-english-study.com/home/listening.html

  Para inúmeros exercícios (organizados por níveis) para cada uma das habilidades linguísticas, visite este *site*.

- http://www.breakingnewsenglish.com/

Neste *site* você encontra planos de aula para apoiar aulas de inglês integrando as quatro habilidades linguísticas.

- http://www.bbc.co.uk/skillswise/topic-group/speaking-and-listening

  Para ler, ouvir, ver vídeos, jogar, e ter mais informações sobre comunicação oral em inglês, visite este *site*.

- www.llas.ac.uk/index.aspx

  Este é o site do *Centre for Languages, Linguistics and Area Studies*, uma organização acadêmica no Reino Unido que oferece apoio para o desenvolvimento de profissionais que atuam no ensino superior. No *site* encontram-se informações, materiais promocionais, artigos acadêmicos, informações sobre eventos e resultados de projetos, entre outros.

- www.cilt.org.uk

  Este é o *site* do *National Centre for Languages* (Reino Unido), organização que tem como objetivo promover o ensino de línguas para pessoas de todas as idades. No *site* encontram-se inúmeras informações e recursos que podem apoiar o trabalho e desenvolvimento profissional de professores de línguas estrangeiras.

- http://www.passeiweb.com/vestibular/provas/

  Neste *site* tem-se acesso a provas de vestibular e ENEM.

- http://portal.mec.gov.br/seb/arquivos/pdf/pcn_estrangeira.pdf

  Neste *site* encontra-se o texto integral dos Parâmetros Curriculares Nacionais Língua Estrangeira, uma leitura e referência fundamental para o professor de inglês no Brasil.

- http://portal.mec.gov.br/index.php?id=12598:publicacoes&option=com_content&view=article

  Esse *link* encaminha para os Parâmetros Curriculares Nacionais para o Ensino Médio. Nele, os documentos mais relevantes para o professor de inglês são Linguagens, Códigos e Tecnologias (PCN e PCN+).

- http://portal.mec.gov.br/index.php?option=com_content&view=article&id=13558&Itemid=859

  Aqui se tem acesso ao documento Linguagens, Códigos e Tecnologias, publicado em 2006.

- www.braz-tesol.org.br/site/view.asp

  Site do BRAZ-TESOL, a maior associação de professores de inglês no Brasil: aí se encontram informações sobre eventos para formação profissional continuada, assim como *links* interessantes para o professor de inglês.

- www.teachingenglish.org.uk/

  Organizado pelo British Council e pela BBC, este *site* é rico em recursos e informações para quem ensina inglês, incluindo fóruns para discussão, sugestões de atividades de sala de aula, detalhes sobre conferências profissionais, artigos acadêmicos, entre outros.

BIBLIOGRAFIA

Nesta seção encontram-se detalhes bibliográficos das obras citadas neste livro.

ARGYLE, M. *Bodily communication*. 2. ed. Londres: Methuen, 1988.

BRASIL. Ministério da Educação. Secretaria de Educação Média e Tecnológica. *Parâmetros Curriculares Nacionais para o Ensino Médio:* Linguagens, códigos e suas tecnologias. Língua estrangeira moderna. Brasília: MEC, 1999.

________. Secretaria de Educação Básica. *Orientações Curriculares para o Ensino* Médio: Linguagens, códigos e suas tecnologias. Brasília: MEC, 2006.

CANALE, M.; SWAIN, M. Theoretical bases of communicative approaches to language teaching and testing. *Applied Linguistics* 1(1), p. 1-47, 1980.

CHAMOT, A. U. The learning strategies of ESL students. In: WENDEN, A.; RUBIN, J. eds. *Learner strategies in language learning*. Englewood Cliffs, NJ: Prentice-Hall, 1987. p. 71-84.

________. Issues in language learning strategy research and teaching. *Electronic Journal of Foreign Language Teaching* 1(1), p. 14-26, 2004. Disponível em <http://e-flt.nus.edu.sg/v1n12004/chamot.htm>.

________. Language learning strategy instruction: current issues and research. *Annual Review of Applied Linguistics* 25, p. 112-130, 2005.

________; KÜPPER, L. Learning strategies in foreign language instruction. *Foreign Language Annals* 22(1), p. 13-24, 1989.

COHEN, A. *Strategies in learning and using a second language*. Londres: Longman, 1998.

________; MACARO, E. Conclusions. In: COHEN, A. MACARO E. eds. *Language learner strategies:* 30 years of research and practice. Oxford: Oxford University Press, 2007a. p. 275-284.

________; MACARO, E. eds. *Language learner strategies:* 30 years of research and practice. Oxford: Oxford University Press, 2007b.

DONATO, R.; McCORMICK, D. A sociocultural perspective on language learning strategies: the role of mediation. *The Modern Language Journal* 78(4), p. 453-464, 1994.

DÖRNYEI, Z. *Questionnaires in second language research:* construction, administration, and processing. 2. ed. Abingdon: Routledge, 2010.

FLOWER, L.; HAYES, J. A cognitive process theory of writing. *College Composition and Communication* 32(4), p. 365-87, 1981.

GALLAGHER-BRETT, A. What do learners' beliefs about speaking reveal about their awareness of learning strategies? *Language Learning Journal* 35(1), p. 37-49, 2007.

GOH, C. C. M. How ESL learners with different listening abilities use comprehension strategies and tactics. *Language Teaching Research* 2(2), p. 124-147, 1998.

______. Exploring listening comprehension tactics and their interaction patterns. *System* 30, p. 185-206, 2002.

______. Listening as process: learning activities for self-appraisal and self-regulation. In: HARWOOD N. ed. *English language teaching materials:* theory and practice. Cambridge: Cambridge University Press, 2010. p. 179-206.

GRABE, W.; STOLLER, F. L. *Teaching and researching reading*. Harlow: Pearson, 2002.

GRAHAM, S. Listening comprehension: the learners' perspective. *System* 34(2), p. 165-182, 2006.

______. Learner strategies and self-efficacy: making the connection. *Language Learning Journal* 35(1), p. 81-93, 2007.

______; MACARO, E. Strategy instruction in listening for lower-intermediate learners of French. *Language Learning* 58(4), p. 747–783, 2008.

______; SANTOS, D.; VANDERPLANK, R. Listening comprehension and strategy use: a longitudinal exploration. *System* 36(1), p. 52-68, 2008.

GRENFELL, M.; HARRIS, V. *Modern languages and learning strategies:* in theory and practice. Londres: Routledge, 1999.

GUMPERZ, J. J. *Discourse strategies*. Cambridge: Cambridge University Press, 1982.

______. On interactional linguistic method. In: SARANGI S.; ROBERTS C. eds. *Talk, work and institutional order:* discourse in medical, mediation and management settings (language, power and social process). Berlim: Mouton de Gruyter, 1999. p. 453-471.

HALLIDAY, M.A.K.; HASAN, R. *Cohesion in English*. Londres: Longman, 1976.

HASSAN, X.; MACARO, E.; MASON, D.; NYE, G.; SMITH, P.; VANDERPLANK, R. Strategy training in language learning: a systematic review of available research. In: *Research Evidence in Education Library*. Londres: EPPI-Centre, Social Science Research Unit, Institute of Education, University of London, 2005. Disponível em <http://eppi.ioe.ac.uk/cms/LinkClick.aspx?fileticket=F%2fOwckdUekA%3d&tabid=296&mid=1147&language=en-US>.

HOSENFELD, C. A preliminary investigation of the reading strategies of successful and nonsuccessful second language learners. *System* 5(2), p. 110-123, 1977.

HSIAO, T.-Y. Testing a social psychological model of strategy use with students of English as a foreign language. *Psychological Reports* 95, p. 1059-1071, 2004.

IKEDA, M.; TAKEUCHI, O. Can strategy instruction help EFL learners to improve their reading ability?: an empirical study. *JACET Bulletin* 37, p. 49-60, 2003.

KASPER, G.; KELLERMAN, E. *Communication strategies:* psycholinguistic and sociolinguistic perspectives. Londres: Longman, 1997.

KELLERMAN, E. Compensatory strategies in second language research: a critique, a revision and some (non-)implications for the classroom. In: PHILLIPSON, R.; KELLERMAN, E.; SELINKER, L.; SHARWOOD-SMITH, M.; SWAIN, M. eds. *Foreign and second language pedagogy research*. Clevedon: Multilingual Matters, 1991. p. 142-160.

LAKOFF, R. Language and woman's place. *Language in Society* 2(1), p. 45-80, 1973.

LEVINE, A.; REEVES, T. Data-collecting on reading-writing strategies: a comparison of instruments: a case study. *TESL-EJ* 3(3), 1998. Disponível em <http://www.cc.kyoto-su.ac.jp/information/tesl-ej/ej11/a1.html>.

LITTLEJOHN, A.;HICKS, D. *Cambridge English for the world, Teacher's book one*. Cambridge: Cambridge University Press, 1996.

MACARO, E. *Learning strategies in foreign and second language classrooms*. Londres e Nova York: Continuum, 2001.

________. Strategies for language learning and for language use: revising the theoretical framework. *The Modern Language Journal* 90(3), p. 320-337, 2006.

________; GRAHAM, S.; VANDERPLANK, R. A review of listening strategies: focus on sources of knowledge and success. In: COHEN, A.; MACARO, E. eds. *Language learner strategies:* 30 years of research and practice. Oxford: Oxford University Press, 2007. p. 165-185.

MANCHÓN, R.; ROCA DE LARIOS, J.; MURPHY, L. A review of writing strategies: focus on conceptualizations and impact on first language. In: COHEN, A.; MACARO, E. eds. *Language learner strategies:* 30 years of research and practice. Oxford: Oxford University Press, 2007. p. 229-250.

MARTIN, J.R.; CHRISTIE, F.; ROTHERY, J. Social processes in education: a reply to Sawyer and Watson (and others). In: REID, R. ed. *The place of genre in learning: current debates*. Deakin, Australia: Deakin University Press, 1987. p. 58-82.

NAIMAN, N.; FRÖHLICH, M.; STERN, H. H.; TODESCO, A. *The good language learner*. Toronto: Ontario Institute for Studies in Education, 1978.

NAKATANI, Y. The effects of awareness-raising training on oral communication strategy use. *Modern Language Journal* 89(1), p. 76-91, 2005.

________; GOH, C. A review of oral communication strategies: focus on interactionist and psycholinguistic perspectives. In: COHEN, A.; MACARO, E. eds. *Language learner strategies:* 30 years of research and practice. Oxford: Oxford University Press. 2007. p. 207-227.

O'MALLEY, J.M.; CHAMOT, A.U. *Language learning strategies in second language acquisition*. Cambridge: Cambridge University Press, 1990.

________; CHAMOT, A. U.; STEWNER-MANZANARES, G.; KÜPPER, L.; RUSSO, R. P. Learning strategies used by beginning and intermediate ESL students. *Language Learning* 35, p. 21-46, 1985.

OXFORD, R. *Language learning strategies:* what every teacher should know. Boston: Heinle and Heinle, 1990.

______. *Teaching and researching language learning strategies*. Harlow: Pearson, 2011.

______; CHO, Y.; LEUNG, S; KIM, H-J. Effect of the presence and difficulty of task on strategy use: an exploratory study. *International Review of Applied Linguistics* 42, p. 1-47, 2004.

______; SCHRAMM, K. Bridging the gap between psychological and sociocultural perspectives on L2 learner strategies. In: COHEN, A.; MACARO, E. eds. *Language learner strategies:* 30 years of research and practice. Oxford: Oxford University Press, 2007, p. 47-68.

REES-MILLER, J. A critical appraisal of learner training: theoretical bases and teaching implications. *TESOL Quarterly* 27(4), p. 679-89, 1993.

ROST, M. *Teaching and researching listening*. Harlow: Pearson, 2002.

RUBIN, J. Study of cognitive processes in second language learning. *Applied Linguistics* 11, p. 117-31, 1981.

______. Learner strategies: theoretical assumptions, research history and typology. In: WENDEN, A.; RUBIN, J. eds. *Learner strategies in language learning*. Englewood Cliffs, NJ: Prentice-Hall, 1987. p. 15-30.

______; CHAMOT, A. U.; HARRIS, V.; ANDERSON, N. J. Intervening in the use of strategies. In: COHEN, A.; MACARO, E. eds. *Language learner strategies:* 30 years of research and practice. Oxford: Oxford University Press, 2007. p. 141-160.

SANTOS, D.; GRAHAM, S.; VANDERPLANK, R. Second language listening strategy research: methodological challenges and perspectives. *Evaluation and Research in Education*, 21 (2), p. 111-133, 2008.

SCHIFFRIN, D. *Discourse markers.* Cambridge: Cambridge University Press, 1989.

SELINKER, L. Interlanguage. *International Review of Applied Linguistics* 10(3), p. 209-231, 1972.

SMAGORINSKY, P. ed. *Speaking about writing:* reflections on research methodology. Londres: Sage, 1994.

STERN, H.H. What can we learn from the good language learner? *Canadian Modern Language Review*, 31, p. 304-318, 1975.

SWALES, J. *Genre Analysis:* English in academic and research settings. Cambridge: Cambridge University Press, 1990.

SWAN, M. Talking sense about learning strategies. *RELC Journal* 39(2), p. 262-273, 2008.

TAKEUCHI, O.; WAKAMOTO, N. Language learning strategies used by Japanese college learners of English: a synthesis of four empirical studies. *Language Education and Technology* 38, p. 21-44, 2001.

TARONE, E. Conscious communication strategies in interlanguage: a progress report. In: BROWN, H.; YORIO, C.; CRYMES, R. eds. *On TESOL 77*. Washington D.C.: TESOL, 1977.

THOMAS, J. Cross-cultural pragmatic failure. *Applied linguistics* 4 (2), p. 91-112, 1983.

VANDERGRIFT, L. The comprehension strategies of second language (French) listeners: a descriptive study. *Foreign Language Annals* 30, p. 387-409, 1997.

________. Metacognition and listening comprehension in a second language. *Canadian Journal of Applied Linguistics* 1, p. 83-105, 1998.

________. Orchestrating strategy use: toward a model of the skilled second language listener. *Language Learning* 53(3), p. 463-496, 2003.

VYGOSTY, L. S. *Mind in society:* the development of higher psychological processes. Cambridge, MA: Harvard University Press, 1978.

WEINSTEIN, C.; MAYER, R. The teaching of learning strategies. In: WITTROCK, M. ed. *Handbook of research on teaching*. 3. ed. Nova York: Macmillan, 1986, p. 315-327.

WELLS, G.; CHANG-WELLS, G. L. *Constructing knowledge together:* classrooms as centers of inquiry and literacy. Portsmouth, NH: Heinemann, 1992.

WENDEN, A. Conceptual background and utility. In: WENDEN, A.; RUBIN, J. eds. *Learner strategies in language learning*. Hemel Hempstead: Prentice Hall, 1987a, p. 3-13.

________. Incorporating learner training in the classroom. In: WENDEN, A.; RUBIN, J. eds. *Learner strategies in language learning*. Hemel Hempstead: Prentice Hall, 1987b, p. 159-168.

WHARTON, G. Language learning strategy use of bilingual foreign language learners in Singapore. *Language Learning* 50(2), p. 203-243, 2000.

WHITE, C.; SCHRAMM, K.; CHAMOT, A. U. Research methods in strategy research: re-examining the toolbox. In: COHEN, A.; MACARO, E. eds. *Language learner strategies:* 30 years of research and practice. Oxford: Oxford University Press, 2007. p. 93-116.

WHITE, R.; ARNDT, V. *Process writing*. Londres: Longman, 1991.

WONG, J. "Applying" conversation analysis in applied linguistics: evaluating dialogue in English as a second language textbooks. *International Review of Applied Linguistics* 40(1), p. 37-60, 2002.

Este livro foi composto nas fontes Frutiger, Stempel Garamond
e Eurostile e impresso em fevereiro de 2014 pela Gráfica Vida e
Consciência, em papel offset 90g/m².